U0868348

岳麓書社

读名著　选岳麓

古典名著普及文库

晏子春秋

徐文翔 导读 注译

岳麓書社·长沙

出版说明

中国古典名著是中华优秀传统文化的重要载体，今天人们要学习传统文化，如果说有所谓捷径可寻，那恐怕就是直接阅读古典名著了。长期以来，为大众读者出版古典名著的普及读物一直是本社的重要使命。约三十年前，我们便出版了“古典名著普及文库”，收书五十余种，七十余册，蔚为大观。这套书命名为“普及”，首先是因为采用了简体字横排的排版方式。当时的古典名著图书，以未经整理的影印本和繁体竖排本居多，大众读者阅读有障碍，故本文库的推出，确有普及之效。其次，我们提出要让读者“以最少的钱买最好的书”，定价远低于当时同类型品种。基于此，这套“普及文库”迅速流向读者的书架，销量极大，功在普及不浅。

当年这套书，所收各书都是文言文全本，无注释，不翻译，对于今天的大众读者来说，已经很难起到普及作用了。而且，读者如果仅仅出于品鉴、入门的需要，也无须通读大部头的全本古籍。因而，我们推出这套全新的“古典名著普及文库”，在选目上广泛听取国内名校学者们的建议，收录经、史、子、集四部之中第一流的名著一百余种，邀请学有专攻的学者精心注释、翻译，并加以导读。篇幅大的经典，精选菁华，篇幅适中的出版全本，个别篇幅小的，则将主题相近的品种合刊为一册。

我们希望有更多的人能够买得起、读得懂中国的古典名著，接受中华优秀传统文化的滋养。这一套轻松好读又严谨可靠的普及文库，便是我们努力实践这一理念的结果。

岳麓书社大众图书编辑部

2018 年春

前 言

晏子（？—前500），名婴，字平仲，晏子是世人对他的尊称。晏子生于“莱之夷维”，也就是今天的山东省高密市，是土生土长的齐人。

晏子祖上本为平民（即其自称的“世民”），直到他的父亲晏弱才跻身官宦。晏弱曾任齐国上大夫，齐灵公二十六年（前556）去世，晏子继承了父亲的职位。此后五十多年里，他先后辅佐了齐灵公、齐庄公和齐景公三位国君。其中，他辅佐景公的时间最长，达四十余年，因此我们看到《晏子春秋》里所记载的事迹，绝大多数都发生在景公时。

晏子是春秋时著名的政治家，他聪明机智、能言善辩；正直忠诚、生活简朴；坚持原则、讲究方法。更为难得的是，他有爱民之心，曾多次表达过“意莫高于爱民，行莫厚于乐民”之类的思想。可以说，有了晏子的苦心经营，齐国才能在较长的时期内维持着大国的威望。正因如此，司马迁在《史记》中将晏子和辅佐齐桓公称霸的管仲并列，名之曰《管晏列传》。晏子的事迹，主要保存在《晏子春秋》里，其中许多有名的故事，如“晏子使楚”“二桃杀三士”等，长久流传在百姓口中，也令晏子的形象增加了很多传奇色彩。

“春秋”一词本指史书，但《晏子春秋》却和《春秋》等不同，它的文学色彩更强，甚至有很多虚构的成分（比如书中所载孔子和晏子的几次交往），因此有人径直将其称为小说。总之，《晏子春秋》的文学性大大过于纪实性。但不可否认的是，这部书塑造了生动鲜明的晏子形象，并表现了晏子的政治主张和思想。在缺乏更多文献支持的情况下，《晏子春秋》仍然是今天我们了解晏子最重要的一部文献。

下面分几个方面，简要介绍一下晏子所处的时代背景以及《晏子春秋》的作者、成书、思想和其他相关的一些问题。

一、晏子所处的时代背景

春秋时期的齐国，曾一度在齐桓公的统治和管仲、鲍叔牙等贤臣的辅佐下，成为天下霸主。史载，齐桓公曾多次大会诸侯，其中公元前 651 年的“葵丘会盟”，标志着齐国的霸业达到顶峰。但好景不长，随着齐桓公的去世，齐国逐渐失去霸主地位。公元前 589 年，齐国在与晋国的大战中失利，从此元气大伤，只是勉强维持着“春秋五霸”之一的大国地位罢了。

晏子所生活的时代，正是齐国逐步走向衰弱的时期。他所辅佐的三位国君灵公、庄公、景公，才智和德行都比较平庸，所以《晏子春秋》中所记载的晏子事迹，十之八九都是晏子对国君的错误行为进行劝谏，从中也折射出齐国渐趋式微的事实。国君的威望不断削弱，而齐国的卿大夫（如高氏、田氏等）却逐渐强大起来，甚至威胁到国君的地位。《晏子春秋》里数次提到景公向晏子询问齐国将为谁所有，晏子敏锐地指出，田氏是最强的一股势力。事实也正如晏子的判断，一百多年后，吕氏齐国最终被田氏取代，国君康公被放逐而死，这就是历史上著名的“田氏代齐”。

在晏子辅政前期，发生了崔氏之乱。崔杼弑杀齐庄公后，晏子不顾个人安危，毅然闯入崔家，抚庄公尸体而痛哭；并在崔杼强迫大臣宣誓效忠于他时，誓死不从，对叛乱势力给予了坚决回击。因晏子太得民心，崔杼想杀他而又心存顾忌。可以说，正是有了晏子等忠臣的存在，齐国的社稷才得以延续。

齐景公四十八年（前 500），晏子去世。按《晏子春秋》里的记载，齐景公在外地听到晏子的死讯，“行哭而往，伏尸而号”，用超出礼制的行为来悲悼他。这则材料不一定是纪实，但它充分说明了晏子的人格是多么的伟大。晏子的一生，足可以用“鞠躬尽瘁，死而后已”来形容了。

二、《晏子春秋》的作者与成书

《晏子春秋》并不是严谨的史书，而是在史实基础上加以虚构、渲染的传记类作品，清代纂修《四库全书》，勉强将其归入“史部传记类”。它的思想又比较驳杂，因此历来就不如《春秋》等经典受重视。正因为如此，《晏子春秋》历来就存在许多争议。我们现在能够确定的，是它曾经过西汉学者刘向的整理，定为内、外八篇；而最初的作者和成书问题，则众说纷纭。归纳起来，约略有如下几种说法。

一种是晏子本人所作说。这种说法产生最早，在从汉代到唐代的漫长时期内，一直是官方的权威说法。东汉初年班固作《汉书》，在《艺文志》中著录“《晏子》八篇”，并注曰：“名婴，谥平仲。相齐景公。孔子称，善与人交，有列传。”《汉书·艺文志》是现存最早的目录学文献，又具有极高的权威性，因此这一说法被广泛接受。后来的《隋书·经籍志》载：“《晏子春秋》七卷，齐大夫晏婴撰。”《旧唐书·经籍志》也说：“《晏子春秋》七卷，晏婴撰。”可见，从汉到唐，一般都认为《晏子春秋》的作者就是晏子本人，只是在体例上略有变化而已。

一种是墨家后学所作说。这一说法最早的提出者是唐代的柳宗元。他在读《晏子春秋》时，注意到晏子“节俭”“非乐”等主张，与当时墨家的观念非常相似，因此特意写《辨〈晏子春秋〉》一文说：“吾疑其墨子之徒有齐人者为之。墨好俭，晏子以俭名于世，故墨子之徒尊著其事，以增高为己术者。”意思是：墨家崇尚节俭，而晏子恰恰以节俭闻名于世，因此墨家的人故意借晏子来弘扬自己的思想。柳宗元的看法有些道理，加之他在文坛的地位，因此这一说法也有一定的影响力。

还有一种说法是六朝人伪作说。这种说法提出的时间较晚。先是清代吴德旋在《初月楼文钞》中认为："《晏子春秋》非晏子所作……吾疑是书盖晚出，而六朝人好作伪者依仿为之耳。"比吴德旋稍晚的管同也认同吴氏的看法，并且提供了佐证：司马迁在《史记·管晏列传》中说"其书世多有，故不论，论其轶事"，意思是"《晏子春秋》这部书很常见，所以书里已经有的内容，《史记》就不写了"；而《管晏列传》中却记载了"荐御者为大夫""脱越石父于缧绁"等事，按照司马迁的写作初衷，这两个故事必然是《晏子春秋》中所没有的，这与今本《晏子春秋》内容相矛盾。因此管同得出推论，今本《晏子春秋》，必然不是司马迁所见的《晏子春秋》，进而又推测今本《晏子春秋》是六朝人伪作。

这三种说法，都有一定的道理，但若详细地审辨，却又都经不起推敲。先看晏子本人所作说。《晏子春秋》有一些章节记载了晏子临终及死后的事情，很明显不是出自晏子本人之手；书中还有一些"晏子没而后衰"之类的话；更重要的是，书中一律称"晏子"，而"子"是尊称，晏婴自己是绝对不会自称为"晏子"的。这些证据，均可证明晏子本人所作说站不住脚。

再看墨家后学所作说。诚然，晏子的"节俭""非乐"等主张与墨家思想有一定相似，但晏子提出这些观点时，基本上都是针对某一具体事件而发，并不能说明他有系统的思想；相反，在对待鬼神的态度上，晏子更与墨家"明鬼"的主张大相径庭。还有一点，《晏子春秋》中对儒、墨两家的领袖孔子、墨子均有提及，但孔子称赞晏子共八处，墨子称赞晏子却仅有两处，很难想象在儒、墨两家严重对立的情况下，若《晏子春秋》是墨家后学所作，它会在书中如此浓墨重彩地描写孔子并宣扬非墨家的主张。因此，墨家后学所作说也没有说服力。

最后，六朝人伪作说也是不成立的。首先，管同的推论缺乏严密性，“荐御者为大夫”“脱越石父于缧绁”这两则故事虽然见于《管晏列传》，但并不意味着当时的《晏子春秋》中一定就没有，因为这两则故事非常典型，司马迁偶一破例也是很有可能的。况且类似的情况在《管晏列传》中还有，比如管仲与鲍叔牙之事、曹刿劫桓公之事，既见于《管子》，而《管晏列传》却照收不误。其次，《晏子春秋》在六朝之前，就多有称引，比如《贾子新书》《淮南要略》《别录》《汉书·艺文志》等，西汉时期的《韩诗外传》《说苑》《新序》《列女传》等更是引用了多处《晏子春秋》中的典故或原文。这都充分说明，《晏子春秋》非六朝人伪作。

既然这三种说法都不成立，那么《晏子春秋》究竟是谁人所作、成书于何时呢？当代学者高亨和吴则虞先生的研究，庶几可为我们提供接近于史实的结论。

高亨先生认为，《晏子春秋》是战国时期的齐国人或久居齐国之人所作。他在《〈晏子春秋〉的写作年代》一文中，通过大量证据，得出结论说：“《晏子》作于战国年代……其中杂有后人增添的语句甚至章节，乃属应有现象……作者当是齐国人或久居齐国的人。当时齐国有自己的史书，而民间和士大夫间有许多关于晏婴的传说。作者大概是根据传说及史书而写成的。”

吴则虞先生则更为明确地指出，《晏子春秋》作于秦统一六国后的一段时间内，作者可能是齐人淳于越。关于成书年代，吴先生的依据主要有两条：一是“先秦诸子书中没有像《晏子春秋》这样，整部书全用短篇故事组成的”，因此《晏子春秋》不太可能成书于先秦；二是从引《诗》（即《诗经》）来看，“《晏子春秋》的引《诗》与《齐诗》并不相同，而恰恰与《毛诗》同一学派”，因此“成书年代自然应较晚于毛亨”。关于成书地点，吴先生根据《晏子春秋》中“击缶”的记载，推断是在秦国境内，因为“秦人把‘缶’作为乐器，这自然不是齐国的风俗了”。

成书年代和地点都有了，那么，最有可能的作者是谁呢？吴先生认为是淳于越。秦灭六国后，将各国的博学之士笼络至秦，为此特意扩大博士员额，达七十余人，其身份，有点类似战国时贵族所养的“客”。这帮由六国入秦的博士，平日所做的，除了表达政见，就是著书。如前所述，《晏子春秋》的作者，必然是熟悉齐国风俗和政事的，因此当为齐国人或久居齐国之人，而秦博士里，由齐入秦的淳于越恰好就符合这个条件。《秦始皇本纪》中提到淳于越说：“博士淳于越进曰：‘臣闻殷周之王千余岁，封子弟功臣，自为枝辅。今陛下有海内，而子弟为匹夫，卒有田常、六卿之臣，无辅拂，何以相救哉？事不师古而能长久者，非所闻也。’”“事不师古而能长久者，非所闻也”是淳于越这段话的核心观点，而《晏子春秋》里，晏子反复强调“毋变尔俗”“重变古常”等观点，这与“师古长久”正是一脉相通。因此从这一点来看，《晏子春秋》里所表达的晏子的思想，同淳于越的思想正相类似。因此，《晏子春秋》的作者，可能是淳于越。

综上所述，《晏子春秋》的作者可能是由齐入秦的淳于越，写作时间当在秦统一六国之后的一段时间里。当然，吴先生的推断也非定论，但在缺少更多的出土文献支持的情况下，笔者认为，这应当是最接近史实的一种推断了。

三、《晏子春秋》的思想

《晏子春秋》中的思想比较驳杂，很难简单地用某家思想来概括。此前《七略》和《汉书·艺文志》将其归入儒家，柳宗元认为其属于墨家，近人张纯一又认为“儒者十三四，墨者十六七”。晏子所处的时期，是我国历史上思想最为活跃的时期之一，出现了“百家争鸣”的景象。需要注意的是，“诸子百家”的思想观念，虽相互攻讦，但实质上界限并非绝对分明，彼此之间往往互相影响和渗透。像《晏子春秋》中所表达的一些“忠君”“爱民”“节俭”等观念，不同派别的论述中往往都有涉及，因此仅仅根据几个关键词，就把《晏子春秋》的思想轻易判定为某家，是很草率的。而笔者根据对《晏子春秋》具体内容的研究，还是倾向于吴则虞先生的看法，即“晏婴本人的思想并没有形成一种独立的学派，他的思想也不属于某一学派”。即便如此，《晏子春秋》中的思想，也还是可以归纳而言之，主要有“尚礼”“爱民”“举贤”“节用”等。

尚礼。晏子是十分尊崇礼制的，“礼”字在《晏子春秋》中出现的频率之高，可以说无与伦比。儒家以礼定尊卑，而晏子尊崇礼，主要也是为了巩固君王的统治。关于这一点，《晏子春秋》中有一则典型的例子：外篇第二章中，景公问晏子“后世孰将践有齐国者乎”，也就是“以后齐国的社稷会落入谁人之手”，景公的发问，其背景正是以田氏为代表的齐国新兴势力正迅速壮大，以至于威胁到了王权。这实际上是封建地主阶级的崛起对旧有的奴隶制造成的冲击。晏子自然是站在景公的立场上，认为“君强臣弱，政之本也”，他为景公提供的对策就是“维礼可以已之”，即用礼来约束田氏。具体地说，就是把田氏限制在“大夫不收公利”的范围内，同时禁止公卿大夫擅自变革，以收买人心。从当时的具体情况出发，“尚礼”的确有助于调整统治阶级内部以及统治阶级与被统治阶级之间的关系。

爱民。晏子的爱民之举，《晏子春秋》中比比皆是。抛开立场、目的等政治因素，就晏子本人来说，他是一位宽厚仁慈的人，这也正是普通读者在读此书时，对晏子心存敬意的主要原因。晏子是一位卓越的政治家，以政治家的经验，他深刻认识到“爱民”对巩固统治的重要性。他多次发出“意莫高于爱民，行莫厚于乐民”“事因于民者必成……民，事之本也”之类的言论。我们看晏子对国君的劝谏，大多数都是针对国君的“刻民”“害民”之举，尤其是对齐景公“与民为仇”“不顾民而忘国”的种种荒谬做法，提出了尖锐的批评。在“爱民”的观念下，晏子还提出了种种具体措施，如薄赋敛、省徭役、轻刑罚、禁杀戮等等。晏子能有这样的认识，还与他“世民”的出身以及长期居住在“近市”（民间）有很大关系。惟其如此，他才能亲身知晓百姓的疾苦，这与许多高高在上、鱼肉百姓的腐败官僚是有天壤之别的。

举贤。晏子的政治理想是明君、贤臣，明君可遇而不可求，但举贤任能却事在人为。晏子认为理想的政治应当是“其政任贤，其行爱民……从邪害民者有罪，进善举过者有赏”，若“有贤而不知”“知而不用”“用而不任”，对于国家是不吉利的事。那么，怎么来分辨贤人呢？晏子有自己的主张，他提倡“举之以语，考之以事”，又“通则视其所举，穷则视其所不为，富则视其所分，贫则视其所不取”。更为难得的是，晏子能认识到人无完人，故不求全责备，即“人不同能，而任之以一事，不可责遍成”。对于那些知错能改、一心向善的人，晏子同样给予重视。《晏子春秋》中有一则“晏子与车夫”的故事：

> 晏子为齐相，出，其御之妻从门间而窥，其夫为相御，拥大盖，策驷马，意气扬扬，甚自得也。既而归，其妻请去……其后，夫自抑损。晏子怪而问之，御以实对，晏子荐以为大夫。

对于这则故事，读者多赞赏车夫的知错能改，但从中也能看出晏子举贤任能之不拘一格。

节用。晏子崇尚“节用”，可以从两方面来理解：一方面，晏子认为人不能放纵自己的私欲，无休止地追求利益。百姓崇尚私欲则败家，大夫崇尚私欲则坏政，国君崇尚私欲则亡国。因此面对齐景公的穷奢极欲，晏子反复苦口婆心地进行劝谏。另一方面，晏子认为作为臣子，上至公卿大夫，下至普通官吏，都应廉洁奉公，非如此不足以教化百姓。他说：“廉者，政之本也。”这种判断，在今天也有其积极的意义。晏子本人对于节用是身体力行的，他虽身居相位，却一直过着节俭的生活。《晏子春秋》中，景公多次给予晏子丰厚的赏赐，甚至要为他增加食邑，但都被晏子拒绝。这既是晏子本人的人格修养，也是其作为一名卓越政治家的远见卓识。

四、《晏子春秋》的体例及版本

《晏子春秋》这部书首次被提及，是司马迁的《史记》。在《管晏列传》中，他写道："吾读管氏《牧民》《山高》……及《晏子春秋》，详哉其言之也。"但对于《晏子春秋》的体例，太史公却无一字提及，这也是导致后人聚讼纷纭的一个原因。直到大约百年之后，经学家、目录学家刘向利用自己校阅皇家藏书的便利，开始整理《晏子春秋》。在《叙录》中，刘向称所见《晏子春秋》共三十八篇、八百三十八章，但其中有大量重复，经其删削，最终定为八篇、二百一十五章，其中内篇六，外篇二。这也是今天我们所见的《晏子春秋》的体例。可以说，《晏子春秋》能够流传下来，刘向功莫大焉。

刘向的儿子刘歆也是著名的目录学家，他撰写的《七略》中，称"《晏子春秋》七篇"，而稍晚的班固写《汉书·艺文志》，又称"《晏子》八篇"，何以时间相隔如此之近，篇数却有七、八之别呢？我认为，称"七篇"，应是将外篇合二为一的缘故。《晏子春秋》的外篇，在内容上有许多与前文重复，但文字又有所出入，因此也不宜删去，古人将其合为一篇，也就是很自然的事情了。至于《晏子春秋》和《晏子》的名称差别，实为一书二名，这种例子古代常见，不足为奇。

今天能够确切知晓的最早的《晏子春秋》版本为元刻本（吴方山藏书），共八卷、二百一十五章。以元刻本为祖本，明代出现了一批《晏子春秋》的活字本和刻本，较有影响的，有明成化刻本（怀仙楼藏）、明活字本（商务印书馆曾据以影印）、绵眇阁本（为《四库全书》所收）、归有光评本（不分卷）等。到了清代，又有经训堂本（孙星衍刊）、指海本（钱熙祚刊）等，并且出现了《晏子春秋》的校注本，如孙星衍《晏子春秋音义》、文廷式《晏子春秋校本》等。

近代以来，很多学者致力于对《晏子春秋》的进一步整理。较为权威的有：张纯一《晏子春秋校注》（收入《诸子集成》）、吴则虞《晏子春秋集释》（收入《新编诸子集成》）等。另外，1972 年，山东临沂银雀山汉墓出土了大量可以被认定为《晏子春秋》的竹简，亲自参加考古发掘的骈宇骞先生据此整理成《晏子春秋校释》，其中部分文字与今本《晏子春秋》不同，具有较大的参考价值。

以上介绍了关于《晏子春秋》的一些内容，希望能对读者阅读本书有所帮助。需要说明的是，本书是在前人研究的基础上完成的，对于前代及当代学者的成果时有参考，谨表谢意。由于作者水平所限，难免出现错讹之处，恳请广大读者指正。

凡例

一、本书以明绵眇阁本为底本，参校清经训堂本，译注时适当参考了吴则虞先生的《晏子春秋集释》。但为了方便读者阅读，在部分章节的分段上略有不同。此外，因银雀山汉墓出土竹简与今本《晏子春秋》部分文字存在差异，对骈宇骞先生的《晏子春秋校释》也有参考。

二、译注时，若某一字词多次出现（如“路寝”“景公”等），则只在首次出现时进行解释。

三、个别字词对普通读者来说比较难读，适当加以注音。若此字词多次出现，则只在首次出现时注音。

四、原文个别地方因错简、讹传等原因难以释读，本书尽量加以会通，并采用意译的方式来翻译。

五、本书在通行《晏子春秋》全本的基础上，对部分重复的及价值不高的章节进行了删除，并将外篇上下两卷合为一卷，全书共为七卷。每一卷的开头，附有一段导读，以概述该卷的主要内容。

六、本书主要面对广大的古典文学爱好者，因此注释力避烦琐的考订，以求通俗易懂。若读者对《晏子春秋》有进一步研究的兴趣，可以通过书末的参考书目进行学习。

目 录

第一卷 内篇·谏上

第二卷　内篇·谏下

第三卷　内篇·问上

第四卷 内篇·问下

第五卷　内篇·杂上

第六卷　内篇·杂下

第七卷　外篇

第一卷

内篇·谏上

本卷共二十五章，除第一章为劝谏齐庄公之外，其余都是对齐景公的规劝。第一章中，庄公好勇而不顾行义，而晏子则认为：单凭勇力是无法立国的，治理国家的长久之计，在于礼义。本章列在卷首并非偶然，它实际上总括了晏子的政治主张，即以“礼义”治国。在第二、三、四、五章中，晏子又对齐景公饮酒而无节制的行为进行了规劝。酒本为礼而设，但若无节制地饮酒，不但不合于礼，更容易乱政，因此晏子“愿君节之”，这和孔子所说的“唯酒无量，不及乱”有相通之处。在本卷中，晏子还多次针对齐景公不顾百姓死活、只图自身享乐的行为进行劝谏，并提出了“重民”的主张，如第九、十三、十四、十九、二十四、二十五诸章。与“重民”相照应的，则是轻鬼神，晏子认为国君不应当把治国的希望寄托在鬼神身上。需要注意的是，晏子虽然直言敢谏，但同样重视劝谏的方法。晏子的论辩艺术，从第四、二十五章中可见一斑。

庄公矜勇力不顾行义晏子谏第一

原文

庄公奋乎勇力[1]，不顾于行义[2]。勇力之士，无忌于国[3]。贵戚不荐善[4]，逼迩不引过[5]，故晏子见公。

译文

齐庄公夸耀勇力，却不推行仁义。凭借勇力得志的人，不顾国家的法令制度，为所欲为。王室宗亲不上陈善言，亲近的臣子也不劝谏过错，所以晏子去见庄公。

注释

1 **庄公**：春秋末期齐国国君。姜姓，名光，齐灵公之子，公元前553—前548年在位。荒淫无道，与大臣崔杼之妻私通，后为崔所弑，谥曰庄。**奋乎**：奋，矜夸，夸耀。“乎”相当于介词“于”。

2 **行义**：推行仁义。

3 **无忌于国**：不顾国家的法令制度，为所欲为。

4 **荐善**：进忠善之言。

5 **逼迩**：国君身边的近臣。 **引过**：指出过失，即进谏。

原文

公曰：“古者亦有徒[1]以勇力立于世者乎？”晏子对曰：“婴闻之，轻死以行礼[2]谓之勇，诛暴不避强谓之力。故勇力之立也，以行其礼义

译文

庄公问晏子说：“从前有仅凭勇力而在世上立身的人吗？”晏子回答说：“我听说，为了遵行礼义而看轻生死才称之为有勇，诛杀坏人而不畏强梁才称之为有力。所以“勇”和“力”的

也。汤、武用兵而不为逆[3]，并国而不为贪，仁义之理也；诛暴不避强，替罪不避众[4]，勇力之行也。古之为勇力者，行礼义也。今上无仁义之理，下无替罪诛暴之行，而徒以勇力立于世，则诸侯行之以国危，匹夫行之以家残。昔夏之衰也，有推侈、大戏[5]；殷之衰也，有费仲、恶来[6]。足走千里，手裂兕虎[7]，任之以力，凌轹[8]天下，威戮无罪。崇尚勇力，不顾义理，是以桀、纣以灭，殷、夏以衰。今公自奋乎勇力，不顾乎行义，勇力之士，无忌于国，身立威强，行本淫暴。贵戚不荐善，逼迩不引过，反圣王之德，而循灭君之行[9]。用此存者，婴未闻有也。"

树立，是为了推行礼义。商汤、周武王兴兵伐罪而不被视为叛逆，兼并了暴君的国土而不被视为贪婪，这是因为他们的所作所为符合仁义的原则；诛杀坏人不畏惧强梁，消灭罪患不害怕势众，这才是真正有勇有力的行为。古时候有勇力的人，遵循的是礼义。而现在，国君没有推行仁义的美德，臣下没有消灭罪恶、诛杀坏人的行为，仅仅凭借着勇力立于世上，那么，诸侯这样做国家就有危险，平民这样做家庭就会受到损害。从前夏朝衰亡的时候，有推侈、大戏这样的勇力之人；殷商衰亡的时候，有费仲、恶来这样的勇力之人。这些人足能行千里，徒手能撕裂猛兽，放任他们使用勇力，他们就会凭借勇力来欺凌天下，滥施淫威杀戮无辜的百姓。一味崇尚勇力，而不顾仁义道德，所以夏桀、商纣因此灭亡，夏朝、商朝因此衰败。如今君王只夸耀勇力，而不顾及推行仁义，勇猛有力的人，不顾国家的法令制度，立身朝廷威望日盛，行为却荒淫残暴。王室宗亲不上陈善言，亲近的臣子也不劝谏过错，违背圣王的德政，而步亡国之君的后尘。用这种行为去求得国家长存的，我从来没有听说过。"

注释

1 **徒：**只，仅仅。

2 **轻死以行礼：**看轻生死而遵行礼义。

3 **逆：**叛逆，犯上作乱。

4 **替罪不避众：**消灭罪患不怕人多势众。替，消灭。

5 **推侈、大戏：**人名，夏桀时的勇力之士。

6 **费仲、恶来：**人名，商纣时的勇力之士。

7 **兕(sì)虎：**兕，犀牛。兕虎，泛指猛兽。

8 **凌轹(lì)：**欺压。

9 **循灭君之行：**步亡国之君的后尘。循，沿着，顺着。灭君，亡国之君。

景公饮酒酣愿诸大夫无为礼晏子谏第二

原文

景公[1]饮酒酣，曰："今日愿与诸大夫为乐饮[2]，请无为礼[3]。"晏子蹴然改容[4]曰："君之言过矣！群臣固欲君之无礼也。力多足以胜其长[5]，勇多足以弑其君，而礼不使也[6]。禽兽以力为政[7]，强者犯弱，故日易主。今君去礼，则是禽兽也。群臣以力为政，强者犯弱，而日易主，君将安立矣！凡人之所以贵于

译文

齐景公饮酒喝到兴头上，说："今天我想与各位大夫畅饮，希望大家不要为礼法所拘束。"晏子神色不安并面容严肃地说："君王的话错了！大臣们本就希望君王不讲礼法。力气大的人足以凭力气欺凌长辈，勇猛的人足以凭勇力杀死国君，像这样的话礼法就没法施行了。禽兽就是凭借力气做首领，强的欺凌弱的，所以每天都在改换首领。现在君王丢弃礼法，就同禽兽一样了。群臣凭借勇力来争夺首领之位，强的欺凌弱的，每天都更换君主，您又将立身于何地！人之所以比禽兽

禽兽者，以有礼也。故《诗》曰：‘人而无礼，胡不遄死。’[8]礼不可无也。”

高贵，就是因为人讲礼法。所以《诗》里面讲道：‘人要是不知礼法，何不赶紧死去。’礼法是不能没有的。”

注释

1 **景公**：春秋末期齐国国君，名杵臼，是庄公的异母弟。公元前547—前490年在位。庄公为崔杼所弑后，他被立为新国君，称景公。

2 **乐饮**：痛快地饮酒。

3 **请无为礼**：希望大家不要为礼法所拘束。

4 **蹴(cù)然改容**：惊惧不安地变了脸色。蹴然，惊惧不安状。

5 **胜其长**：欺凌他们的长辈。胜，欺凌。

6 **而礼不使也**：礼法就没法施行了。“使”应为“便”字之讹。

7 **以力为政**：凭借力气来争夺首领。政，首领。

8 **“人而”二句**：出自《诗经·鄘风·相鼠》，意思是人要是不知礼法，何不赶紧死去。

原文

公湎[1]而不听。少间[2]，公出，晏子不起，公入，不起；交举[3]则先饮。公怒，色变，抑手疾视[4]曰：“向者夫子之教寡人无礼之不可也，寡人出入不起，交举则先饮，礼也？”晏子避席再拜稽首而请曰[5]：“婴敢与君言而忘之乎？臣以致无礼之实也[6]。君若欲无

译文

景公背转身子而不听晏子的话。过了一会儿，景公出去，晏子不站起来恭送；景公进来，晏子也不站起来迎候；相互举杯时，晏子不等景公饮酒就自己先饮。景公很生气，变了脸色，手按案几怒视晏子说：“以往先生教诲我人不能不讲礼法，但刚才我出去进来你都不起身致意，相互举杯，你却先饮，这合乎礼法吗？”晏子站起来离开座席，拜了两拜，跪下谢罪说：“我哪敢忘记和君王说的那些话呢？我只是用这种做法来呈现一下不讲礼法的后果。您如果想不要礼法，那就

礼，此是已！”公曰：“若是，孤之罪也。夫子就席，寡人闻命矣。”觞三行[7]，遂罢酒。盖是后也[8]，饬法[9]修礼以治国政，而百姓肃[10]也。

是这个样子啊！”景公说：“您说得对，这是我的过错。先生请入席，我听从你的劝告了。”君臣举杯三次，就此结束酒宴。从此以后，景公便整治法度，修明礼治，以此来治理国家，百姓也都恭敬守礼了。

注释

1 **湎**(miǎn)**：**当为“偭”字之误，背转身的意思。

2 **少间：**不多时，一会儿。

3 **交举：**相互举杯饮酒。

4 **抑手疾视：**手按着案几，怒目而视。

5 **避席：**离开座位。 **再拜：**拜两次。 **稽**(qǐ)**首：**跪拜。 **请：**谢罪。其中避席、再拜、稽首都是古代的礼节，三者隆重程度渐次加深。

6 **以致无礼之实也：**用这种做法来呈现一下不讲礼法的后果。致，呈现。实，后果。

7 **觞**(shāng)**三行**(xíng)**：**举杯三次。行，即轮。古时饮酒，以三轮为礼成。

8 **盖是后也：**从此以后。盖，发语词，可不译。

9 **饬**(chì)**法：**整治法度。饬，整治。

10 **肃：**恭敬守礼。

景公饮酒酲三日而后发晏子谏第三

原文

景公饮酒，酲[1]，三日

译文

齐景公饮酒，喝得大醉，三天后才清

而后发[2]。

晏子见曰:“君病酒[3]乎?”公曰:“然。”晏子曰:“古之饮酒也,足以通气合好[4]而已矣。故男不群乐以妨事[5],女不群乐以妨功[6]。男女群乐者,周觞五献[7],过之者诛[8]。君身服[9]之,故外无怨治[10],内无乱行。今一日饮酒,而三日寝之,国治怨乎外,左右乱乎内。以刑罚自防者,劝乎为非[11];以赏誉自劝者,惰乎为善[12];上离德行,民轻赏罚,失所以为国矣。愿君节之也!”

醒过来。

晏子进见,问道:“您喝醉酒了吧?”景公说:“是。”晏子说:“古时候饮酒,只是为了疏通气血,调和精神而已。所以,男子不聚众饮酒而妨碍农耕,女子不聚众饮酒而妨碍纺织。男女一同饮酒,也只相互敬酒,遍饮五轮而已,超过限度的会受到斥责。君王若身体力行这个礼节,那么在朝廷之外就没有积怨之政,在朝廷之内就没有混乱之行。现在您饮酒一天而醉卧三天,国家的政事在外遭到怨恨,朝廷之内又有身边的坏人作乱。原来因惧怕刑罚而自防的人,现在却肆意做坏事;原来以追求功名自勉的人,现在却懒得行善事;君王背离德行,百姓轻视赏罚,这就丢掉了治国之本。希望您能节制饮酒啊!”

注释

1 **酲**(chéng):喝醉了神志不清。

2 **发**:醒酒后起来。

3 **病酒**:醉酒,即上文所说的“酲”。

4 **通气合好**:疏通气血,合好精神。中医认为适量饮酒能疏通气血,对身体有好处。

5 **事**:指男子所从事的农耕。

6 **功**:指女子所从事的纺织。

7 **周觞五献**:古时男女群饮的礼节,是相互敬酒,遍饮五轮。觞,本为盛酒器,这里作动词用。

8 **诛**:这里用的是其本义,声讨、责罚,而不是今天常说的“诛杀”。

9 **服**:躬行,亲自去做。

10 **怨治**:积小而坏大的政事。"怨"当作"蕴",积聚。

11 **"以刑罚"二句**:因惧怕刑罚而自防的人,现在却肆意做坏事。"劝"疑为"勤"之讹,两字繁体接近。

12 **"以赏誉"二句**:追求赏赐、荣誉的人,现在却懒于做好事。这里的"劝",意为追求。

景公饮酒七日不纳弦章之言晏子谏第四

原文

景公饮酒,七日七夜不止。弦章[1]谏曰:"君欲饮酒[2]七日七夜,章愿君废酒[3]也!不然,章赐死[4]。"

晏子入见,公曰:"章谏吾曰:'愿君之废酒也!不然,章赐死。'如是而听之,则臣为制[5]也;不听,又爱[6]其死。"晏子曰:"幸矣章遇君也!令章遇桀纣[7]者,章死久矣。"于是公遂废酒。

译文

齐景公饮酒,喝了七天七夜还不停止。大臣弦章进谏说:"您纵欲饮酒,喝了已经七天七夜,希望您不要再喝了!您要不听我的劝告,就请赐臣死。"

晏子入宫拜见景公,景公说:"弦章进谏说:'希望君王戒酒!不然,就赐弦章死。'如果我听从了弦章的话,那就是君王被臣子制约了;不听他的话,我又舍不得他死。"晏子说:"弦章遇到您真是幸运啊!如果弦章遇到的是桀、纣那样的暴君,他早就没命了。"听到晏子这么说,景公于是就停止了酗酒。

注释

1 **弦章**:齐景公时的大臣,生卒年不详,善于讽谏。

2 **君欲饮酒**:此处“欲”前漏一“从”字,这句话应为“君从欲饮酒”。

3 **废酒**:废弃饮酒,即戒酒。

4 **章赐死**:倒装句式,即“赐章死”。

5 **臣为制**:倒装句式,即“为臣制”,为臣子所制约。

6 **爱**:舍不得。

7 **桀(jié)纣**:桀,夏朝的最后一个国君;纣,商朝的最后一个国君。二人都因荒淫无度而亡国,是历史上有名的暴君。

景公饮酒不恤天灾致能歌者晏子谏第五

原文

景公之时,霖雨十有七日[1],公饮酒,日夜相继。晏子请发粟于民,三请,不见许。公命柏遽[2]巡国,致能歌者。晏子闻之,不说[3],遂分家粟于氓[4],致任器于陌[5],徒行[6]见公曰:“霖雨十有七日矣!怀宝[7]乡有数十,饥氓里有数家,百姓老弱,冻寒不得短褐[8],饥饿不得糟糠[9],敝撤无走[10],四顾无

译文

齐景公时,有一次大雨连下了十七天,景公却夜以继日地饮酒。晏子请求发放粮食赈济灾民,请求多次,都未得允许。景公却命柏遽巡视全国,寻求善于歌舞之人。晏子听到此事后,很不高兴,就把自己家的粮食分发给灾民,并把装运粮食的器具放在路旁,自己步行去见景公说:“大雨下了十七天!每乡都有数十家房屋被毁,每里有数家饥饿之民。年老体弱的百姓,寒冷时连粗布短衣都穿不上,饥饿时连酒糟米糠都吃不上,步

告[11]。而君不恤，日夜饮酒，令国致乐不已，马食府粟，狗餍刍豢[12]，三保之妾[13]，俱足粱肉。狗马保妾，不已厚乎？民氓百姓，不亦薄乎？故里穷而无告，无乐有上矣；饥饿而无告，无乐有君矣。婴奉数之策[14]，以随百官之吏，使民饥饿穷约而无告，使上淫湎失本而不恤[15]，婴之罪大矣。”再拜稽首，请身[16]而去，遂走而出。

履艰难，无处可去，四顾茫茫无处诉苦。而君王却不怜悯百姓，日夜饮酒作乐，命令在国内罗致善歌舞之人没有止息。您的马匹吃的是府库的粮食，狗吃的是牛羊猪肉，后宫嫔妃都有充足的粮米肉食。您对待犬马、嫔妃不是太优厚了吗？对平民百姓不是太苛刻了吗？乡里的百姓穷苦而无处求告，就不会乐于有这样的官府；饥饿而无处求援，也不会乐于有这样的国君。我是手捧奏事简策、位列百官之上的宰相，却让百姓饥饿贫苦而无处求告，让君王沉湎于酒色丢弃百姓而不加怜悯，我的罪过实在太大了。”晏子于是跪拜后请求辞职，然后便快步走出宫门。

注释

1 **霖雨十有七日**：大雨连续下了十七天。霖雨，持续的大雨，也叫淫雨。

2 **柏遽**(jù)：人名，景公的大臣。一说“柏”是官名，“遽”为急忙之意。本处从前说。

3 **不说**：不高兴。“说”同“悦”。

4 **氓**(méng)：老百姓。

5 **致任器于陌**：把装载粮食的用具放在路边。任器，装载粮食的用具。陌，田间东西方向的道路，泛指田间小路。

6 **徒行**：步行。

7 **怀宝**：应为“坏室”，房屋被毁坏。

8 **短褐**：粗布短衣，为平民百姓之穿着。

9 **糟糠**：酒糟、米糠等粗劣食物。

10 **敝撤无走**：步履艰难，无处可去。“敝”通“蹩 ”，跛脚难行之状。

11 **四顾无告**:没有诉苦的地方。告,诉说。

12 **狗餍(yàn)刍豢(huàn)**:狗饱食牛羊猪肉。餍,吃饱。刍豢,养牛羊叫刍,养猪叫豢,这里指牛羊猪肉。

13 **三保之妾**:后宫受宠爱的妃嫔。"三保"当为"三室",泛指后宫。

14 **奉数之策**:手持书写奏章的简策。

15 **淫湎失本而不恤**:沉湎于酒色丢弃人民而不加怜悯。淫湎,指沉湎于酒色。本,这里指人民,民为国之本。恤,怜悯。

16 **请身**:请求辞掉官职。

原文

公从之,兼于涂而不能逮[1]。令趣驾[2]追晏子,其家,不及。粟米尽于氓,任器存于陌,公驱及之康内[3]。公下车从晏子曰:"寡人有罪,夫子倍弃不援[4],寡人不足以有约[5]也,夫子不顾社稷百姓乎?愿夫子之幸存寡人[6],寡人请奉齐国之粟米财货,委之百姓[7],多寡轻重,惟夫子之令。"遂拜于途。

晏子乃返,命禀巡氓[8],家有布缕之本[9]而绝食者,使有终月之委[10];绝本之家,使有期年之食[11];无委积之氓,与之

译文

景公徒步跟了出来,却为泥泞的道路所阻没能追上。他命令驾车追赶晏子,到了晏子家,也没有追到。只见晏子家的粮食都发给了百姓,装粮的器具放在路边,景公又驱车追到大路上,终于追上了晏子。景公下车跟在晏子身后,说:"我有罪过,先生抛开我不再辅佐,我也没什么能阻拦您的,但先生就不顾念国家和百姓了吗?希望先生赐幸留在我身边,我愿拿出齐国的粮食财物,分发给百姓。给多给少,谁轻谁重,全听先生的意见。"当场就授权晏子赈济灾民。

晏子这才返回朝廷,命令禀巡视灾民,凡家中有农桑种子而断粮的,发给一个月粮食;连种子也没有的人家,发给一年的粮食;没有积蓄柴火的人家,发给他们柴草,使他们足以度过雨季。命令柏遽去巡视百姓,凡房屋毁坏不足以抵御风雨的,发

薪橑[12]，使足以毕霖雨。令柏巡氓，家室不能御者[13]，予之金；巡求氓寡用财乏者[14]。死三日而毕[15]，后者若不用令之罪。公出舍，损肉撤酒，马不食府粟，狗不食飦肉[16]，辟拂嗛齐[17]，酒徒减赐。

给他们现钱；巡察百姓中缺少用度、经济困难的人。这些工作全部限三日内完成，拖后者按不执行命令论罪。景公也搬离宫舍，减少膳食用度，马匹不再吃府库的粮食，狗也不再吃肉粥，左右幸臣的资供减少，陪景公饮酒的幸臣的赏赐也减少了。

注释

1 **兼(nián)于涂而不能逮**：为路上的泥泞所阻而没有追上。“兼”通“溓”，相黏着，这里指泥泞。

2 **趣驾**：坐上车子。因景公先前步行跟随晏子，这里为了赶上他，所以又坐上车子追赶。

3 **康内**：大路。古称四通八达的大路为康，如“康庄大道”。

4 **倍弃不援**：背离而去不加援助。“倍”通“背”。

5 **不足以有约**：不足以劳烦您。约，屈驾。

6 **幸存寡人**：赐幸辅佐我。存，保存，这里解释为辅佐。

7 **委之百姓**：分给百姓。委，本义为弃，作分给解。

8 **命禀巡氓**：命令禀去巡视百姓。禀，人名。

9 **布缕之本**：从事农桑耕作的种子。

10 **终月之委**：分给一个月的口粮。终月，一个月。

11 **期(jī)年之食**：分给一整年的食物。期年，一年。

12 **薪橑(liáo)**：柴火。薪、橑同义。

13 **家室不能御者**：房屋倒塌不能抵御风雨的人家。

14 **寡用财乏者**：没有钱财使用的人家。

15 **死三日而毕**：“死”疑为“比”之讹，比，意为皆。这句话意思是：全部以三日为限完成。

16 **飦(zhān)肉**：肉粥。“飦”同“饘”，黏稠的粥。

17 **辟拂嗛(qiàn)齐(zī)**：减少对左右幸臣的俸禄。辟拂，左右侍御之幸臣。

"嗛"通"歉","齐"通"资"。

原文

三日,吏告毕上:贫氓万七千家,用粟九十七万钟[1],薪橑万三千乘[2];怀宝二千七百家,用金三千。公然后就内退食,琴瑟不张,钟鼓不陈。晏子请左右与可令歌舞足以留思虞者[3]退之,辟拂三千,谢于下陈[4]。人待三,士待四,出之关外也[5]。

译文

三日期到,官吏上报:贫苦灾民有一万七千家,分发粮食九十七万钟,柴草一万三千车;房屋毁坏的,有二千七百家,发放救济金三千金。景公听了后回到后宫,减少用度,不再击鼓鸣琴奏乐。晏子请求将景公身边以歌舞使君王留恋娱乐的人清退,于是左右侍御三千人,都从后宫的队列中被裁减。姬妾、舞女限期三天,幸臣限期四天,全部逐出宫门。

注释

1 **钟:**古代计量单位。春秋时齐国以十釜为一钟。

2 **乘**(shèng)**:**古时四马一车为一乘,这里指一辆车。

3 **足以留思虞者:**足以使人移情夺志的人。"留"通"流",移动。"虞"应为"虑"。

4 **谢于下陈:**辞掉不录用于后列。下陈,古代殿堂下站列婢女的地方。

5 **"人待"三句:**姬妾、舞女限三天离宫,幸臣限四天离宫。关外,宫门之外。

景公夜听新乐而不朝晏子谏第六

原文

晏子朝，杜扃望羊待于朝[1]。晏子曰："君奚故不朝？"对曰："君夜发[2]不可以朝。"晏子曰："何故？"对曰："梁丘据扃入歌人虞[3]，变齐音。"晏子退朝，命宗祝修礼而拘虞[4]。公闻之而怒曰："何故而拘虞？"晏子曰："以新乐淫君[5]。"公曰："诸侯之事，百官之政，寡人愿以请子。酒醴[6]之味，金石之声，愿夫子无与焉。夫乐，何必夫故哉[7]？"对曰："夫乐亡而礼从之，礼亡而政从之，政亡而国从之。国衰，臣惧君之逆政之行。有歌[8]，纣作《北

译文

晏子上朝，看见杜扃等候在朝堂前，望着远处。晏子问："君王为什么没有上朝？"杜扃回答说："君王整夜兴奋得没睡，所以没能上朝。"晏子又问："为什么整夜没睡？"杜扃回答说："梁丘据秘密进献了一个叫虞的能歌善舞之人，变齐国古乐而为新曲。"晏子离开朝堂，命令宗祝根据礼法规定拘捕了虞。景公听说后大怒道："为什么拘捕虞？"晏子说："因为他用新的乐曲淫乱君心。"景公说："诸侯间迎来送往之事，治理百官的政务，我愿意请教于先生。至于我喝什么酒，听什么音乐，希望先生不要干预。何必一定要遵循礼法演奏那些老套的调子？"晏子回答说："古乐消亡，礼法就会随之消亡；礼法消亡，政教也会随之消亡；政教消亡，国家便会跟着消亡。国运衰败，我怕君王背离政教行事。有关歌乐的事情，殷纣王曾作《北里》之曲，周幽王与周厉王也听类似的曲子，这些乐曲淫靡而鄙俗，最

里》[9]，幽厉[10]之声，顾夫淫以鄙而偕亡[11]。君奚轻变夫故哉？”公曰：“不幸[12]有社稷之业，不择言而出之，请受命矣。”

终都导致了他们国家的灭亡。君王难道还敢轻视改变传统礼乐的坏处吗？”景公说：“我侥幸拥有国家的基业，不假思索就说出了那些话，我愿意接受您的教诲。”

注释

1 **杜扃**(jiǒng)**：**人名，齐景公的侍臣。 **望羊：**远视貌。

2 **夜发：**夜里兴致勃发而不眠。

3 **梁丘据扃入歌人虞：**梁丘据秘密引进了一个名叫虞的能歌善舞的人。梁丘据，景公的近臣。扃入，秘密引进。

4 **宗祝：**官名，主管祭祀之礼。 **修礼：**依照礼法规定办事。

5 **以新乐淫君：**用不符合礼法的乐曲淫乱君心。新乐，指上文中的“变齐音”。古时认为好的音乐应当雅正，不符合此标准的往往被斥之为“淫声”。

6 **酒醴**(lǐ)**：**泛指美酒。醴，甜酒。

7 **何必夫故哉：**意思是何必一定要遵循礼法演奏老套的齐音。

8 **有歌：**有关歌乐之事。

9 **《北里》：**殷纣王时的淫靡乐曲。

10 **幽厉：**周幽王和周厉王，是西周末年两个昏庸的国君。

11 **顾夫淫以鄙而偕亡：**淫靡而鄙俗，从而导致国家都灭亡了。顾夫，发语词，可不译。淫以鄙，淫靡而鄙俗。

12 **不幸：**此处作侥幸解。

景公燕赏无功而罪有司晏子谏第七

原文

景公燕赏[1]于国内，万钟者三[2]，千钟者五，令三出[3]，而职计莫之从[4]。公怒，令免职计，令三出，而士师[5]莫之从。公不说。晏子见，公谓晏子曰："寡人闻君国者[6]，爱人则能利之，恶人则能疏之。今寡人爱人不能利，恶人不能疏，失君道[7]矣。"

译文

齐景公在国内设宴赏赐，获得万钟粮食赏赐的有三人，获得千钟粮食赏赐的有五人，命令下达了多次，执掌计算的官吏却不执行。景公大怒，下令罢免执掌计算的官吏，命令下达了多次，掌刑狱的官吏也没有听从。景公非常不高兴。晏子拜见景公，景公对晏子说："我听说，统治国家的君王，宠爱谁就能赏赐谁，厌恶谁就能罢免谁。现在我宠爱的人不能赏赐他，厌恶的人不能罢免他，已经失去为君的权威了。"

注释

1 **燕赏：**设宴赏赐。"燕"通"宴"。

2 **万钟者三：**获得万钟粮食赏赐的有三人。下文"千钟者五"句式同此。

3 **令三出：**命令发出了多次。三，虚指，意为多次。

4 **职计莫之从：**执掌计算的官吏不听从。职计，执掌计算的官吏。莫之从，倒装句，即莫从之。

5 **士师：**掌管刑狱的官吏。

6 **君国者：**掌管国家的人，即国君。君，名词作动词用。

7 **失君道**：失去国君的权威。"道"在古文里有多种含义，如德行、规范等，这里作权威解。

原文

晏子曰："婴闻之，君正臣从谓之顺，君僻臣从谓之逆[1]。今君赏谗谀之民，而令吏必从，则是使君失其道，臣失其守也。先王之立爱，以劝善也；其立恶[2]，以禁暴也。昔者三代之兴也，利于国者爱之，害于国者恶之，故明所爱而贤良众，明所恶而邪僻灭。是以天下治平，百姓和集。及其衰也，行安简易，身安逸乐，顺于己者爱之，逆于己者恶之，故明所爱而邪僻繁，明所恶而贤良灭。离散百姓，危覆社稷。君上不度[3]圣王之兴，而下不观惰君之衰，臣惧君之逆政之行，有司[4]不敢争，以覆社稷，危宗庙。"

公曰："寡人不知也，请从士师之策。"国内之禄，所收者三[5]也。

译文

晏子说："我听说，君王行正道而臣子服从，叫作顺；君王行邪僻而臣子服从，叫作逆。现在君王赏赐专进谗言、阿谀奉承的人，却命令官吏必须听从，就是使君王失去为君之道，而臣子失去为臣之职。古代的帝王进行赏赐，是为了勉励人们从善；进行惩罚，是为了禁止强暴之行。过去夏、商、周三代兴盛的原因，是因为有利于国家的君主就喜爱，有害于国家的君主就厌恶。所以昭示所爱，贤良的人就增多了；昭示所恶，奸邪的人就绝迹了。因此天下政治清平，百姓和睦团结。至其衰败之时，行为怠慢轻率，生活纵欲享乐，顺从己意的人就喜欢他，违背己意的人就厌恶他。所以昭示其所喜好，邪僻之人就增多；昭示其所厌烦，贤良之人就灭迹。这样就使百姓离散，国家危亡。君王上不考虑圣王兴盛的原因，下不详察惰怠之君衰败的情形，我担心君王违背治国之道的行为，使官吏不敢诤谏，从而导致国家覆亡，危及宗庙。"

景公说："是我不明智啊，请按照士师的办法行事。"国内赏赐的禄米，收回了十分之三。

注释

1 **君僻臣从谓之逆**：国君邪僻不正，而臣子却一味顺从他，这样的臣子就叫逆臣。

2 **立恶**(wù)：昭示所恶。这里的恶，作厌恶解。立爱、立恶，犹言立赏、立罚。

3 **度**(duó)：考虑。

4 **有司**：有关部门。

5 **所收者三也**：收回了十分之三。三，指三成。

景公信用谗佞赏罚失中晏子谏第八

原文

景公信用谗佞[1]，赏无功，罚不辜[2]。晏子谏曰："臣闻明君望圣人而信其教[3]，不闻听谗佞以诛赏。今与左右相说颂[4]也，曰：'比死者勉为乐[5]乎！吾安能为仁而愈黥民[6]耳矣！'故内宠之妾，迫夺于国[7]，外宠之臣，矫夺于鄙[8]，执法之吏，并荷百姓[9]。民愁苦约病[10]，而奸驱尤佚[11]，隐情奄恶[12]，

译文

齐景公听信任用说别人坏话的奸佞小人，赏赐无功的人，惩罚无罪的人。晏子于是进谏说："我听说圣明的君主仰慕圣人而听从他们的教导，没有听说听从奸佞小人的话来进行赏罚的。现在君王与亲近的人相互取悦逢迎，说：'将死的人还尽力寻欢作乐呢！我们怎么能为了行仁义而活得比犯人还差！'所以宫内受宠的嫔妃在国君左右放肆掠夺，外面受宠的臣子在地方上巧取豪夺，执法的官吏，都苛刻虐待百姓。人民愁苦贫病，而隐藏的小人更加猖狂，他们隐瞒真相，掩盖罪恶，蒙蔽国君，所

蔽谄其上[13]，故虽有至圣大贤，岂能胜若谗哉！是以忠臣之常有灾伤也。臣闻古者之士，可与得之，不可与失之；可与进之，不可与退之。臣请逃之矣。”遂鞭马而出。

以即使有至圣大贤，也难以克制这些谗佞之人啊！因此忠臣常遭祸患。我听说古代的贤士，国君可亲近就能得到他们，国君不可亲近就会失去他们；国君可亲近，他们就出仕，国君不可亲近，他们就隐遁。现在我请求离开这里。”晏子于是策马离开了朝廷。

注释

1 **谗佞**：说别人坏话的小人。佞，巧言谄媚。

2 **不辜**：无辜，没有过错。

3 **信其教**：听从他们的教导。

4 **相说颂**：相互取悦、宽容。“说”同“悦”。“颂”同“容”，宽容。

5 **比死者勉为乐**：将要死去的人尚且尽力寻求欢乐。比，将要。

6 **为仁而愈黥(qíng)民**：为了仁义过得比罪犯还差。黥民，犯罪的人。黥，古代的一种刑罚，在脸上刺上黑字，以示有罪。

7 **迫夺于国**：在国君左右放肆掠夺。国，指国君身边，即王宫之内。

8 **矫夺于鄙**：在地方上巧取豪夺。鄙，边邑，这里指王宫之外。

9 **并荷百姓**：一起苛刻虐待百姓。“荷”通“苛”。

10 **愁苦约病**：愁苦贫病。约，贫困。

11 **奸驱尤佚**：隐藏的奸人更加猖狂。奸驱，即隐藏的坏人。佚，放纵恣肆。

12 **隐情奄恶**：隐藏真相，掩盖罪恶。

13 **蔽谄其上**：蒙蔽国君。

原文

公使韩子休[1]追之，曰：“孤不仁，不能顺教，以至此极[2]。夫子休国焉而往[3]，寡人将从而后。”

译文

景公命韩子休追赶晏子，说：“我不仁德，不能承您教诲，因此到了极端昏庸的地步。先生丢下国家要往哪里去，我就跟着到哪里。”晏子听了这话，就又策马返回晏子遂鞭马而返。其仆曰："向之去何速？今之返又何速？"晏子曰："非子之所知也，公之言至矣[4]。"

来了。他的仆人说："为何刚才离开得那样快，现在又回来得这样急呢？"晏子说："这个道理不是你能知道的了，景公的话说得太诚恳了啊。"

注释

1 **韩子休：**人名，齐景公的大臣。

2 **以至此极：**因此到了这种极端昏庸的地步。

3 **休国焉而往：**离开国家去哪里。焉而往，去哪里。

4 **言至矣：**话说得太诚恳了。

景公爱嬖妾随其所欲晏子谏第九

原文

翟王子羡[1]臣于景公，以重驾[2]，公观之而不说也。嬖人婴子[3]欲观之，公曰："及晏子寝病[4]也。"居圃[5]中台上以观之，婴子说之，因为之请曰："厚禄之！"公许诺。

译文

翟王之子羡为景公之臣，用超过礼制规定的马匹数来驾车，景公看到后很不高兴。他的爱妾婴子想看羡的车，景公说："等晏子卧病的时候吧。"于是在园林中的高台上观看羡的车，婴子很高兴，于是替羡请求说："多多增加他的俸禄吧！"景公答应了。

注释

1 **翟王子羡：**翟王之子，名羡，生卒年不详。

2 **重(chóng)驾**:用超过礼仪制度规定的马匹数量驾车,即下文所说的“驾八”之重,十六匹马。

3 **嬖(bì)人婴子**:景公宠爱的姬妾婴子。嬖,宠幸。

4 **寝病**:因病卧床不起。

5 **囿(yòu)**:古代皇帝畜养禽兽以供观赏的园林。

原文

晏子起病而见公,公曰:“翟王子羡之驾,寡人甚说之,请使之示[1]乎?”晏子曰:“驾御之事,臣无职[2]焉。”公曰:“寡人一乐之,是欲禄之以万钟,其足乎?”对曰:“昔卫士东野[3]之驾也,公说之,婴子不说,公曰不说,遂不观。今翟王子羡之驾也,公不说,婴子说,公因说之;为请,公许之,则是妇人为制也。且不乐治人,而乐治马,不厚禄贤人,而厚禄御夫。昔者先君桓公之地狭于今,修法治,广政教,以霸诸侯。今君,一诸侯无能亲也,岁凶年饥,道途死者相望也。君不此忧耻[4],而惟图耳目之乐,不修先君之

译文

晏子病好后去见景公,景公说:“翟王之子羡的车,我非常喜欢,让他展示出来看看吧?”晏子说:“驾车的事,不属于我的职责。”景公说:“我非常喜欢这种车驾,因此想给他万钟的俸禄,够不够?”晏子回答说:“从前卫国人东野的车驾,君王本来喜欢,但婴子不喜欢,您就说不喜欢,于是不去看。现在翟王之子羡的车驾,君王您本来不喜欢,但婴子喜欢,您就随着她也喜欢;婴子为羡请求增加俸禄,您也答应了,这就是受制于妇人了。而且您不乐于治理百姓,而乐于车马之事;不对贤人多加赏赐,而对车夫多加赏赐。从前先君桓公的土地比现在还狭小,但他修明法治,广行政教,因此称霸诸侯。现在君王您,一个诸侯也不来亲附,年成不好,百姓饥饿,路途上的死人随处可见。君王不为此感到忧虑和羞耻,反而只图声色的快感,不学习先王的丰功伟业,而只追求车驾的技艺,那么您不顾民众而忘却国家很严重了。况且《诗经》中说:‘只见三马一

功烈[5]，而惟饰驾御之伎[6]，则公不顾民而忘国甚矣。且《诗》曰：'载骖载驷，君子所诫。'[7]夫驾八，固非制也[8]，今又重此，其为非制也，不滋甚乎[9]！且君苟美乐之，国必众为之，田猎则不便，道行致远则不可，然而用马数倍，此非御下之道[10]也。淫于耳目，不当民务，此圣王之所禁也。君苟美乐之，诸侯必或效我，君无厚德善政以被诸侯[11]，而易之以僻[12]，此非所以子民、彰名、致远、亲邻国之道也[13]。且贤良废灭，孤寡不振[14]，而听嬖妾以禄御夫以蓄怨，与民为仇之道也。《诗》曰：'哲夫成城，哲妇倾城。'[15]今君不思成城之求[16]，而惟倾城之务[17]，国之亡日至矣。君其图之！"

公曰："善。"遂不复观，乃罢归翟王子羡，而疏嬖人婴子。

车或四马一车，远远的便知君子将至。'而用八匹马驾车，本就不合规矩了，现在又比八匹马加倍，不合规矩不是更严重了吗！况且君王贪图眼前的享乐，国人必定纷纷效仿，那样打猎就不方便，行路到远方去也困难，所以用超过数量的马匹，这不是统治民众的方法。沉湎于声色之乐，不管理百姓的事务，这是圣王所禁止的。君王只图眼前的享乐，诸侯中也必定有人来效仿，君王没有美德善政来给诸侯做榜样，却代之以邪僻之行，这不是用来统治百姓、彰显美名、结交远国、亲近邻国的做法啊。何况贤良的人被埋没，孤寡的人得不到赈济，而听信宠妾的话增加车夫的俸禄来招致百姓的怨恨，这是与百姓为仇敌的做法。《诗经》中说：'多谋的男人成就国家，多虑的女人败坏国家。'现在君王不考虑努力去做成就国家的事，而只干取悦宠妾、败坏国家的事，国家灭亡的日子就要来到了。君王您好好想想吧！"

景公说："对。"于是不再观看翟王之子羡的车，罢免了羡，而且疏远了宠妾婴子。

注释

1 **使之示：**命他展示出来。示，展示。

2 **无职**:不是我的职责。

3 **东野**:人名,春秋时卫国一个善于驾车的人。

4 **不此忧耻**:不为此感到忧虑和羞耻。

5 **不修先君之功烈**:不学习先王的丰功伟业。修,学习。

6 **饰驾御之伎**:追求车驾的技艺。饰,追求。

7 **"载骖"二句**:出自《诗经·小雅·采菽》,意思是:只见三马一车或四马一车,远远的便知君子将至。诫,《诗经》本作"届",意为至。

8 **夫驾八,固非制也**:用八匹马驾车,自古就没有这种制度。《公羊传》曰:"天子驾六。"因此,驾八是不合礼制的。

9 **不滋甚乎**:不是增加得太多了吗!滋,增加。

10 **御下之道**:统治臣民的方法。御,驾驭,引申为统治。

11 **被诸侯**:给诸侯做榜样。

12 **僻**:邪僻的行为。

13 **子民**:治理百姓。 **彰名**:彰显德行。 **致远**:结交远国。

14 **孤寡不振**:孤寡之人得不到赈济。振,救济,赈济。

15 **"哲夫"二句**:出自《诗经·大雅·瞻卬(yǎng)》,意思是:多谋的男人成就国家,多虑的女人败坏国家。城,国家。

16 **成城之求**:成就国家之事。

17 **倾城之务**:败坏国家之事。

景公敕五子之傅而失言晏子谏第十

原文

景公有男子五人,所

译文

齐景公有五个儿子,派去做他们老

使傅之者[1]，皆有车百乘者也，晏子为一焉。公召其傅曰："勉之！将以而所傅为子[2]。"及晏子，晏子辞曰："君命其臣，据其肩以尽其力[3]，臣敢不勉乎！今有车百乘之家[4]，此一国之权臣也，人人以君命命之曰'将以而所傅为子'，此离树别党[5]，倾国之道也，婴不敢受命，愿君图之！"

师的，都是拥有百乘车驾的大夫，晏子就是其中一个。景公分别召见了这些老师，说："努力吧，我会立你所教的儿子为太子的。"轮到晏子时，晏子辞谢说："君王命令他的臣子，根据其所能使他发挥才力，臣子敢不尽心尽力吗？现在拥有车驾百乘的大夫，都是国中掌有实权的人，人人都以君王'会立你所教的儿子为太子'的话自命，这一定会在五人之间离间树党，是倾覆国家的做法。我不敢从命，希望君王慎重考虑这件事啊！"

注释

1 **所使傅之者：**派去做他们老师的人。

2 **将以而所傅为子：**将立你所教的这个儿子为太子。而，你。子，特指太子。

3 **据其肩以尽其力：**根据其所能使他发挥才力。

4 **今有车百乘之家：**现在拥有车驾百乘的大夫。当时的制度，拥有百乘车者属大夫之列。

5 **离树别党：**这句话的意思是：太子只有一个，现在国君分别告诉五个公子的师傅，将立其所教的为太子，这会离间他们的关系，使其各树一党，互相猜忌。

景公欲废适子阳生而立荼晏子谏第十一

原文

淳于人[1]纳女于景公，生孺子荼[2]，景公爱之。诸臣谋欲废公子阳生[3]而立荼，公以告晏子。

晏子曰："不可。夫以贱匹贵[4]，国之害也；置大立少，乱之本也。夫阳生，生而长，国人戴之[5]，君其勿易！夫服位有等[6]，故贱不陵贵；立子有礼，故孽不乱宗[7]。愿君教荼以礼而勿陷于邪，导之以义而勿湛于利[8]。长少行其道，宗孽得其伦。夫阳生敢毋使荼餍粱肉之味[9]，玩金石之声，而有患乎？废长立少，不可以教下；尊孽卑宗，不可以利所爱。长少无等，宗孽无别，是设贼树奸之

译文

淳于国嫁女子给齐景公，生了孺子荼，景公很宠爱他。有些大臣商议让景公废掉公子阳生而立荼为太子，景公将此事告诉了晏子。

晏子说："不行。用低贱之人匹配高位，是国家的大害；废长立幼，是祸乱的本源。阳生比荼年长而且国人都拥戴他，君王不能改变！人的服色、职位有一定的等级，所以地位低的不能凌驾于地位高的人之上；立太子有一定的礼法制度，所以庶子不能超过宗子的地位。希望君王能够用礼来教导荼，使他不要陷于邪恶；用义来引导他，使他不要沉迷于私利。长的、少的遵循他们各自的职分，嫡出和庶出得到他们各自的位置。阳生敢不让荼饱食美味，尽情歌舞，而让他遭受忧患吗？废长立幼，就不能够教化国人；重视庶子轻视嫡子，就不能对您宠爱的人有利。长幼没有等级，嫡子和庶子没

本[10]也。君其图之！古之明君，非不知繁乐[11]也，以为乐淫则哀[12]；非不知立爱也，以为义失则忧。是故制乐以节，立子以道。若夫恃谗谀以事君者，不足以责信[13]。今君用谗人之谋，听乱夫之言也，废长立少，臣恐后人之有因君之过以资其邪[14]，废少而立长以成其利者。君其图之！”公不听。

景公没，田氏[15]杀君荼，立阳生；杀阳生，立简公[16]；杀简公而取齐国。

有高下区别，是施害、植乱的根源。您要好好想想这件事！古代的圣明之君，并非不知道尽情享乐，但他们知道享乐过度就会生出悲哀的事情；并不是不知道扶持自己所宠爱的人，但认为失去道义就会有忧患。所以，创制音乐要有节制，确立太子要遵从礼法。那些以谗言谄媚侍奉君王的人，您是不能够信任的。现在您是在听从谗谀之人的计谋，听信作乱之人的话，废长子立少子，我担心后人会借助您的过错而助长他们的邪念，再度废掉少子立长子来达成他们的私利。您要好好考虑下这件事！”景公没有听从晏子的话。

景公死后，大夫田乞杀掉荼，立阳生为君；后来田氏又杀掉阳生，立简公；后又杀简公占有了齐国。

注释

1 **淳于人：**淳于这个地方的人。淳于，古国名，在今山东安丘北二十里。

2 **孺子荼(tú)：**荼，景公之子，景公死后，暂立为齐君，号晏孺子。

3 **公子阳生：**阳生，景公之子，即齐悼公，后为大夫鲍子所弑。

4 **以贱匹贵：**用低贱的匹配高尚的。

5 **戴之：**爱戴他。

6 **服位有等：**服色、职位有严格的等级规定。

7 **孽不乱宗：**庶子的地位不能超过嫡子的地位。孽，古时指媵妾所生之子。宗，即宗子，嫡长子。

8 **湛(dān)于利：**沉溺于利。湛，沉溺。

9 **餍粱肉之味：**满足于精美的食物。餍，吃饱，引申为满足。粱肉，泛指美味佳肴。

10 **设贼树奸之本：**是施害、植乱的根源。贼，害。奸，乱。

11 **繁乐：**多乐，尽情享乐。

12 **乐淫则哀：**享乐过度就会生出悲哀之事。淫，过度、过分。

13 **责信：**信任。

14 **因君之过以资其邪：**借助君王的过失而助长他们的邪念。

15 **田氏：**指田乞，齐国大夫。

16 **简公：**齐悼公阳生之子，名壬，后为田成子所弑。简公死后，发生了历史上著名的"田氏代齐"事件。

景公病久不愈欲诛祝史以谢晏子谏第十二

原文

景公疥且疟[1]，期年不已[2]。召会谴[3]、梁丘据、晏子而问焉，曰："寡人之病病矣[4]，使史固与祝佗[5]巡山川宗庙，牺牲珪璧[6]，莫不备具，数其常多先君桓公，桓公一则寡人再。病不已，滋甚，予欲杀二子者以说于上帝[7]，其可乎？"会谴、梁丘据曰："可。"晏子不对。

译文

景公患上了疟疾，整整一年都没好。于是召见会谴。梁丘据、晏婴，问他们说："我的病痛苦极了，我派了史固和祝佗巡祀山川宗庙，祭祀用的牲畜、美玉，没有一样不齐全，数量比先君桓公用的还多，桓公用一份，我用两份。病非但没有好，反而更重了，我想杀死他们来取悦上帝，可以吗？"会谴、梁丘据说："行。"晏子不回答。

景公问："晏子认为如何？"晏子说："君王认为祝告有益处吗？"景公说：

公曰："晏子何如？"晏子曰："君以祝为有益乎？"公曰："然。""若以为有益，则诅亦有损[8]也。君疏辅而远拂[9]，忠臣拥塞，谏言不出。臣闻之，近臣嘿，远臣瘖[10]，众口铄金[11]。今自聊、摄[12]以东，姑、尤[13]以西者，此其人民众矣，百姓之咎怨诽谤[14]，诅君于上帝者多矣。一国诅，两人祝，虽善祝者不能胜也。且夫祝直言情，则谤吾君也；隐匿过，则欺上帝也。上帝神，则不可欺；上帝不神，祝亦无益。愿君察之也。不然，刑无罪，夏商所以灭也。"

"有。""如果祝告有益处，那么诅咒也会有损害了。您疏远辅佐之臣，忠臣阻隔，不得进谏。我听说，近臣沉默，远臣也不说话，众人之口就可以熔化金属。现在聊、摄以东，姑水、尤水以西，广大的齐国土地上人口众多，百姓憎恨怨恶指责君王过失，向上天诅咒您的人很多。一国的人诅咒，两个人祝告，即使再善于祝告的人也不能胜过。况且祝告之人要是说实话，就是指责君王您；隐藏您的过错，就是在欺骗上天。上天如果灵验，就不可能被欺骗；上天如果不灵验，那么祝告就没什么用处。希望君王明察此事。否则，滥杀无辜，那就是夏桀、商纣灭亡的原因啊。"

注释

1 **疥且疟：**生病发疟疾。"疥"通"痎"(jiē)，二日一发的疟疾。

2 **期年不已：**整整一年病还没好。已，痊愈。

3 **会谴：**齐国大夫。

4 **寡人之病病矣：**我的病痛苦极了。前一个"病"为名词，疾病；后一个"病"作形容词，痛苦。

5 **史固与祝佗：**二人分别为齐国的太祝和太史，掌管祭祀、记史等职责。

6 **牺牲珪(guī)璧：**牺牲，祭祀时用来作供品的牛羊等牲畜。珪璧，祭祀时用的美玉。

7 **说于上帝：**取悦于上帝。"说"同"悦"。

8 **诅亦有损：**诅咒也有损害。

9 **疏辅而远拂**(bì)**:**疏远辅佐大臣。"拂"通"弼",辅佐。

10 **近臣嘿,远臣瘖**(yīn)**:**身边的臣子沉默不言,远方的臣子也不能说话。嘿,沉默。瘖,不能说话。

11 **众口铄金:**众口所毁,足以将金属熔化。形容舆论的力量巨大。

12 **聊、摄:**齐国西部靠近边界的两个小城邑。

13 **姑、尤:**姑水和尤水,此二水绕齐国东部边界而流过。

14 **咎怨诽谤:**憎恨怨恶,指责过失。

原文

公曰:"善解余惑,加冠[1]!"命会谴毋治齐国之政,梁丘据毋治宾客之事,兼属之乎晏子。晏子辞,不得命,受相退,把政。改月而君病悛[2]。公曰:"昔吾先君桓公,以管子为有力,邑狐与穀[3],以共宗庙之鲜[4],赐其忠臣,则是多忠臣者。子今忠臣也,寡人请赐子州款[5]。"辞曰:"管子有一美,婴不如也;有一恶,婴不忍为也,其宗庙之养鲜也[6]。"终辞而不受。

译文

景公说:"您很好地解开了我的迷惑,应该加官晋爵!"命令会谴不再管理齐国的政事,梁丘据不再担任迎送宾客的职位,两人的职事都由晏子来管理。晏子辞谢,景公不允许,晏子于是接受了相位而退出,开始主持国政。一个月后,景公的病好了。景公说:"从前我的先君桓公,因为管仲有功,封赐他狐与穀两邑,用来供给宗庙祭祀用的新鲜兽肉。赏赐忠臣,就是嘉奖忠臣。你是当今的忠臣,我要赐给你州款作封邑。"晏子辞谢说:"管子有一美德,是我所不及的;有一过失,是我不愿效法的,就是为宗庙祭祀而接受封地以供应新鲜兽肉。"晏子始终坚辞而未接受。

注释

1 **加冠:**加官晋爵。

2 **改月而君病悛**(quān)**:**一个月之后国君的病好了。改月,一个月后。悛,停止,这里指病愈。

3 **邑狐与榖：**把狐和榖赐给管仲作食邑。狐、榖，皆地名。

4 **共宗庙之鲜：**供给宗庙祭祀用的新鲜兽肉。“共”通“供”。鲜，祭祀用的新鲜兽肉。

5 **州款：**地名，具体位置不详。

6 **其宗庙之养鲜也：**为宗庙祭祀而接受封地以供应新鲜兽肉。晏子不认可管仲的这种行为，因此称之为“有一恶”。

景公怒封人之祝不逊晏子谏第十三

原文

景公游于麦丘[1]，问其封人[2]曰：“年几何矣？”对曰：“鄙人之年八十五矣。”公曰：“寿哉！子其祝我[3]。”封人曰：“使君之年长于胡[4]，宜国家。”公曰：“善哉！子其复之。”封人曰：“使君之嗣[5]，寿皆若鄙臣之年。”公曰：“善哉！子其复之。”封人曰：“使君无得罪于民。”公曰：“诚有鄙民得罪于君则可，安有君得罪于民者乎？”

晏子谏曰：“君过矣！彼

译文

齐景公在麦丘巡视，问当地的一位百姓：“你多大年纪了？”百姓回答说：“我八十五岁。”景公说：“那你是长寿之人啊！请为我祝福吧。”百姓说：“愿君王比先祖胡公静还长寿，使国家安定。”景公说：“好！你再为我祝福吧。”百姓说：“愿君王的子孙，都像我一样长寿。”景公说：“好！你再为我祝福吧。”百姓说：“愿君王不要得罪老百姓。”景公说：“只有老百姓得罪于君王的，哪有君王得罪百姓的？”

晏子进谏说：“您的话错了！远方的官员犯了罪，朝廷上的官员去惩治疏者[6]有罪，戚者[7]治之，贱者有罪，贵者治之；君得罪于民，谁将治之？敢问，桀、纣，君诛乎？民诛乎？”公曰：“寡人固[8]也。”于是赐封人麦丘以为邑。

他，地位低的人犯了罪，地位高的人惩治他；君王得罪了老百姓，谁能惩治他呢？请问，桀与纣，是被哪个国君讨伐的，还是被老百姓讨伐的？”景公说：“我太孤陋寡闻了。”于是把麦丘赐给这个老百姓作食邑。

注释

1 **麦丘**：地名，齐国小邑，在今山东省商河西北。

2 **封人**：当地人。“封”当为“邦”之讹。

3 **子其祝我**：请为我祝福吧。其，祈使词，可不译。祝，祝福、祈祷。

4 **长于胡**：比胡还要年长。胡，乃齐景公的远祖胡公静，以长寿闻名。

5 **嗣**：后嗣，子孙后代。

6 **疏者**：远离朝廷的地方官员。

7 **戚者**：近臣，即朝中的大臣或受国君宠信的大臣。

8 **固**：孤陋寡闻，没有见识。

景公欲使楚巫致五帝以明德晏子谏第十四

原文

楚巫微导裔款[1]以见景公，侍坐三日，景公说之。楚巫曰：“公，明神之主[2]，帝王之君也。公即位

译文

楚国的一个叫微的女巫通过裔款的引见见到景公，她陪侍了三天，景公很喜欢她。楚巫对景公说：“您是圣明的君主，有帝王之资的国君。您即位十七年了，事

十有七年矣，事未大济[3]者，明神未至也。请致五帝[4]，以明君德。”景公再拜稽首。楚巫曰：“请巡国郊以观帝位。”至于牛山而不敢登，曰：“五帝之位，在于国南，请斋而后登之[5]。”公命百官供斋具于楚巫之所，裔款视事[6]。

晏子闻之而见于公曰：“公令楚巫斋牛山乎？”公曰：“然。致五帝以明寡人之德，神将降福于寡人，其有所济乎[7]？”晏子曰：“君之言过矣！古之王者，德厚足以安世，行广足以容众，诸侯戴之，以为君长；百姓归之，以为父母。是故天地四时和而不失，星辰日月顺而不乱。德厚行广，配天象时[8]，然后为帝王之君，明神之主。古者不慢行而繁祭[9]，不轻身而恃巫[10]。今政乱而行僻[11]，而求五帝之明德也；弃贤而用巫，而求帝王之在身也。夫民不苟德，福不苟降，君之帝王，不亦难乎？惜乎！君位之高，所论之卑也。”

业却还没有大的成就，是因为神灵尚未眷顾。请让我向五帝致意，以彰明国君的美德。”景公拜了两拜，叩头至地。楚巫说：“请让我巡视国都的郊野，以便瞻望五帝的所在。”楚巫走到了牛山而不敢攀登，说：“五帝的位置在国都的南面，请斋戒后再登上它。”景公命令百官提供斋祭的用品，送到楚巫居住的地方，由裔款主持这件事。

晏子听说了，便去见景公说：“您让楚巫在牛山斋祭吗？”景公说：“是的。我想向五帝献纳以彰明我的德行，天神将会降福于我，大概会有所补益吧？”晏子说：“您的话错了！古代的帝王，德行宽厚足以安定天下，胸襟广阔足以容纳众人，诸侯拥戴他，把他作为首领；百姓归附他，把他视为父母。所以天地四季和谐而不失调，日月星辰运转顺而不乱。德行宽厚，心胸广阔，顺乎天意，合于时宜，才能成为统一天下、明智神圣的君主。古代的帝王行为不懈怠，也不频繁祭祀，不轻视自身的行为，也不依靠巫师。现在朝政混乱，君行邪僻，却想达到五帝那样的圣明德业；放弃贤人而重用女巫，却想成就帝王之业。百姓不会随便感恩，福泽也不会随意降下，您想成就的帝王公曰：“裔款以楚巫命寡人曰：‘试尝见而观焉[12]。’寡人见而说之，信其道，行其言。今夫子讥之，请逐楚巫而拘裔款。”晏子曰：“楚巫不可出。”公曰：“何故？”对曰：“楚巫出，诸侯必或受之。公信之，以过于内[13]，不知[14]；出以易[15]诸侯于外，不仁。请东楚巫而拘裔款。”公曰：“诺。”故曰：送楚巫于东，而拘裔款于国也。

之业，不太难了吗？可惜啊！您的地位这么高，所说的话水平却这么低。”

齐景公说：“裔款把楚巫介绍给我说：‘试着见见她并且依照她的话去做吧。’我见了楚巫，很喜欢她，听信了她说的道理，按她说的去做。现在先生这样规劝我，那就逐出楚巫，拘捕裔款吧。”晏子说：“楚巫不能逐出齐国。”景公说：“为什么？”晏子说：“将楚巫逐出齐国，诸侯中一定有人接纳她。君王相信她，因此在国内铸成过错，是不明智；若逐出她以危害诸侯于外，是不仁德。请您将楚巫放逐到东边的荒远之地，把裔款囚禁起来。”景公说：“好。”因此下令：放逐楚巫到东部荒远之地，将裔款囚禁在国内。

注释

1 **楚巫微：**楚国名微的女巫。古时女巫称巫，男巫称觋(xí)。 **导：**引导，引见。 **裔款：**齐国大夫。

2 **明神之主：**圣明的君主。

3 **大济：**明显的成就。

4 **致五帝：**致意于五帝。五帝，上古时候的黄帝、颛顼(zhuān xū)、帝喾(kù)、唐尧、虞舜。

5 **斋而后登之：**斋戒之后再登山。古时祭祀之前须斋戒。

6 **视事：**主持这件事。

7 **有所济乎：**有好处吗？济，增益。

8 **配天象时：**顺乎天意，合于时宜。

9 **慢行而繁祭：**行为懈怠而祭祀频繁。

10 **轻身而恃巫：**轻视自己的力量而去依赖巫师祈求神灵的佑护。

11 **行僻**：行为不正。僻，不正，邪僻。

12 **试尝见而观焉**：试见楚巫而依其言巡国郊以观帝位。试、尝，都是试的意思。

13 **以过于内**：在国内犯过错。

14 **不知**(zhì)：不明智。“知”同“智”。

15 **易**：转移，这里是危害的意思。

景公欲祠灵山河伯以祷雨晏子谏第十五

原文

齐大旱逾时[1]，景公召群臣问曰：“天不雨久矣，民且有饥色[2]。吾使人卜，云，祟在高山广水[3]。寡人欲少赋敛以祠灵山[4]，可乎？”群臣莫对。晏子进曰：“不可！祠此无益也。夫灵山固以石为身，以草木为发，天久不雨，发将焦，身将热，彼独不欲雨乎？祠之无益。”

公曰：“不然[5]，吾欲祠河伯[6]，可乎？”晏子曰：“不

译文

齐国发生了大旱，超过了耕种的时令。景公召见群臣问道：“天很久不下雨了，这样下去老百姓就要挨饿了。我让人占卜，说作祟的鬼神在高山大河之中。我想少征收些赋税来祭祀灵山，可以吗？”群臣没有谁回答。晏子上前说：“不可以！祭祀灵山没有什么益处。那灵山本来是以岩石为身体，以草木作头发，上天久不下雨，头发会枯焦，身体会发烫，它难道不希望下雨吗？祭祀它没有好处。”

景公说：“不这样的话，那我祭祀黄河的河神，可以吗？”晏子说：“不可以！河神以水作为自己的国土，以鱼鳖作为

可！河伯以水为国，以鱼鳖为民，天久不雨，泉将下，百川竭，国将亡，民将灭矣，彼独不欲雨乎？祠之何益！”

景公曰：“今为之奈何？”晏子曰：“君诚避宫殿暴露[7]，与灵山河伯共忧，其幸而雨乎。”于是景公出野居暴露。三日，天果大雨，民尽得种时[8]。

景公曰：“善哉！晏子之言，可无用乎！其维有德[9]。”

自己的臣民，上天很久不下雨，水位下降，河流枯干，国家将要失去，百姓将要灭绝，它难道不希望下雨吗？祭祀它有什么益处！”

景公说：“现在怎么办呢？”晏子说：“君王诚心诚意地离开宫殿，在野外露宿，同灵山河神共忧患，这样可能有希望下雨。”景公于是离开宫殿，露宿在郊野。过了三天，天果然下起大雨，百姓全都及时得以耕种。

景公说：“好啊！晏子的话，能不采用嘛！他是一个有德行的人啊。”

注释

1 **逾时：**超过了时节。

2 **民且有饥色：**老百姓将要挨饿。且，表示将要。

3 **祟在高山广水：**作祟的鬼神在高山大河之中。祟，鬼神给人带来的灾祸。

4 **灵山：**山名，在今山东临朐境内。

5 **不然：**不这样的话。

6 **河伯：**传说中的黄河水神。

7 **暴露：**露宿。

8 **种时：**耕种。“时”通“莳”，栽种。

9 **其维有德：**他是有德行的人。其，指晏子。维，语词，可不译。

景公贪长有国之乐晏子谏第十六

原文

景公将观于淄上[1]，与晏子闲立[2]。公喟然叹曰："呜呼！使国可长保而传于子孙，岂不乐哉？"

晏子对曰："婴闻明王不徒立[3]，百姓不虚至。今君以政乱国，以行弃民久矣，而声欲保之，不亦难乎？婴闻之，能长保国者，能终善者也。诸侯并立，能终善者为长；列士并学，能终善者为师。昔先君桓公，其方任贤而赞德之时，亡国恃以存，危国仰以安，是以民乐其政而世高其德，行远征暴，劳者不疾[4]，驱海内使朝天子[5]，而诸侯不怨。当是时，盛君之行不能进

译文

齐景公在淄水岸上观景，同晏子悠闲地站着。景公感慨地叹息道："唉！假使可以长期拥有国家并传给子孙，岂不是件快乐的事吗？"

晏子回答说："我听说圣明之君并不是凭空确立自己的地位，百姓也不是没有原因就来归顺。现在君王的政令使国家混乱，行为背弃百姓已经很久了，却声言要拥有国家，这不是很困难吗？我听说，能长久拥有国家的，是那些能善始善终精心治理国家的人。诸侯众多，能始终行仁政的成为君主；众多学子一同学习，能始终专心学习的人成为老师。从前先君桓公，当他一开始任用贤良、称誉美德的时候，衰亡的国家依靠他得以保存，陷于危难的国家仰仗他得以安定，所以百姓拥护他的德政，世人称赞他的德行，军队去远方征伐强暴，劳苦的士卒并不怨恨，多次统率天下的诸侯去朝拜天子，诸侯也没有

焉[6]。及其卒而衰，怠于德而并于乐[7]，身溺于妇侍而谋因竖刁[8]，是以民苦其政，而世非其行，故身死乎胡宫而不举[9]，虫出而不收[10]。”

怨言。那个时候，盛德之君的品行也不能比他更好了。等到他晚年国政衰败，德行怠惰而放纵享乐，身陷于妇人近侍的包围之中，治理国家依靠竖刁这样的人，所以百姓痛恨他的统治，世人抨击他的行为，他自身死在胡宫中而无人举丧，尸体腐烂生了虫子也无人收尸。”

注释

1 **淄(zī)上：**淄水之上。淄水是齐国境内的一条大河。

2 **闲立：**悠闲地站着。

3 **徒立：**凭空确立。徒，凭空，下文“虚至”中的“虚”也是这个意思。

4 **疾：**怨恨。

5 **驱海内使朝天子：**指齐桓公多次凭借齐国的威望大会诸侯，朝贡周天子。

6 **不能进焉：**不能超过它。进，超过。

7 **怠于德而并于乐：**德行怠惰，放纵享乐。依吴则虞先生意见，“并”当训为“从”，放纵的意思。

8 **谋因竖刁：**谋划听从竖刁。竖刁，齐国奸臣。

9 **身死乎胡宫而不举：**死在胡宫中而没有举丧。胡宫，齐桓公居住的宫室。举，举丧。

10 **虫出而不收：**尸体腐烂生虫都没有人来收尸。

原文

“当是时也，桀、纣之卒不能恶焉[1]。《诗》曰：‘靡不有初，鲜克有终。’[2]不能终善者，不遂其君[3]。今

译文

“那时候，桀、纣的下场也不能比他更惨了。《诗经》中说：‘开始做得好的多，能坚持到最后的少。’不能善始善终的人，不能完成其君王之业。现在君王与百姓

君临民若寇仇，见善若避热，乱政而危贤[4]，必逆于众[5]，肆欲于民[6]，而诛虐于下[7]，恐及于身[8]。婴之年老，不能待于君使矣[9]，行不能革[10]，则持节以没世[11]耳。”

仿佛仇人，看到贤人就像避炎热一样躲开，混乱国政而迫害贤良，一定会被民众背弃，大肆掠夺人民，残暴地诛杀臣子，恐怕灾祸要降于自身。我年纪大了，不能为君王效力了，君王的行为不改变，我只能坚守自己的节操直到死去。”

注释

1 **桀、纣之卒不能恶焉**：桀、纣的下场也没有比这更悲惨。恶，悲惨。

2 **“靡不”二句**：出自《诗经·大雅·荡》，意思是开始做得好的有很多，但很少有能坚持到最后的。

3 **不遂其君**：不能完成其君王之业。遂，终。

4 **危贤**：迫害贤良的人。危，迫害。

5 **必逆于众**：一定会为民众所背弃。逆，背弃。

6 **肆欲于民**：放纵私欲搜刮百姓。

7 **诛虐于下**：残暴诛杀臣下。

8 **恐及于身**：恐怕灾祸会降于自身。

9 **不能待于君使矣**：不能侍候君王，为君办事了。

10 **行不能革**：行为不能改变。革，改变。

11 **持节以没世**：坚持节操一直到死。没世，离开人世。

景公登牛山悲去国而死晏子谏第十七

原文

景公游于牛山[1],北临其国城[2]而流涕曰:“若何滂滂去此而死乎!”[3]艾孔[4]、梁丘据皆从而泣。晏子独笑于旁,公刷涕[5]而顾晏子曰:“寡人今日游悲,孔与据皆从寡人而涕泣,子之独笑,何也?”

晏子对曰:“使贤者常守之[6],则太公[7]、桓公将常守之矣;使勇者常守之,则庄公、灵公[8]将常守之矣。数君者将守之,则吾君安得此位而立焉?以其迭处之[9],迭去之,至于君也,而独为之流涕,是不仁也。不仁之君见一,谄谀之臣见二,此臣之所以独窃笑也。”

译文

景公在牛山游玩,向北远望齐国的都城而流泪说:“先君桓公为什么要离开这盛大的都城而死去呢!”艾孔、梁丘据都跟着景公一起哭。只有晏子在一旁发笑,景公擦干眼泪回头看着晏子说:“我今天游览很伤心,艾孔与梁丘据都跟着我一起哭,您却独自发笑,是什么道理?”

晏子回答说:“假使圣贤之君能够长久地守住王位,那么太公、桓公就会长存;假使凭借勇力能长久地守住王位,那么庄公、灵公就会长存。以上先君若都能长存,那怎么轮得到您得到现在的位置而为国君呢?因为他们依次为君,又依次死去,才传位给君王您,而现在您为此事而流泪,这就是不仁德。我看到了一个不仁德的君王,又看到了两个谄媚的臣子,这是我独自发笑的原因。”

注释

1 **牛山：**山名，齐桓公墓在此，又名鼎足山。

2 **国城：**齐国的都城。

3 **若何滂滂去此而死乎：**此句《文选》注引作“奈何去此堂堂国者而死乎”，意思是怎么会丢下这么强盛的国家而死去呢！

4 **艾孔：**齐国大夫。

5 **刷涕：**擦干眼泪。

6 **常守之：**长久地守住君位。

7 **太公：**即姜尚，因封于齐，称齐太公。

8 **灵公：**齐庄公之父，名环。

9 **迭处之：**更迭立为国君并居于国都。

景公游公阜一日有三过言晏子谏第十八

原文

景公出游于公阜[1]，北面望睹齐国曰：“呜呼！使古而无死，何如？”晏子曰：“昔者上帝以人之殁为善[2]，仁者息焉[3]，不仁者伏焉[4]。若使古而无死，丁公[5]、太公将有齐国，桓、襄、文、武[6]将皆相之，君将戴笠衣

译文

景公到公阜去游玩，向北远望看见齐国的都城，说：“唉！假使自古以来就没有死亡，那会如何呢？”晏子说：“从前上帝认为人死是好事，好人得到安息，坏人停止了作恶。如果自古就没有死亡，丁公、太公就会一直做齐国的国君，桓公、襄公、文公、武公都辅佐他们，而您则会头戴斗笠，身穿短衣，拿着锄头在田野中劳作，哪里有闲暇忧虑死亡呢？”景公听后生气地变了脸色，很

褐，执铫耨以蹲行甽亩之中[7]，孰暇患死！”公忿然作色，不说。无几何[8]而梁丘据御六马而来，公曰：“是谁也？”晏子曰：“据也。”公曰：“何如？”曰：“大暑而疾驰，甚者马死[9]，薄者马伤[10]，非据孰敢为之！”公曰：“据与我和[11]者夫？”晏子曰：“此所谓同[12]也。所谓和者，君甘则臣酸，君淡则臣咸。今据也甘君亦甘，所谓同也，安得为和！”公忿然作色，不说。

不高兴。不多时，梁丘据驾着六匹马拉的车来了，景公问：“谁来了？”晏子说：“是梁丘据。”景公问：“你怎么知道是他？”晏子说：“大热天却驾着马车飞速奔驰，重者马会累死，轻者马会累伤，不是梁丘据谁敢这样做！”景公说：“梁丘据和我之间算是和睦的吧？”晏子说：“这只能说是苟同。所谓和睦，是说国君甜而臣子就酸，国君淡而臣子就咸。现在梁丘据甜国君也甜，只能说是苟同，怎能是和睦呢！”景公生气地变了脸色，很不高兴。

注释

1 **公阜：**地名，在齐国国都临淄西南。

2 **以人之殁(mò)为善：**把人的死亡看作好事。殁，死亡。

3 **仁者息焉：**仁义的人因此而得到安息。

4 **不仁者伏焉：**坏人的恶性无法继续。伏，藏匿，这里作停止讲。

5 **丁公：**名伋，太公之子。

6 **桓、襄、文、武：**齐桓公、齐襄公、齐文公、齐武公。

7 **执铫耨(yáo nòu)以蹲行甽(quǎn)亩之中：**拿着锄头，蹲在田间劳作。铫耨，大锄和小锄。甽亩，田间。

8 **无几何：**没过多久。

9 **甚者马死：**严重的会把马累死。甚者，严重的情况。

10 **薄者马伤：**轻的会把马累伤。薄者，轻的情况。

11 **和：**和睦。

12 **同：**附和趋同。

原文

无几何，日暮，公西面望睹彗星[1]，召伯常骞[2]，使禳去之[3]。晏子曰："不可！此天教也。日月之气，风雨不时，彗星之出，天为民之乱见之[4]，故诏之妖祥[5]，以戒不敬[6]。今君若设文而受谏[7]，谒圣贤人，虽不去彗，星将自亡。今君嗜酒而并于乐，政不饰而宽于小人[8]，近谗好优[9]，恶文而疏圣贤人，何暇去彗！茀又将见矣[10]。"公忿然作色，不说。

及晏子卒，公出屏而泣[11]曰："呜呼！昔者从夫子而游公阜，夫子一日而三责我，今谁责寡人哉！"

译文

不多时，天色晚了，景公向西望见了彗星，于是召见伯常骞，让他祭祷禳除不祥。晏子说："不可以。这是天在警示啊。日月的云气，风雨失调，彗星出现，这都是上天因为百姓的离乱而显现的，用凶吉之兆警告怠慢不慎之人。现在君王若能推行礼治而广纳谏言，任用贤人，即使不禳除，彗星也会自己消失。而今君王酷好饮酒享乐，不整饬国政而宽容邪恶的人，亲近谗佞小人，喜好歌舞乐工，厌恶礼乐制度而疏远贤人，哪有工夫禳除彗星！这样下去连孛星也要出现了。"景公听了，生气地变了脸色，很不高兴。

等到晏子死后，景公上朝，走出屏风看见群臣便哭道："唉！从前和晏子一起游公阜，先生一天里三次批评我，现在谁来批评我呢！"

注释

1 **彗星：**流星。古人迷信，认为流星出现意味着不祥。

2 **伯常骞**(qiān)**：**齐国大臣。

3 **使禳**(ráng)**去之：**命他祭祷来消除灾祸。禳，祭祷。

4 **天为民之乱见**(xiàn)**之：**这是上天因为百姓的离乱而显现的。"见"同"现"。

5 **诏之妖祥：**以凶吉之兆警告。妖祥，凶吉之兆。

6 **以戒不敬：**用来告诫怠慢不敬之人。

7 **设文而受谏：**推行礼乐制度而接受谏言。文，礼乐制度。谏，谏言。

8 **政不饰而宽于小人：**国政不修整而宽容作恶的小人。饰，整饬、修整。

9 **优：**优伶，这里泛指歌舞乐工。

10 **茀(bèi)又将见矣：**不祥的孛星又将出现。茀，孛星，彗星的一种，光芒四射，被认为是灾厄之星。

11 **公出屏而泣：**景公上朝，走出屏风看见群臣而思念晏子，因而哭泣。

景公游寒涂不恤死胔晏子谏第十九

原文

景公出游于寒涂[1]，睹死胔[2]，默然不问。晏子谏曰："昔吾先君桓公出游，睹饥者与之食，睹疾者与之财，使令不劳力[3]，籍敛不费民[4]。先君将游，百姓皆说曰：'君当幸游吾乡乎！'今君游于寒涂，据四十里之氓[5]，殚财不足以奉敛[6]，尽力不能周役民氓[7]，饥寒冻馁[8]，死胔相望，而君不问，失君道矣。财屈力竭，下无以亲上；骄泰奢

译文

景公到寒涂游玩，看见路边有暴露的尸体，他沉默着没有过问。晏子进谏说："从前先君桓公出游，看见饥饿的人就给他们吃的，看见有病的人就给他们钱物，派遣徭役不劳损民力，征敛赋税不耗损民财。先君出游，百姓都高兴地说：'国君该到我们这里巡游了吧！'现在君王您要出游，方圆四十里的人民，倾尽钱财都不够缴纳赋税，竭尽全力也不能完成徭役，饥寒交迫，死尸一个接着一个，而国君您竟不过问，有失为君之道。钱财穷尽，人力枯

侈，上无以亲下。上下交离，君臣无亲，此三代之所以衰也。今君行之，婴惧公族之危[9]，以为异姓之福[10]也。”公曰：“然！为上而忘下，厚藉敛而忘民，吾罪大矣。”于是敛死胔，发粟于民，据四十里之氓不服政其年[11]，公三月不出游。

竭，百姓就不可能敬爱君王；骄奢淫逸，国君也不会亲近百姓。上下离心，君臣不亲近，这是夏、商、周三代衰亡的原因。现在君王正在这样做，我担心这会是王族的危险，异姓的福音。”景公说：“是！身在上位而忘了下民，加重赋税的征收而不体谅百姓，我的罪过太大了。”于是盛殓了死尸，给百姓发放粮食，周围四十里的百姓，一年不服徭役，景公也三个月不出游。

注释

1 **寒涂：**地名。

2 **死胔**(zì)**：**死尸。胔，肉还没有烂尽的尸体。

3 **使令不劳力：**派遣徭役不劳损民力。

4 **籍敛不费民：**征敛赋税不耗损百姓。

5 **据四十里之氓：**居住在周围四十里的百姓。氓，百姓。

6 **殚财不足以奉敛：**竭尽他们的钱财也不够上缴赋税。

7 **尽力不能周役民氓：**使尽全力还不能服完徭役。周役，服完徭役。“民氓”疑为衍词，可不译。

8 **冻馁**(něi)**：**冻饿。

9 **公族之危：**王族的危险。

10 **异姓之福：**异姓的福音。异姓，指觊觎王位的人。

11 **不服政其**(jī)**年：**一年不服徭役。政，徭役。其年，即期年，一年。

景公衣狐白裘不知天寒晏子谏第二十

原文

景公之时，雨雪三日而不霁[1]。公被狐白之裘，坐堂侧陛[2]。晏子入见，立有间[3]，公曰："怪哉！雨雪三日而天不寒。"晏子对曰："天不寒乎？"公笑。晏子曰："婴闻古之贤君饱而知人之饥，温而知人之寒，逸而知人之劳。今君不知也。"公曰："善！寡人闻命矣。"乃令出裘发粟，以与饥寒[4]。令所睹于涂者，无问其乡；所睹于里者，无问其家；循国计数，无言其名。士既事者兼月[5]，疾者兼岁[6]。

孔子闻之曰："晏子能明其所欲，景公能行其所善也。"

译文

景公在位时，有一次连下了三天雪还不放晴。景公披着白色的狐裘，坐在殿堂旁边的台阶上。晏子进宫拜见景公，站了一会儿，景公说："奇怪啊！下了三天雪可是天气居然不冷。"晏子回答说："天气果真不冷吗？"景公笑了笑。晏子说："我听说古代贤德的国君自己吃饱的时候能知道别人的饥饿，自己穿暖的时候能知道别人的寒冷，自己安逸的时候能知道别人的劳苦。现在君王不知道民间的疾苦啊！"景公说："说得好！我听从您的教诲了。"便命人拿出衣服和粮食，发放给饥饿寒冷的人。命令凡是看见路上有饥寒的人，不必问他们是哪乡的；看见里巷有饥寒的人，不必问他们是哪家的；巡视全国按数供给，不必记他们的姓名。士人已任职的发给两个月的救济粮，生病的人发给两年的救济粮。

孔子听说了这件事说："晏子能明白自己想要做的事，景公能实行他应该做的事。"

注释

1 **霁**(jì)**:**雨雪初晴。

2 **坐堂侧陛:**坐在殿堂旁边的台阶上。陛,此处指台阶。

3 **立有间**(jiàn)**:**站了一会儿。有间,一会儿。

4 **饥寒:**忍饥受寒的人。

5 **士既事者兼月:**已服公职者发给两个月的救济粮。士既事者,已经服公职的人。兼月,两个月。

6 **疾者兼岁:**生病的人发给两年的救济粮。

景公异荧惑守虚而不去晏子谏第二十一

原文

景公之时,荧惑守于虚[1],期年不去。公异之,召晏子而问曰:"吾闻之,人行善者天赏之,行不善者天殃之。荧惑,天罚也。今留虚,其孰当之?"晏子曰:"齐当之。"

公不说,曰:"天下大国十二[2],皆曰诸侯,齐独何以当?"晏子曰:"虚,齐野也。且天之下殃,固于

译文

齐景公时,荧惑长时间地在虚宿停留,一整年都没有离开。齐景公认为这事很怪异,召来晏子问道:"我听说,人行善事的话上天会奖赏他,做不善的事上天会使他遭祸害。荧惑的出现,就是上天的惩罚。现在它停留在虚宿,谁应当承担这灾祸呢?"晏子说:"齐国承担它。"

齐景公不高兴,说:"天下大的国家有十二个,都号称诸侯,齐国凭什么要单独承担灾祸?"晏子说:"虚宿,在齐国的分野里。况且天下的灾祸,本来就多由富

富强[3]，为善不用，出政不行，贤人使远，谗人反昌，百姓疾怨，自为祈祥，录录强食[4]，进死何伤[5]！是以列舍无次[6]，变星有芒[7]，荧惑回逆[8]，孽星在旁[9]，有贤不用，安得不亡！”

公曰：“可去乎？”对曰：“可致者可去[10]，不可致者不可去。”公曰：“寡人为之若何？”对曰：“盍去冤聚之狱[11]，使反田[12]矣；散百官之财，施之民矣，振孤寡而敬老人矣。夫若是者，百恶可去，何独是孽乎！”公曰：“善。”行之三月，而荧惑迁。

强的大国挑起，做善事的不被任用，发出的政令不施行，贤良的人被疏远，奸佞小人反而昌盛，老百姓痛恨怨愤，统治者自己反而还在祈求祥瑞，忙忙碌碌地强行掩饰过失，像这样自进于死地有什么值得悲伤！所以列宿没有次序，彗星发出光芒，荧惑去而复返，灾星就在荧惑之旁。有贤能的人却不任用，国家怎能不灭亡！”

齐景公说：“可以使它离开吗？”晏子回答道：“可以招来荧惑的人自然可以使它离开，不能招来荧惑的人不能让它离开。”景公说：“那我该怎么做呢？”晏子说：“何不释放那些受冤枉而坐牢的人，使其返回田间；散掉百官的余财，发放给百姓，赈济孤寡，孝敬老人。像这样，诸多恶事都可以消除，何止这个灾孽之星呢！”景公说：“好。”施行了三个月，荧惑果然离开了。

注释

1 **荧惑守于虚：**火星出现在“虚”这个天区（对应齐国的分野）。荧惑，即火星，由于火星呈红色，亮度时有变化，故称“荧惑”，古人认为是灾难降临的预兆。虚，天区之一。古人把天上的二十八星宿与地上各个分野对应，认为天象发生在哪个天区，就对应着地上哪个分野的吉凶。齐国所在的分野，对应的天区是“虚”和“危”。

2 **大国十二：**指当时较大的十二个诸侯国，即齐、楚、晋、秦、燕、曹、鲁、卫、宋、郑、陈、蔡。

3 **固于富强：**本来多由富强的大国挑起。固，本来。

4 **录录强食**:忙忙碌碌地强行掩饰。录录,即碌碌。“食”应为“饰”,掩饰。

5 **进死何伤**:自进于死地有什么可悲伤。

6 **列舍无次**:各个星宿所排列的位置乱了次序。舍,星宿应处的位置。

7 **变星**:亮度闪烁不定的星,被视为不祥之兆,此处指彗星。

8 **荧惑回逆**:火星时东时西,去而复返。

9 **孽星**:灾星。

10 **可致者可去**:能够使这些怪异现象发生的人,自然能够消除这些怪异现象。下句“不可致者不可去”句法类似。这两句共同表达的意思是解铃还须系铃人。

11 **盍(hé)去冤聚之狱**:何不释放那些受冤枉而坐牢的人。盍,何不。

12 **反田**:返回田间。

景公将伐宋瞢[1]二丈夫立而怒晏子谏第二十二

原文

景公举兵将伐宋[2],师过泰山,公瞢见二丈夫立而怒,其怒甚盛。公恐,觉[3],辟门[4]召占瞢者。至,公曰:“今夕吾瞢二丈夫立而怒,不知其所言,其怒甚盛。吾犹识其状,识其声。”占瞢者曰:“师过泰山而不用事[5],故泰山之神怒也。请

译文

齐景公发兵要攻打宋国,军队路过泰山,景公梦见两个男子站在他面前发怒,他们怒气极盛。景公很恐惧,惊醒后,赶紧开门传召占梦之人。占梦人到后,景公说:“今天晚上我梦见两个男子站在我面前发怒,不知他们说了什么,他们怒气极盛。我还记得他们的长相,记得他们的声音。”占梦人说:“军队路过泰山而不祭祀,所以泰山之神发怒了。请赶

趣召祝史[6]祠乎泰山则可。”公曰:“诺。”

明日,晏子朝见,公告之如占瞢之言也。公曰:“占瞢者之言曰:‘师过泰山而不用事,故泰山之神怒也。’今使人召祝史祠之。”晏子俯有间[7],对曰:“占瞢者不识也,此非泰山之神,是宋之先汤与伊尹[8]也。”

快召来祝史祭祀泰山就行了。”景公说:“好。”

第二天,晏子朝见景公,景公将占梦人的话告诉了晏子。景公说:“占梦人说:‘军队路过泰山却不祭祀,所以泰山之神生气了。’现在我派人传召祝史祭祀它。”晏子低头想了一会儿,回答说:“占梦人不知道,这不是泰山之神,而是宋国的祖先商汤和伊尹啊。”

注释

1 **瞢:**通“梦”。

2 **宋:**春秋时期诸侯国名。武王伐纣之后,殷商后裔多迁于宋,因此下文中晏子说宋国是商朝盛君之后,不能讨伐。

3 **觉:**惊醒。

4 **辟门:**开门。

5 **用事:**指祭祀。

6 **趣(cù)召祝史:**赶快去召唤祝史。趣,赶紧。祝史,专司祭祀之官。

7 **俯有间:**低头想了一会儿。有间,一会儿。

8 **汤与伊尹:**商汤和伊尹。商汤,又称成汤,商朝的建立者。伊尹,商汤的贤臣,辅佐汤攻灭夏桀,建立商朝,后又辅佐外丙、仲壬二王。商汤和伊尹是古代圣君贤臣的代表。

原文

公疑,以为泰山神。晏子曰:“公疑之,则婴请

译文

景公不相信,认为是泰山之神。晏子说:“您怀疑我的话,那么我请求说一

言汤、伊尹之状也。汤质皙而长[1]，颜以髯[2]，兑上丰下[3]，倨身而扬声[4]。”公曰：“然，是已。”“伊尹黑而短，蓬而髯[5]，丰上兑下，偻身而下声[6]。”公曰：“然，是已。今若何？”晏子曰：“夫汤、太甲、武丁、祖乙[7]，天下之盛君也，不宜无后。今惟宋耳，而公伐之，故汤、伊尹怒，请散师以平宋[8]。”景公不用，终伐宋。晏子曰：“伐无罪之国，以怒明神，不易行以续蓄[9]，进师以近过[10]，非婴所知也。师若果进，军必有殃。”

军进再舍[11]，鼓毁将殪[12]。公乃辞[13]乎晏子，散师，不果伐宋[14]。

下商汤和伊尹的相貌。商汤皮肤白皙且身材修长，脸上有胡须，面部上窄下宽，身子稍微弯曲，说话声音洪亮。”景公说：“对，是这样。”“伊尹皮肤黑而个子矮，头发蓬松，面有胡须，脸上宽下窄，背略驼而声音小。”景公说：“对，是这样。现在怎么办？”晏子说：“商汤、太甲、武丁、祖乙，都是天下的盛德之君，不应没有后代。现在唯一的后人只剩下了宋，而您要攻打它，所以商汤、伊尹生气了。请您撤回军队，来保全宋国。”景公没有采纳晏子之言，到底还是去攻打宋国了。晏子说：“攻打无罪之国，来触怒神明，不改变伐宋之行来续修两国之好，进军来接近灾祸，不是我所知道的了。军队若真的前进，将士一定会有灾难。”

部队向前行进了六十里，战鼓毁坏，将领死亡。景公于是向晏子谢罪，撤回军队，最终没有去伐宋。

注释

1 **质皙而长：**皮肤白皙，身材修长。质，这里指皮肤。皙，皮肤白。

2 **颜以髯**(rán)**：**脸上有胡须。髯，颊毛，亦泛指胡须。

3 **兑上丰下：**脸的上部小，下部丰满。“兑”通“锐”，上小下大之状。

4 **倨身而扬声：**身子稍弯曲而声音洪亮。倨，微曲。扬，声音洪亮。

5 **蓬而髯：**头发蓬松，面有胡须。

6 **偻身而下声：**驼背而声音小。偻，脊背弯曲之貌。

7 **太甲、武丁、祖乙：**均为商朝国君。

8 **散师以平宋**：解散部队，保全宋国。散，解散。平，使其太平，即保全。

9 **易行以续蓄**：改变伐宋的行为来续修两国之好。“蓄”通“畜”，好的意思。

10 **进师以近过**：进军来临近灾祸。过，灾祸。

11 **再舍**(shè)：六十里的距离。古时以三十里为一舍，再舍，即六十里。

12 **鼓毁将殪**(yì)：战鼓毁坏，大将死亡。殪，死亡。

13 **辞**：道歉。

14 **不果伐宋**：最终没有伐宋。果，成为事实。

景公从畋十八日不返国晏子谏第二十三

原文

景公畋于署梁[1]，十有八日而不返。晏子自国往见公。比至[2]，衣冠不正，不革衣冠[3]，望游而驰[4]。

公望见晏子，下而急带[5]曰：“夫子何为遽[6]？国家无有故乎？”晏子对曰：“不亦急也[7]。虽然，婴愿有复[8]也。国人皆以君为安野而不安国[9]，好兽而恶民，毋乃不可乎？”

译文

景公在署梁田猎，一连十八天没有回宫。晏子从国都前往署梁拜见景公。到了的时候，他不正衣冠，也不用皮带将衣服、帽子束系好，就望着景公的旌旗奔去。

景公看见晏子跑来，下车神态严肃地问道：“先生为什么这样着急？国家没发生什么变故吧？”晏子回答说：“也不算太紧急。即使这样，我也有所禀告。国人都认为君王安心于田猎而不理国事，喜好野兽而厌恶人民，这恐怕不行吧？”

注释

1 **畋(tián)于署梁：**在署梁这个地方打猎。畋，打猎。

2 **比至：**等到抵达的时候。比，到……的时候。

3 **不革衣冠：**没有穿戴好衣冠。革，本义为皮革，这里作动词，用皮带束好衣，系好冠。

4 **望游而驰：**望着景公的旌旗而奔驰。游，旌旗。

5 **下而急带：**下车整肃威仪。下，下车。急带，整肃威仪。

6 **遽(jù)：**急速。

7 **不亦急也：**没有什么急迫的事。

8 **愿有复：**希望有所禀告。复，答复，这里作禀告解。

9 **安野而不安国：**安心于田猎而不安于国政。

原文

公曰："何哉？吾为夫妇狱讼[1]之不正乎？则泰士子牛存矣[2]。为社稷宗庙之不享[3]乎？则泰祝子游[4]存矣。为诸侯宾客莫之应[5]乎？则行人子羽[6]存矣。为田野之不僻[7]，仓库之不实？则申田[8]存焉。为国家之有余不足聘[9]乎？则吾子存矣。寡人之有五子，犹心之有四支[10]。心有四支，故心得佚焉[11]。今寡人有五子，故寡人得佚焉，岂不可哉？"晏子对曰："婴闻之，与君言异。若乃心之有四支，而心得佚

译文

景公说："为什么？我审理夫妇间的案件不公正吗？那么，有泰士子牛在呀。是社稷宗庙没有按时祭祀吗？那么，有泰祝子游在呀。是诸侯宾客来往没有人接待吗？那么，有行人子羽在呀。是因为田野没有开垦，国库不充实吗？那么，有申田在呀。是因为国家财富的余亏无人管吗？那么，有先生您在呀。我有你们五个人，就像心脏拥有四肢一样。心脏有了四肢，所以能够安逸。现在我有你们五人，所以我能得安逸，难道不行吗？"晏子回答说："我所知道的，和您说的不同。若心脏拥有四肢，心脏能得安逸，这可以；假若四肢没了心脏，而且一连十八

焉，可；得令四支无心，十有八日，不亦久乎！”公于是罢畋而归。

天，不是太久了吗！”景公于是停止田猎，回到国都。

注释

1 **夫妇狱讼：**夫妇间的诉讼案件。

2 **泰士子牛存矣：**有泰士子牛在那里负责。泰士，掌管狱讼的官名。子牛，人名。存，在那里。

3 **不享：**不按时祭献。享，祭献。

4 **泰祝子游：**泰祝，掌管祭祀的官名。子游，人名。

5 **莫之应：**没有人接待。应，接待。

6 **行人子羽：**行人，掌管朝觐聘问的官名。子羽，人名。

7 **不僻：**没有开辟。

8 **申田：**掌管农耕的官名。

9 **国家之有余不足聘：**国家财富的有余或不足。“聘”疑为衍字，不译。

10 **四支：**即四肢。

11 **心得佚焉：**心得到安逸。

景公欲诛骇鸟野人晏子谏第二十四

原文

景公射鸟，野人骇之[1]。公怒，令吏诛之。晏子曰：“野人不知也。臣闻赏无功谓之乱，罪不知谓之虐[2]。两

译文

景公射鸟，有个乡野之人把鸟惊飞了。景公很生气，命令官吏杀掉他。晏子说：“这个乡野之人不是故意的。我听说奖赏无功之人叫乱政，治罪不

者，先王之禁也。以飞鸟犯先王之禁，不可！今君不明先王之制，而无仁义之心，是以从欲而轻诛[3]。夫鸟兽，固人之养也，野人骇之，不亦宜乎！公曰："善！自今已后，弛鸟兽之禁[4]，无以苛民也。"

知情之人叫作残暴。这两件事，都是先王所禁止的。因为飞鸟而触犯先王的禁令，不应该！现在君王不知道先王的法令，又没有仁爱之心，因此放纵欲望而随便杀人。鸟兽本来就是人喂养的，乡野之人惊走它，不也是可以的吗？"景公说："说得对！从今以后，解除禁止百姓捕鸟猎兽的命令，不用它来苛责百姓了。"

注释

1 **野人骇之**：一个乡野之人把鸟惊吓走了。野人，乡野之人，即百姓。骇，惊吓。

2 **虐**：残暴。

3 **从(zòng)欲而轻诛**：放纵欲望而随便杀人。从，放纵。

4 **弛鸟兽之禁**：解除禁止百姓捕鸟猎兽的命令。驰，解除。

景公所爱马死欲诛圉人晏子谏第二十五

原文

景公使圉人[1]养所爱马，暴死[2]，公怒，令人操刀解[3]养马者。是时晏子侍前，左右执刀而进，晏子止而问于公曰："尧舜支解

译文

景公派圉人饲养他心爱的马，马突然死掉了，景公大怒，命人拿刀肢解养马人。当时晏子正在景公身边，景公的侍从拿着刀向养马人走去，晏子制止了他们，向景公问道："尧舜肢解人，是从哪个人开

人，从何躯始？”公矍然[4]曰：“从寡人始。”遂不支解。

公曰：“以属狱[5]。”晏子曰：“此不知其罪而死，臣为君数之，使知其罪，然后致之狱。”公曰：“可。”晏子数之曰：“尔罪有三：公使汝养马而杀之，当死罪一也。又杀公之所最善马，当死罪二也。使公以一马之故而杀人，百姓闻之必怨吾君，诸侯闻之必轻吾国。汝杀公马，使怨积于百姓，兵弱于邻国，汝当死罪三也。今以属狱。”公喟然叹曰：“夫子释之！夫子释之！勿伤吾仁也。”

始的？”景公警醒道：“是从我开始的。”于是不肢解养马人了。

景公说：“那把他投到监狱去。”晏子说：“这个人不知道自己犯了什么罪就死了，我替您一一列举他的罪状，让他服罪，然后再送往监狱。”景公说：“行。”晏子数落道：“你的罪名有三个：景公派你养马，你却让马死了，这是当死的第一条罪状。死的是景公最喜欢的马，这是当死的第二条罪状。使景公因为一匹马而杀人，百姓听了一定会恨我们的国君，诸侯听说一定会轻视我们齐国。你弄死了景公的马，使他积怨于百姓，兵力削弱于邻国，这是你当死的第三条罪状。现在把他送到监狱去吧。”景公长叹一声说：“先生放了他！先生放了他！不要败坏了我的仁德之名。”

注释

1 **圉(yǔ)人：**官名，掌管养马。也泛指养马的人。

2 **暴死：**突然死掉。暴，突然。

3 **解：**肢解。

4 **矍(jué)然：**惊视状。

5 **属狱：**投放到监狱。属，归属，引申为投放到。

第二卷

内篇·谏下

本卷共二十五章，皆为晏子劝谏景公。首章中，景公想凭借严刑峻法来治国，以至于“拘者满圄，怨者满朝”。晏子则认为，刑罚只是辅助的手段，而非最终的目的。国君真正要做的，是申明礼义，重用贤人，并节用爱民。第二、三章，景公欲重罚“犯槐”“斩竹”之民，晏子劝其不能重物而轻人。这实际上也涉及到国君不能凭自己的喜好而为所欲为的道理。本章中多数章节，都用具体的事例阐述了晏子节用和爱民的主张。如第十三、十四、十五、十六诸章，晏子都对景公的侈靡之举进行了规劝，认为其“用财无功，以怨百姓”“用力甚多，用财甚费，与民为仇”，应当改变这种行为，学习前代的圣王，“法其节俭”。此外，第四、五、六、七、八、十一诸章，景公或兴建宫室，或沉迷游猎，都耗费了大量民力，致使百姓怨声载道，晏子苦口婆心地劝谏景公，向其灌输爱民的道理。从结果来看，景公尚能听取晏子的谏议，并改过自新，这一点还是值得肯定的。

景公藉重而狱多欲托晏子晏子谏第一

原文

景公藉重[1]而狱多，拘者满圄[2]，怨者满朝。晏子谏，公不听。公谓晏子曰："夫狱，国之重官也，愿托[3]之夫子。"

晏子对曰："君将使婴敕其功[4]乎？则婴有一妾[5]能书，足以治之矣。君将使婴敕其意[6]乎？夫民无欲残其家室之生，以奉暴上之僻[7]者，则君使吏比而焚之[8]而已矣。"景公不说，曰："敕其功则使一妾，敕其意则比焚，如是，夫子无所谓能治国乎？"

译文

景公时征收的贡品很重，因此下狱的人很多，被捕的人塞满了监狱，怨恨的人充满了全国。晏子进谏，景公不听。景公对晏子说："掌管刑狱，是国家的重要职官，我希望将它托付给先生。"

晏子说："君王想让我整饬刑狱吗？那么我有一个妾会写字，完全可以胜任。君王想让我整饬他们的思想吗？百姓没有愿意毁坏家庭生活而供残暴君王的邪僻之欲的，那么君王派官吏把他们挨家诛灭好了。"景公不高兴，说："让你整饬刑狱就派一个小妾，让你整饬百姓思想就一家家的诛灭，像这样，先生您谈不上是善于治理国家呀。"

注释

1 **藉(jí)重：**征收的贡品多。藉，进贡。

2 **圄(yǔ)：**牢房。

3 **托：**托付。

4 **敕(chì)其功:**整饬此事。敕,整饬。功,事情。

5 **一妾:**一个姬妾。

6 **敕其意:**整饬他们的思想。

7 **奉暴上之僻:**供奉残暴国君的邪僻之欲。僻,邪僻之欲。

8 **比而焚之:**一家一家地诛灭。比,挨个。“焚”通“偾”,毙命。

原文

晏子曰:“婴闻与君异。今夫胡狢戎狄[1]之蓄狗也,多者十有余,寡者五六,然不相害伤。今束鸡豚妄投之[2],其折骨决皮[3],可立得也。且夫上正其治[4],下审其论[5],则贵贱不相逾越。今君举千钟爵禄,而妄投之于左右,左右争之,甚于胡狗,而公不知也。寸之管无当[6],天下不能足之以粟。今齐国丈夫耕,女子织,夜以接日,不足以奉上,而君侧皆雕文刻镂[7]之观。此无当之管也,而君终不知。五尺童子,操寸之熛[8],天下不能足以薪。今君之左右,皆操烟之徒,而君终不知。钟鼓成肆[9],干戚成舞[10],虽禹不能禁民之观[11]。且

译文

晏子说:“我所知道的和君王不一样。现在北方的少数民族养狗,多的有十多只,少的也有五六只,但它们不会相互伤害。现在把鸡肉猪肉捆在一起随便扔给它们,那么它们相互咬得骨断皮破的情形,马上就会出现。如果君王端正其治国之策,百姓明白他们的贵贱等级,那么贵与贱就不会相互逾越。现在君王拿着千钟的爵禄随便赐给左右之人,左右之人相互争夺,就会斗得比胡狗还凶,但君王却不能察觉。一寸长的管子若没有底,全天下的粮食也填不满它。现在齐国男耕女织,夜以继日,还不够来供奉君王,而君王身旁的物品却都雕镂精美。这就是无底的管子呀,而君王却不能察觉。小小的儿童,每人拿着寸把长的火把,那么全天下的柴草也不够烧。现在君王的左右,都是拿着火把的人,而君王却不能察觉。当钟鼓排列成行,舞者拿着盾和斧起舞的时候,即使是禹也不能禁止百姓去观看。压抑人民的欲望,控制他们的听闻,禁锢他

夫饰民之欲[12]，而严其听[13]，禁其心[14]，圣人所难也。而况夺其财而饥之，劳其力而疲之，常致其苦而严听其狱[15]，痛诛其罪，非婴所知也。”

们的思想，就是圣人也难以办到。何况掠夺他们的财产使他们挨饿，役使他们而使他们疲惫不堪，经常使他们受苦又从严治他们的罪，残忍地惩罚他们，这不是我所听说过的。”

注释

1 **胡狢(hé)戎狄：**泛指当时北方的少数民族。

2 **妄投之：**胡乱丢给它们。妄，随便，胡乱。

3 **折骨决皮：**骨头折断，毛皮撕破。

4 **上正其治：**君王端正治国方略。正，作动词，使端正。

5 **下审其论：**百姓明白他们的贵贱等级。“论”通“伦”，等级。

6 **寸之管无当：**一寸长的管子没有底。当，底。

7 **雕文刻镂：**器具上雕刻着花纹和图案。

8 **操寸之熛(biāo)：**拿着一寸来长的火把。熛，火把。

9 **肆：**队列。

10 **干戚成舞：**持盾拿斧而起舞。干戚，盾牌和斧头两种兵器，亦为武舞所执的舞具。

11 **禁民之观：**禁止老百姓去观看。

12 **饰民之欲：**抑制老百姓的欲望。“饰”通“饬”，整治，这里作抑制解。

13 **严其听：**对老百姓的听闻严加限制。

14 **禁其心：**禁锢老百姓的思想。心，引申为思想。

15 **严听其狱：**严厉地判罚他们入狱。听，审判。

景公欲杀犯所爱之槐者晏子谏第二

原文

景公有所爱槐，令吏谨守之，植木县之[1]，下令曰："犯槐者刑，伤之者死。"

有不闻令，醉而犯之者，公闻之曰："是先犯我令。"使吏拘之，且加罪焉。其女子往辞[2]晏子之家，托[3]曰："负廓之民贱妾[4]，请有道于相国[5]，不胜其欲[6]，愿得充数乎下陈[7]。"晏子闻之，笑曰："婴其淫于色乎？何为老而见奔？虽然，是必有故。"令内之[8]。女子入门，晏子望见之，曰："怪哉！有深忧。"

译文

齐景公有一棵心爱的槐树，命令官吏小心守护，竖起木桩把禁令悬在上面，下命令说："触碰到槐树的人判刑，伤害到槐树的人处死。"

有一个人没有听到这个命令，喝醉了酒，撞到槐树，景公听说了这件事，说："这个人第一个触犯了我的命令。"派人抓住他，而且要加重处罚。这个人的女儿到晏子家求情，托词说："我是城郊的卑贱民女，有话要禀告相国，我克制不住情欲，希望能充当相国的姬妾。"晏子听说了这件事，笑道："我是个好色之徒吗？为什么老了还有女子来私奔投靠？虽说如此，她一定是有原因的。"下令让她入内。女子进门，晏子远远看到她，说："奇怪啊！她看起来有深深的忧虑。"

注释

1 **植木县(xuán)之：**竖了一根木桩把禁令悬挂在上面。县，悬挂。

2 **往辞**：前往陈说。辞，陈说。

3 **托**：托词。

4 **负廓**(kuò)**之民贱妾**：靠近城郊的民女。负，背靠着。廓，外城。

5 **道于相国**：向相国陈述。道，陈述。

6 **不胜**(shēng)**其欲**：不能克制自己的情欲。胜，克制。

7 **充数乎下陈**：充于姬妾之列。

8 **内**(nà)**之**：让她进去。内，进入。

原文

进而问焉，曰："所忧何也？"对曰："君树槐县令，犯之者刑，伤之者死。妾父不仁，不闻令，醉而犯之，吏将加罪焉。妾闻之，明君莅国立政[1]，不损禄[2]，不益刑[3]，又不以私恚害公法[4]，不为禽兽伤人民，不为草木伤禽兽，不为野草伤禾苗。吾君欲以树木之故，杀妾父，孤妾身，此令行于民而法于国[5]矣。虽然，妾闻之，勇士不以众强凌孤独，明惠之君不拂是以行其所欲[6]。此譬之犹自治[7]鱼鳖者也，去其腥臊者而已；昧墨与人比居庾肆[8]，而教人危坐。今君出令于民，苟可法于国而

译文

晏子就上前问她："你忧虑什么事呢？"女子回答说："国君在槐树边悬挂禁令，碰撞到槐树的判刑，伤害到槐树的处死。是我的父亲不好，不知道禁令，喝醉酒撞到了树上，官吏将从重判决他。我听说，英明的国君治理国家、制定政策，不损害百姓的利益，不增加刑罚，更不以私怨妨害国法，不因为禽兽伤害人民，不因为草木伤害禽兽，不因为野草伤害禾苗。我们的国君将因为树木之事杀死我的父亲，使我成为孤儿，这条禁令施行于百姓中而成为国法了。即使这样，我听说，勇敢的人不仗着人多势众欺凌孤独之人，圣明仁惠的国君不违背正义而为所欲为。这就像自己烹饪鱼鳖，去掉它的腥臊之味罢了；在黑暗中同别人并肩坐在谷堆上，却教别人正襟危坐。现在君王发令于民间，如果能成为国法而有益于后世，那么我父亲死了也值得，我为他收尸也是应该的。

善益于后世，则父死亦当矣，妾为之收[9]亦宜矣。甚乎！今之令不然，以树木之故罪法妾父，妾恐其伤察吏之法，而害明君之义也。邻国闻之，皆谓吾君爱树而贱人，其可乎？愿相国察妾言以裁犯禁者。”晏子曰：“甚矣！吾将为子言之于君。”使人送之归。

可是太过分了！现在的命令不是这样，因树木之事，给我的父亲判罪，我担心会伤害严明的官吏的执法准则，而损害了圣明之君的仁政。邻国听到这件事后，都会说我们的国君爱惜槐树而轻视人命，这能行吗？希望相国明察我的话以便裁处触犯禁令的人。”晏子说：“是太过分了！我将把你的话告诉国君。”派人把她送了回去。

注释

1 **莅国立政：**治理国家、制定政策。

2 **损禄：**损害老百姓的利益。禄，本义指俸禄，这里泛指老百姓的利益。

3 **益刑：**增加刑罚。

4 **以私恚(huì)害公法：**因为私人的怨愤损害国家的法令。恚，怨愤。

5 **法于国：**施行于全国的法令。

6 **不拂是以行其所欲：**不违背正确的原则去做自己想做的事。拂，违背。

7 **治：**烹饪。

8 **昧墨与人比居庾肆：**黑暗之中和别人并肩坐在谷堆上，意思是陷人于危险之处，比喻景公颁布犯槐禁令来坑害百姓。昧墨，幽暗不明。比居，并肩而坐。庾肆，空旷之处的谷堆。

9 **为之收：**为他收尸。

原文

明日，早朝，而复于公曰：“婴闻之，穷民财力以供嗜欲谓之暴，崇玩好[1]，威严拟乎君[2]谓之逆，刑

译文

第二天早朝，晏子上奏景公说：“我听说，竭尽民众的财力以满足自己的欲望叫作暴虐，喜好玩乐，使其威严如同国君一般叫作反常，刑杀无罪之人叫作残暴。

杀不辜谓之贼[3]。此三者，守国之大殃。今君穷民财力，以美饮食之具[4]，繁钟鼓之乐，极宫室之观，行暴之大者[5]；崇玩好，县爱槐之令，载过者驰[6]，步过者趋[7]，威严拟乎君，逆之明者也；犯槐者刑，伤槐者死，刑杀不称[8]，贼民之深者。君享国，德行未见于众，而三辟著于国[9]，婴恐其不可以莅国子民也。”

公曰：“微大夫教寡人，几有大罪以累社稷。今子大夫教之，社稷之福，寡人受命矣。”晏子出，公令趣罢守槐之役，拔置县之木，废伤槐之法，出犯槐之囚。

这三条，是保有国家基业的大患。现在国君搜刮尽了百姓的财物，来使你的饮食器具更加精美，增设钟鼓乐器，将宫殿建造得极其壮观，这是施行暴政达到极点的事了；喜好玩物，悬挂喜爱槐树的禁令，坐车经过的人要鞭马快跑，步行经过的人要一溜小跑，槐树的威严如同君王一样，这是明显的反常之事；碰撞到槐树的判刑，伤害到槐树的处死，刑罚与国法不相称，这是对百姓最大的残害。君王享有国君之位，德行没有显示给众人，而三种邪僻之行却称显于国内，我担心您不能再治理国家、为民父母了。”

景公说：“不是先生教导我，我差点儿犯了大错而危及社稷。今天您的教导，是国家的福气，我听从您的教导。”晏子出去后，景公命令赶快撤去守护槐树的官吏，拔掉悬挂禁令的木桩，废除伤害槐树的禁令，释放撞到槐树的犯人。

注释

1 **崇玩好：**喜好玩乐。

2 **威严拟乎君：**像国君一样威严。拟乎，比得上。

3 **贼：**此处作残暴解。

4 **以美饮食之具：**用以美化饮食器具。

5 **行暴之大者：**施行暴政达到极点的事。

6 **载过者驰：**坐车经过的人要鞭马快跑。

7 **步过者趋：**步行经过的人要小跑。

8 **刑杀不称:**刑罚与国法不相称。

9 **三辟著于国:**三种邪僻之行称显于国内。

景公逐得斩竹者囚之晏子谏第三

原文

景公树竹,令吏谨守之。公出,过之,有斩竹者焉,公以车逐,得而拘之,将加罪焉。晏子入见,曰:"君亦闻吾先君丁公乎?"公曰:"何如?"晏子曰:"丁公伐曲沃[1],胜之,止其财[2],出其民[3]。公日自莅[4]之,有舆死人以出者,公怪之,令吏视之,则其中金与玉焉。吏请杀其人,收其金玉。公曰:'以兵降城[5],以众图财,不仁。且吾闻之,人君者,宽惠慈众,不身传诛[6]。'令舍之。"公曰:"善!"晏子退,公令出斩竹之囚。

译文

齐景公种了一些竹子,命令小吏好好看守它。景公出宫,路过竹林,正看见一个砍竹子的人,景公乘车追赶,抓到他并关了起来,准备治罪。晏子进来拜见,说:"君王听说过我们的先王丁公的事迹吗?"景公说:"是怎么一回事?"晏子说:"丁公攻打曲城,攻克下来,不妄动那里的财物,迁出了城里的居民。丁公每日亲自到曲城理事,有人用车拉着死人出城,丁公很奇怪,命令小吏去察看,发现车里藏着黄金和美玉。官吏请求杀死那个人,没收他的金玉。丁公说:'用武力使全城投降,又凭借人多夺取钱财,不仁义。况且我听说,做国君的,对百姓应宽厚仁慈,不亲自传令行刑杀人。'于是下令放了那个人。"景公说:"好啊!"晏子退出,景公命令释放那个砍竹子的人。

注释

1 **曲沃：**曲沃在今山西，此处应为曲城，在莱国境内，齐国曾攻夺此城。

2 **止其财：**不随便动那里的财物。

3 **出其民：**迁出曲城中的莱人。

4 **自莅：**亲自理事。

5 **以兵降城：**用武力攻打使城投降。兵，武力。降城，使城投降。

6 **不身传诛：**不亲自传令行诛杀之刑。身，亲自。

景公以抟治之兵未成功将杀之晏子谏第四

原文

景公令兵抟治[1]，当腊冰月[2]之间而寒，民多冻馁，而功不成。公怒曰："为我杀兵二人。"晏子曰："诺。"少间，晏子曰："昔者先君庄公之伐于晋也，其役杀兵四人，今令而杀兵二人，是师杀之半也。"公曰："诺！是寡人之过也。"令止之。

译文

景公命令士兵抟土作砖，正是寒冬腊月，天气十分寒冷，百姓大多受冻挨饿，砖却未制成。景公十分生气，说："给我杀掉两个士兵。"晏子说："是。"一会儿，晏子说："从前先王庄公攻打晋国，那一次战役只战死四个士兵，现在君王命令杀死两个士兵，是那次出师战死人数的一半。"景公说："是！这是我的过错。"下令停止杀士兵。

注释

1 **抟(tuán)治：**抟土制砖。抟，把散土捏聚成团。治，砖头。

2 **腊冰月：**即寒冬腊月之意。

景公冬起大台之役晏子谏第五

原文

晏子使于鲁，比其返也[1]，景公使国人起大台之役，岁寒不已，冻馁之者乡有焉，国人望晏子。

晏子至，已复事[2]，公延坐[3]，饮酒乐。晏子曰："君若赐臣，臣请歌之。"歌曰："庶民之言曰：'冻水洗我，若之何！太上靡散我[4]，若之何！'"歌终，喟然叹而流涕。公就[5]止之曰："夫子曷为至此？殆为大台之役夫！寡人将速罢之。"晏子再拜。出而不言，遂如[6]大台，执朴鞭其不务者[7]，曰："吾细人[8]也，皆有盖庐[9]，以避燥湿，君为一台而不速成，何为？"国人皆曰："晏子助天为虐。"

译文

晏子到鲁国出使，当他出国的时候，景公正派齐国百姓为他修建高台，天变冷了，还未完工，受冻挨饿的人每乡都有。百姓们都盼着晏子赶紧回来。

晏子回到国都，汇报完出使之事，景公让他入座，饮酒作乐。晏子说："君王赐座于我，我请求为君王唱一首歌。"他唱道："百姓说啊：'冰凉的水浇着我，我能怎样！上天残害我，我能怎样！'"唱罢，他感慨地叹息并流下了眼泪。景公走到晏子跟前劝止他说："先生为什么如此悲伤？大概是为了高台的徭役之事吧！我会立刻停止它的。"晏子拜了两拜。他走出宫廷一言不发，直接到了修筑高台的地方，拿着木棒抽打不努力干活的人，说："我是个小吏，还有房屋居住来遮避太阳和雨水，国君建一个台子却不能马上建好，为什么？"国都之人都说："晏子帮助君王干坏事啊。"

晏子归，未至，而君出令趣罢役，车驰而人趋。仲尼闻之，喟然叹曰：“古之善为人臣者，声名归之君，祸灾归之身，入则切磋其君之不善，出则高誉其君之德义，是以虽事惰君[10]，能使垂衣裳[11]，朝诸侯[12]，不敢伐其功[13]。当此道者，其晏子是耶！”

晏子回去，还未到家，景公就已发出命令，赶快停止筑台的徭役，传令的车子刚过去，百姓们就迫不及待地离开了。孔子听说了这件事，感慨道：“古代善于当臣子的人，把好名声归之于君王，把罪过归之于自身。在内能指正君王的过失，在外则大加称颂君王的仁义。因此，即使侍奉的是个昏君，也能使他无为而治，使诸侯前来朝拜，又不夸耀自己的功劳。能承担这种道义的，就是晏子呀。”

注释

1 **比其返也**：当他返回的时候。此处的“返”当为“出”，即晏子离开国都的时候，景公开始修建高台，百姓不堪其苦，因此盼望晏子回来。

2 **复事**：将出使的事情禀告完毕。

3 **延坐**：请他坐下。延，请。

4 **太上靡散我**：上天要使我灭亡。太上，上天。“靡散”当为“靡敝”，即败坏。

5 **就**：靠近。

6 **如**：去，到。

7 **执朴鞭其不务者**：手持木棍抽打不努力干活的人。朴，未经加工的木材，此处指木棒。鞭，抽打。

8 **细人**：微不足道的人。这是晏子的谦辞。

9 **盖庐**：有顶的房子。盖，屋顶。

10 **惰君**：懒惰懈怠的国君。

11 **垂衣裳**：意思是垂衣拱手，无为而治。

12 **朝诸侯**：使诸侯前来朝见。朝，使朝见。

13 **伐其功**：夸耀自己的功劳。伐，自我夸耀。

景公为长庲欲美之晏子谏第六

原文

景公为长庲[1]，将欲美之，有风雨作。公与晏子入坐饮酒，致堂上之乐[2]，酒酣，晏子作歌曰："穗[3]兮不得获，秋风至兮殚零落[4]。风雨之拂杀[5]也，太上之靡弊也。"歌终，顾而流涕，张躬[6]而舞。公就晏子而止之曰："今日夫子为赐而诫于寡人，是寡人之罪。"遂废酒，罢役，不果成长庲。

译文

景公修筑长长的楼台，想进一步装饰它，忽然风雨大作。景公和晏子入内坐下喝酒，招来宫内的乐工演奏助兴，酒兴正浓时，晏子唱起歌来："禾苗结穗却不能收获，秋风吹来全都掉落。风雨摇落禾穗，上天残害百姓。"唱毕，回过头去流眼泪，又伸展双臂向上挥舞。景公走到晏子跟前劝止道："今天承蒙先生告诫我，是我的罪过。"于是停止饮酒，停止工程，不再装饰长长的楼台。

注释

1 **长庲**(lái)**：**长长的楼台。庲，楼台。一说庲为房舍。

2 **致堂上之乐：**招宫里的乐工前来奏乐。

3 **穗：**穗，谷穗。

4 **殚零落：**全部飘零脱落。殚，全部。

5 **拂杀：**吹拂摇散。

6 **张躬：**伸展双臂。"躬"通"肱"。

景公为邹之长涂晏子谏第七

原文

景公筑路寝之台[1]，三年未息；又为长庲之役，二年未息；又为邹之长涂[2]。晏子谏曰："百姓之力勤[3]矣！公不息乎？"公曰："涂将成矣，请成而息之。"对曰："君[4]屈民财者不得其利，穷民力者不得其乐。昔者楚灵王作顷宫[5]，三年未息也；又为章华之台[6]，五年又不息也；乾溪之役[7]，八年，百姓之力不足而自息也。灵王死于乾溪，而民不与君归[8]。今君不遵明君之义，而循灵王之迹，婴惧君有暴民之行，而不睹长庲之乐也，不若息之。"公曰："善！非夫子者，寡人不知得罪于百姓深也。"于是令

译文

齐景公修筑路寝宫前的高台，三年没有完工；又征役建造长长的楼台，两年没有完工；又修建到邹国的长路。晏子进谏说："百姓的劳役太繁重了！君王还不停下来吗？"景公说："大路就快修完了，修完后再停止吧。"晏子回答说："枯竭民财的国君得不到好处，穷尽民力的国君得不到安乐。从前楚灵王修建顷宫，三年不停止；又修建章华台，五年也没完成；伐吴的乾溪战役持续了整整八年，民力不足而自动停息下来。灵王死在乾溪，老百姓都不愿意和灵王遗体一同回国。现在君王不遵循明君的大义行事，而沿着灵王的足迹走，我担心君王有残害百姓的行为，而不能有看到长台的快乐，不如停下来吧。"景公说："好！不是先生的教导，我还不知自己得罪百姓这么厉害呀。"于是下令不要让已经修筑好的道路委弃、毁坏，剩

勿委坏[9],余财勿收,斩板而去之[10]。

余的钱财不再继续收缴,拆掉筑路的模板而离开那里。

注释

1 **路寝之台:**路寝宫前的高台。路寝,古代君王处理政事的宫室。

2 **邹之长涂:**到邹国去的长路。邹,国名,在今山东邹城,距离齐国都城临淄约二百里,因此这条路称之为“长涂”。“涂”同“途”,道路。

3 **勤:**多,繁重。

4 **明君:**“明”涉下文“不遵明君之义”而衍,不译。

5 **楚灵王:**名围,春秋时楚国国君,多暴政。 **顷宫:**宫殿名。

6 **章华之台:**即章华台,为楚灵王所建。

7 **乾溪之役:**楚灵王曾举兵伐吴,于乾溪大战。

8 **民不与君归:**老百姓不愿意和灵王遗体一同回国。

9 **令勿委坏:**下令不要让已经修筑好的道路委弃、毁坏。

10 **斩板而去之:**移除模板,停止施工。古代筑路,先于两侧立木板作模,然后填土夯实。

景公春夏游猎兴役晏子谏第八

原文

景公春夏游猎,又起大台之役。晏子谏曰:“春夏起役,且游猎,夺民农时,国家空虚,不可。”景

译文

齐景公于春夏之际游猎,又兴起修大台的劳役。晏子进谏说:“春夏之际兴起劳役,而且游猎,会使百姓失去种田的时机,国家库府空虚,不能这样。”景公

公曰："吾闻相贤者国治，臣忠者主逸。吾年无几矣，欲遂吾所乐[1]，卒吾所好[2]，子其息[3]矣。"晏子曰："昔文王不敢盘于游田[4]，故国昌而民安。楚灵王不废乾溪之役，起章华之台，而民叛之。今君不革，将危社稷，而为诸侯笑。臣闻忠臣不避死，谏不违罪[5]。君不听臣，臣将逝[6]矣。"景公曰："唯唯[7]，将弛罢之。"未几，朝韦囧[8]解役而归。

说："我听说国相贤能国家就治理得好，臣子忠诚国君就能安逸。我没几年活头了，想满足我的兴趣，实现我的愿望，先生不要再说了。"晏子说："从前文王不敢纵情游乐，所以国家昌盛百姓安乐；楚灵王不中止乾溪的战役，又兴建章华台，因而百姓背弃了他。现在您不改变自己的做法，将会危及社稷，而被诸侯耻笑。我听说忠臣不怕死，进谏不怕被治罪。君王若不听从我的劝谏，我就离开您了。"景公说："好的好的，我将停止它。"没有多久，景公就召见韦囧解除围猎回朝。

注释

1 **遂吾所乐：**满足我的兴趣。遂，满足。

2 **卒吾所好：**实现我的心愿。卒，达到、实现。

3 **息：**停歇。

4 **盘于游田：**在野外打猎。盘，游。田，猎。

5 **违罪：**避罪。违，避开。

6 **逝：**离开。

7 **唯唯：**好的好的。

8 **朝(zhāo)韦囧：**召见韦囧。"朝"通"召"。韦囧，大臣名。

景公猎休坐地晏子席而谏第九

原文

景公猎休，坐地而食，晏子后至，左右灭葭而席[1]。公不说，曰："寡人不席而坐地，二三子莫席，而子独搴草[2]而坐之，何也？"晏子对曰："臣闻介胄坐陈不席[3]，狱讼[4]不席，尸坐堂上[5]不席，三者皆忧也。故不敢以忧侍坐。"公曰："诺。"令人下席曰："大夫皆席，寡人亦席矣。"

译文

景公打猎休息，坐在地上吃饭，晏子后到，拔了些芦苇垫在地上当作席子。景公不高兴了，说："我没垫席子坐在地上，其他几个人也没有谁垫席子，而您自己却拔草当席而坐，为什么？"晏子回答说："我听说，甲胄之士坐不垫席，有讼案在身的人坐不垫席，家里有丧事的人坐不垫席。这三种人，都是怀有忧伤的人。所以，不敢以忧伤之人的礼节侍坐。"景公说："好。"命令随从铺下席子，说："大夫都坐席子，我也坐席子吧！"

注释

1 **左右灭葭(jiā)而席：**拔取初生的芦苇来当席。"左右"二字，疑为衍词，可不译。灭，拔取。葭，初生的芦苇。

2 **搴(qiān)草：**拔草，指拔取芦苇。搴，拔取。

3 **介胄坐陈不席：**披甲戴盔者坐不垫席。介胄，铠甲和头盔，引申为披甲戴盔的人。"陈"疑为衍字，此句应为"介胄坐不席"。

4 **狱讼：**有诉讼在身的人。

5 **尸坐堂上:**尸体停放在堂上,即家里有丧事。“坐”应为“在”。

景公猎逢蛇虎以为不祥晏子谏第十

原文

景公出猎,上山见虎,下泽见蛇。归,召晏子而问之曰:“今日寡人出猎,上山则见虎,下泽则见蛇,殆所谓不祥[1]也?”晏子对曰:“国有三不祥,是不与焉[2]。夫有贤而不知,一不祥;知而不用,二不祥;用而不任[3],三不祥也。所谓不祥,乃若此者。今上山见虎,虎之室也;下泽见蛇,蛇之穴也。如虎之室,如蛇之穴,而见之,曷为不祥也!”

译文

齐景公外出打猎,上山时见到了老虎,下到沼泽时又遇见了蛇。回去后,召见晏子问他说:“今天我出外田猎,上山就遇见了老虎,下泽就遇见了蛇,大概就是所说的不吉利吧?”晏子回答说:“国家有三件不吉利的事,这件事不在其中。国有贤人而国君不知,是一不吉利;知道而不任用,是二不吉利;任用而不信任,是三不吉利。所说的不吉利,就是这三种情况。今天上山遇见老虎,而山本来就是老虎的栖身之地啊;下泽遇见蛇,沼泽本来就是蛇的藏身之所啊。到了老虎的栖身之地,蛇的藏身之所,见到它们,有什么不吉利的呢!”

注释

1 **殆所谓不祥:**大概是人们所说的不吉利。殆,表推测,恐怕、大概。

2 **是不与焉:**这不在其中。是,指上山见虎、下泽见蛇这件事。

3 **用而不任:**任用了却不信任。

景公为台成又欲为钟晏子谏第十一

原文

景公为台，台成，又欲为钟[1]。晏子谏曰："君国者不乐民之哀[2]。君不胜欲，既筑台矣，今复为钟，是重敛于民[3]，民必哀矣。夫敛民之哀，而以为乐，不祥，非所以君国者。"公乃止。

译文

景公建造高台，高台建成，又想铸造大钟。晏子进谏说："统治国家的人不以百姓的痛苦为欢乐。君王不能克制自己的欲望，已经修建了高台，现在又要铸造大钟，这是加重百姓的赋税，百姓一定会感到悲哀啊。加重百姓的赋税使他们悲哀，而以此换取自己的快乐，不吉利，这不是作为国君应该做的。"景公于是打消了铸钟的念头。

注释

1 **为钟**：铸造钟。

2 **乐民之哀**：把百姓的痛苦当成自己的快乐。

3 **重敛于民**：加重赋税于百姓。

景公为泰吕成将以燕飨晏子谏第十二

原文

景公为泰吕[1]成，谓晏子曰："吾欲与夫子燕[2]。"对曰："未祀先君而以燕，非礼也。"公曰："何以礼为[3]？"对曰："夫礼者，民之纪[4]，纪乱则民失，乱纪失民，危道也。"公曰："善。"乃以祀焉。

译文

景公铸造成了泰吕钟，对晏子说："我想同先生一起宴饮。"晏子回答说："没有祭祀先君就先宴饮，不合礼法。"景公说："礼法是做什么用的？"晏子回答说："礼法，是约束百姓的纲纪，纲纪乱了，百姓就会背离。纲纪混乱、百姓背离，这会危及王道啊。"景公说："对。"于是用泰吕钟来祭祀先君。

注释

1 **泰吕**：即大吕，古代十二音律之一。这里的"泰吕"是指按此音律铸造的钟。

2 **燕**：通"宴"，宴饮。

3 **何以礼为**：礼法是做什么用的。

4 **民之纪**：约束百姓的纲纪。

景公为履而饰以金玉晏子谏第十三

原文

景公为履，黄金之綦[1]，饰以银，连以珠，良玉之絇[2]，其长尺，冰月服之，以听朝。

晏子朝，公迎之，履重，仅能举足，问曰："天寒乎？"晏子曰："君奚问天之寒也？古圣人制衣服也，冬轻而暖，夏轻而清[3]，今君之履，冰月服之，是重寒也[4]；履重不节[5]，是过任[6]也，失生之情[7]矣。故鲁工不知寒温之节[8]，轻重之量，以害正生[9]，其罪一也；作服不常[10]，以笑诸侯，其罪二也；用财无功，以怨百姓，其罪三也。请拘而使吏度[11]之。"公苦[12]，

译文

齐景公做了一双鞋，用黄金做鞋带，用白银装饰，用珍珠相连缀，又用美玉装饰鞋头，鞋有一尺长，冬天穿着它来上朝听政。

晏子上朝，齐景公迎向他，鞋子太重，仅仅能抬起脚，问道："天很冷吧？"晏子说："君王为何问天冷不冷呢？古代圣人制作服装，冬季轻而温暖，夏季轻而凉爽，现在君王您的鞋，冬天穿着它，又重又不暖和；鞋子太重不合适，脚的负担太重了，有损人生理的常情。所以鲁国的工匠不知冷热适度、轻重的分量，用这样的鞋子来损害人正常的生理，这是他的第一条罪状；制作的鞋子不符合常情，而招致诸侯的嘲笑，这是他的第二条罪状；耗费国家钱财而对国家没有好处，反而使百姓心生怨恨，这是他的第三条罪状。请把他拘捕起来，让官吏审判量罪。"景公说鲁工做鞋很辛劳，要求放了他。晏子说："不行。我听说自身劳苦做好事的人，他得的赏赐应丰厚；自身劳苦做坏

请释之。晏子曰:“不可。婴闻之,苦身为善者,其赏厚;苦身为非者,其罪重。”公不对。晏子出,令吏拘鲁工,令人送之境[13],使不得入。公撤履,不复服也。

事的人,他的惩罚应加重。”景公不说话了。晏子出来,让官吏拘捕鲁工,派人把他送出边境,再不许进入齐国。景公脱下这双鞋子,再也不穿了。

注释

1 **綦**(qí):鞋带。

2 **絇**(qú):鞋头上的装饰,有孔,可系鞋带。

3 **凊**(qìng):凉。

4 **重寒**:鞋子重而且不暖和。

5 **不节**:不合适。

6 **过任**:负担过重。任,负担。

7 **失生之情**:不合乎人之常情。

8 **不知寒温之节**:不知道冷暖适度。节,适度。

9 **以害正生**:损害人正常的生理。

10 **作服不常**:做的衣物不合常情。

11 **度**:衡量。

12 **苦**:辛苦。有学者认为“苦”字前脱“曰鲁工”三字,即景公说鲁工做鞋很辛苦,今从此说。

13 **境**:齐国国界。

景公欲以圣王之居服而致诸侯晏子谏第十四

原文

景公问晏子曰："吾欲服圣王之服，居圣王之室，如此，则诸侯其至乎？"晏子对曰："法其节俭则可，法其服、居其室，无益也。三王不同服而王[1]，非以服致诸侯也。诚于爱民，果于行善，天下怀其德而归其义，若其衣服节俭而众说也。夫冠足以修敬[2]，不务其饰；衣足以掩形御寒，不务其美。衣不务于隅肶之削[3]，冠无觚羸之理[4]，身服不杂彩[5]，首服不镂刻[6]。且古者尝有紩衣挛领[7]而王天下者。其义好生而恶杀，节上而羡下[8]，天下不朝其服，而共归其义。古

译文

齐景公问晏子说："我想穿上古时圣王那样的服饰，住圣王那样的房子，这样，诸侯会来归服吧？"晏子回答说："效法他们的节俭就可以了。效法他们的服饰、住他们那样的宫室，没有什么益处。夏禹、商汤和周文王服饰不相同但都称王于天下，不是因为服饰使诸侯归服的呀。诚心诚意地爱护百姓，实实在在地施行善政，百姓就会感念他的德行而归服于他的仁义，这就是君王服装节俭而百姓高兴的原因。帽子足够用来表示敬意就可以了，不必追求华饰；衣服足够用来蔽体御寒就可以了，不必追求它的华美。衣服不必追求斜角的剪裁，帽子不必追求高狭的样式，身上穿的衣服不色彩驳杂，头上戴的帽子不刻镂花纹。况且，古时常有衣着朴素却称王天下的。他们的道义是爱护生灵而厌恶杀伐，上面节俭而下面富足，天下不是归服于他们的服饰，而是归服于他们的仁义。古时常有

者尝有处橧巢窟穴[9]而不恶，予而不取，天下不朝其室，而共归其仁。”

住在柴草屋和穴窟中而不嫌弃的人，为百姓谋利而不是向他们索取，百姓不是归服于他的房子，而是归服于他的仁义。

注释

1 **三王不同服而王(wàng)：**三位圣王服饰不同却同样统一天下。三王，指夏禹、商汤和周文王。后一个“王”作动词讲，为王。

2 **修敬：**表示敬意。

3 **隅肶(pí)之削(xuē)：**斜角的剪裁。“隅肶”当为“隅眦”，意思衣服的斜角。削，剪裁。

4 **觚蠃(léi)之理：**高狭的形状。“觚蠃”应为“解果”之异文，意思是狭曲而高。理，形状。

5 **身服不杂彩：**身上穿的衣服不色彩驳杂。

6 **首服不镂刻：**头上戴的帽子不刻镂花纹。

7 **紩(zhì)衣挛(luán)领：**打着补丁的衣服和卷曲的领子，形容简朴的衣服。紩，补缀。挛，卷曲。

8 **节上而羡下：**上面节俭而下面有剩余。羡，富足有余。

9 **橧(zēng)巢：**用柴木搭成的屋子。橧，柴木。

原文

“及三代作服，为益敬[1]也，首服足以修敬，而不重也，身服足以行洁[2]，而不害于动作。服之轻重便于身，用财之费顺于民。其不为橧巢者，以避风也；其不为窟穴者，以避湿也。是故明堂之制，下之润湿，不能及也，上之寒暑，不能

译文

“到了三代圣王时制作服装，是为了更庄重。帽子足能表达敬意却不求贵重，衣服足能显示整洁却不妨碍行动。衣服的轻重适合身体，耗费的钱财百姓能承受。他们不再住柴草房子，是为了遮蔽风雨；他们不住穴窟，是为了避开潮湿。所以修建宫殿的原则是，地下的潮气不能上达，上面的寒热不能侵入。土建不装饰，木建不雕刻，向百姓示范要懂得节

入也。土事不文[3]，木事不镂[4]，示民知节也。及其衰也，衣服之侈过足以敬[5]，宫室之美过避润湿[6]，用力甚多，用财甚费，与民为仇。今君欲法圣王之服，不法其制，法其节俭也，则虽未成治[7]，庶其[8]有益也。今君穷台榭之高[9]，极污池之深[10]而不止，务于刻镂之巧[11]，文章之观[12]而不厌，则亦与民而仇矣。若臣之虑，恐国之危，而公不平[13]也。公乃愿致诸侯，不亦难乎！公之言过矣。”

俭。到了这种风气衰败的时候，衣服的奢侈超过了表示敬意的程度，宫室的华美超过了避开潮湿的需要，使用民力太多，浪费钱财更甚，这是与百姓结怨啊。现在君王想要效法圣王的服饰，还没有效法他们的制度，而效法他们的节俭，那么即使没能实现大治，也是有好处的。但现在君王极力追求台榭之高、池塘之深而不停止，追求雕镂的精巧、花纹的华美而不满足，那么这也是在和百姓结怨啊。如果像我忧虑的这样，恐怕国家危险了，您也不能安然享受了。您竟然还想让诸侯来归服，这不是太难了吗！您的想法错了。”

注释

1 **益敬**：更加庄重。益，更加。

2 **行洁**：显示整洁。

3 **土事不文**：用土修建的建筑不描绘纹饰。

4 **木事不镂**：木头建筑不刻镂花纹。

5 **侈过足以敬**：奢侈的程度超过了表示敬意所需。

6 **美过避润湿**：美观的程度超过了避开潮湿所需。

7 **未成治**：没达到圣王之治的程度。

8 **庶其**：庶几，差不多。

9 **台榭之高**：楼台亭榭的高大。

10 **污池之深**：池塘的深度。污池，池塘。

11 **务于刻镂之巧**：追求雕镂的精巧。务，追求。

12 **文章之观**：花纹的华美。

13 **不平**：不能安享。平，平安，安享。

景公自矜冠裳游处之贵晏子谏第十五

原文

景公为西曲潢[1]，其深灭轨[2]，高三仞[3]，横木龙蛇[4]，立木鸟兽。公衣黼黻之衣[5]，素绣之裳[6]，一衣而五彩具焉，带球玉而冠组[7]，被发乱首，南面而立，傲然。

译文

景公命人开凿了一个弯曲的水池，深度可以淹没一辆车子，池上亭台高两丈四尺，梁木上刻着龙蛇，立柱上刻着鸟兽。景公穿着有华美花纹的礼服和素底绣花的下衣，从上到下五彩具全，佩带着美玉而且戴着冠缨，披散着头发，面向南站着，神态傲慢自得。

注释

1 **为西曲潢**(huáng)**：**凿一个弯曲的水池。此处的“西”为衍字，可不译。潢，水池。

2 **灭轨**：淹没车子。灭，淹没。轨，指代车子。

3 **高三仞**：两丈四尺高。周制，八尺为一仞，三仞就是两丈四尺。

4 **横木龙蛇**：在梁木上雕刻龙蛇的图案。下句“立木鸟兽”句式同此。

5 **黼黻**(fǔ fú)**之衣**：绣着黼黻花纹的衣服。黼黻，古代礼服上所绣的花纹。

6 **素绣之裳**：素底绣花的下衣。

7 **带球玉而冠组**：佩带着美玉，帽子上装饰着冠缨。球玉，美玉。组，本指丝带，这里指冠缨。

原文

晏子见，公曰："昔仲父[1]之霸何如？"晏子抑首而不对。公又曰："昔管文仲[2]之霸何如？"晏子对曰："臣闻之，维翟人与龙蛇比[3]，今君横木龙蛇，立木鸟兽，亦室一就矣[4]，何暇在霸哉？且公伐宫室之美，矜衣服之丽，一衣而五彩具焉，带球玉而乱首被发，亦室一容矣。万乘之君，而一心于邪[5]，君之魂魄亡矣，以谁与图霸哉？"公下堂就晏子曰："梁丘据、裔款以室之成告寡人，是以窃袭此服[6]，与据为笑，又使夫子及，寡人请改室易服而敬听命，其可乎？"晏子曰："夫二子营君以邪，公安得知道哉！且伐木不自其根，则蘖又生也[7]，公何不去二子者，毋使耳目淫焉。"

译文

晏子拜见景公，景公说："从前管仲辅佐先君桓公所成就的霸业是什么样子？"晏子低着头不回答。景公又问："从前管仲的霸业怎样？"晏子回答说："我听说，只有狄人才和龙蛇为伍，现在君王梁木上刻着龙蛇，立柱上刻着鸟兽，也不过是一间屋子的成就罢了，哪有闲暇去考虑霸业呢？而且国君自夸宫室之美，自傲衣服的美丽，一身衣服而五彩齐备，佩带着美玉而披头散发，也只是在一间屋子中打扮一下罢了。作为拥有万乘兵车的大国君王，而把心思放在邪僻的事情上，君王的魂魄已经不在了，凭什么去图谋霸业呢？"景公下堂到晏子跟前说："梁丘据、裔款告诉我宫室已成，所以我私下穿上这身衣服，和梁丘据相调笑，不想先生您也到这儿来了，我请求改造这座房子，换掉这身衣服而恭敬地听从您的吩咐，可以吗？"晏子说："那两个人以邪僻之行来迷惑君王，您哪里还能懂得治国的道理呢！而且砍树不除根，那么新芽又会长出来，您为何不除掉这两个人，不使耳目被其迷惑呢？"

注释

1 **仲父：**指管仲，辅佐齐桓公称霸，被尊称为"仲父"。

2 **管文仲：**指管仲。

3 **维翟人与龙蛇比：**只有狄人才与龙蛇为伍。维，只有。“翟”同“狄”，泛指北方少数民族。

4 **亦室一就矣：**也只不过是一间屋子的成就罢了。

5 **一心于邪：**一心全想着邪僻之事。

6 **窃袭此服：**私下穿上这身衣服。

7 **蘖(niè)：**树木被砍伐后从根部又生出的新芽。

景公为巨冠长衣以听朝晏子谏第十六

原文

景公为巨冠长衣以听朝，疾视矜立[1]，日晏不罢[2]。晏子进曰：“圣人之服中[3]，俛而不驵[4]，可以导众，其动作，俛顺而不逆[5]，可以奉生[6]，是以下皆法其服，而民争学其容。今君之服，驵华不可以导众民，疾视矜立，不可以奉生。日晏矣，君不若脱服就燕[7]。”公曰：“寡人受命。”退朝，遂去衣冠，不复服。

译文

景公做了高冠长衣，穿着来临朝听政，他目光迅速扫视，傲然自得地站立，天色晚了还不下朝。晏子进谏说：“圣人的衣服适中，简易而不宽大，可以引导众人。他的一举一动，顺乎常理而不违背常情，有利于养生，所以下边的人都效法他的穿着，百姓都争相效仿他的仪态。现在国君的衣服，大而华丽却不能用来引导众人，环视迅速，傲然挺立，劳行亏神。天色晚了，君王不如脱去这身衣服去休息吧。”景公说：“我听从您的劝告。”退朝后，就脱去这身衣服，不再穿它了。

注释

1 **疾视矜立**：迅速扫视，傲然站立。

2 **日晏不罢**：天色晚了还不休息。

3 **圣人之服中**：圣人的衣服不长不短，取其适中。

4 **侻(tuō)而不驵(zǎng)**：简易而不宽大。侻，简易。驵，本义为壮马，这里指宽大。

5 **侻顺而不逆**：顺乎常理而不违背常情。

6 **奉生**：有利于养生。奉，帮助。

7 **脱服就燕**：脱下这身衣服去休息。燕，休息。

景公朝居严下不言晏子谏第十七

原文

晏子朝，复于景公曰："朝居严乎[1]？"公曰："严居朝，则曷害于治国家哉？"晏子对曰："朝居严则下无言，下无言则上无闻矣。下无言则吾谓之喑[2]，上无闻则吾谓之聋。聋喑，非害国家而如何也？且合升斗之微以满仓廪，合疏缕之绨[3]以

译文

晏子上朝，向景公禀告说："您在朝廷上太傲慢威严了吧？"景公说："在朝廷上威严一些，对治理国家有什么不好？"晏子答道："在朝廷上傲慢威严，则臣下不敢说话，臣下不敢说话，那么君王就了解不到下情。臣下不说话，我称之为哑，君王听不到下情，我称之为聋。又聋又哑，不是有害于国家又是什么呢？况且汇合一升一斗的粮食才能装满粮仓，汇合一丝一缕的丝织品才能织成帷幕。大山的高耸，不是仅靠一

成帏幕。大山之高，非一石也，累卑然后高。天下者，非用一士之言也，固有受而不用[4]，恶有[5]拒而不受者哉？”

块石头，而是众多石头从低处累积起来然后才高大的。治理天下，不能只听取一个人的意见，当然有时听了可以不采用，但哪里有拒绝而不听的道理呢？”

注释

1 **朝居严乎：**在朝廷上是否过于傲慢威严了？

2 **喑**(yīn)**：**不能发声。

3 **疏缕之绨**(tí)**：**一丝一缕的丝织品。疏缕，零散而不成匹。绨，一种光滑的丝织品。

4 **受而不用：**听了可以不采纳。

5 **恶**(wū)**有：**怎么会有。恶，发语词，怎么。

景公登路寝台不终不悦晏子谏第十八

原文

景公登路寝之台，不能终，而息乎陛[1]，忿然而作色，不说，曰：“孰为高台，病人之甚也[2]！”晏子曰：“君欲节于身而勿高，使人高之而勿罪也。今高，从之以罪，卑亦从以罪，敢

译文

齐景公登路寝台，不能到达顶端，中途在台阶上休息，他生气得变了脸色，很不高兴，说：“是谁修建了这么高的台子，害人不浅啊！”晏子说：“君王希望自己省力就不要建这样高的台子，既然令人建了这样高的台子，就不要怪罪别人。现在，台子高了加罪于人，台子低了也加罪

问使人如此可乎？古者之为宫室也，足以便生，不以为奢侈也，故节于身，谓于民[3]。及夏之衰也，其王桀背弃德行，为璇室[4]玉门。殷之衰也，其王纣作为顷宫灵台，卑狭者有罪，高大者有赏，是以身及焉[5]。今君高亦有罪，卑亦有罪，甚于夏、殷之王。民力殚乏矣，而不免于罪，婴恐国之流失，而公不得享也！”

公曰：“善！寡人自知诚费财劳民，以为无功，又从而怨之，是寡人之罪也！非夫子之教，岂得守社稷哉？”遂下，再拜，不果登台。

于人，请问像这样役使别人可以吗？古时帝王建造宫室，能便利生活就足够了，不追求奢侈，所以不仅自身节俭，又教导了百姓。到夏朝衰落时，它的君王桀违背德行修建豪华的宫殿。殷朝衰落时，它的君王纣建造高大的顷宫和灵台，建得低矮的有罪，建得高大的有赏，因此灾祸延及了自身。现在君王您台子高了怪罪，低了也怪罪，比夏、殷的那两个君王还过分啊。百姓穷尽气力，还不能免于罪患，我担心国家将亡，而您不能再享有它了！”

景公说：“好！我自知这实在是劳民伤财，又对国家无益，还因此抱怨那些筑台的人，这是我错了！没有先生的教诲，我怎能守住国家的基业呢？”于是下台来，向晏子拜了两拜，没有再继续登台了。

注释

1 **息乎陛：**中途在台阶上休息。陛，台阶。

2 **病人之甚也：**意为害人不浅啊。病，害。

3 **谓于民：**教导百姓。谓，教导。

4 **璇室：**用美玉装饰的宫室。璇，美玉。

5 **是以身及焉：**因此灾祸延及了自身。

景公登路寝台望国而叹晏子谏第十九

原文

景公与晏子登寝[1]而望国，公愀然[2]而叹曰："使后嗣世世有此，岂不可哉？"晏子曰："臣闻明君必务正其治，以事利民，然后子孙享之。《诗》云：'武王岂不事？贻厥孙谋，以燕翼子。'[3]今君处佚怠[4]，逆政害民有日矣，而犹出若言，不亦甚乎！"

译文

齐景公同晏子登上路寝台而眺望国都，景公悲凄地叹息道："让子孙世世代代享有它，难道不可以吗？"晏子说："我听说圣明的君王一定端正他治国的方法，凡事为百姓谋利，然后子孙才能享有国家。《诗经》中说：'武王难道没有功业吗？留下了他的深谋远虑，来使他的后代享有国家。'现在君王行事安逸懈怠，违背德政损害百姓的利益已经很长时间了，还说出这样的话，不也太过分了吗！"

注释

1 **登寝：**登上路寝台。

2 **愀(qiǎo)然：**凄然。

3 **"武王"三句：**出自《诗经·大雅·文王有声》，意思是：武王难道没有功业吗？留下了他的深谋远虑，来使他的后代享有国家。

4 **佚怠：**安逸懈怠。佚，安逸。

原文

公曰："然则后世孰将把[1]齐国？"对曰："服牛[2]死，夫妇哭，非骨肉之亲也，为其利之大也。欲知把齐国者，则其利之者邪？"公曰："然，何以易[3]？"对曰："移之以善政。今公之牛马老于栏牢，不胜服[4]也；车蠹[5]于巨户，不胜乘也；衣裘襦袴[6]，朽弊于藏，不胜衣也；醯醢[7]腐，不胜沽也；酒醴酸，不胜饮也；府粟郁[8]而不胜食；又厚藉敛于百姓，而不以分馁民。夫藏财而不用，凶也。财苟失守[9]，下其报环至[10]。其次昧财之失守[11]，委而不以分人者，百姓必进自分也。故君人者与其请于人，不如请于己也。"

译文

景公说："如此说来，以后谁将掌管齐国呢？"晏子答道："驾车的牛死了，夫妻都为它哭泣，这不是因为和牛有骨肉亲情，而是因为牛对他们有利益。想知道掌管齐国的人是谁，那恐怕就是能给齐国带来利益的人吧？"景公说："这样，用什么办法来改变这种境况呢？"晏子回答说："用行仁政来改变。现在君王的牛马都在圈里关老了，而不能驾车；车子在车库中被虫子蛀了，而不能乘坐；各式各样的衣物在衣柜中朽坏了，而不能穿；醋和肉酱都臭了，而不能卖；美酒佳酿都酸了，而不能饮；官仓里的粮食都放烂了，而不能吃；就这样还向百姓征收重赋，却不把那些积存之物分给饥民。储藏财物而不使用，会带来祸患的。如果发誓死守着财物，来自下面百姓的报复将环绕而至。再下等的是不明白不能守财这个道理，积存起来不分给百姓，那么百姓一定会自己前来分它。所以做国君的人，与其等别人来分，不如自己来分呀。"

注释

1 **把**：执掌。

2 **服牛**：服驾之牛，即驾车的牛。

3 **何以易**：即以何易，用什么来改变这种状况。

4 **服**：驾，乘。
5 **蠹**（dù）：蛀蚀。
6 **衣裘襦绔**（rú kù）：长衣、皮袄、短衣和裤子。泛指各类衣物。
7 **醯醢**（xī hǎi）：醋和肉酱。
8 **郁**：腐臭。
9 **财苟失守**：如果发誓死守着财物。“失”应为“矢”，发誓的意思。下句中的“失守”情况同此。
10 **下其报环至**：来自下面百姓的报复将环绕而至。
11 **昧财之失守**：不明白财物不应当死守着。昧，不明白。

景公路寝台成逢于何愿合葬晏子谏而许第二十

原文

景公成路寝之台。逢于何[1]遭丧，遇晏子于途，再拜乎马前。晏子下车挹[2]之，曰：“子何以命婴也？”对曰：“于何之母死，兆在路寝之台墉下[3]，愿请命合骨[4]。”晏子曰：“嘻！难哉！虽然，婴将为子复之，适为不得，子将若何？”对曰：“夫君子则有以[5]，如我者侪小人[6]，吾将左手拥

译文

景公修成了路寝台。逢于何家里遭了丧事，在路上遇到晏子，就跪在马前拜了两拜。晏子下车向他拱手还礼，问：“您有什么事吩咐我？”逢于何回答说：“我的母亲死了，占卜要葬在路寝台的基墙下，希望请求国君能允许母亲与父亲合葬。”晏子说：“啊！这有点儿困难！即使这样，我也会为您向国君禀告，假如不被同意，那您会怎样呢？”逢于何回答说：“君子总是有所作为的，像我这样的小人物，我会左手扶着灵车，右手拍打着胸

格[7]，右手梱心[8]，立饿枯槁而死，以告四方之士曰：'于何不能葬其母者也。'"

晏子曰："诺。"遂入见公，曰："有逢于何者，母死，兆在路寝，当如之何？愿请合骨。"公作色不说，曰："古之及今，子亦尝闻请葬人主之宫者乎？"晏子对曰："古之人君，其宫室节，不侵生民之居，台榭俭，不残死人之墓，故未尝闻诸请葬人主之宫者也。今君侈为宫室，夺人之居，广为台榭，残人之墓。是生者愁忧，不得安处，死者离易，不得合骨。丰乐侈游，兼傲生死[9]，非人君之行也。遂欲满求[10]，不顾细民，非存之道。且婴闻之，生者不得安，命之曰蓄忧[11]；死者不得葬，命之曰蓄哀。蓄忧者怨，蓄哀者危，君不如许之。"公曰："诺。"

口，站在那里绝食而死，用来告诉四面八方的人说：'我不能让母亲安葬。'"

晏子说："好。"于是入宫见景公，说："有个叫逢于何的人，母亲死了，占卜应葬在路寝台的基墙那里，应当如何处置此事？他请求君王让他将父母合葬。"景公变了脸色不高兴，说："从古至今，您听说过有人要求葬在君王的宫室里的吗？"晏子回答说："古时的君王，他们的宫室很俭省，不侵占百姓的居处，楼台亭榭也很俭省，不破坏死人的墓穴，所以未曾听说要求葬在君王宫室的事情。现在君王大肆修建宫殿，夺占了活人的居处，广建楼台亭榭，毁坏了死人的墓地。所以活着的人愁怨忧伤，不能安居，死了的人尸骨离散，不能合葬。过度享乐游宴，还对活着的人和死了的人一概轻慢，这不是君王应有的行为。为满足自己的贪欲，不顾念百姓，不是保存国家的做法。况且我听说，活着的人不能安居，叫作蓄积忧愁；死了的人不能安葬，叫作积累哀伤。蓄积忧愁会产生怨恨，积累哀伤会发生危险，君王不如允许他的请求。"景公说："好。"

注释

1 **逢于何：**齐国人，事迹不详。

2 **挹(yī):**通“揖”,拱手为礼。

3 **兆:**占卜。 **台墉:**即路寝台的基墙。墉,城墙,墙垣。按文意,逢于何的父亲葬在这里。

4 **合骨:**即合葬。

5 **有以:**有缘故,此处指有所作为。

6 **如我者侪小人:**像我这样的小民。我者侪,即我侪,意为我这类人。

7 **拥格:**扶着灵车。“格”通“辂(hé)”,车辕上的横木,此处指代灵车。

8 **梱(kǔn)心:**拍打着心窝。梱,拍打。

9 **兼傲生死:**对活人和死人一概轻慢。

10 **遂欲满求:**满足欲望和所求。

11 **蓄忧:**积聚忧伤。下文中的“蓄哀”意思同此。

原文

晏子出,梁丘据曰:“自昔及今,未尝闻求葬公宫者也,若何许之?”公曰:“削人之居,残人之墓,凌人之丧[1],而禁其葬,是于生者无施,于死者无礼。《诗》云:‘穀则异室,死则同穴。’[2]吾敢不许乎?”逢于何遂葬其母路寝之牖下,解衰去绖[3],布衣縢履[4],玄冠茈武[5],踊[6]而不哭,躃而不拜[7],已乃涕洟[8]而去。

译文

晏子出去后,梁丘据说:“自古至今,未曾听说有要求葬在君王宫中的,为什么答应他呢?”景公说:“挤占活人的居地,毁坏死人墓穴,侵犯人家的丧事,不许人家下葬,这是对活人寡恩,对死者无礼。《诗经》中说:‘活着不能同室而居,死了也要同穴而葬。’我敢不答应吗?”逢于何于是将他母亲葬在路寝台的基墙下,然后脱去丧服,穿着布衣草鞋,戴着结有紫色结带的黑色帽子,顿足而没有痛哭,捶胸而没有叩拜,丧礼做完之后,才流着涕泪离开。

注释

1 **凌人之丧:**侵犯别人的丧事。凌,欺凌。

2 **“縠则”二句：**出自《诗经·王风·大车》，意思是活着的时候不能同室而居，死了也要同穴而葬。

3 **解衰**(cuī) **去绖**(dié)：脱掉丧服。衰、绖皆为丧服，缀在胸前长六寸、宽四寸的麻布称衰，结在头上或者腰间的麻布称绖。

4 **縢**(téng) **屦：**用草绳编织的鞋子。縢，绳索，这里指用草绳编成。

5 **玄冠茈**(zǐ) **武：**黑色的帽子紫色的结带。玄，黑色。“茈”通“紫”。武，帽子上的结带。

6 **踊：**本义为跳，这里指顿足。

7 **躃**(bì) **而不拜：**捶胸而不叩拜。“躃”同“擗(pǐ)”，抚心，捶胸。

8 **涕洟：**涕泪俱下。

景公嬖妾死守之三日不敛晏子谏第二十一

原文

景公之嬖妾婴子死，公守之，三日不食，肤着于席不去[1]。左右以复[2]，而君无听焉。

晏子入，复曰：“有术客与医俱言曰：‘闻婴子病死，愿请治之。’”公喜，遽起，曰：“病犹可为乎？”[3]晏子曰：“客之道也，以为良

译文

齐景公的爱妾婴子死了，景公守着她的尸体，三天没有吃饭，尸体放久了皮肤粘在席子上也不让收殓。左右的人劝他，但景公不听。

晏子入宫，禀告景公说：“有懂巫术的人和名医都说：‘听说婴子生病死了，自愿请求来救活她。’”景公大喜，立即站起来说：“病死还能救活吗？”晏子说：“客人自称他们有良医的本领，君王不妨试一试。请君王回避，先沐浴洗净身体，进点儿饮食，离开停放死者的宫室，他们将要向鬼神祝祷。”景公说：“好。”

医也，请尝试之。君请屏[4]，洁沐浴饮食，间病者之宫[5]，彼亦将有鬼神之事[6]焉。”公曰：“诺。”屏而沐浴。

晏子令棺人入敛，已敛，而复曰：“医不能治病，已敛矣，不敢不以闻。”公作色不说，曰：“夫子以医命寡人，而不使视，将敛而不以闻，吾之为君，名而已矣。”晏子曰：“君独不知死者之不可以生邪？婴闻之，君正臣从谓之顺，君僻臣从谓之逆。今君不道顺而行僻，从邪者迩，导害者远[7]，谗谀萌通[8]，而贤良废灭，是以谄谀繁于间，邪行交于国也。昔吾先君桓公用管仲而霸，嬖乎竖刁而灭；今君薄于贤人之礼，而厚嬖妾之哀。且古圣王畜私不伤行[9]，敛死不失爱[10]，送死不失哀[11]。行伤则溺己[12]，爱失则伤生，哀失则害性。是故圣王节之也。即毕敛，不留生事[13]，棺椁衣衾，不以害生养[14]；哭泣处哀，不以害生道。”

于是回避出去沐浴。

晏子命令立即将尸体入殓，装殓完毕，然后禀告景公说：“医师也没法将死人救活，所以已经装殓完了，不敢不把这件事禀告您。”景公变了脸色，发怒道：“先生以治病之名让我离开，不让我看，将要装殓却不让我知道，我身为君王，只不过徒有其名而已。”晏子说：“君王难道不知道人死不能复活吗？我听说，君王行为端正而臣子顺从叫作顺，君王行为邪僻而臣子顺从叫作逆。现在君王不行正路而行邪僻，顺从您的邪僻的人得到亲近，引导您行正路的人被疏远，谗谀小人滋生泛滥，贤良之人被废弃，因此谗谀之行充斥宫中，邪僻之行遍布国内。从前我们的先君任用管仲而称霸，宠爱竖刁而导致灭亡；现在君王轻贤人之礼，而重宠妾之哀。再说古时圣王畜养姬妾而不损伤德行，装殓死者而不过分留恋，死者出殡而不过分哀伤。损伤德行就会沉溺于私欲，过分爱恋就会伤害身体，过分哀伤就会损害性情。所以圣王懂得节制。人死了就应该立即装殓，不要留着侥幸复活的念头，棺椁衣服的耗费要适度，不因它妨害了生者的衣食供养；哭泣举哀，不能以此损害了养生之道。”

注释

1 **肤着于席:**尸体因久放而皮肤粘在席子上。

2 **复:**劝告。

3 **病犹可为乎:**病死还能救活吗？可为,可以医治。

4 **屏:**避开。

5 **间病者之宫:**离开停放死者的宫室。间,隔离,离开。

6 **鬼神之事:**指向鬼神祝祷。

7 **导害者远:**此处“导害”二字不可解,应为“导善”。这句话意思是:疏远劝导做好事的人。

8 **谗谀萌通:**阿谀奉承的行为蔓延开来。发生和流行。

9 **畜私不伤行:**畜养姬妾而不损害德行。

10 **敛死不失爱:**装殓死者而不过分留恋。

11 **送死不失哀:**死者出殡而不过分哀伤。

12 **行伤则溺己:**损伤德行就会沉溺于私欲。

13 **不留生事:**不要有死者复活的念头。

14 **生养:**生者衣食之供养。

原文

“今朽尸以留生,广爱以伤行[1],修哀以害性[2],君之失矣。故诸侯之宾客惭入吾国,本朝之臣惭守其职。崇君之行,不可以导民,从君之欲,不可以持国。且婴闻之,朽而不敛,谓之僇尸[3];臭而不收,谓之陈胔[4]。反明王之性,行百姓之诽,而内嬖妾于僇

译文

“现在留着腐烂的尸体希望它复活,因过分的爱恋而损伤德行,因长久的悲哀妨害了人的本性,这是君王的过错啊。所以诸侯的使臣羞于进入我国,本国的臣子羞于处在自己的职位上。崇尚君王的行为,不能引导民众,顺从君王的欲望,不能持守国家。而且我听说,尸体朽烂了却不装殓,叫侮辱尸体;腐臭了却不埋葬,叫暴尸。违反圣明君王的本性,做百姓非议之事,而将爱妾置于暴尸受辱的境地,这是

胔，此之为不可。”公曰：“寡人不识，请因夫子而为之。”晏子复曰：“国之士大夫，诸侯四邻宾客，皆在外，君其哭而节之[5]。”

仲尼闻之曰：“星之昭昭[6]，不若月之曀曀[7]；小事之成，不若大事之废；君子之非，贤于小人之是也[8]。其晏子之谓欤！”

不应该的。”景公说：“我不明智，请按夫子说的去办吧。”晏子又说：“我国的士大夫以及诸侯四邻的宾客都在宫外，君王哭泣时要节制哀伤。”

孔子听说了这件事后说：“星星的闪光，还不如被云遮住的月光明亮；小事的成功，不如大事的废止；君子的过错，比小人做的好事还贤德。这说的就是晏子吧！”

注释

1 **广爱以伤行：**因过分的爱恋而损害德行。

2 **修哀以害性：**因长久的悲哀而损害性情。

3 **僇(lù)尸：**羞辱尸体。僇，羞辱。

4 **陈胔(zì)：**暴尸。胔，腐肉。

5 **节之：**节制哀伤。

6 **昭昭：**明亮。

7 **曀曀(yì)：**阴沉昏暗的样子。

8 **“君子”二句：**意思是君子犯错也比小人做对好。这句话有其特定的背景：晏子为了劝景公节哀并及早殡殓婴子，不惜对景公说谎，有违臣子之道，属于小非；但其目的最终还是为了景公和国家，属于大是。

景公欲厚葬梁丘据晏子谏第二十二

原文

梁丘据死，景公召晏子而告之，曰："据忠且爱我，我欲丰厚其葬，高大其垄[1]。"晏子曰："敢问据之忠与爱于君者，可得闻乎？"公曰："吾有喜于玩好，有司未能我具也[2]，则据以其所有共我[3]，是以知其忠也；每有风雨，暮夜求必存[4]，吾是以知其爱也。"

晏子曰："婴对，则为罪，不对，则无以事君，敢不对乎！婴闻之，臣专其君[5]，谓之不忠；子专其父，谓之不孝；妻专其夫，谓之嫉。事君之道，导亲于父兄[6]，有礼于群臣，有惠于百姓，有信于诸侯，谓

译文

梁丘据死了，景公召见晏子告诉他说："梁丘据忠心而且爱戴我，我想厚葬他，把他的坟修得高大一些。"晏子说："敢问梁丘据对君王忠心与爱戴的表现，可以讲给我听一听吗？"景公说："我喜欢的玩好之物，有关部门没能准备给我，而梁丘据把他自己的拿来供我玩，从这件事知道他的忠心；每逢刮风下雨的晚上召唤他，他必定来到，从这件事知道他对我的爱戴。"

晏子说："我回答的话一定会得罪您，不回答又没有侍奉好国君，敢不回答吗！我听说，臣子专擅侍奉君王，叫作不忠；儿子专擅孝顺父亲，叫作不孝；妻子专擅服侍丈夫，叫作妒嫉。侍奉君王的原则，在于引导君王亲爱父兄，对群臣有礼，对百姓施恩，对诸侯有信誉，这才是忠。做儿子的原则，在于引导父亲钟爱兄弟，施

之忠。为子之道，以钟爱其兄弟，施行于诸父[7]，慈惠于众子，诚信于朋友，谓之孝。为妻之道，使其众妾皆得欢忻[8]于其夫，谓之不嫉。今四封之民[9]，皆君之臣也，而维[10]据尽力以爱君，何爱者之少邪？四封之货，皆君之有也，而维据也以其私财忠于君，何忠者之寡邪？据之防塞群臣[11]，拥蔽君，无乃甚乎？”公曰：“善哉！微子，寡人不知据之至于是也。”遂罢为垄之役，废厚葬之命，令有司据法而责[12]，群臣陈过而谏。故官无废法，臣无隐忠[13]，而百姓大说。

行于伯父、叔父，对所有的孩子慈爱，对朋友有信义，这才是孝。做妻子的原则，在于让众妾都能得丈夫的欢心，这才是不妒嫉。现在四境内的人民，都是君王的臣子，而只有梁丘据竭力爱君，为什么爱国君的人这样少呢？四境之内的财物，都是君王所有，而只有梁丘据用他的私人财物向君王表示忠心，为什么尽忠的人这样少呢？梁丘据妨碍并阻塞大臣们向君王进谏，以致君王被蒙蔽，不是太严重了吗？”景公说：“对啊！不是先生，我都不知道梁丘据竟到了这种地步。”于是停止了为他修坟的劳役，废除厚葬的命令，命令官吏依法责处，群臣则进谏陈述其过失。因此官府中不再有徒有虚名的法令，臣子的忠心不再被埋没，百姓十分高兴。

注释

1 **高大其垄：**使他的坟墓又高又大。垄，坟墓。

2 **未能我具：**“未能具我”之倒装，意为没能准备给我。

3 **共我：**“共”通“供”。供我，即给我。

4 **求必存：**召唤他必定来到。求，召唤。存，出现。

5 **臣专其君：**臣子专司侍君。下文中的“专”字同此用法。

6 **导亲于父兄：**劝导与父兄亲近。

7 **诸父：**伯父、叔父等。

8 **欢忻(xīn)：**欢欣。

9 **四封之民：**国中的臣民。四封，四面的疆界，指国内。

10 **维：**同“唯”，只有。

11 **防塞群臣：**妨碍并阻塞大臣们向国君进谏。

12 **据法而责：**根据法律来责处。

13 **隐忠：**指忠心被埋没。

景公欲以人礼葬走狗晏子谏第二十三

原文

景公走狗[1]死，公令外共之棺，内给之祭。晏子闻之，谏。公曰：“亦细物[2]也，特以与左右为笑耳。”晏子曰：“君过矣！夫厚藉敛不以反民[3]，弃货财而笑左右，傲细民之忧，而崇左右之笑，则国亦无望已。且夫孤老冻馁，而死狗有祭，鳏寡不恤，而死狗有棺，行辟若此，百姓闻之，必怨吾君，诸侯闻之，必轻吾国。怨聚于百姓，而权轻于诸侯，而乃以为细物，君其图之。”公曰：

译文

齐景公的猎狗死了，景公命令宫外给狗提供棺木葬殓，宫内为狗设祭致奠。晏子听说了这件事，劝谏景公。景公说：“不过是件小事，只是同身边的人取乐罢了。”晏子说：“君王错了！您从民间收取重税而不用来做对百姓有利的事，浪费财物同身边的人取笑作乐，轻视百姓的忧苦，却重视身边人的取乐，那国家就没有希望了。况且孤老之人挨饿受冻，而一条死狗却能得到祭奠，鳏寡之人得不到抚恤，而一条死狗却有棺木葬殓，行为邪僻到这种地步，百姓听说这种事，一定会怨恨国君，诸侯听说这件事，一定会轻视我国。怨恨在百姓心中积聚，国家被诸侯轻视，您却还认为这是小事情，请您好好考

"善。"趣庖治狗[4],以会朝属[5]。

虑一下吧。"景公说:"对。"赶快叫厨师烹饪狗肉,用它来会饮朝臣。

注释

1 **走狗:**猎犬。

2 **细物:**细小之事。

3 **反民:**返还百姓,即做对百姓有利的事。

4 **趣(cù)庖治狗:**催促厨师烹制狗肉。庖,厨师。治,烹饪。

5 **会朝属:**召集朝臣一起饮酒。朝属,朝中的大臣。

景公养勇士三人无君之义晏子谏第二十四

原文

公孙接、田开疆、古冶子[1]事景公,以勇力搏虎闻。晏子过而趋,三子者不起。

晏子入见公曰:"臣闻明君之蓄勇力之士也,上有君臣之义,下有长率之伦[2],内可以禁暴,外可以威敌,上利其功,下服其勇,故尊其位,重其禄。今君之蓄勇力之士也,上无

译文

公孙接、田开疆、古冶子侍奉景公,三人凭借勇力搏虎而闻名齐国。晏子在他们面前经过,谦虚地小步急走,三个人却没有站起身来。

晏子入宫拜见景公说:"我听说圣明的君王蓄养勇力之人,对上要有君臣之礼,对下要有尊卑之序,在内可以用来禁止暴力,在外可以威震敌人,国家因为他们的功绩而得利,臣下也佩服他们的勇力,所以尊崇他们的地位,提高他们的俸禄。现在国君蓄养勇力之人,对上没有君

君臣之义，下无长率之伦，内不以禁暴，外不可威敌，此危国之器[3]也，不若去之。”公曰：“三子者，搏之恐不得，刺之恐不中也。”晏子曰：“此皆力攻勍敌[4]之人也，无长幼之礼。”因请公使人少馈[5]之二桃，曰：“三子何不计功而食桃[6]？”

公孙接仰天而叹曰：“晏子，智人也！夫使公之计吾功者，不受桃，是无勇也，士众而桃寡，何不计功而食桃矣？接一搏猏而再搏乳虎[7]，若接之功，可以食桃而无与人同矣。”援桃而起。

田开疆曰：“吾仗兵而却三军者再，若开疆之功，亦可以食桃，而无与人同矣。”援桃而起。

臣之礼，对下不讲尊卑之序，在内不能禁止暴力，在外不能威震敌人，这是对国家有害的人物呀，不如除掉他们。”景公说：“这三个人，捉拿恐怕不能捉住，刺杀又怕刺不中啊。”晏子说：“这些人都是靠力气攻打强敌的人，不讲长幼的礼让。”于是请景公派人送过去两只桃子，说：“你们三个人为何不按功劳来吃桃子呢？”

公孙接仰天叹道：“晏子是个聪明人啊！他让景公计算我们的功劳而让我们吃桃，不能得桃的，就是没有勇力的人。人多而桃少，何不按功劳大小来吃桃呢？我一次捕捉了野猪，两次捕捉了母虎，像我这样的功劳，可以吃桃子而不与他人同享了。”拿起一只桃子站了起来。

田开疆说：“我率领军队多次打败敌人，像我这样的功劳，也可以吃桃子而不与他人同享了。”也拿起桃子站了起来。

注释

1 **公孙接、田开疆、古冶子：**三人都是景公臣子，以勇力闻名。

2 **长率之伦：**长官与下属的伦常。

3 **危国之器：**危害国家的人物。器，本义为人才。

4 **力攻勍(qíng)敌：**凭勇力而击败强敌。勍，强劲有力。

5 **少馈：**送过去。

6 **计功而食桃：**按照功劳的大小吃桃。

7 **一搏猏(jiān)而再搏乳虎：**一次捕捉了野猪，两次捕捉了母虎。猏，三岁的野猪。乳虎，哺乳期的母虎。

原文

古冶子曰："吾尝从君济于河，鼋衔左骖以入砥柱之流[1]。当是时也，冶少不能游，潜行[2]，逆流百步，顺流九里，得鼋而杀之，左操骖尾，右挈鼋头，鹤跃[3]而出。津人皆曰：'河伯也！'若冶视之[4]，则大鼋之首。若冶之功，亦可以食桃而无与人同矣。二子何不反桃？"抽剑而起。

公孙接、田开疆曰："吾勇不子若[5]，功不子逮，取桃不让，是贪也；然而不死，无勇也。"皆反其桃，挈领[6]而死。古冶子曰："二子死之，冶独生之，不仁；耻人以言[7]，而夸其声[8]，不义；恨乎所行[9]，不死，无勇。虽然，二子同桃而节[10]，冶专其桃而宜[11]。"亦反其桃，挈领而死。

使者复曰："已死矣。"

译文

古冶子说："我曾经同君王一起渡河，一只大鳖叼走了左边拉车的马跃入暗礁激流中。那时候，我年少还不会游泳，就潜水而行，逆流走了百余步，顺流走了九里，找到大鳖杀了它，左手拽着马尾巴，右手提着大鳖的头，像鹤一样跃出水面，渡口边的人都说：'河伯出来了！'依我看，不过是大鳖的头。像我这样的功绩，也可以吃桃子而不与他人同享了。你们两个为何不将桃子归还我呢？"拔出宝剑立起身来。

公孙接、田开疆说："我们不如你勇敢，功劳也比不上你，拿走桃子而不让给功大的人，是贪图功绩；如果不死，就不是勇士。"二人都送还桃子，刎颈而死。古冶子说："他们两个都死了，我独自活下来，是不仁；用话羞辱人，夸耀自己的名声，是不义；怨恨自己的行为而不去死，是不勇敢。既然这样，他们二人同为一个桃子而死节，而我独为一个桃子死也是应当的。"他也送还桃子，刎颈而死。

使者回复说："三人已经死了。"景公用官服装殓了他们，并按葬士的礼仪安葬公殓之以服，葬之以士礼[12]焉。

了他们。

注释

1 **鼋(yuán)衔左骖(cān)以入砥柱之流**：大鳖叼走左边拉车的马潜入了暗礁激流中。鼋，大鳖。骖，驾在车前两侧的马，左骖即左边的那匹马。

2 **潜行**：潜水而行。

3 **鹤跃**：像鹤那样跃出。

4 **若治视之**：依我古冶子看来。

5 **不子若**："不若子"的倒装，比不上你的意思。下句中的"不子逮"意思同此。

6 **挈领**：用剑割脖子。"挈"通"契"，绝，断绝。

7 **耻人以言**：以言辞羞辱人。

8 **夸其声**：夸耀自己的名声。

9 **恨乎所行**：怨恨自己的行为。

10 **同桃而节**：共同为桃子而死节。

11 **专其桃而宜**：独自为桃子而死节也是应该的。

12 **葬之以士礼**：用葬士的礼仪安葬了他们。

景公登射思得勇力士与之图国晏子谏第二十五

原文

景公登射[1]，晏子修礼而侍[2]。公曰："选射之礼[3]，寡人厌之矣！吾欲得天下

译文

齐景公举行大射之礼，晏子按大射之礼的规定侍候在他身旁。景公说："选射的礼节，我早已厌烦了！我想得到天下

勇士，与之图国[4]。”晏子对曰：“君子无礼，是庶人也；庶人无礼，是禽兽也。夫勇多则弑其君，力多则杀其长，然而不敢者，维礼之谓也。礼者，所以御民也，辔者，所以御马也，无礼而能治国家者，婴未之闻也。”景公曰：“善。”乃饰射更席[5]，以为上客，终日问礼。

的勇力之士，与他们共谋国事。”晏子回答说：“君王不讲礼节，就等同于庶人；庶人不讲礼节，就等同于禽兽。勇力多就会弑杀他们的国君，力量大就会杀害他们的长辈。但他们不敢这样做，是因为有礼的约束啊。礼是用来驾驭百姓的，就像辔头是用来驾驭马的。没有礼而能够治理好国家的，我从没有听说过。”景公说：“对。”于是端正射礼的态度，更换宴席，将晏子奉为上宾，整日向他请教礼仪问题。

注释

1 **登射：**古代诸侯大射之礼。登，为当时齐国语言中的发语词，登射，即射。

2 **修礼而侍：**按大射之礼的规定侍候在景公身旁。

3 **选射之礼：**即大射之礼。古代重武习射，常举行射礼，有大射、宾射、燕射、乡射四种。

4 **图国：**谋求治国，这里指凭借勇力成就霸业。

5 **乃饰射更席：**于是就端正射礼的态度，变更坐席。饰，端正。

第三卷

内篇·问上

本卷共三十章，其中前两章为晏子劝谏庄公，其余都是劝谏景公。庄公好勇力，一门心思要用武力征服天下。晏子毫不客气地向庄公指出，威服天下，靠的是“行”（道义），而不是武力。庄公不听，最终还是出兵伐晋，结果身死国危。不听晏子的忠言相劝，一意孤行，庄公可以算是个反面教材了。本卷其余二十八章，具体阐述了晏子的治国之道。一种情形，是晏子借景公的主动发问，而以古时圣君之行与当时相对比。如第五、七、十一、二十三、二十四、二十五诸章，既是让景公认识到自己的所作所为与圣君相比差距之大，同时也是对景公的一种规劝，即希望他向圣君学习，取法其上，庶几得乎其中。另一种情形，是晏子论述怎样为政。概括来说，就是亲贤臣、远小人、修礼义、得民心。从一些章节的标题里，就能看出晏子的具体主张，如“对以度义因民”（十二章）、“对以举贤官能”（十三章）、“对以任贤爱民”（十七章）、“对以先行义”（十八章）、“对以信顺俭节”（二十六章）等。若景公能完全听从晏子的主张，励精图治，那么齐国重为霸主也未可知。

庄公问威当世服天下时耶晏子对以行也第一

原文

庄公问晏子曰："威当世而服天下，时[1]耶？"晏子对曰："行[2]也。"公曰："何行？"对曰："能爱邦内之民者，能服境外之不善；重士民之死力者，能禁暴国之邪逆；听赁贤者，能威诸侯；安仁义而乐利世[3]者，能服天下。不能爱邦内之民者，不能服境外之不善；轻士民之死力者，不能禁暴国之邪逆；愎谏傲贤者之言[4]，不能威诸侯；倍仁义而贪名实[5]者，不能威当世。而服天下者，此其道也已。"而公不用，晏子退而穷处[6]。

公任勇力之士，而轻臣仆之死，用兵无休，国罢

译文

齐庄公问晏子说："威震当世而使天下归服，是时势造成的吗？"晏子回答说："是道义。"庄公问："什么道义？"晏子回答说："能够爱护国内民众的国君，就能使境外不亲善的人归服；能够重视百姓生死劳苦的国君，就能够消除国内的邪恶势力；能听取中正之言而任用贤人的国君，就能威慑诸侯；施行仁义而乐于为百姓谋利的国君，就能够使天下归服。不能爱护国内人民的国君，不能使境外不亲善的人归服；轻视百姓生死劳苦的国君，不能消除国内的邪恶势力；不接受劝谏而轻慢贤人之言的国君，不能威慑诸侯；背弃仁义而贪图名利的国君，不能扬威当世。想使天下归服，这就是应当遵循的道义了。"庄公没有接受晏子的意见，晏子便辞官退隐到偏僻的地方去居住。

庄公任用勇力之士，而轻视臣仆的生死，不断发动战争，国家疲敝，百姓遭

民害，期年，百姓大乱，而身及崔氏祸[7]。君子曰："尽忠不豫交[8]，不用不怀禄[9]，其晏子可谓廉矣！"

殃，一年后，天下大乱，庄公自己也被崔杼杀死。君子说："尽忠国家而不预先交好于国君，不被任用就不贪恋俸禄，晏子称得上廉正了。"

注释

1 **时：**时势。

2 **行：**道义。

3 **乐利世：**乐于兴办有利于百姓之事。世，当世，指百姓。

4 **愎谏傲贤者之言：**不接受劝谏而轻慢贤人的话。愎谏，坚持己见，不听规劝。

5 **倍仁义而贪名实：**违背仁义而贪求名利。"倍"通"背"。名实，名誉和实利。

6 **退而穷处：**辞官退隐到偏僻的地方去居住。

7 **崔氏祸：**指大臣崔杼发动的政变，庄公本人为崔所弑。

8 **豫交：**预先交好。豫，预备，预先。

9 **怀禄：**贪恋俸禄。

庄公问伐晋晏子对以不可若不济国之福第二

原文

庄公将伐晋，问于晏子，晏子对曰："不可。君得合而欲多[1]，养欲而意骄[2]。

译文

庄公打算攻打晋国，向晏子询问，晏子回答说："不行。君王得到了足够多的还想要得更多，欲望滋长意态就会更骄得合而欲多者危，养欲而意骄者困[3]。今君任勇力之士，以伐明主，若不济[4]，国之福也。不德而有功，忧必及君。”公作色不说。晏子辞不为臣，退而穷处，堂下生蓼藿[5]，门外生荆棘。庄公终任勇力之士，西伐晋，取朝歌[6]，及太行、孟门、兹于兑[7]。期而民散[8]，身灭于崔氏。崔氏之期，逐群公子[9]，及庆氏亡[10]。

横。欲望没有止境是很危险的，欲望滋长意态骄横就会招致困厄。现在君王任用勇力之士去攻伐贤明之君，如果不成功，这是国家的福分啊。不顾德义而有战功，忧患就会降临到君王身上。”庄公变了脸色，很不高兴。晏子就辞掉官职，退到偏僻之地隐居，堂前长满了野草，门外长满了荆棘。庄公最终还是任用勇力之士，向西攻伐晋国，攻下朝歌，到达太行、孟门、且于之隧等险要之地。一年以后，百姓散离，庄公被崔杼弑杀。崔杼专权期间，驱逐了齐国王室的众位公子，这种乱政一直持续到庆封逃亡。

注释

1 **得合而欲多**：得到了足够多的还想要得更多。“合”通“给”，足够。

2 **养欲而意骄**：欲望滋长而意态骄横。养，滋长。

3 **困**：危难。

4 **不济**：没有成功。

5 **蓼藿**(liǎo huò)：蓼草和藿香，此处泛指杂草丛生。

6 **朝歌**：邑名，曾为商朝国都，在今河南淇县。

7 **孟门**：地名，在今河南辉县西。 **兹于兑**：王念孙释为“且于之隧”，“兑”当为“隧”，且于之隧，地名。

8 **期而民散**：一年之后百姓散去。期，一年。

9 **逐群公子**：驱逐齐国王室的公子们。

10 **及庆氏亡**：直到庆封逃亡为止。庆氏，指庆封，他和崔杼一起弑杀庄公，后二人反目，庆封又杀了崔杼，自己也被国人驱逐，逃往吴国。

景公问伐鲁晏子对以不若修政待其乱第三

原文

景公举兵欲伐鲁，问于晏子，晏子对曰："不可。鲁好义而民戴之，好义者安，见戴者和[1]，伯禽[2]之治存焉，故不可攻。攻义者不祥，危安者必困。且婴闻之，伐人者德足以安其国，政足以和其民，国安民和，然后可以举兵而征暴[3]。今君好酒而辟[4]，德无以安国；厚藉敛，意使令[5]，无以和民。德无以安之则危，政无以和之则乱。未免乎危乱之理[6]，而欲伐安和之国，不可，不若修政而待其君之乱也。其君离，上怨其下，然后伐之，则义厚而利多，义厚则敌寡，利多则民欢。"公曰："善。"

译文

齐景公打算发兵攻打鲁国，向晏子征求意见，晏子回答说："不行。鲁国国君很讲礼义而百姓拥戴他，讲礼义国家就安定，被拥戴上下就和睦，伯禽的教化还存在于鲁，所以不能去攻打。攻打仁义之国不吉利，危害安定的国家一定会招致困厄。而且我听说，攻伐他国的人，德行要足以安定他的国家，政治要足以使百姓和睦，国家安定百姓和睦，然后才可以发兵去讨伐残暴。现在君王喜好饮酒而行为邪僻，德义不能安定国家；横征暴敛，政令迭出，不能使百姓和睦。德义不能安定国家就会发生危难，政治不能使百姓和睦就会产生动乱。不能免于发生危险和祸乱，却想攻伐国安民和之国，不行啊，不如修明政治而等待鲁国发生内乱。鲁国发生内乱的话，百姓违离君主，君王怨恨民众，然后去攻伐它，就会德义重而得利多。德义重反对的人就少，得利多百姓就高兴。"

遂不果伐鲁。

景公说："好。"就没有去攻打鲁国了。

注释

1 **见戴者和**：国君被拥戴上下就能和睦。

2 **伯禽**：周公旦之子，被封于鲁，为鲁国始君，行仁政。

3 **征暴**：讨伐残暴。征，讨伐。

4 **好酒而辟**：喜好饮酒而行为邪僻。

5 **意使令**：应为"急使令"，急迫地发号命令，即政令迭出。

6 **未免乎危乱之理**：不能免于发生危险和祸乱。

景公伐㯕胜之问所当赏晏子对以谋胜禄臣第四

原文

景公伐㯕[1]，胜之，问晏子曰："吾欲赏于㯕[2]何如？"对曰："臣闻之，以谋胜国者，益臣之禄；以民力胜国者，益民之利。故上有羡获[3]，下有加利；君上享其名，臣下利其实。故用智者不偷业[4]，用力者不伤苦，此古之善伐者也。"公曰："善。"于是破㯕之臣[5]，东邑之卒[6]，皆有加利。是上独擅名，利下流也。

译文

齐景公攻打莱国，取得了胜利，问晏子说："我想赏赐攻打莱国有功的人，怎么样？"晏子回答说："我听说以谋略战胜敌国的，增加臣子的俸禄；凭百姓的力量战胜敌国的，增加百姓的利益。所以君王有丰裕的收获，百姓的利益也有所增加；君王享有威名，臣下获得实惠。所以运用才智的人不偷闲，使用劳力的人不怕苦，这就是古时善于征伐者的做法。"景公说："好。"因此攻破莱国的臣下和士卒都有封赏。所以君王独享美名，下面的人都得实惠。

注释

1 **斄**(tái):即莱,莱国,在齐国东南。

2 **赏于斄**:即对攻破莱国的功臣进行奖赏。

3 **羡获**:多余的收获。羡,多余。

4 **不偷业**:即不偷闲。

5 **破斄之臣**:攻破莱国的功臣。

6 **东邑之卒**:攻打东邑的士兵。东邑,即莱国。

景公问圣王其行若何晏子对以衰世而讽第五

原文

景公外傲诸侯,内轻百姓,好勇力,崇乐以从嗜欲[1],诸侯不说,百姓不亲。公患之,问于晏子曰:"古之圣王,其行若何?"

晏子对曰:"其行公正而无邪,故谗人不得入;不阿党[2],不私色[3],故群徒之卒[4]不得容;薄身厚民[5],故聚敛之人不得行;不侵大国之地,不秏[6]小国之民,故诸侯皆欲其尊;不劫

译文

齐景公对外傲视诸侯,对内轻视百姓,喜好勇力,崇尚享乐而放纵自己的嗜好与欲望。诸侯不喜欢他,百姓不亲附他。景公很担心,问晏子说:"古时的圣王,他们行事是怎样的?"

晏子回答说:"他们的行为公正无邪,所以谗谀之人不能接近;不结党营私,不贪恋女色,所以结党之人不能被容忍;自身节俭而厚待百姓,所以贪婪敛财的人不能横行;不侵占大国的土地,不消耗小国的民力,所以诸侯都想以他为尊;不以武力去抢劫别人的财物,不以人多

人以甲兵[7]，不威人以众强[8]，故天下皆欲其强；德行教训加于诸侯，慈爱利泽加于百姓，故海内归之若流水。今衰世君人者，辟邪阿党，故谗谄群徒之卒繁；厚身养[9]，薄视民，故聚敛之人行；侵大国之地，秏小国之民，故诸侯不欲其尊；劫人以兵甲，威人以众强，故天下不欲其强；灾害加于诸侯，劳苦施于百姓，故仇敌进伐，天下不救，贵戚离散，百姓不兴[10]。"公曰："然则何若？"对曰："请卑辞重币[11]，以说于诸侯，轻罪省功[12]，以谢于百姓，其可乎？"公曰："诺。"于是卑辞重币，而诸侯附，轻罪省功，而百姓亲。故小国入朝，燕鲁共贡。

墨子闻之曰："晏子知道[13]，道在人为，而失为己[14]。为人者重，自为者轻[15]。景公自为，而小国不与；为人，而诸侯为

势众去威胁别人，所以天下的人都希望他强大；他用自己的德行和教化对待诸侯，用慈爱和恩惠去对待百姓，所以众人像流水归于大海一样归附他。现在衰败之世的国君，行为邪僻而结党营私，所以阿谀奉承和结党营私的人多起来；增加对自身的供养，轻视百姓疾苦，所以贪婪敛财的人能横行；侵占大国的土地，消耗小国的民力，所以诸侯不想尊崇他；以武力抢夺别人的财物，凭人多势众威胁他人，所以天下人都不希望他强大；将灾害施加给诸侯，将劳苦施加给百姓，所以敌人进攻时，天下人不来相救，公卿王族纷纷背弃，百姓也不来亲附。"景公说："那该怎么办呢？"晏子回答说："请您用谦逊的言辞和丰厚的财物，来游说诸侯，减轻刑罚，减少劳役，来向百姓谢罪。您能做到吗？"景公说："可以。"于是用谦逊的言辞和丰厚的财物来游说，诸侯都来归附，减轻刑罚，减少劳役，百姓都来亲附。所以小国来朝见，燕国、鲁国一同前来进贡。

墨子听说了这件事后说："晏子明白治国之道啊。治国之道在于为他人谋利，而失于为自己着想。为别人着想的人就受尊重，为自己着想的人就被轻视。景公为自己着想，而小国不来亲附；为他人谋利，而诸侯都任他役使，这就是在道义上

役，则道在为人，而行在反己[16]矣。故晏子知道矣。”

为别人，在行为上不为自己。所以晏子懂得治国之道啊。”

注释

1 **从(zòng)嗜欲：**放纵自己的嗜好和欲望。从，放纵。
2 **阿(ē)党：**曲意逢迎以结党营私。阿，曲意逢迎。
3 **私色：**私心于色，即好色。
4 **群徒之卒：**结党营私的人。
5 **薄身厚民：**自身节俭而对百姓宽厚。
6 **秏：**同“耗”，耗费。
7 **劫人以甲兵：**即以甲兵劫人，意为靠武力去威胁别人。劫，威胁。
8 **威人以众强：**即以众强威人，意为靠人多势众去威胁别人。威，威胁。
9 **厚身养：**厚于自身的供养，意为追求个人的享乐。
10 **百姓不兴：**百姓不亲附。“兴”当为“与”之讹，亲近之意。
11 **卑辞重币：**谦逊的言辞与丰厚的财物。重币，重金，这里指丰厚的财物。
12 **轻罪省功：**减轻刑罚，减省劳役。功，这里指劳役。
13 **知道：**懂得治国之道。
14 **失为己：**治国之道之失在于只想着自己。
15 **自为者轻：**只为自己着想的人就被轻视。
16 **反己：**当为“失己”，即损失自己的利益。

景公问欲善齐国之政以干霸王晏子对以官未具第六

原文

景公问晏子曰：“吾欲

译文

齐景公问晏子说：“我想好好治理

善治齐国之政，以干霸王之诸侯[1]。”晏子作色[2]对曰：“官未具[3]也。臣数以闻，而君不肯听也。故臣闻仲尼居处惰倦，廉隅不正[4]，则季次、原宪[5]侍；气郁而疾，志意不通，则仲由、卜商[6]侍；德不盛，行不厚，则颜回、骞、雍[7]侍。今君之朝臣万人，兵车千乘，不善政之所失于下，霣坠下民者众[8]矣，未有能士敢以闻者。臣故曰官未具也。”

齐国，以称霸于诸侯。”晏子正色回答说：“属官还没有配备好啊。我对您说了几次，而君王不肯听从。我听说孔子表现出行为怠惰、举止随意时，有季次、原宪进言规劝；当他心情郁闷而困苦、心意不畅快时，有仲由、卜商进言规劝；当他德行不高尚、行为不勤勉时，有颜回、闵子骞和仲弓进言规劝。现在，君王有朝臣上万人，兵车上千乘，错误的政策强加给百姓的太多了，没有一个有才能之士敢将这些禀告给国君。所以我说属官还不具备。”

注释

1 **以干霸王之诸侯：**此句有脱误，“之诸侯”疑衍。《意林》作“吾欲霸诸侯若何”，今从此。

2 **作色：**脸上变色。此处指神情变严肃。

3 **官未具：**属官还没有配备好。具，具备，配备。

4 **廉隅不正：**举止随便。“廉隅”本义为棱角，后比喻人的行为端方。

5 **季次、原宪：**孔子的弟子。季次，即公皙哀。原宪，即子思。

6 **仲由、卜商：**孔子的弟子。仲由，即子路。卜商，即子夏。

7 **颜回、骞(qiān)、雍：**孔子的弟子。颜回，即颜渊，为孔子最器重的学生。骞，即闵子骞。雍，即仲弓。三人都以德行著称。

8 **霣(yǔn)坠下民者众：**大意为：错误的政策强加给百姓的太多了。“霣”通“陨”，坠落，这里引申为恶政。

原文

公曰：“寡人今欲从夫

译文

景公说：“我现在想听从先生的意

子而善齐国之政，可乎？”对曰：“婴闻国有具官，然后其政可善。”公作色不说，曰：“齐国虽小，则何谓官不具？”对曰：“此非臣之所复也。昔吾先君桓公身体惰懈，辞令不给[1]，则隰朋昵侍[2]；左右多过，狱谳不中[3]，则弦甯[4]昵侍；田野不修，民氓不安，则甯戚[5]昵侍；军吏怠，戎士偷[6]，则王子成甫[7]昵侍；居处佚怠，左右慑畏，繁乎乐，省乎治，则东郭牙[8]昵侍；德义不中，信行衰微，则管子[9]昵侍。先君能以人之长续其短，以人之厚补其薄，是以辞令穷远而不逆[10]，兵加于有罪而不顿[11]；是以诸侯朝其德，而天子致其胙[12]。今君之过失多矣，未有一士以闻也。故曰官不具。”公曰：“善。”

见，好好治理齐国，可以吗？”晏子回答说：“我听说国家有了称职的官员，然后他的政治才能搞好。”景公不高兴地说：“齐国虽然很小，可怎能说没有称职的官员呢？”晏子回答说：“这不是我刚才说的本意。从前我们的国君桓公身体怠惰、言辞不敏的时候，有隰朋在近前规劝；身边的人过失多，审判案件不恰当时，有弦甯在近前规劝；土地整治不好，百姓生活不安定时，有甯戚在近前规劝；军吏怠惰，士卒偷懒时，有公子成甫在近前规劝；行为贪图安乐，身边的人畏惧，沉溺于作乐，疏于治国时，有东郭牙在近前劝谏；德义不躬行，信义、品行衰微时，有管子在近前劝谏。先王能以别人的所长来弥补自己的所短，以别人的优点来弥补自己的缺点，所以政令发布到边远之地也不会有人违背，出兵攻伐有罪的国家也不会受到挫败；所以诸侯因其德义而来朝拜，天子也赏赐给他胙肉。现在君王的过失太多了，没有一个官员能告诉您。所以说属官还没有配备好。”景公说：“说得好。”

注释

1 **辞令不给：**言辞不敏捷。给，敏捷。

2 **隰(xí)朋：**齐国大臣，与管仲一起辅佐桓公。 **昵(nì)侍：**亲近侍奉。

3 **狱谳(yàn)不中:**案件审理得不公正。谳,审判定罪。

4 **弦甯:**齐国大臣,曾掌刑狱。

5 **甯戚:**春秋时卫国人,桓公因其贤能拜为客卿。

6 **偷:**懈怠,散漫。

7 **王子成甫:**齐国大臣。

8 **东郭牙:**齐国大臣,以敢于进谏闻名。

9 **管子:**即管仲。

10 **辞令穷远而不逆:**命令传达到很远的地方也不会有人违背。逆,违背。

11 **兵加于有罪而不顿:**出兵讨伐有罪的国家也不会受到挫折。顿,出师不利。

12 **致其胙(zuò):**赐给他祭肉,以示尊敬。胙,祭肉。

景公问欲如桓公用管仲以成霸业晏子对以不能第七

原文

景公问晏子曰:"昔吾先君桓公,有管仲夷吾保乂[1]齐国,能遂武功而立文德[2],纠合[3]兄弟,抚存翌州[4],吴越受令,荆楚惛忧[5],莫不宾服[6],勤于周室,天子加德。先君昭功[7],管子之力也。今寡人亦欲存齐国之政于夫子,夫子以

译文

景公问晏子说:"从前我们的先君桓公,有管仲辅佐他治理齐国,能成就武功而建立文德,联合兄弟国家,安抚冀州,吴越两国都听从号令,使楚国受到震慑。诸侯无不服从归顺,共同尽力于周室,所以周天子嘉奖其德行。先君功德显赫,全凭管仲的力量啊。现在我也想把治理齐国的重任委托给先生,先生辅助我,光大先君的功绩,继续管仲所成就的大业。"

佐佑寡人，彰先君之功烈，而继管子之业。”

晏子对曰：“昔吾先君桓公，能任用贤，国有什伍[8]，治遍细民，贵不凌贱，富不傲贫，功不遗罢[9]，佞不吐愚[10]，举事不私，听狱不阿，内妾无羡食，外臣无羡禄，鳏寡无饥色。不以饮食之辟害民之财，不以宫室之侈劳人之力，节取于民，而普施之，府无藏，仓无粟，上无骄行，下无谄德。是以管子能以齐国免于难，而以吾先君参乎天子[11]。今君欲彰先君之功烈，而继管子之业，则无以多辟伤百姓，无以嗜欲玩好怨诸侯，臣孰敢不承善尽力，以顺君意？今君疏远贤人，而任谗谀；使民若不胜[12]，藉敛若不得；厚取于民，而薄其施，多求于诸侯，而轻其礼；府藏朽蠹，而礼悖于诸侯，菽粟[13]藏深，而怨积于百姓；君臣交恶，而政刑无常。臣恐国之危失，而公不得享也，又

晏子回答说：“从前我们的国君桓公，能任用贤人，国家有什伍的管理制度，治理遍及百姓，地位高的不欺凌地位低的，富有的不傲视贫穷的，有功的不遣责无功的，聪明的不看不起愚笨的，办事没有私心，审理案件不偏袒，宫内的姬妾没有奢靡的饮食，宫外的朝臣没有过多的俸禄，鳏寡之人也面无饥色。先君不因饮食之欲而耗损百姓的财力，不因宫室之奢而劳烦百姓的人力，从百姓手中征收得少，而又能普遍施恩于百姓，库府没有什么储藏，仓库里没有多余的粮食，君王没有骄横的行为，臣下没有谄媚的品行。所以管子能够使齐国免于灾难，而诸侯尊之为霸主。现在君王想要光大先王的业绩，继管子之后再次成就霸业，就不要用过多的邪僻之行去伤害百姓，不要因自己的嗜欲使诸侯怨恨，这样的话臣子谁敢不奉命而尽力，实现君王的愿望呢？现在君王疏远贤人，而任用谗谀之人；役使百姓唯恐不尽，收取赋税唯恐不得；向百姓索取得多，而给得少，向诸侯谋求得多，而对他们轻视无礼；库府储藏的东西都腐烂了，而接待诸侯却有失应有的礼仪，粮食深藏起来，而在百姓中积下怨恨；君王与臣子间关系紧张，而政令刑律变化无常。我担心国家有危险，

恶能彰先君之功烈而继管子之业乎？”

而您不能再享有它，又怎么能彰显先君的功绩而继续管仲的大业呢？”

注释

1 **保乂(yì)**：安治。乂，安定。

2 **遂武功而立文德**：通过武力建立功业，通过文治来建立德教。遂，因……而成。

3 **纠合**：联合。

4 **翌州**：即冀州，指中原一带地方。

5 **惛(hūn)忧**：忧惧，引申为受到震慑。惛，本义为迷乱、糊涂，此处与“忧”连用，指忧惧。

6 **宾服**：服从归顺。

7 **昭功**：显赫的功业。昭，显赫。

8 **国有什伍**：国家有什伍的管理制度。什伍，古代户籍、军队的编制，户籍以五家为伍，十家为什；军队以五人为伍，十人为什。

9 **功不遗罢**：不以有功而谴责无功。“遗”为“谴”之讹。

10 **佞不吐愚**：聪明的人不看不起愚昧的人。佞，此处指聪明。吐，唾弃。

11 **参乎天子**：指诸侯尊之为霸主，令其地位几乎等同于天子。

12 **不胜**：不够。

13 **菽粟**：泛指粮食。

景公问莒鲁孰先亡晏子对以鲁后莒先第八

原文

景公问晏子：“莒与鲁

译文

齐景公问晏子说：“莒国与鲁国哪一

孰先亡？”对曰：“以臣观之也，莒之细人，变而不化[1]，贪而好假[2]，高勇而贱仁[3]，士武以疾[4]，忿急以速竭[5]，是以上不能养其下，下不能事其上，上下不能相收[6]，则政之大体失矣。故以臣观之也，莒其先亡。”公曰：“鲁何如？”对曰：“鲁之君臣，犹好为义，下之妥妥[7]也，奄然寡闻[8]，是以上能养其下，下能事其上，上下相收，政之大体存矣。故鲁犹可长守，然其亦有一焉。彼邹滕雉奔而出其地[9]，犹称公侯，大之事小[10]，弱之事强久矣。彼晋者，周之树国也[11]，鲁近齐而亲晋[12]，以变小国[13]，而不服于邻，以远望晋[14]，灭国之道也。齐其有鲁与莒乎？”

个会先亡国？”晏子回答说：“根据我的观察，莒国的小民，民风善变而不受教化，贪心而喜好作假，国君崇尚勇力而轻视仁义，士人也凭借武力而行为轻率，性情暴躁而不能持久，所以君王不能教育百姓，百姓也不能侍奉君王，上下不能互利，那么国家的根本就没有了。因此依照我的观察，莒国大概会先亡。”景公问：“鲁国又如何呢？”晏子回答说：“鲁国的君臣，尚能好行仁义，臣民安居乐业，不妄听妄动，所以君王能教育他的百姓，百姓也能侍奉君王，上下相得，国家的根本还在。因此鲁国还可以长期守住基业，但它也有一个弱点。像邹、滕那样野鸡奔跑几步就能越出国境的小国，还能称公称侯，可见小国之侍奉大国，弱国之侍奉强国，由来已久。晋国，是周朝分封而建立的国家，鲁国与齐国接壤却去亲近晋国，以狭小的国土，不依附于邻国，却将希望寄托在遥远的晋国身上，这是它将要灭亡的原因。到时候，齐国大概会占有莒国与鲁国吧？”

注释

1 **变而不化：**民风善变而不受教化。化，教化。

2 **贪而好假：**性情贪婪而喜好作假。

3 **高勇而贱仁：**崇尚勇力而鄙弃仁德。高、贱，均作动词用。

4 **武以疾：**凭借武力而行为轻率。疾，此处意为轻率。

5 **忿急以速竭：**暴躁而不能持久。

6 **上下不能相收：**上下不能互利。

7 **妥妥：**当作"绥绥"，安泰的样子。

8 **奄然寡闻：**沉默而少闻。奄然，沉默不语。

9 **彼邹滕雉奔而出其地：**形容邹、滕两国的土地极为狭小，野鸡跑几步就出了国界。

10 **大之事小：**当作"小之事大"，以小国来侍奉大国。

11 **彼晋者，周之树国也：**晋国，是周朝分封而建立的国家。树国，分封而建立的国家。

12 **鲁近齐而亲晋：**鲁国靠近齐国而去亲近晋国。

13 **变小国：**地方狭小的国家。"变"通"褊"，狭小。

14 **远望晋：**即鲁国将希望寄托在遥远的晋国身上。

原文

公曰："鲁与莒之事，寡人既得而闻之矣，寡人之德亦薄，然后世孰践有齐国者[1]？"对曰："田无宇之后为几。"[2]公曰："何故也？"对曰："公量小，私量大，以施于民，其与士交也，用财无筐箧之藏[3]，国人负携其子而归之，若水之流下也。夫先与人利，而后辞其难[4]，不亦寡乎！若苟勿辞也，从而抚之，不亦几乎？"

译文

齐景公说："鲁国和莒国的情况，我已经知道了，我的德行也不厚，但后世谁能继承齐国的王位呢？"晏子回答说："田无宇的后人可能有机会。"景公说："为什么呢？"回答说："田氏收进用小斗，量出用大斗，用这种办法来向百姓施惠；他们同士人交往，用财慷慨到毫无筐箧之私藏，百姓携儿带女来归附他们，像水流向低处一样。先给百姓以恩惠，以后百姓辞不赴难的事太少了！如果大家都不推辞而赴难，再从旁加以安抚的话，不就接近享有齐国了吗？"

注释

1 **孰践有齐国者：**谁会享有齐国的君位。孰，谁。践有，享有。

2 **田无宇之后为几：**田无宇的后裔可能会享有齐国。田无宇，即陈桓子。几，近，表推测。

3 **箧箧(qiè)之藏：**用箧箧来聚敛财物私藏。

4 **辞其难：**指百姓推辞而不赴难。

景公问治国何患晏子对以社鼠猛狗第九

原文

景公问于晏子曰："治国何患？"晏子对曰："患夫社鼠[1]。"公曰："何谓也？"对曰："夫社，束木而涂之[2]，鼠因往托焉，熏之则恐烧其木，灌之则恐败其涂[3]，此鼠所以不可得杀者，以社故也。夫国亦有焉，人主左右是也。内则蔽善恶于君上，外则卖权重于百姓[4]，不诛之则乱，诛之则为人主所案据[5]，腹而有之[6]，此亦国之社鼠也。人有酤酒者，为器甚洁清，置表甚长[7]，而酒酸

译文

齐景公问晏子说："治理国家，最怕的是什么？"晏子回答说："害怕躲在神像中的老鼠。"景公说："什么意思？"晏子回答说："神像是捆扎起木头再抹上泥巴做成的，老鼠躲藏在里面，用火熏担心烧坏了里边的木头，用水灌担心毁坏了涂的泥巴，这样老鼠不能被杀死，原因在于神像啊。国家里也有社鼠，君王亲近的小人就是。他们在内对君王隐瞒善恶，在外弄权欺压百姓，不杀他们国家就会混乱，杀他们国君又加以庇护，而且还厚爱亲近他们，这些人就是国家的社鼠。有一个卖酒的人，他装酒的器具很洁净，悬挂的酒旗也很长，但酒酸了也卖不出去，他问乡里的人什么原因，乡里的人说：'您的狗太

不售，问之里人其故，里人云：‘公狗之猛，人挈器而入，且酤公酒，狗迎而噬[8]之，此酒所以酸而不售也。’夫国亦有猛狗，用事者[9]是也。有道术之士，欲干[10]万乘之主，而用事者迎而龁[11]之，此亦国之猛狗也。左右为社鼠，用事者为猛狗，主安得无壅[12]？国安得无患乎？”

凶猛了，有人拿着酒器进去，要买您的酒，狗迎上去就咬人，这就是您的酒酸了也卖不出去的原因。’现在国家也有猛狗，那些掌权的人就是。有深明治国方略的人才，想求见万乘之君，但这些人就像猛狗一样迎上去咬他们，这些专权的人也是国家的猛狗啊。亲近的人是社鼠，掌权的人是猛狗，君主怎能不被蒙蔽呢？国家又怎能没有祸患呢？”

注释

1 **社鼠：**躲藏在神像中的老鼠。社，指土地神。

2 **束木而涂之：**用木头捆扎起来再用泥土涂抹。

3 **败其涂：**损坏了神像的表层。

4 **卖权重于百姓：**对百姓弄权。权重，权力。

5 **案据：**安定，此指庇护。

6 **腹而有之：**意为厚爱亲近他们。腹，厚爱之意。

7 **置表甚长：**挂的酒旗很长。表，旗子。

8 **噬**(shì)**：**咬。

9 **用事者：**指国君身边那些当权的人。

10 **干：**求见。

11 **龁**(hé)**：**咬。

12 **壅：**堵塞，这里指国君受蒙蔽。

景公问欲令祝史求福晏子对以当辞罪而无求第十

原文

景公问于晏子曰："寡人意气衰，身病甚。今吾欲具珪璋牺牲[1]，令祝宗[2]荐之乎上帝宗庙，意者礼可以干福乎[3]？"晏子对曰："婴闻之，古者先君之干福也，政必合乎民，行必顺乎神；节宫室，不敢大斩伐[4]，以无逼山林；节饮食，无多畋渔[5]，以无逼川泽；祝宗用事，辞罪而不敢有所求也[6]。是以神民俱顺，而山川纳禄。今君政反乎民，而行悖乎神；大宫室，多斩伐，以逼山林；羡饮食，多畋渔，以逼川泽。是以民神俱怨，而山川收禄[7]，司过荐罪[8]，而祝宗祈福，意者逆[9]乎？"

公曰："寡人非夫子无

译文

景公问晏子说："我意志衰落，身上十分难受。现在我要备上美玉、牛羊等祭品，命祝宗用它来祭祀上帝，我想通过祭礼能够求得福报吧？"晏子回答说："我听说，古时先王求福，政治一定要合于民心，行事一定要顺于神灵的旨意。所以宫室节俭，不敢大肆砍伐，以免威胁到山林的生态；饮食节俭，不过度打猎捕鱼，以免威胁到川泽的生态；祝宗举行祭祀，只向神灵告知罪过而不敢有所祈求。所以，神灵与百姓都顺心，而山川能致福。现在君王的政治违背民心，行事违背神灵的旨意，扩大宫室，过度砍伐，威胁到了山林的生态；饮食浪费，过度打猎捕鱼，威胁到了川泽的生态。所以神与百姓都怨恨，山神收回福禄，司过官举出罪过，而祝宗却又在那里祈求降福，这不是与神灵的旨意相违吗？"

景公说："若不是先生，我就无从听

所闻此，请革心易行。”于是废公阜之游，止海食之献[10]，斩伐者以时，畋渔者有数，居处饮食，节之勿羡，祝宗用事，辞罪而不敢有所求也。故邻国忌之，百姓亲之，晏子没而后衰。

到这些规劝，请允许我洗心革面。”于是终止了公阜之游，停止了海鲜的进献，砍伐山林适应时节，捕鱼打猎限制数量，居住和饮食都节俭而不浪费，祝宗祭祀时只告知罪过而不敢有所祈求。所以邻国都忌惮齐国，百姓都亲附景公，晏子死后齐国才开始衰落。

注释

1 **珪璋牺牲：**珪璋，美玉。牺牲，祭祀用的牛羊等牲畜。

2 **祝宗：**主持祭祀的祈祷者。

3 **意者礼可以干福乎：**心想用祭礼能够求得福报吧？意者，心想。干，求得。

4 **斩伐：**砍伐树木。

5 **畋(tián)渔：**打猎捕鱼。畋，打猎。

6 **辞罪而不敢有所求也：**向神灵告罪而不敢向神灵求福。辞罪，向神灵告罪。

7 **收禄：**收回了福禄。

8 **司过荐罪：**司过之官举出罪过。司过，指专门负责纠察过失的官员。

9 **逆：**与神灵之意相违背。

10 **海食之献：**进献的海鲜。海食，海里的食物，即海鲜。

景公问古之盛君其行如何晏子对以问道者更正第十一

原文

景公问晏子曰："古之盛君，其行何如？"晏子对曰："薄于身而厚于民，约于身而广于世[1]。其处上也，足以明政行教，不以威天下；其取财也，权有无[2]，均贫富，不以养嗜欲。诛不避贵，赏不遗贱；不淫于乐，不遁于哀[3]。尽智导民，而不伐[4]焉；劳力岁事[5]，而不责焉。为政尚相利，故下不以相害；行教尚相爱，故民不以相恶为名；刑罚中于法[6]，废置顺于民[7]。是以贤者处上而不华[8]，不肖者处下而不怨。四海之内，社稷之中，粒食之民，一意同欲，若夫私家之政。生

译文

景公问晏子说："古代的圣明之君，他们的德行是怎样的？"晏子回答说："自身节俭而厚待百姓，对自身严格而对世人宽容。他们身居君位，足可以使政治清明教化施行，不用武力威迫天下；他们取用财物先权衡有无，使贫富均匀，而不用来满足自己的嗜欲。诛责不回避权贵，奖赏不忘记平民；不沉溺于享乐，也不过度哀痛。竭尽自己的能力教导子民，而不自我夸耀；勤于政事，而不责罚百姓。治理国家崇尚相互有利，所以百姓之间不相互伤害；施行教化崇尚相互爱护，所以百姓之间不相互怨恨；刑罚合于法度，废置顺应民心。所以贤德之人身处高位而不哗众取宠，平庸的人身处下位而没有怨言。四海之内，举国之中，民众同心同德，好像办一家人的事情一样。活着的时候对百姓施以厚利，死后还能遗留

有厚利，死有遗教[9]，此盛君之行也。”

下生前的教化，这就是圣明之君的德行。”

注释

1 **约于身而广于世：**对自身严格而对世人宽容。约，严格。广，宽容。

2 **权有无：**权衡有无。

3 **不遁于哀：**不过度哀痛。遁，放纵，不能自禁，这里指过度。

4 **不伐：**不夸耀。

5 **劳力岁事：**勤于政事。岁事，一年中应做的事，这里指政事。

6 **中于法：**不偏不倚，合乎法度。

7 **废置顺于民：**废弃和兴办事情都顺应民心。

8 **处上而不华：**身处高位而不哗众取宠。“华”通“哗”，哗众取宠。

9 **生有厚利，死有遗教：**活着时对百姓施以厚利，死后遗留下生前的教化。

原文

公不图[1]。晏子曰：“臣闻问道者更正[2]，闻道者更容[3]。今君税敛重，故民心离；市买悖[4]，故商旅绝；玩好充，故家货殚[5]。积邪在于上，蓄怨藏于民，嗜欲备于侧，毁非满于国，而公不图。”公曰：“善。”于是令玩好不御，公市不豫[6]，宫室不饰，业土不成，止役轻税，上下行之，而百姓相亲。

译文

景公不放在心上。晏子说：“我听说询问道义的人要改变不好的思想，听闻道义的人要改变原来的面貌。现在君王赋税沉重，所以民心背离；买卖不公平，所以商人绝迹；玩乐的物品过多，所以生活用品不足。邪僻聚结于上，积怨藏于民心，君王喜好的东西齐备在身边，对君王的毁谤充满了国内，而您却不放在心上。”景公说：“好。”于是下令玩乐之物一概不用，市场买卖不许欺诈，宫室不再装饰，正在修建的土木工程不再进行，停止劳役，减轻赋税，上下一致行动，而百姓相互亲爱。

注释

1 **不图**:不放在心上,即不想这么办。图,放在心上。

2 **问道者更正**:“更正”应为“更心”,与下文“更容”相对应。这句话意思是询问道义的人改变不好的想法。

3 **闻道者更容**:听到道义的人要改变原来的面貌。

4 **市买悖**:买卖东西弄虚作假。悖,乱,这里指乱象丛生。

5 **殚**:尽。

6 **公市不豫**:市场买卖不许欺诈。豫,欺诈。

景公问谋必得事必成何术晏子对以度义因民第十二

原文

景公问晏子曰:“谋必得,事必成,有术乎?”晏子对曰:“有。”公曰:“其术如何?”晏子曰:“谋度于义者必得,事因于民者必成[1]。”公曰:“奚谓[2]也?”对曰:“其谋也,左右无所系,上下无所縻[3],其声不悖,其实不逆[4],谋于上,不违天,谋于下,不违民,以此谋者必得矣。

译文

景公问晏子说:“谋划一定能实现,做事一定能成功,有办法做到吗?”晏子回答说:“有。”景公说:“那是什么办法?”晏子说:“谋划事情合乎义的一定能实现,做事顺乎民心的一定能成功。”景公说:“为什么这么说呢?”晏子回答说:“这样的谋划,没有左右的约束、上下的牵连,它的言论不违背于行为,它的结果也不违背本意,对上不违背天意,对下不违背民心,用这个原则去谋事,一定能成功。谋大事就获厚利,谋小事就获薄利,根据事情的大小,事大则利厚，事小则利薄，称事之大小，权利之轻重，国有义劳[5]，民有如利[6]，以此举事者必成矣。夫逃人而谟[7]，虽成不安；傲民举事，虽成不荣。故臣闻，义，谋之法也，民，事之本也[8]，故反义而谋，倍民而动[9]，未闻存者[10]也。昔三代之兴也，谋必度其义，事必因于民。及其衰也，建谋不及义[11]，兴事伤民。故度义因民，谋事之术也。”

公曰：“寡人不敏，闻善不行，其危如何？”对曰：“上君全善，其次出入焉，其次结邪而羞问。全善之君能制；出入之君时问，虽日危，尚可以没身[12]；羞问之君，不能保其身。今君虽危，尚可没身也。”

衡量利益的多寡，国家美名有加，百姓获有余利，依照这个原则办事一定能成功。避开义的准则去谋事，即使成功了也不安稳；轻视百姓去行事，即使成功了也不光荣。所以我听说，德义是谋事的准则，百姓是做事的根本，因此违背德义的准则去谋事，违背百姓的利益去行事，从未听说过能成功的。从前，夏、商、周三代兴盛时，谋事一定要合乎德义，做事一定要顺应民心。到它们衰败时，谋事不考虑德义，行事又伤害百姓。所以符合德义顺应民心，是谋事的根本方法啊。”

景公说：“寡人不才，听到好的建议未施行，这危险有多大？”晏子回答说：“上等的君王能择善而从，次一等的听从一部分建议，最下等的只干邪僻之行而羞于向人请教。择善而从的国君能裁断；听从一部分建议的国君有时能垂问，虽然一天比一天危险，尚能保全自身到死；羞于垂问的国君，不能保全自身。现在君王虽然有危险，尚能保全自身。”

注释

1 **事因于民者必成**：办事顺应民心就一定能成功。因，顺随。

2 **奚谓**：何谓，为什么这么说。

3 **上下无所縻**(mí)：上下之间没有什么牵连。縻，牵连、缠绕。

4 **其实不逆**：做的事不与百姓的愿望相违背。逆，相反，相违背。

5 **义劳：**为“羡荣”之讹，即余荣，荣耀有加。

6 **如利：**“如”字为“加”之讹，加利，即厚利。

7 **逃人而谟：**“人”字为“义”之讹，逃义而谟，意思是避开义的准则而谋事。谟，谋划。

8 **义，谋之法也，民，事之本也：**德义是谋事的准则，百姓是做事的根本。

9 **倍民而动：**“倍”通“背”，这句话的意思是违背百姓的利益去办事。

10 **未闻存者：**没听说过有成功的。存，这里指成功。

11 **建谋不及义：**谋事不考虑到德义。建谋，即谋事。及，考虑到。

12 **尚可以没(mò)身：**尚且能够保全自身到死。

景公问善为国家者何如晏子对以举贤官能第十三

原文

景公问晏子曰：“莅国治民，善为国家者何如？”晏子对曰：“举贤以临国，官能以敕民[1]，则其道也。举贤官能，则民与若矣[2]。”公曰：“虽有贤能，吾庸知乎[3]？”晏子对曰：“贤而隐，庸为贤乎？吾君亦不务乎是[4]，故不知也。”公曰：“请问求贤。”对曰：“观之以其游[5]，说[6]之以其行。

译文

齐景公问晏子说：“当国君治理百姓，善于治国的办法有哪些？”晏子回答说：“任用贤人治理国家，任用有才能之人治理百姓，这就是治国的办法。举荐贤明、以能者为官，那么百姓就会做善事了。”景公说：“即使有贤能之人，我怎么能发现呢？”晏子回答说：“有贤能而隐居，怎么能称得上是贤人呢？您也没有用心去求贤，所以不知道了。”景公说：“请教求贤的方法。”晏子回答说：“通过他交游的人来观察他，通过他的所作所为来评价他。

君无以靡曼辩辞[7]定其行，无以毁誉非议定其身。如此，则不为行以扬声[8]，不掩欲以荣君[9]。故通则视其所举[10]，穷则视其所不为，富则视其所分，贫则视其所不取。夫上士，难进而易退也；其次，易进易退也；其下，易进难退也。以此数物者取人，其可乎！”	君王不要凭借漂亮的言辞来判定他的品行，也不要以别人的毁誉非议去判定他的好坏。像这样，人们就不会伪装自己来张扬声誉，也不会掩盖自己的欲望来迷惑君王了。所以通达时看他都做些什么事，困顿时看他不做什么事，富有时看他把钱财分给谁，贫困时看他不求取什么东西。最贤能的人，不轻易进身为官而容易引退；次一等的人，能轻易为官也能轻易引退；再次一等的人，能轻易为官而不愿引退。用这几种方法去选用贤人，大概就可以了吧！”

注释

1 **官能以敕民：**给有才能的人授官以治理百姓。敕，整饬、治理。

2 **则民与若矣：**“与若”应为“兴善”，意思是那么百姓就会做善事了。

3 **吾庸知乎：**我怎么会知道呢？庸，哪里、怎么。

4 **不务乎是：**没有用心去办此事。

5 **观之以其游：**即“以其游观之”，意思是通过和他交往的人来观察他。游，交往。

6 **说：**评说，评价。

7 **靡曼辩辞：**指漂亮的言辞。靡曼，漂亮。

8 **为行以扬声：**伪装自己的行为来张扬声誉。“为”通“伪”。

9 **掩欲以荣君：**掩饰自己的欲望来迷惑君王。“荣”当为“营”，迷惑的意思。

10 **视其所举：**观察他做些什么事。举，举动，言行。

景公问君臣身尊而荣难乎晏子对以易第十四

原文

景公问晏子曰："为君身尊民安，为臣事治身荣，难乎，易乎？"晏子对曰："易。"公曰："何若？"对曰："为君节养其余以顾民[1]，则君尊而民安；为臣忠信而无逾职业，则事治而身荣。"公又问："为君何行则危？为臣何行则废[2]？"晏子对曰："为君，厚藉敛而托之为民，进谗谀而托之用贤，远公正而托之不顺，君行此三者则危。为臣，比周以求进[3]，逾职业防下隐利而求多，从君不陈过而求亲，人臣行此三者则废。故明君不以邪观民[4]，守

译文

齐景公问晏子说："做国君的能使自身尊贵而百姓安乐，做臣子的能做好本职工作而自身荣耀，这样是难以做到，还是容易做到？"晏子回答说："容易。"景公说："为什么？"晏子回答说："做国君的节约宫里的开支来照顾百姓，君王就会受到尊敬而百姓安乐；做臣子的忠诚守信而不越权行事，国家的事情就能办好而臣子自身也获得荣耀。"景公又问道："做国君怎样做会危及自身？做臣子怎样做会被免官？"晏子回答说："做国君的，加重赋税而借口说是为百姓，任用谗谀之人而借口说是任用贤人，疏远光明正大的人而借口说是他们不顺从，国君做了这三种事就有危险了。做臣子的，结党营私而求升官，超越职权、防遏下民、隐瞒财物而求自己多得，侍奉君王不指出君王的过失而只骗取其亲近，臣子做了这三种事就应被罢

则而不亏[5]，立法仪而不犯，苟有所求于民，而不以身害之。是故刑政安于下，民心固于上。故察士[6]不比周而进，不为苟而求[7]，言无阴阳[8]，行无内外，顺则进，否则退，不与上行邪，是以进不失廉，退不失行也。”

免。所以圣明的君王不用邪僻之行昭示百姓，保护百姓的财物而不损害其利益，制定法规而自己不去违犯，如果有求之于民的地方，也不因自身的需要而伤害百姓。因此国家刑律政治使下面百姓安定，民心也会因之而紧紧依附于上面。所以廉洁正直的人不结党营私来求升官，不做不义的求取，说话不阳奉阴违，做事表里如一，顺遂心意就进身，不合心意就引退，不亲附上级而做邪僻之事，因此进身而不失其廉洁，引退而不失其德行。”

注释

1 **节养其余以顾民**：节约宫里的开支来照顾百姓。养，供养，指宫内开支。顾民，照顾百姓。

2 **何行则废**：做了什么事会被罢免。

3 **比周以求进**：结党营私以求升官。

4 **以邪观民**：用邪僻之行来昭示百姓。

5 **守则而不亏**：守护人民的财物而不损害其利益。“则”为“财”之讹。亏，损害。

6 **察士**：廉洁正直的人。

7 **为苟而求**：做不合道义的求取。

8 **言无阴阳**：说话表里如一，不阳奉阴违。

景公问天下之所以存亡晏子对以六说第十五

原文

景公问晏子曰："寡人持不仁，其无义[1]耳也。不然，北面与夫子而义[2]。"晏子对曰："婴，人臣也，公曷为出若言？"公曰："请终问[3]天下之所以存亡。"晏子曰："缦密不能[4]，蔍苴不学者诎[5]。身无以用人，而又不为人用者卑。善人不能戚，恶人不能疏者危。交游朋友从[6]，无以说于人，又不能说人者穷。事君要利，大者不得，小者不为者馁。修道立义，大不能专，小不能附者灭[7]。此足以观存亡矣。"

译文

齐景公问晏子说："我不仁德，不足以议政。不如让位给先生。"晏子回答说："我是臣子，君王怎么能说这样的话？"景公说："请教先生天下所以存亡的根本原因。"晏子说："精细的事不能做，粗陋的事又不学的人只能屈身事人。自身没有领导别人的才能，又不愿被人领导的人只能身处低位。好人不能亲近，坏人不能疏远的人自身会很危险。与朋友交游，不能被人欣赏，又不欣赏别人的人终生困顿。侍奉君王谋取私利，高位得不到，小官又不愿做的人终生挨饿。修养道德树立仁义，大的事情不能单独负责，小事情不能与人协作的人一定失败。这些足以用来了解国家的兴亡之道了。"

注释

1 **无义：**"义"通"议"，无义即不足以议。下句"与夫子而义"的"义"同此。

2 **北面与夫子而义：**意思是君臣位置互换，让位给晏子。北面，指臣服于。

3 **终问：**询问事情的究竟。

4 **缦(màn)密不能：**精细的事情不能做。缦密，精细。

5 **麤苴(cū jū)不学者诎(qū)：**意为粗陋的事又不学的人只能屈身事人。麤苴，粗陋。诎，卑屈，屈服，这里指屈身于人。

6 **交游朋友从：**应为“交游朋友”，“从”为衍字。

7 **小不能附者灭：**小事情不能与人协作的人一定失败。灭，失败。

景公问君子常行曷若晏子对以三者第十六

原文

景公问晏子曰：“君子常行曷若[1]？”晏子对曰：“衣冠不中[2]，不敢以入朝；所言不义，不敢以要君[3]；行己不顺[4]，治事不公，不敢以莅众。衣冠无不中，故朝无奇僻之服；所言无不义，故下无伪上之报；身行顺，治事公，故国无阿党之义。三者，君子之常行者也。”

译文

齐景公问晏子说：“君子的日常行为是什么样子的？”晏子回答说：“衣冠不端正，不敢上朝；说的话不符合义，不敢用来要求国君；自己的行为不遵循规范，做事不公正，不敢去做官治理百姓。衣冠没有不端正的，所以朝中没有奇装异服；所说的话没有不符合义的，所以下级不会向上级作假报告；自己的行为遵循规范，办事公正，所以国家没有结党营私的邪行。这三条，就是君子的日常所为了。”

注释

1 **常行曷若:**日常的行为是怎样的。常行,日常的行为。

2 **不中:**不正。

3 **要君:**要求国君。

4 **行己不顺:**自己的行为不遵从规范。顺,遵从规范。

景公问贤君治国若何晏子对以任贤爱民第十七

原文

景公问晏子曰:“贤君之治国若何?”晏子对曰:“其政任贤,其行爱民;其取下节[1],其自养俭[2];在上不犯下,在治不傲穷[3];从邪害民者有罪,进善举过者有赏。其政,刻上而饶下[4],赦过而救穷[5];不因喜以加赏,不因怒以加罚;不从欲[6]以劳民,不修怒[7]而危国;上无骄行,下无谄德;上无私义,下无窃权;上无

译文

齐景公问晏子说:“贤明的君主是怎样治理国家的?”晏子回答说:“他们在政治上任用贤人,在行为上爱护百姓;他们向下索取能够节制,节俭自己的俸养;处于尊位不侵犯下面的利益,身居官位而不轻视困顿之人;放纵邪恶来坑害百姓的人要治罪,进谏善言、指出过错的给予奖励。他们治理国家,对上严格要求而对下宽容,宽赦犯错误的人而救助身处困顿的人;不因个人的喜欢便加以赏赐,不因个人的愤怒便加以处罚;不放纵自己的私欲而使百姓辛劳,不去构怨诸侯而危害国家;上边没有骄横的行为,下边没有谄媚的言行;上边没有曲从私党的活动,下边没有被滥用的职权;上边没有朽败虫蛀

朽蠹之藏，下无冻馁之民；不事骄行而尚司[8]，其民安乐而尚亲[9]。贤君之治国若此。”

的钱粮，下边没有挨饿受冻的百姓；不做横行之事而主张下级服从上级，百姓安乐而且崇尚亲爱。贤明的君主就是这样治理国家的。”

注释

1 **取下节**：向下索取能有节制。节，节制。

2 **自养俭**：节俭自身的供养。

3 **在治不傲穷**：身居官位而不轻视困顿之人。傲，轻视。穷，困顿。

4 **刻上而饶下**：对上严格要求而对下宽容。刻，严格。饶，宽容。

5 **赦过而救穷**：宽赦犯错误的人而救助困顿的人。

6 **从欲**：即纵欲。

7 **修怒**：“怒”应为“怨”之讹。修怨，即与人结怨。

8 **不事骄行而尚司**：不做横行之事而主张下级服从上级。尚司，崇尚下级服从上级。

9 **尚亲**：崇尚团结亲爱。

景公问明王之教民何若晏子对以先行义第十八

原文

景公问晏子曰：“明王之教民何若？”晏子对曰：“明其教令，而先之以行义；养民不苛，而防之以刑

译文

齐景公问晏子说：“圣明的君王是怎样教化百姓的？”晏子回答说：“颁布教义与法令，自己首先遵行；役使百姓不苛刻，而用刑罚来防范作恶的人；要求臣下不做

辟[1]；所求于下者，不务于上[2]；所禁于民者，不行于身[3]。守于民财，无亏之以利，立于仪法[4]，不犯之以邪，苟所求于民，不以身害之，故下之劝从其教也。称事以任民[5]，中听以禁邪[6]，不穷之以劳，不害之以实[7]，苟所禁于民，不以事逆之，故下不敢犯其上也。古者百里而异习，千里而殊俗，故明王修道，一民同俗，上爱民为法，下相亲为义，是以天下不相遗，此明王教民之理也。”

的，君王也不做；对百姓所禁止的事，自身也不违犯。保护百姓的财物，不让他们的利益受到损害；制定了法规礼仪，不以邪行去触犯它。如果向百姓有什么求取的话，也不因自身的需要去损害他们，所以百姓会听从他的教化。根据实际需要来役使百姓，公正地审理案件来禁止邪僻之行，不以过度的劳役来使百姓穷困，不以不当的刑罚来坑害百姓，如果有禁止百姓做的事，君王也不以任何借口违犯它，所以臣民不敢犯上作乱。古时候百里之内习惯不同，千里之内风俗不同，所以圣明的君王修行道义，与百姓一起遵守习俗，君王以爱护百姓为法，百姓以相互亲爱为义。所以天下之人不相互遗弃，这就是圣明的君王教化百姓的方法了。”

注释

1 **防之以刑辟：**用刑罚来防范作恶的人。

2 **不务于上：**君王自己也不做。务，施行。

3 **不行于身：**君王自身也不违犯。行，做。

4 **立于仪法：**制定法规礼仪。

5 **称事以任民：**根据实际需要来役使民力。称，衡量、考虑。任，役使。

6 **中听以禁邪：**公正地审理案件来防范邪僻之行。中听，公正地审案。

7 **害之以实：**应为“害之以罚”，意思是用刑罚来残害百姓。

景公问忠臣之事君何若晏子对以不与君陷于难第十九

原文

景公问于晏子曰:“忠臣之事君也,何若?”晏子对曰:“有难不死,出亡不送[1]。”公不说,曰:“君裂地而封之[2],疏爵而贵之[3],君有难不死,出亡不送,可谓忠乎?”对曰:“言而见用,终身无难,臣奚死焉?谋而见从,终身不亡[4],臣奚送焉?若言不用,有难而死之,是妄死[5]也;谋而不从,出亡而送之,是诈伪[6]也。故忠臣也者,能纳善于君[7],不能与君陷于难[8]。”

译文

齐景公问晏子说:“忠臣是怎样侍奉国君的?”晏子回答说:“国君有灾难时不为国君去死,国君逃亡而不追随。”景公很不高兴,说:“国君分割土地来封赏他,授他爵位以使他尊贵,国君有难而他不为国君去死,逃亡而不追随,能称得上忠吗?”晏子回答说:“臣子的善言若被采用,那么国君终生不会有灾难,臣子又怎么会死呢?臣子的良策若被国君听从,那么国君终生都不会出逃,臣子又为何去追随呢?如果进言而不能被采用,有了灾难时为国君而死,是死得没有价值;如果出谋划策而不被听从,国君出逃却去追随,是巧诈虚伪。所以,忠臣能使国君采用好的建议,而不让君王陷入灾难。”

注释

1 **出亡不送:**国君逃亡而不追随。出亡,逃亡。送,本义为送行,此处为追随。

2 **裂地而封之:**分割土地来封赏他。

3 **疏爵而贵之:**授予他爵位使他尊贵。疏,分赐,分给,此处可理解为授予。贵,使动用法,使尊贵。

4 **终身不亡:**终生免于逃亡的命运。

5 **妄死:**无意义的死,死得没有价值。

6 **诈伪:**欺诈虚伪的行为。

7 **纳善于君:**能使国君采纳好的。

8 **与君陷于难:**让国君陷入灾难中。

景公问忠臣之行何如晏子对以不与君行邪第二十

原文

景公问晏子曰:"忠臣之行何如?"对曰:"不掩君过,谏乎前,不华乎外[1];选贤进能,不私乎内;称身就位[2],计能受禄[3];睹贤不居其上,受禄不过其量;不权居以为行,不称位以为忠[4];不掩贤以隐长,不刻下以谀上;君在不事太子,国危不交诸侯[5];顺则进,否则退,不与君行邪也。"

译文

齐景公问晏子说:"忠臣的品行是什么样子的?"晏子回答说:"不遮掩君王的过错,当面向君王进谏,而不向外宣扬;选用贤能之人,不偏向于自己的内亲;衡量自己的德行来任职,根据自己的才能接受俸禄;发现贤能之人而不身居其上,接受俸禄不超过贤人的数量;安于自己现在的职位去做应做的事,尽力称职就是忠于职守;不掩盖贤人和隐瞒他们的优点,不刻薄下属而对上谄媚;君王在位不侍奉太子,国家危机时不结交诸侯;君臣相得时就立身朝廷,君臣相背时就辞官退隐,不帮助国君做坏事。"

注释

1 **不华乎外：**不向外宣扬。“华”通“哗”，喧哗，宣扬。

2 **称身就位：**衡量自己的德行而居官位。称，衡量。

3 **计能受禄：**衡量自己的才能而接受俸禄。计，衡量。

4 **“不权居”二句：**两“不”字为衍，应为“权居以为行，称位以为忠”，意思是安于自己现在的职位去做应做的事，尽力称职就是忠于职守。

5 **国危不交诸侯：**国家危难的时候不与其他诸侯结交。

景公问佞人之事君何如晏子对以愚君所信也第二十一

原文

景公问：“佞人之事君如何？”晏子对曰：“意难，难不至也。[1]明言行之以饰身[2]，伪言无欲以说人[3]，严其交以见其爱，观上之所欲而微为之偶[4]，求君逼迩[5]，而阴为之与[6]；内重爵禄，而外轻之以诬行[7]，下事左右，而面示正公以伪廉；求上采听，而幸以求进；傲禄以求多[8]，辞任

译文

齐景公问晏子说：“谗佞之人是怎样侍奉国君的？”晏子回答说：“知道有危险时他就不来了。他们作出言行光明正大的样子来美饰自己，假说无所欲求来取悦他人，他们交往时先看君王喜欢什么样的人才去联络，偷偷地去寻求臭味相投之人，并与君王亲近之人私下里结成党羽；内心十分看重爵禄，表面却用虚伪的言行装作轻视爵禄，他们小心地巴结君王左右的人，外在表现得很公正来伪装廉洁；希求君王能采纳他的言论，从而有幸能求得高官；他们用以轻视爵禄的手段来求取更多的爵禄，用假意辞官

以求重[9]；工乎取，鄙乎予；欢乎新，慢乎故[10]；吝乎财，薄乎施；睹贫穷若不识，趋利若不及；外交以自扬，背亲以自厚[11]；积丰羡之养，而声矜恤之义[12]；非誉乎情[13]，而言不行身[14]，涉时所议，而好论贤不肖[15]；有之己，不难非之人[16]，无之己，不难求之人[17]；其言强梁而信[18]，其进敏逊而顺[19]；此佞人之行也。明君之所诛，愚君之所信也。"

的方法来求取得到重用；他们巧取豪夺，而吝惜施予；喜欢新的，厌恶旧的；吝啬钱财，施舍极少；看见贫穷的人好像没看见，争取利益却唯恐落在后面；在外结交权臣来显扬自己的名声，背弃亲人来谋取厚利；积累富足有余的财物，却声称自己有悯恤贫穷的德行；任情毁誉他人，自己言行却不一致，议论时事时喜好评论他人短长；自己做的，就不刁难也在做这事的人，自己不做的，就不准别人去做；他们说话强横而自负，他们钻营机敏而诸事顺畅，这就是奸佞小人的言行。圣明的君主斥责他们，昏昧的君主却宠信他们。"

注释

1 **"意难"句：**汉墓竹简作"意难之不至也"，意思是意识到有危险他就不来了。

2 **明言行之以饰身：**用公开的言行来伪饰自己。

3 **说人：**取悦别人。"说"同"悦"。

4 **微为之偶：**私下里去寻求臭味相投之人。

5 **求君逼迩：**寻找君王所亲近的人。逼迩，指近臣。

6 **阴为之与：**私下里与他们结党。与，结党。

7 **轻之以诬行：**用虚伪的言行装作轻视爵禄。

8 **傲禄以求多：**用轻视俸禄的手段来索取更多的俸禄。

9 **辞任以求重：**用辞去官职的做法来求取更大的官职。

10 **慢乎故：**厌恶旧的。慢，厌恶。

11 **背亲以自厚：**背叛至亲来谋求厚利。

12 **声矜恤之义：**声称自己有悯恤贫穷的德行。

13 **非誉乎情**：任意地毁誉别人。“非”通“诽”。
14 **言不行身**：所说的话不能付诸行动。
15 **贤不肖**：好人和坏人。不肖，坏人。
16 **“有之已”二句**：自己做的，就不刁难也在做这事的人。
17 **“无之已”二句**：自己不做的，就不准别人去做。
18 **强梁而信**：说话强横而自负。强梁，强横。信，自负。
19 **敏逊而顺**：钻营机敏从而诸事顺畅。

景公问圣人之不得意何如晏子对以不与世陷乎邪第二十二

原文

景公问晏子曰：“圣人之不得意何如？”晏子对曰：“上作事反天时[1]，从政逆鬼神，藉敛殚百姓；四时易序，神祇并怨；道忠者不听，荐善者不行，谀过者有赍[2]，救失者有罪。故圣人伏匿隐处，不干长上[3]，洁身守道，不与世陷乎邪，是以卑而不失义，瘁而不失廉[4]。此圣人之不得意也。”“圣人之得意何如？”

译文

齐景公问晏子说：“圣人不得意时是怎样的？”晏子回答说：“君上做事违反天意，治理国家违背鬼神的意志，征收赋税搜刮尽百姓；四时颠倒次序，鬼神都怨恨他；进献忠言而得不到听从，举荐贤人而得不到重用，掩过饰非的得到奖赏，挽救失误的人反而有罪。所以，圣人隐居而不关心国君的事情，廉洁自守而坚持道义，不与世俗一同陷于邪恶，所以地位卑微却不失德义，即便劳累也不失去廉洁。这就是圣人不得意的样子。”景公又问：“那么圣人得意时又怎样？”晏子回答说：“国家

对曰："世治政平，举事调乎天，藉敛和乎百姓；乐及其政[5]，远者怀其德；四时不失序，风雨不降虐；天明象而致赞[6]，地长育而具物；神降福而不靡[7]，民服教而不伪；治无怨业，居无废民[8]。此圣人之得意也。"

得到治理政治清明，做事合乎天意，征收赋税适合百姓的承受力；百姓喜欢这样的政治，远方的人向往他的德行；四时不颠倒次序，风雨不成灾害；上天显示吉兆来表明自己的赞赏，土地长育万物；神灵降下福运而不停止，百姓服从教化而不欺诈；治理国家没有人埋怨，没有游手好闲的人。这就是圣人得意的事了。"

注释

1 **天时：**本指日月星辰运行和四季交替的规律，这里指天意。

2 **赉**(lài)**：**赏赐。

3 **不干长**(zhǎng)**上：**不干预君王。干，干预。长上，指君王。

4 **瘁而不失廉：**劳累也不失去廉洁。瘁，劳累。

5 **乐及其政：**百姓喜欢这样的政治。

6 **天明象而致赞：**上天显示吉兆来表明自己的赞赏。

7 **靡：**本义为倒下，这里指停止。

8 **废民：**游手好闲的人。废，荒废。

景公问古者君民用国不危弱晏子对以文王第二十三

原文

景公问晏子曰："古者君民而不危[1]，用国而

译文

齐景公问晏子说："古代的国君治理百姓而不招致危难，使用国力而不会贫弱，不弱[2]，恶乎失之[3]？”晏子对曰：“婴闻之，以邪莅国，以暴和民[4]者危；修道以要利[5]，得求而返邪者弱[6]。古者文王修德，不以要利，灭暴不以顺纣[7]，干崇侯之暴[8]，而礼梅伯之醢[9]，是以诸侯明乎其行[10]，百姓通乎其德[11]，故君民而不危，用国而不弱也。”

哪一个为先？”晏子回答说：“我听说，用邪恶的人来治理国家，用暴力来加于百姓的就会有危险；推行治国之道是为了求取私利，得到好处便又回归于邪恶的就会衰败。古时周文王修明德义，不以此而求私利，灭除残暴的人不让他助纣为虐，干预崇侯虎的暴行，而善待遭受醢刑的梅伯，因此诸侯赞美他的德行，百姓传颂他的美德，所以统治百姓而没有危险，使用国力而不会贫弱。”

注释

1 **君民而不危：**当国君治理百姓而不招致危难。君民，当国君治理百姓。

2 **用国而不弱：**使用国力而不会衰弱。

3 **恶乎失之：**“失”为“先”之讹。恶乎先之，即哪一个为先。

4 **以暴和民：**“和”为“加”之讹。以暴加民，即用暴力来残害百姓。

5 **要利：**索取利益。

6 **得求而返邪者弱：**得到了好处后便回归于邪恶的就会衰败。

7 **灭暴不以顺纣：**消灭残暴的坏人不让他助纣为虐。纣，商纣王。

8 **干崇侯之暴：**干预崇侯虎的暴行。崇侯，即崇侯虎，纣王的臣子。

9 **礼梅伯之醢**(hǎi)**：**善待遭受醢刑的梅伯。梅伯，纣王的贤臣，被纣王杀害。醢，一种把人剁成肉酱的酷刑。

10 **明乎其行：**赞美他的德行。明，昭明，这里作赞美讲。

11 **通乎其德：**传颂他的美德。通，传达。

景公问古之莅国者任人如何晏子对以人不同能第二十四

原文

景公问晏子曰："古之莅国治民者，其任人何如？"晏子对曰："地不同生[1]，而任之以一种，责其俱生不可得；人不同能，而任之以一事，不可责遍成[2]。责焉无已[3]，智者有不能给[4]；求焉无餍[5]，天地有不能赡[6]也。故明王之任人，谄谀不迩乎左右，阿党不治乎本朝；任人之长，不强其短，任人之工[7]，不强其拙。此任人之大略也。"

译文

齐景公问晏子说："古代统治国家治理人民的君王，他们是怎样用人的？"晏子回答说："土地各有不同的特性，而在不同的土地上种植同一种植物，并要求它们全都能存活生长，是不可能的；每个人的才能各不相同，而让不同的人做同一件事，不能苛求他们全部取得成功。苛责没有止境，再聪明的人也有不敏捷的时候；要求从不满足，天地也有不能给足的时候。所以圣明之君任用人，谄谀之人不能靠近他的左右，结党营私的人不能在他的朝廷任职；任用人的长处，而不强求其短处，任用他所擅长的方面，而不强求其不擅长的。这就是使用人的大致原则了。"

注释

1 **地不同生：**"生"通"性"，这句话意为土地各有不同的特性。

2 **责遍成：**苛求他们全部取得成功。

3 **责焉无已：**苛求于他而没有止境。无已，没有尽头。

4 **不能给:**不敏捷。给,敏捷。

5 **餍:**吃饱,引申为满足。

6 **赡:**给足。

7 **任人之工:**任用人所擅长的方面。工,擅长。

景公问古者离散其民如何晏子对以今闻公令如寇仇第二十五

原文

景公问晏子曰:“古者离散其民,而陨失其国者,其常行何如?”晏子对曰:“国贫而好大,智薄而好专;贵贱无亲焉,大臣无礼焉;尚谗谀而贱贤人,乐简慢而玩百姓[1];国无常法,民无经纪[2];好辩以为忠,流湎[3]而忘国,好兵而忘民;肃于罪诛[4],而慢于庆赏;乐人之哀,利人之难[5];德不足以怀人[6],政不足以惠民;赏不足以劝善,刑不足以防非,亡国之行也。今民闻公令如寇仇,此古离

译文

景公问晏子说:“古代使百姓离散从而丧失自己国家的人,他的日常行为是怎样的?”晏子回答说:“国家贫困而好大喜功,才智平庸却独断专行;对地位高低的人都不亲近,对大臣不讲礼仪;重视谗谀之人而轻视贤能之人,逸乐散漫而轻视百姓;国家没有恒定的法律,百姓没有秩序;把巧舌如簧的人视作忠臣,放纵无度而忘了国家,穷兵黩武忘了百姓;严急于治罪杀人,对庆功封赏却一再拖延;将快乐建立在别人的痛苦之上,将别人的灾难视为有利;德行不足以安抚民众,政治不足以使百姓得到恩惠;赏赐不足以用来劝导善良,刑罚不足以用来防范作恶,这就是亡国的行为。现在百姓听到君王的命令就

散其民，陨失其国所常行者也。”

像遇到了仇敌，这就是古代离散百姓、丧失国家的行为了。”

注释

1 **玩百姓：**轻慢百姓。玩，轻慢。
2 **经纪：**秩序。
3 **流湎：**放纵而无节制。
4 **肃于罪诛：**严急于治罪诛杀。肃，严急。
5 **利人之难：**把别人的灾难视为有利。
6 **怀人：**安抚民众。怀，安抚。

景公问欲和臣亲下晏子对以信顺俭节第二十六

原文

景公问晏子曰：“吾欲和臣亲下奈何[1]？”晏子对曰：“君得臣而任使之，与言信，必顺其令[2]，赦其过，任大臣无多责焉[3]，使迩臣无求嬖[4]焉，无以嗜欲贫其家，无亲谗人伤其心，家不外求而足[5]，事君不因人而进，则臣和矣。俭于藉敛，节于

译文

齐景公问晏子说：“我想与臣子和谐、与百姓亲近，应该怎么办？”晏子回答说：“国君得到大臣而任用他们，与他们讲话要诚信，一定要采纳他们的好建议，而宽宥他们的过错。任用大臣不要求全责备，任用近臣不要用自己宠爱的人，不以自己的贪欲而使臣子家贫，不去亲近谗人而伤大臣的心，使大夫之家不必向外索求便供给充足，臣子侍奉国君不因个人的亲疏来举荐人，那么君臣之间就和谐了。征税时从轻，

货财，作工不历时[6]，使民不尽力，百官节适[7]，关市省征[8]，山林陂泽[9]，不专其利[10]，领民治民[11]，勿使烦乱，知其贫富，勿使冻馁，则民亲矣。”

公曰：“善！寡人闻命矣。”故令诸子无外亲谒[12]，辟梁丘据无使受报[13]，百官节适，关市省征，陂泽不禁，冤报者过[14]，留狱者请[15]焉。

使用财物时节约，兴办工程不要历时太久，役使百姓不要枯竭民力，百官设置适当，关口集市减少税收，山林湖泽所出产之物不独享，治理百姓，不使他们烦恼和动乱，知道他们的经济情况，不让他们挨饿受冻，这样百姓就和国君亲近了。”

景公说：“好！我听从您的教诲。”于是下令诸子不要向外亲附干谒，辞退梁丘据，不让他再受俸禄，官职设置适当，关口集市的赋税减轻，山林水泽不禁止老百姓进入，诬告他人的人治罪，拖延审案的一一问责。

注释

1 **吾欲和臣亲下奈何：**我想与臣子和谐、与百姓亲近，该怎么做到。奈何，怎么做。

2 **顺其令：**即顺其善。令，善。

3 **任大臣无多责焉：**任用大臣不要过多地苛求于他。

4 **迩臣无求嬖：**任用近臣不要用自己宠爱的人。嬖，宠爱的人。

5 **家不外求而足：**大夫之家不必向外求取而能自足。家，特指大夫之家。

6 **作工不历时：**兴办工程不要历时太久。不历时，不把时间拖得太久。

7 **节适：**节制适度。

8 **省征：**减少征税。

9 **陂(bēi)泽：**池塘水泽。陂，池塘。

10 **不专其利：**不占有它的利益。其，指山林陂泽。

11 **领民治民：**治理百姓。领，管领，治理。

12 **无外亲谒：**不要向外亲附干谒。

13 **辟梁丘据无使受报：**辞掉梁丘据，不让他再受俸禄。辟，屏除，这里指辞掉。受报，接受俸禄。

14 **冤报者过**：诬告别人的人要治罪。冤报，指诬告。过，治罪。

15 **留狱者请**：审理案件拖延的人要问责。留，拖延。请，问责。

景公问得贤之道晏子对以举之以语考之以事第二十七

原文

景公问晏子曰："取人得贤之道何如？"晏子对曰："举之以语[1]，考之以事[2]，能谕[3]，则尚而亲之，近而勿辱以取人[4]，则得贤之道也。是以明君居上，寡其官而多其行[5]，拙于文而工于事[6]，言不中不言[7]，行不法不为[8]也。"

译文

景公问晏子说："选取人才而能得到贤人的办法是什么？"晏子回答说："通过言语来判断是否值得举荐，通过他做的事情来考察他的才能。能通晓治国之道的，就任用并亲近他，亲近贤人要有礼节而不狎侮他，这样就是求取贤人的方法了。所以圣明的国君身居高位，官员的数量少而所办的事情多，不讲求言辞华丽而勤于职事，言论不符合礼法则不说，行为不符合法规则不做。"

注释

1 **举之以语**：通过言语来判断是否值得举荐。

2 **考之以事**：通过他做的事情来考察他的才能。

3 **能谕**：能晓谕，这里指通晓治国之道。

4 **近而勿辱以取人**：对贤人亲近但不能狎侮。

5 **寡其官而多其行**：官员的数量少而所办的事情多。

6 **拙于文而工于事：**不讲求言辞华丽而勤于职事。

7 **言不中不言：**说话不符合礼法就不说。中，符合。

8 **行不法不为：**办事不符合法令就不办。

景公问臣之报君何以晏子对报以德第二十八

原文

景公问晏子曰："臣之报君何以？"晏子对曰："臣虽不知[1]，必务报君以德。士逢有道之君，则顺其令；逢无道之君，则争其不义[2]。故君者择臣而使之，臣虽贱，亦得择君而事之。"

译文

景公问晏子说："臣子用什么来报效君王呢？"晏子回答说："臣虽然不聪慧，一定会做到用德行来报效君王。士人遇到有道之君，就听从他的号令；遇到无道之君，就诤谏他的不义之处。所以君王选择臣子来任用，臣子虽卑贱，也可以选择君主来侍奉啊。"

注释

1 **不知：**即不明智。

2 **争其不义：**见国君违背道义要敢于诤谏。争，争辩，这里指诤谏。

景公问临国莅民所患何也晏子对以患者三第二十九

原文

景公问晏子曰："临国莅民，所患何也？"晏子对曰："所患者三：忠臣不信[1]，一患也；信臣不忠[2]，二患也；君臣异心，三患也。是以明君居上，无忠而不信，无信而不忠者。是故君臣同欲，而百姓无怨也。"

译文

景公问晏子说："国君治理国家、统治百姓所担心的是什么？"晏子回答说："所担心的情况有三种。忠臣不被信任，是第一种情况；被信任的臣子不忠，是第二种情况；君臣不同心，是第三种情况。因此，圣明的君王居于上位，没有忠臣不被信任的，没有被信任而不是忠臣的。所以，君臣同心，百姓就没有怨言。"

注释

1 **忠臣不信：**忠诚的臣子却得不到国君的信任。

2 **信臣不忠：**国君信任的臣子却不忠诚。

景公问为政何患晏子对以善恶不分第三十

原文

景公问于晏子曰："为政何患？"晏子对曰："患善恶之不分。"公曰："何以察之？"对曰："审择左右[1]。左右善，则百僚各得其所宜，而善恶分。"

孔子闻之曰："此言也信[2]矣！善进，则不善无由入矣；不善进，则善无由入矣。"

译文

景公问："治理国家要担心什么？"晏子回答说："担心善恶不分。"景公问："用什么方法能辨别善恶呢？"回答说："慎重地选用左右亲近之人。左右亲近之人善，那么百官就都能得到他们适宜的位置，从而善恶就分清了。"

孔子听了说："这话说得好啊！善人得进，那么不善之人就无从进身了。不善之人得进，那么善人就无从进身了。"

注释

1 **审择左右：**审慎而选择左右近臣。

2 **信：**真实，正确。

第四卷

内篇·问下

本卷共三十章，其构成较为复杂。其中前九章都是晏子对景公的劝谏，内容主要围绕着景公关于如何使国家强大、重现先王之威的发问而展开。晏子的回答，则包括了“省耕实”（第一章）、“下贤以身”（第二章）、“节欲中听”（第七章）等，并认为一个国家真正富强的标志，是“内安政外归义”。除了为君之道以外，晏子还在第五章中详细地阐述了为臣之道。这一章的标题是《景公问为臣之道晏子对以九节》，所谓“九节”，就是作为臣子的九种言行规范，可见做明君难，做贤臣也很难，而晏子本人，无疑就是贤臣的一个典范。第十章到第二十七章，是晏子出使他国时，与他国国君或大臣的问答。其中第十、十一章为出使吴国回答吴王的询问，第十二、十三、十四章为出使鲁国回答鲁昭公的询问，第十五、十六章为出使晋国回答晋平公的询问，第十七到第二十七章为出使晋国回答大臣叔向的询问。对各位国君的回答，晏子主要阐述了其治国之道，其中“先民后身”“谨听节俭”等，与对齐君所言并无两样；而对叔向的回答，晏子则主要阐述了其为臣之道和修身之道。最后三章，晏子分别回答了曾子、梁丘据和柏常骞的问题，内容涉及一心事君以及如何在乱世中坚守道义等。

景公问何修则夫先王之游晏子对以省耕实第一

原文

景公出游，问于晏子曰："吾欲观于转附、朝舞[1]，遵海而南[2]，至于琅琊[3]，寡人何修[4]，则夫先王之游[5]？"晏子再拜曰："善哉！君之问也。闻天子之诸侯为巡狩[6]，诸侯之天子为述职。故春省耕而补不足者谓之游，秋省实而助不给者谓之豫[7]。夏谚曰：'吾君不游，我曷以休？吾君不豫，我曷以助？一游一豫，为诸侯度。'[8]今君之游不然，师行而粮食[9]，贫苦不补，劳者不息。夫从高历时而不反谓之流，从下而不反谓之连，从兽而不归谓之荒[10]，从乐而不归谓之亡[11]。古者圣王无流连之游，荒亡之行。"

译文

景公出去巡游，向晏子询问道："我想到转附、朝舞二山游览，沿海南行，一直到琅邪山，我应做些什么来效仿先王的巡游呢？"晏子拜了两拜说："君王问得好啊！听说天子到诸侯国去巡视叫作巡狩，诸侯到天子那里朝见叫作述职。所以春天去察看农耕情况而补助那些种不上地的叫作游，秋天去察看收成而救助那些不能自给之人叫作豫。夏朝的谚语说：'君王不来巡视，我怎能得到休息？君王不来巡视，我怎能得到补助？一年两次巡视，应当作为诸侯的法度。'现在君王的巡视不是这样，随行人员走到哪里，就让哪里的百姓供应粮食，贫苦之人得不到补助，劳碌之人得不到休息。纵情游山而不返叫作流，纵情玩水而不返叫作连，纵情打猎而不返叫作荒，纵情逸乐而不返叫作亡。古代圣王不会有流连之游，荒亡之行。"

公曰："善。"命吏计公禀之粟，藉长幼贫氓之数。吏所委发廪出粟，以予贫民者三千钟，公所身见癃老者[12]七十人，振赡之，然后归也。

景公说："说得好啊。"命令官吏统计国库所有的粮食，登记老少贫民的人数。管理粮仓的官员开仓发放粮食，给贫民的有三千钟，景公亲自接见的老弱疲病者有七十人，都赈济了他们，然后才回国都。

注释

1 **转附、朝舞：**皆南方沿海之山名。

2 **遵海而南：**沿海向南。遵，沿着。

3 **琅琊：**即琅邪，山名，在今山东省青岛市黄岛区，临海。

4 **修：**修养。

5 **则夫先王之游：**效仿先王的巡游。则，效仿。

6 **巡狩：**指天子的巡视。

7 **豫：**与上句中"游"同义，本义为游乐，文中指巡视。

8 **"夏谚"三句：**意思是君王不来巡视，我怎能得到休息？君王不来巡视，我怎能得到补助？一年两次巡视，应当作为诸侯的法度。

9 **师行而粮食：**跟随君王出行的人都让百姓供应粮食。粮食，即粮食于民，由百姓供应粮食。

10 **荒：**迷乱。这里指过度逸乐。

11 **亡：**与上句的"荒"都是过度逸乐的意思。

12 **癃**(lóng)**老者：**老弱疲病的人。癃，衰老病弱。

景公问桓公何以致霸晏子对以下贤以身第二

原文

景公问于晏子曰："昔吾先君桓公，善饮酒穷乐，食味方丈[1]，好色无别[2]，辟若此，何以能率诸侯以朝天子乎？"晏子对曰："昔吾先君桓公，变俗以政[3]，下贤以身。管仲，君之贼[4]者也，知其能足以安国济功，故迎之于鲁郊，自御，礼之于庙。异日，君过于康庄，闻甯戚歌，止车而听之，则贤人之风也，举以为大田[5]。先君见贤不留[6]，使能不怠，是以内政则民怀之，征伐则诸侯畏之。今君闻先君之过，而不能明其大节[7]，桓公之霸也，君奚疑焉？"

译文

齐景公问晏子说："从前我们的先君桓公，嗜好饮酒而尽情享乐，饮食奢侈浪费，好女色而有乱伦之行，他的行为邪僻到如此程度，怎么还能号令诸侯去朝拜天子呢？"晏子回答说："从前我们的先君桓公，用政治教化来改变民俗，亲身礼贤下士。管仲是桓公曾经的敌人，桓公知道他的才能足能治国安邦，就到鲁国郊外去迎接他，还亲自驾车，在庙堂给予他礼遇。另一天，桓公经过大路，听到了甯戚的歌声，停下车子仔细听，觉得有贤人的风范，就任命他担任大田之职。先君见到贤人就不让他埋没，任用能人而不怠慢。所以，国内政治清明而百姓都归附于他，对外征伐而又使诸侯敬畏。现在君王只听到先君的一些小过错，而不懂得其治国的大纲，桓公之所以能称霸，君王还有什么怀疑吗？"

注释

1 **食味方丈：**美味佳肴摆满了一丈见方的桌子。方丈，一丈见方。
2 **好色无别：**指齐桓公好色不分亲疏之别，曾有乱伦之行。
3 **变俗以政：**即“以政变俗”，用政治教化来改变民俗。
4 **贼：**这里指敌人。因管仲曾帮助公子纠与桓公争夺王位。
5 **大田：**齐国官名，掌管田园开辟及粮食储存之事。
6 **不留：**不让他埋没。留，这里指埋没。
7 **明其大节：**明白其大方面的品行，指治国的德政。

景公问欲逮桓公之后晏子对以任非其人第三

原文

景公问晏子曰：“昔吾先君桓公，从车三百乘，九合诸侯[1]，一匡天下[2]。今吾从车千乘，可以逮[3]先君桓公之后乎？”晏子对曰：“桓公从车三百乘，九合诸侯，一匡天下者，左有鲍叔[4]，右有仲父。今君左为倡，右为优，谗人在前，谀人在后，又焉可逮桓公之后者乎？”

译文

景公问晏子说：“从前我们的先君桓公，跟随他的战车只有三百乘，而能多次会盟诸侯，安定天下。现在我有战车千乘，可以继承桓公之后再次称霸吗？”晏子回答说：“桓公能以战车三百乘，多次会盟诸侯，使天下安定的原因，在于左有鲍叔牙、右有管仲辅佐他。现在君王您的左右都是供您享乐的倡优，又怎么能继承桓公之后而称霸呢？”

注释

1 **九合诸侯：**多次会合诸侯。九乃虚指，形容多。

2 **一匡天下：**安定天下。匡，本义为救，这里指安定。

3 **逮：**跟随，引申为继承。

4 **鲍叔：**鲍叔牙，齐桓公的贤臣，与管仲一起辅佐桓公达成霸业。

景公问廉政而长久晏子对以其行水也第四

原文

景公问晏子曰："廉政[1]而长久，其行何也？"晏子对曰："其行水也[2]。美哉水乎清清，其浊无不雩途[3]，其清无不洒除[4]，是以长久也。"公曰："廉政而速亡，其行何也？"对曰："其行石也。坚哉石乎落落[5]，视之则坚，循[6]之则坚，内外皆坚，无以为久，是以速亡也。"

译文

齐景公问晏子说："廉洁正直的人而能长久，他们是怎样行事的？"晏子回答说："他们行事像那水一样。多美好啊清清的流水，它浑浊的时候没有什么不被它污染，它清澈的时候没有什么不被它洗涤干净，因此能够长久。"景公说："廉洁正直的人很容易消亡，他们又是怎样行事的？"晏子回答说："他们行事像那石头。石头多坚硬啊，看它外表是坚硬的，抚摸它也是坚硬的，内外都那么坚硬，就容易摧折不能长久，因此会迅速招致灭亡。"

注释

1 **廉政：**即廉正，"政"通"正"。

2 **其行水也：**他们行事就像水一样。

3 **雩(yú)途:**即污涂,污染的意思。

4 **洒除:**洗涤去除污秽。

5 **石乎落落:**石头坚硬的样子。

6 **循:**抚摸。

景公问为臣之道晏子对以九节第五

原文

景公问晏子曰:"请问为臣之道。"晏子对曰:"见善必通[1],不私其利,荐善而不有其名[2];称身居位,不为苟进;称事授禄,不为苟得;体贵侧贱[3],不逆其伦;居贤不肖[4],不乱其序;肥利之地,不为私邑,贤质[5]之士,不为私臣;君用其所言,民得其所利,而不伐其功。此臣之道也。"

译文

景公问晏子说:"请问为臣之道。"晏子回答说:"见到好事一定要推而广之,不独自享有;举荐贤人而不以荐贤的美名自居;根据自己的能力谋求职位,不做苟且求进之事;根据自身能力接受俸禄,不做苟且求取之事;列位要体现身份贵贱,不违背它的伦常;安置贤人与不肖之人,使其各得其位;肥沃有利的土地不占为私人的食邑,贤能而有诚信的人,不把他当作自己的家臣;君王采用他的意见,百姓得到他的好处,却不夸耀自己的功劳。这就是为臣之道了。"

注释

1 **见善必通:**看到好事一定推而广之,与人同利。

2 **荐善而不有其名:**举荐贤人而不以荐贤的美名自居。

3 **体贵侧贱:**形容列位而分其尊卑。“侧”通“厕”,列。

4 **居贤不肖:**贤人与不肖之人各得其位。

5 **贤质:**有才能而有诚信的人。质,诚信。

景公问贤不肖可学乎晏子对以勉强为上第六

原文

景公问晏子曰:“人性有贤不肖,可学乎?”晏子对曰:“《诗》云:‘高山仰止,景行行止。’[1]之者其人也。[2]故诸侯并立,善而不怠者为长;列士并学,终善者为师。”

译文

景公问晏子说:“人性有贤与不贤,可以学来吗?”晏子回答说:“《诗经》中说:‘高尚的德行就像高山啊令人仰慕,光明正大的行为就像大路啊令人敬佩。’向往的就是那样的人啊。所以,诸侯并立,行善而不懈怠的人成为首领;众多士子在一起学习,善始善终的人成为老师。”

注释

1 **“高山”二句:**出自《诗经·小雅·车舝(xiá)》,意思是:高尚的德行就像高山啊令人仰慕,光明正大的行为就像大路啊令人敬佩。高山,比喻高尚的德行。景行(háng),大路,比喻光明正大的行为。

2 **之者其人也:**向往的就是那样的人啊。之,往,这里指向往。

景公问富民安众晏子对以节欲中听第七

原文

景公问晏子曰："富民安众，难乎？"晏子对曰："易。节欲则民富，中听[1]则民安，行此两者而已矣。"

译文

景公问晏子说："使人民富庶、民众安宁，困难吗？"晏子回答说："容易。国君节制贪欲，百姓就会富庶，审理案件能够公正，百姓就会安宁，做到这两件事就够了。"

注释

1 **中听**：公正地审理案件。听，审案。

景公问国如何则谓安晏子对以内安政外归义第八

原文

景公问晏子曰："国如何则可谓安矣？"晏子对曰："下无讳言，官无怨

译文

景公问晏子说："国家怎样才能称得上安定？"晏子回答说："百姓没有顾忌敢于直言，官吏没有积压的政事；显贵的人不

治[1]；通人不华[2]，穷民不怨；喜乐无羡赏，忿怒无羡刑；上有礼于士，下有恩于民；地博不兼小[3]，兵强不劫弱；百姓内安其政，外归其义[4]，可谓安矣。”

追求奢华，贫困的人没有怨恨；国君高兴时不过度奖赏，愤怒时不过度刑罚；对上有礼于士，对下有恩于百姓；土地广大的不去兼并小国，兵力强大的不侵夺弱国；国内百姓因其政治清明而安居，国外诸侯因其仁义而归附，这就可以称为安定了。”

注释

1 **怨治：**积压的政事。“怨”通“蕴”，积聚。

2 **通人不华：**显贵的人不追求奢华。通人，显贵之人。华，奢华，浮华。

3 **兼小：**兼并小国。

4 **外归其义：**诸侯因他有德而来归附。此句前脱“诸侯”二字。

景公问诸侯孰危晏子对以莒其先亡第九

原文

景公问晏子曰：“当今之时，诸侯孰危？”晏子对曰：“莒其先亡乎！”公曰：“何故？”对曰：“地侵于齐[1]，货竭于晋[2]，是以亡也。”

译文

景公问晏子说：“现在这个时候，诸侯当中哪一个有亡国之危？”晏子回答说：“大概是莒国先灭亡吧！”景公说：“什么原因？”回答说：“它的土地接近齐国，却把财物全送给遥远的晋国与之结好，因此有亡国之危。”

注释

1 **地侵于齐：**土地接近齐国。侵，接近。

2 **货竭于晋：**财物全部用于与晋国交好。

晏子使吴吴王问可处可去晏子对以视国治乱第十

原文

晏子聘于吴[1]，吴王曰："子大夫[2]以君命辱在敝邑之地，施贶[3]寡人，寡人受贶矣，愿有私问[4]焉。"晏子巡遁[5]而对曰："婴，北方之贱臣也，得奉君命，以趋于末朝[6]，恐辞令不审[7]，讥于下吏[8]，惧不知所以对者。"吴王曰："寡人闻夫子久矣，今乃得见，愿终其问。"晏子避席对曰："敬受命矣。"吴王曰："国如何则可处，如何则可去也？"晏子对曰："婴闻之，亲疏得处其伦[9]，大臣得尽其忠，民无怨治，国无虐刑，则可处矣。是以君子

译文

晏子出使吴国，吴王说："大夫您奉君王之命屈尊来到鄙国，赐赠于我，我接受贵国的赠予了，希望私下里能向您请教。"晏子显出不安的样子回答说："我晏婴，只是一个北方的卑贱之臣，奉君王的命令，从鄙国来到贵国，担心我说的话不合适，被下边的官吏讥笑，害怕不知该怎么回答。"吴王说："我听闻您的大名很久了，现在才得以见面，希望您能回答我的询问。"晏子离席站起来说："敬请垂问。"吴王说："国家怎样值得居处，怎样应该离去？"晏子回答说："我听说，亲近的人和疏远的人能够各处其位，大臣能够尽忠，百姓不怨恨国家的政治，国家没有暴虐的刑罚，就可以居处了。因此，君子归向有

怀不逆之君[10],居治国之位。亲疏不得居其伦,大臣不得尽其忠,民多怨治,国有虐刑,则可去矣。是以君子不怀暴君之禄,不处乱国之位。”

道义的国君,在清明的国家任职。亲疏远近不能各处其位,大臣不能尽忠,百姓的怨言很多,国家刑罚暴虐,就应该离去了。因此,君子不贪图残暴之君的爵禄,不在混乱的国家任职。”

注释

1 **聘于吴:**出使于吴国。聘,泛指古代国与国之间派遣使臣访问。

2 **子大夫:**对大夫的尊称。

3 **施贶(kuàng):**赐予。贶,赐赠。

4 **私问:**私下询问。

5 **巡遁:**逡巡不安的样子。

6 **趋于末朝:**从末朝来到这里。末朝,即齐国,这是外交中对自己国家的谦称。

7 **不审:**不确切。

8 **讥于下吏:**被吴王下属的官吏讥笑。

9 **亲疏得处其伦:**亲近的人和疏远的人各自得到应有的位置。

10 **怀不逆之君:**归向有德行的君主。不逆,不违背正道。

吴王问保威强不失之道晏子对以先民后身第十一

原文

晏子聘于吴,吴王曰:“敢问长保威强勿失之道

译文

晏子出使吴国,吴王说:“请问怎样做国家才能长期保持声威强大而不衰败?”

若何？”晏子对曰：“先民而后身，先施而后诛[1]；强不暴弱，贵不凌贱，富不傲贫；百姓并进[2]，有司不侵，民和政平；不以威强退人之君[3]，不以众强兼人之地；其用法[4]，为时禁暴，故世不逆其志；其用兵，为众屏患，故民不疾其劳。此长保威强勿失之道也。失此者危矣！”

吴王忿然作色，不说。晏子曰：“寡君之事毕矣，婴无斧锧之罪[5]，请辞而行。”遂不复见。

晏子回答说：“先为百姓而后为自身，先施行教化，再施行诛罚；强大的不欺凌弱小的，尊贵的不欺凌贫贱的，富有的不蔑视穷困的；百姓均可举用，官府不欺压百姓，百姓和乐而政治太平；不凭借声威强大逼迫别国国君退位，不凭借人多势众兼并别国的土地；他使用刑法，是为当世禁除暴虐，所以世人不会违背他的意志；他使用武力，是为民众屏除灾患，所以百姓不会厌恶征伐的劳苦。这就是长期保持声威强大而不衰败的办法。失掉这些就危险了！”

吴王生气地变了脸色，很不高兴。晏子说：“我们国君交给我的任务已经完成了，我没有什么杀头之罪的话，就告辞回去了。”于是不再去拜见吴王。

注释

1 **先施而后诛：**先施行教化，再施行诛罚。

2 **并进：**都可以举用。

3 **退人之君：**逼迫别国的国君退位。

4 **用法：**使用刑法。

5 **斧锧(zhì)之罪：**即杀头之罪。锧，铡刀(古代刑具)座。

晏子使鲁鲁君问何事回曲之君晏子对以庇族第十二

原文

晏子使鲁，见昭公[1]，昭公说曰："天下以子大夫语寡人者众矣，今得见而羡乎所闻[2]，请私而无为罪[3]。寡人闻大国之君，盖回曲之君[4]也。曷为以子大夫之行，事回曲之君乎？"晏子逡循[5]对曰："婴不肖，婴之族又不若婴，待婴而祀先者五百家，故婴不敢择君。"晏子出，昭公语人曰："晏子，仁人也。反亡君[6]，安危国，而不私利焉；僇[7]崔杼之尸，灭贼乱之徒，不获名焉；使齐外无诸侯之忧，内无国家之患，不伐功焉；鍖然不满[8]，退托于族，晏子可谓仁人矣。"

译文

晏子出使鲁国，拜见了鲁昭公，昭公高兴地说："天下在我面前谈到大夫您的人太多了，今日得以见面又超出了我所听到的，请私下里向您请教而不要怪罪我。我听说大国的国君，大多是邪僻不公的人。为什么以大夫您的能力，而去侍奉这样的国君呢？"晏子不安地回答说："我是个愚笨的人，我的族人又不如我，仰仗我而能祭祀祖先的有五百家，所以我不敢选择君主。"晏子离去后，昭公对人说："晏子是个仁德之人啊。使亡国的国君恢复君位，使危亡的国家转为安定，而不谋求个人的私利；侮辱崔杼的尸体，消灭叛乱的坏人，不贪求功名；使齐国在外没有被诸侯侵犯的忧虑，在内没有国家的忧患，而不夸耀自己的功劳；内心对国君不满，却托辞说是家族的原因，晏子可以称为仁德之人了。"

注释

1 **昭公:**鲁国国君,姬姓,名裯,公元前 542 年—前 510 年在位。

2 **羡乎所闻:**超过了我所听说的。羡,多余,这里指超过。

3 **请私而无为罪:**请求私下里向您请教而不要因此怪罪。此为昭公之谦辞。

4 **回曲之君:**邪僻而不公的国君。

5 **逡循:**逡巡不安的样子。

6 **反亡君:**使已亡国的国君重新回到王位。

7 **僇**(lù)**:**侮辱。

8 **鍖**(chěn)**然不满:**内心有所不满。鍖,当为"歁",本义为食不满,后引申为不满之意。

鲁昭公问鲁一国迷何也晏子对以化为一心第十三

原文

晏子聘于鲁,鲁昭公问焉:"吾闻之,莫三人而迷[1],今吾以鲁一国迷虑之,不免于乱,何也?"晏子对曰:"君之所尊举而富贵,入所以与图身,出所与图国[2],及左右逼迩,皆同于君之心者也。犒鲁国化而为一心[3],曾无与二[4],其

译文

晏子出使鲁国,鲁昭公问他:"我听说,凡事三人共谋就不会迷惑,现在我与鲁国满朝的人一起商量,仍不免于迷惑,这是什么原因呢?"晏子回答说:"君王您重用的人,他们入朝是为了自己的利益,出朝为官是为了获得封邑,君王身边亲近的大臣,都附和您的想法。您的权威使鲁国上下都保持一种意见,从来没有过不同意见,又怎会有第三种呢?在君王身边的

何暇有三？夫逼迩于君之侧者，距本朝之势[5]，国之所以殆也；左右谗谀，相与塞善[6]，行之所以衰也；士者持禄[7]，游者养交[8]，身之所以危也。《诗》曰：'芃芃棫朴，薪之槱之；济济辟王，左右趋之。'[9] 此言古者圣王明君之使以善也。故外知事之情，而内得心之诚，是以不迷也。"

宠臣，他们专擅朝政，国势因此衰微；身边的人阿谀奉承，相互勾结堵塞贤路，这是德行败坏的原因；为官的只知保有俸禄，闲居的则豢养私党，这是君王身陷困境的原因。《诗经》中说：'茂盛的棫朴，砍下来堆积；庄严的君王，左右的人都来趋附。' 这是说古代圣明的君主任用的是贤德之人。所以他们外能了解事情的真相，内能得臣子的忠诚，所以就不会迷惑了。"

注释

1 **莫三人而迷：**没有三人共谋而迷惑的情况，意思是办事如果多个人商量，就不会迷惑。指君王不能独断专行。

2 **出所与图国：**出朝为官是为了获得封邑。

3 **犒鲁国化而为一心：**"犒" 当为 "矫" 之讹，这句话意思是：强迫鲁国上下都与国君的想法相同。矫，此处指强迫。

4 **曾无与二：**不曾存有二心，意思是从来没有过不同意见。

5 **距本朝之势：**有抗衡满朝臣子的势力，指宠臣专权。"距" 通 "拒"，抗衡。

6 **相与塞善：**相互勾结，堵塞贤路。

7 **士者持禄：**官员只知道拿俸禄而无所作为。

8 **游者养交：**闲居的人豢养私党。

9 **"芃芃"四句：**出自《诗经·大雅·棫朴》，意思是：茂盛的棫朴，砍下来堆积；庄严的君王，左右的人都来趋附。芃(péng)，草木茂盛的样子。棫朴，树名。槱(yǒu)，堆积木柴以备燃烧。济济，庄严的样子。

鲁昭公问安国众民晏子对以事大养小谨听节敛第十四

原文

晏子聘于鲁，鲁昭公问曰："夫俨然辱临敝邑[1]，窃甚嘉之[2]，寡人受贶，请问安国众民[3]如何？"晏子对曰："婴闻傲大贱小则国危，慢听[4]厚敛则民散。事大养小[5]，安国之器[6]也；谨听节敛[7]，众民之术也。"

译文

晏子出使鲁国，鲁昭公问道："您庄重地屈尊驾临我们这个小地方，我私下里十分欢喜，我受恩赐了，请问怎样才能使国家安定百姓增多呢？"晏子回答说："我听说对大国傲慢，对小国蔑视，国家就危险了，不愿听取百姓的呼声却增加赋敛，百姓就会离散。善于与大国相处而又能扶助小国，这是安定国家的方略；认真听取百姓呼声，减少赋税，就是使百姓增多的方法。"

注释

1 **夫俨然辱临敝邑：**此为昭公谦辞，意思是您庄重地屈尊驾临我们这个小地方。俨然，庄重的样子。

2 **窃甚嘉之：**我暗自十分高兴您的到来。窃，暗自。

3 **众民：**增加人口。"众"在这里作动词，使增加。

4 **慢听：**不重视百姓的呼声。慢，轻慢。

5 **事大养小：**善于与大国相处而又能扶助小国。

6 **器：**这里指方略。

7 **谨听节敛：**认真地听取百姓的呼声，减少赋税。谨，认真。

晏子使晋晋平公问先君得众若何晏子对以如美渊泽第十五

原文

晏子使晋，晋平公飨之文室[1]。既静矣[2]，宴以[3]，平公问焉，曰："昔吾先君得众若何？"晏子对曰："君飨寡君[4]，施及使臣[5]，御在君侧[6]，恐惧不知所以对。"平公曰："闻子大夫数[7]矣，今乃得见，愿终闻之。"晏子对曰："臣闻君子如美[8]，渊泽容之[9]，众人归之，如鱼有依，极其游泳之乐；若渊泽决竭，其鱼动流，夫往者维雨乎，不可复已[10]。"

译文

晏子出使晋国，晋平公在华丽的宫室中用隆重的飨礼迎接他。迎宾的礼仪停止，宴会完毕，平公就问晏子说："从前我的先君得到众人拥戴的情况是怎样的？"晏子回答说："君王您用礼待国君的礼仪，来接待我这个使臣，我是侍奉君王的臣子，诚惶诚恐不知怎样回答您好。"平公说："我听说先生的大名已经多次了，今天才得相见，希望您能告诉我究竟。"晏子回答说："我听说君子的美德像水一样，江河湖泽容纳他，众人归附于他，就像鱼儿有了水的依托，极尽游泳之欢乐；假如江河湖泽决堤干涸了，那里的鱼就会顺流游走，游向那有水的地方，不会再回来。"

注释

1 **晋平公：**晋国国君，姬姓，名彪，公元前557年—前532年在位。**飨**(xiǎng)**之文室：**在华丽的宫殿里设宴招待晏子。飨，飨礼，古代一种隆重的宴饮宾客之礼。文室，即雕饰着各种花纹的华丽宫室。

2 **既静矣：**指迎宾的礼仪停止。

3 **宴以：**宴会结束。“以”通“已”。

4 **君飨寡君：**君王用飨礼招待来访的国君。寡君，臣下对别国谦称本国国君。

5 **施（yì）及使臣：**意思是晋平公用礼待国君的礼仪来迎接晏子。施，延及，延伸。

6 **御在君侧：**侍奉在国君身边。御，这里是侍奉的意思。

7 **数（shuò）：**多次。

8 **君子如美：**“美”当为“雨”之讹，引申为水，意为君子的美德像水一样。

9 **渊泽容之：**江河湖泽都容纳他。

10 **不可复已：**不会再回来。复，返回。

原文

公又问曰：“请问庄公与今孰贤[1]？”晏子曰：“两君之行不同，臣不敢知也[2]。公曰：“王室之不正也，诸侯之专制也，是以欲闻子大夫之言也。”对曰：“先君庄公不安静处，乐节饮食，不好钟鼓，好兵作武，与士[3]同饥渴寒暑。君之强，过人之量[4]，有一过不能已焉[5]，是以不免于难。今君大宫室，美台榭，以辟饥渴寒暑，畏祸敬鬼神，君之善，足以没身，不足以及子孙矣。”

译文

平公又问：“请问庄公与当今的景公哪一个更贤德？”晏子说：“两位君王行事不一样，我不敢评价。”平公说：“王室不正，诸侯专制，因此想听听先生的意见。”晏子回答说：“先君庄公不喜欢安闲清静的生活，他饮食节俭，不喜好钟鼓之乐，喜欢练兵崇尚勇武，能与士兵一同忍饥挨饿共度寒暑。庄公强力过人，但他有一次过失是无法补救的，因此遭到杀身之祸。现在的君王喜欢广建宫室和华美的亭台楼榭来躲避饥渴寒暑，畏惧灾祸而敬奉鬼神，君王的善行，足能保全自身，但不能荫及子孙了。”

注释

1 **庄公与今孰贤:**庄公与当今的景公哪个更贤能。今,指今上,即齐景公。

2 **臣不敢知也:**意思是臣子不敢对君王说长道短。

3 **与士:**和士兵一起。

4 **过人之量:**超过别人的力量。

5 **有一过不能已焉:**有一次过失是无法补救的。指庄公私通崔杼之妻,最终导致杀身之祸。

晋平公问齐君德行高下晏子对以小善第十六

原文

晏子使于晋,晋平公问曰:"吾子之君,德行高下如何?"晏子对以"小善"。公曰:"否,吾非问小善,问子之君德行高下也。"晏子蹴然[1]曰:"诸侯之交,绍而相见[2],辞之有所隐也[3]。君之命质[4],臣无所隐,婴之君无称[5]焉。"平公蹴然而辞送,再拜而反曰:"殆哉吾过[6]!谁曰齐君不肖!直称之士[7],正在本朝也。"

译文

晏子出使晋国,晋平公问道:"您的国君,德行高下怎样?"晏子回答说:"小有善行。"平公说:"不,我不是问小的善行,而是问您的国君德行高下怎样。"晏子恭敬地回答说:"诸侯之间相互交往,初次相见,言辞都有所避讳。您问得很诚恳,我也不隐瞒,我的君王没有什么可以称赞的地方。"平公恭敬地送别了晏子,再次拜谢后回来说:"我犯的错太严重了!谁说齐国的君主不好!齐国敢于直言不讳的臣子,就在我们的朝堂上。"

注释

1 **踧然**：恭敬的样子。

2 **绍而相见**：经介绍而相见，这里指初次相见。

3 **辞之有所隐也**：说话有所隐讳，意思是为尊者讳，有些话不方便说。

4 **命质**：询问很诚恳。质，诚恳。

5 **无称**：没有值得称赞的。

6 **殆哉吾过**：即“吾过殆哉”，我犯的错太严重了。殆，这里指严重。

7 **直称之士**：敢于直言不讳的人。直，耿直。称，说出。

晋叔向问齐国若何晏子对以齐德衰民归田氏第十七

原文

晏子聘于晋，叔向[1]从之宴，相与语。叔向曰：“齐其何如？”晏子对曰：“此季世[2]也，吾弗知，齐其为田氏乎！”叔向曰：“何谓也？”晏子曰：“公弃其民，而归于田氏。齐旧四量[3]，豆、区、釜、钟[4]，四升为豆，各自其四，以登于釜[5]，釜十则钟。田氏三量，皆登一

译文

晏子出使晋国，叔向陪着他宴饮，一边饮酒一边交谈。叔向说：“齐国的情况怎样？”晏子回答说：“这是衰败时期啊，我不敢断言，齐国大概将要被田氏取代了吧！”叔向说：“为什么这么说呢？”晏子说：“国君抛弃他的百姓，百姓就归附了田氏。齐国原来的四种量具，豆、区、釜、钟，四升为一豆，四豆为一区，四区为一釜，直到釜，十釜为一钟。而田氏使用前三种量具，都在通行的基础上增加一个进位，钟的容量就显得巨大了。田氏用自家的量具标准向外贷

焉[6],钟乃巨矣。以家量贷[7],以公量收之[8]。山木如市[9],弗加于山[10],鱼盐蜃蛤[11],弗加于海。民参其力,二入于公,而衣食其一[12];公积朽蠹,而老少冻馁;国都之市,屦贱而踊贵[13]。民人痛疾[14],或燠休之[15]。”

粮,用通行的量具标准回收。山上的木头运到集市,不比山上的价钱贵,鱼、盐、蜃、蛤,不比海边的价钱贵。而国君这里呢,百姓的财力分成三份,两份贡献给国家,一份供自身的衣食;国库的贮藏都朽败了,而百姓还挨饿受冻;国都的集市上,鞋子便宜而假脚却贵。百姓痛恨不已,时时能听到抚慰病痛的声音。

注释

1 **叔向:**姓羊舌,名肸(xī),晋国大夫。

2 **季世:**末世,衰败之世。

3 **齐旧四量:**齐国原来的四种量器。

4 **豆、区、釜、钟:**皆为量器名。四升为一豆,四豆为一区,四区为一釜,十釜为一钟。

5 **登于釜:**到釜为止。

6 **皆登一焉:**都增加了一个进位。

7 **以家量贷:**用自家的量器称量粮食借贷出去。

8 **以公量收之:**用齐国通用的量器回收。

9 **山木如市:**山上的木材运到市场上。如,到。

10 **弗加于山:**价格不比在山上时更贵。

11 **蜃蛤(gé):**大蛤和蛤蜊,泛指各种水产。

12 **衣食其一:**一份供自身衣食之用。

13 **屦贱而踊贵:**鞋子的价格便宜而假脚的价格昂贵。齐景公时刑罚严酷,有过错者常被断足,因此假脚的需求量大。晏子以此来讽喻景公刑罚之严酷。

14 **痛疾:**痛恨。

15 **或燠休之(yù xǔ):**时时能听到抚慰病痛的声音。燠休,抚慰病痛的声音。

原文

“昔者殷人诛杀不当，僇民无时，文王慈惠殷众[1]，收恤无主[2]，是故天下归之。无私与[3]，维德之授[4]。今公室骄暴，而田氏慈惠，其爱之如父母，而归之如流水，无获民，将焉避[5]？箕伯、直柄、虞遂、伯戏[6]，其相胡公大姬[7]，已在齐矣[8]。”

译文

“从前殷纣王诛杀无罪之人，残害百姓没有休止，周文王的慈爱惠及殷商的民众，收容抚恤那些无家可归之人，所以天下人归附他。文王从不私下给予，只是施行德政。现在公室骄奢暴虐，而田氏却仁慈恩惠，百姓爱他像爱父母一样，归附他向流水归附大海一样，国君得不到百姓的拥护，怎能避免祸难呢？田氏的先人箕伯、直柄、虞遂、伯戏，以及胡公、大姬的灵位，都已经迁到齐国了。”

注释

1 **慈惠殷众：**仁慈施惠于殷商的民众。
2 **收恤无主：**收容抚恤无家可归的人。
3 **无私与：**没有私下的给予。
4 **维德之授：**只是授予百姓仁德，意为施行德政。
5 **将焉避：**怎么能逃避得了。
6 箕(jī)**伯、直柄、虞遂、伯戏：**人名，四人均为舜的后裔，田氏的先祖。
7 **其相胡公大姬：**“相”为“祖”之讹，意为田氏的始祖胡公以及胡公的妃子大姬的灵位。
8 **已在齐矣：**灵位已经在齐国了，意思是田氏将取代齐国。

原文

叔向曰：“虽吾公室，亦季世也。戎马不驾[1]，卿无军行[2]，公乘无人[3]，卒列无长[4]；庶民罢弊，宫

译文

叔向说：“即使是我们晋国王室，也到了衰败之时了。战马不驾战车，公卿没有军事才能，战车上没有在编的士兵，士兵没有长官指挥；百姓疲敝，宫室却建得越

室滋侈，道殣相望[5]，而女富溢尤[6]；民闻公命，如逃寇仇；栾郤、胥原、狐续、庆伯[7]，降在皂隶[8]；政在家门[9]，民无所依，而君日不悛[10]，以乐慆忧[11]；公室之卑，其何日之有！谗鼎之铭[12]曰：'昧旦丕显，后世犹怠。'[13]况日不悛，其能久乎！"晏子曰："然则子将若何？"叔向曰："人事毕矣，待天而已矣！晋之公族尽矣。肸闻之，公室将卑，其宗族枝叶先落，则公从之。肸之宗十一族，维羊舌氏在而已，肸又无子，公室无度，幸而得死，岂其获祀焉？"

发奢侈，道路上饿死的人到处都是，而嬖宠之家却更加富有；百姓听到官府的命令，像逃避敌人一样；栾郤、胥原、狐续、庆伯这些晋国功臣的后裔，地位下降成了贱臣；国家的权柄落入权臣手中，百姓无所依托，而君王却不思悔改，以享乐来排解忧愁；公室的衰落，何时到过这种地步！谗鼎的铭文说：'天不明就起床操劳，后世子孙仍会懈怠。'何况不知悔改，怎能长久！"晏子说："那么您将怎么办？"叔向说："人事已尽了，等待天命罢了！晋国的王族已到尽头了。我听说，王室将要衰落，他的宗族子嗣会先零落，然后国君将步其后尘。我的宗族有十一支，只有羊舌氏这一支还在，我又没有儿子，王室荒淫无度，我有幸得到善终就好了，哪里还奢望能得到后世的祭祀呢？"

注释

1 **戎马不驾：**战马不驾战车，意为军备松懈。

2 **卿无军行：**公卿大夫没有军事才能。行，指才能。

3 **公乘无人：**战车上没有在编的士兵。公乘，指战车。

4 **卒列无长：**士兵没有长官指挥。

5 **道殣(jìn)相望：**道路上饿死的人比比皆是。殣，饿死的人。

6 **女富溢尤：**嬖宠之家富裕得更甚。女，嬖宠。尤，更甚。

7 **栾郤、胥原、狐续、庆伯：**四人均为晋国功臣。

8 **降在皂隶：**地位下降为贱臣。皂隶，本义为穿着黑色衣服的奴隶，这里指贱臣。

9 **政在家门**：国君的大权旁落，权柄落在大臣手中。家，指卿大夫。

10 **不悛**(quān)：不悔改。

11 **以乐慆**(tāo)**忧**：用享乐来排解忧愁。慆，喜悦。

12 **谗鼎之铭**：谗鼎上刻的铭文。

13 **"昧旦"二句**：天不明就起床操劳，后世子孙仍会懈怠。

叔向问齐德衰子若何晏子对以进不失忠退不失行第十八

原文

叔向问晏子曰："齐国之德衰矣，今子何若？"晏子对曰："婴闻事明君者，竭心力以没其身，行不逮则退[1]，不以诬持禄[2]。事惰君者，优游其身以没其世[3]，力不能则去，不以谀持危[4]。且婴闻君子之事君也，进不失忠，退不失行。不苟合以隐忠[5]，可谓不失忠；不持利以伤廉，可谓不失行。"叔向曰："善哉！《诗》有之曰：'进退维谷。'[6]其此之谓欤！"

译文

叔向问晏子说："齐国的德行衰败了，现在您将做什么打算？"晏子回答说："我听说侍奉圣明之君的人，竭尽心力直到身死，做事达不到理想的效果就引退，不以欺骗来保持禄位。侍奉昏君的人，独善其身直到身死，力不胜任就离去，不用阿谀奉承来扶持危局。况且我听说君子侍奉国君，进身不失忠诚，引退不失德行。不搞无原则的附和以至于隐没了自己的忠诚，可称为不失去忠诚；不贪求私利而有伤廉洁，可称为不失去德行。"叔向说："好啊！《诗经》里有句话说：'进退两难。'大概说的就是这个吧！"

注释

1 **行不逮则退**：做事达不到理想的效果就引退。逮，达到。

2 **以诬持禄**：用欺诈的行为去持有俸禄。

3 **优游其身以没其世**：独善其身直到死去。优游其身，即独善其身之意。

4 **以谀持危**：用阿谀奉承的手段去扶持危局。

5 **苟合以隐忠**：无原则地附和以至于隐没了自己的忠诚。苟合，无原则地附和。

6 **进退维谷**：出自《诗经·大雅·桑柔》，意思是进退两难。

叔向问正士邪人之行如何晏子对以使下顺逆第十九

原文

叔向问晏子曰："正士之义，邪人之行，何如？"晏子对曰："正士处势临众不阿私，行于国足养而不忘故[1]；通则事上，使恤其下，穷则教下，使顺其上；事君尽礼行忠，不正爵禄[2]，不用则去而不议。其交友也，论身义行[3]，不为苟戚[4]，不同则疏而不诽[5]；不毁进于君[6]，不以刻民尊于国[7]。故用于上

译文

叔向问晏子说："正直之士的德义和邪僻之人的行为，各是怎样的？"晏子回答说："正直之士居于高位统辖众人而不徇私，推行国政，俸禄足以自养而不忘故旧；他们通达时侍奉国君，使他体爱下民，不得志时在下教化百姓，使他们顺从上级；侍奉国君竭尽礼义做事忠诚，不苟求高官厚禄，不被重用就辞官而不议论时政。他交朋友就讲究信义行事仁义，不苟求亲近，志不同就疏远而不非议；不以谗言而进身君侧，不以苛待百姓来取

则民安，行于下则君尊；故得众上不疑其身，用于君不悖于行。是以进不丧亡[8]，退不危身，此正士之行也。邪人则不然，用于上则虐民，行于下则逆上；事君苟进不道忠[9]，交友苟合不道行；持谀巧以正禄，比奸邪以厚养[10]；矜爵禄以临人[11]，夸礼貌以华世[12]；不任于上则轻议，不笃于友则好诽。故用于上则民忧，行于下则君危。是以其事君近于罪，其交友近于患，其得上辟于辱[13]，其为生偾于刑[14]，故用于上则诛，行于下则弑。是故交通则辱[15]，生患则危[16]，此邪人之行也。"

得尊位。所以他们被国君任用而得到百姓拥护，治理百姓时会使国君得到尊敬；所以他们受到百姓拥护而国君不会猜疑，被国君重用也不会背离德行。因此他们进身为官不会忘乎所以，辞官引退也不会危及自身，这就是正直之士的行为。奸邪的小人则不这样，他们被国君任用就残害百姓，在下面办事就有违君意；侍奉君王苟且求进而不尽忠，结交朋友苟且相合而不行仁义；凭借花言巧语求取禄位，勾结奸邪之人谋取优厚的待遇；自恃高官厚禄来傲视别人，夸耀自己讲求礼节来哗众取宠；不被任用就轻薄非议，与朋友一言不合就诽谤别人。所以他们被国君任用百姓就有忧患，在下面办事就会危及国君。因此他们侍奉国君就接近于犯罪，他们结交朋友就接近于灾祸，他们被君王任用就会行邪僻之事，治理百姓就滥用酷刑，所以被国君任用就妄杀无辜，治理百姓时就会导致下面犯上弑君。因此与他们交往就会受辱，发生祸患就会危及自身，这就是奸邪小人的行径了。"

注释

1 **行于国足养而不忘故**：推行国政，俸禄足以自养而不忘故旧。

2 **不正爵禄**：不苟求高官厚禄。"正"当作"丐"，求取之意。

3 **论身义行**：此句当作"谕信行义"，与上文"尽礼行忠"相对应，意为讲究信义行事仁义。

4 **苟戚：**苟求亲近。戚，亲近。

5 **疏而不诽：**疏远而不非议别人。

6 **不毁进于君：**不用诋毁别人的手段来进身君侧。

7 **不以刻民尊于国：**不用苛待百姓的手段在国内取得尊位。

8 **进不丧亡：**"亡" 为 "己" 之讹。意思是进身为官不会忘乎所以。

9 **苟进不道忠：**苟求进身而不按忠义之道行事。

10 **比奸邪以厚养：**勾结奸邪之人谋取优厚的待遇。比，勾结。

11 **矜爵禄以临人：**自恃高官厚禄来傲视别人。

12 **夸礼貌以华世：**夸耀自己讲求礼节来哗众取宠。礼貌，礼节。

13 **得上辟于辱：**被君王任用就会做邪僻之事。辟，邪僻。辱，逆。辟于辱，即行违逆君意的邪僻之事。

14 **为生偾(fèn)于刑：**治理百姓就滥用酷刑。为生，治理百姓。偾，奋，起，这里指滥用。

15 **交通则辱：**和他们交往就会受辱。交通，交结、交往。

16 **生患则危：**发生祸患就会危及自身。

叔向问事君徒处之义奚如晏子对以大贤无择第二十

原文

叔向问晏子曰："事君之伦，徒处之义[1]奚如？"晏子对曰："事君之伦，知虑[2]足以安国，誉厚足以导民[3]，和柔足以怀众，不

译文

叔向问晏子说："出仕为官的伦常，退居闲处的原则各是什么呢？"晏子回答说："出仕为官的伦常，是智谋足以使国家安定，政声广播足以教化百姓，宽和仁慈足能安抚众人，不以向君王表白廉洁来求

廉上以为名[4]，不倍民以为行，上也；洁于治己，不饰过以求先，不谗谀以求进，不阿以私，不诬所能，次也；尽力守职不怠，奉官从上不敢惰[5]，畏上故不苟，忌罪故不辟，下也。三者，事君之伦也。及夫大贤，则徒处与有事无择也[6]，随时宜者也。有所谓君子者，能不足以补上，退处不顺上，治唐园[7]，考菲履[8]，共恤上令[9]，弟长乡里[10]，不夸言，不愧行[11]，君子也。”

取名誉，不违背百姓的利益行事，这是上等的；能洁身自律，不掩盖错误来求得尊崇，不阿谀奉承求得重用，不偏袒私党，不吹嘘自己的能力，这是次一等的；尽自己的能力做好本职工作而不懈怠，侍奉君王而不敢怠惰，敬畏上司而不苟且从事，害怕刑罚而不为非作歹，这是下一等的。这三种情况，就是侍奉君王的伦常。至于大贤之人，退身闲居与出仕为官没有差别，不过因时制宜罢了。有一些称为君子的人，能力虽然不足以补益君王，退身独处却能固守善道、不徇上恶，耕种田地，编织草鞋，恭守君王之法令，在乡里友爱同辈，尊敬长辈，不夸夸其谈，不哗众取宠，这种人是君子。”

注释

1 **徒处之义：**独处的原则，即身为处士不做官的原则。义，道义，规范，这里指原则。

2 **知虑：**才智谋虑。

3 **誉厚足以导民：**政声广播足以用来教化百姓。誉厚，指政声广播，入人心深。

4 **不廉上以为名：**不向君王表白廉洁用以求取名声。

5 **不敢惰：**不敢怠惰。

6 **徒处与有事无择也：**退身闲居与进身为官没有差别。择，指差别。

7 **治唐园：**整治园地。治，整治。唐园，场地，园地。

8 **考菲履：**编织草鞋。考，敲，击，这里指编织。菲履，草鞋。

9 **共恤上令：**恭敬地体恤君王的命令。“共”通“恭”。

10 **弟长乡里：**在乡里与人相处能亲爱兄弟而尊敬长辈。“弟”通“悌”。

11 **不愧行:**没有奇怪的行为。“愧”应为“傀”,怪异。

原文

“不以上为本,不以民为忧,内不恤其家,外不顾其身游[1],夸言愧行,自勤于饥寒[2],不及丑侪[3],命之曰狂僻之民,明上之所禁也。进也不能及上,退也不能徒处,作穷于富利之门[4],毕志于畎亩之业[5],穷通行无常处之虑,佚于心[6],利通不能,穷业不成[7],命之曰处封之民[8],明上之所诛也。有智不足以补君,有能不足以劳民,俞身徒处[9],谓之傲上。苟进不择所道,苟得不知所恶[10],谓之乱贼。身无以与君,能无以劳民,饰徒处之义,扬轻上之名[11],谓之乱国。明君在上,三者不免罪。”

叔向曰:“贤不肖,性夫!吾每有问,而未尝自得也。”

译文

“不把君王之事视为根本,不以百姓之事为忧,在内不体恤他的家人,在外不顾及朋友,夸夸其谈行为乖僻,只忙于解决自己的饥寒,而不顾及同辈,这叫作狂妄邪僻之人,是圣明的国君所禁忌的。进身不能顾及君上,退隐而不安于闲居,在富贵门前故作穷困之态,志不出于衣食之外,穷困与显达都没有长久的打算,心思放荡,没有获取利益通向富贵的本领,一事无成,这种人叫作浅陋闭塞之人,是圣明的君主所要惩罚的。有智谋而不能用来辅助君王,有能力而不能用来为百姓做事,苟且独处,叫作傲视君王。苟且求进不择手段,非义而取无恶不作,这种人叫作乱贼。自身不能有益国君,能力不能为百姓做事,美化自己闲居独处的德义,宣扬傲视君王的虚名,这种人叫作乱国之人。圣明的君主在上,这三种人都不能免于罪责。”

叔向说:“贤与不肖,是天性使然啊!我每每以此自问,但从未曾自得于心。”

注释

1 **外不顾其身游**：在外面不能顾及其交游的朋友。

2 **自勤于饥寒**：忙于解决自身的饥寒。勤，忙于，致力于。

3 **丑侪**：同辈，朋辈，这里指朋友。

4 **作穷于富利之门**：在富贵门前故作穷困之态。

5 **毕志于畎亩之业**：一心只求衣食之事。毕志，一心，全身心。畎亩之业，谓耕织也，即衣食之事。

6 **佚于心**：心思放荡。

7 **穷业不成**：各种事业都不成功。

8 **处封之民**：处在边远偏僻之地的人，意为浅陋闭塞之人。封，边境。

9 **俞身徒处**：苟且地偷身独处。"俞"当为"偷"。

10 **苟得不知所恶**：非义而取无恶不作。苟得，不当得而得。

11 **扬轻上之名**：宣扬傲视君王的虚名。

叔向问处乱世其行正曲晏子对以民为本第二十一

原文

叔向问晏子曰："世乱不遵道，上辟不用义，正行则民遗[1]，曲行则道废。正行而遗民乎？与持民而遗道[2]乎？此二者之于行，何如？"晏子对曰："婴闻之，卑而不失尊，曲而不失

译文

叔向问晏子说："世道混乱不遵循正道，君王邪僻不行仁义，此时行为端正就失去民心，曲行爱民就丢掉道义。是行为端正而失去百姓，还是保住百姓而丢掉道义呢？这两种情况该如何选择呢？"晏子回答说："我听说，卑微而能不失尊严，委曲而能不失正理的，是以民为本。如果保

正者，以民为本也。苟持民矣，安有遗道！苟遗民矣，安有正行焉！”

住了百姓，怎么会丢掉道义呢！如果失去了民心，哪里还谈得上行为端正呢！”

注释

1 **正行则民遗：**行为端正就失去民心。

2 **持民而遗道：**保住百姓就丢掉道义。

叔向问意孰为高行孰为厚晏子对以爱民乐民第二十二

原文

叔向问晏子曰：“意孰为高[1]？行孰为厚？”对曰：“意莫高于爱民，行莫厚于乐民。”又问曰：“意孰为下？行孰为贱？”对曰：“意莫下于刻民，行莫贱于害身[2]也。”

译文

叔向问晏子说：“德行哪一种最崇高？行为哪一种最伟大？”晏子回答说：“德行没有高于爱护百姓的，行为没有大于使百姓安乐的。”叔向又问道：“德行哪一种最差，行为哪一种最卑贱？”晏子回答说：“德行没有比苛待百姓更差的，行为没有比损害自身更卑贱的。”

注释

1 **意孰为高：**此文中的“意”皆为“德”之讹。这句话意思是德行哪一种境界最高。

2 **害身：**损害自身。此处承上句之意，刻民即为害身，即苛待百姓就是在损害自身。

叔向问啬吝爱之于行何如晏子对以啬者君子之道第二十三

原文

叔向问晏子曰："啬、吝、爱之于行何如？"晏子对曰："啬[1]者，君子之道；吝、爱[2]者，小人之行也。"叔向曰："何谓也？"晏子曰："称财多寡而节用之，富无金藏，贫不假贷，谓之啬；积多不能分人，而厚自养，谓之吝；不能分人，又不能自养，谓之爱。故夫啬者，君子之道；吝、爱者，小人之行也。"

译文

叔向问晏子说："节俭、贪婪、吝啬表现在行为上是怎么样的？"晏子回答说："节俭，是君子的行为，贪婪、吝啬是小人的行为。"叔向说："什么意思？"晏子说："权衡钱财的多少节约使用，富有的时侯不一味地积攒财物，贫穷的时候不会去借贷，叫作节俭；积攒很多钱而不能分散给别人，自己的生活却十分丰足，叫作贪婪；不能分散给别人，又不用于自己生活，叫作吝啬。所以，节俭是君子的行为，贪婪、吝啬是小人的行为。"

注释

1 **啬：**节俭。

2 **吝、爱：**贪婪、吝啬。

叔向问君子之大义何若晏子对以尊贤退不肖第二十四

原文

叔向问晏子曰："君子之大义何若？"晏子对曰："君子之大义，和调而不缘[1]，溪盎而不苛[2]，庄敬而不狡[3]，和柔而不铨[4]，刻廉而不刿[5]，行精而不以明污[6]，齐尚而不以遗罢[7]，富贵不傲物，贫穷不易行，尊贤而不退不肖。此君子之大义也。"

译文

叔向问晏子说："君子的处世原则是什么？"晏子回答说："君子的处世原则是，与世俗和睦但不盲从，面临危难不苟且偷生，庄重恭敬而不急切，和颜悦色而不卑躬屈膝，奉行廉洁而不伤害别人，行为清白而不用来表明别人污浊，崇尚同一而不遗弃弱不任事者，富贵时不傲视别人，贫困时不改变自己的操守，尊敬贤能之人而不排斥平庸之人。这就是君子的行事原则了。"

注释

1 **和调而不缘：**与世俗和睦但不盲从。和调，和睦协调。缘，循着。

2 **溪盎而不苛：**当为"傒醯而不苟"，意思是面临危难而不苟且偷生。傒醯，古代齐国方言，危险之意。

3 **庄敬而不狡：**庄重恭敬而不急切。狡，急切。

4 **和柔而不铨：**和颜悦色而不卑躬屈膝。"铨"通"跧"，卑屈。

5 **刻廉而不刿(guì)：**奉行廉洁而不伤害别人。刿，刺伤。

6 **行精而不以明污：**行为清白而不用来表明别人污浊。

7 **齐尚而不以遗罢**(pí):崇尚同一而不遗弃弱不任事者。罢,疲弱,这里指弱不任事者。

叔向问傲世乐业能行道乎晏子对以狂惑也第二十五

原文

叔向问晏子曰:"进不能事上,退不能为家[1],傲世乐业[2],枯槁为名[3],不疑其所守[4]者,可谓能行其道乎?"晏子对曰:"婴闻古之能行道者,世可以正则正[5],不可以正则曲[6]。其正也,不失上下之伦;其曲也,不失仁义之理。道用,与世乐业;不用,有所依归。不以傲上华世,不以枯槁为名。故道者,世之所以治,而身之所以安也。今以不事上为道,以不顾家为行,以枯槁为名,世行之则乱,身行之则

译文

叔向问晏子说:"进身为官不能辅佐君主,退身不能治家,轻视世人而醉心于自己的所为,把贫困憔悴作为名节,不怀疑自己所坚持的做法,这样可以说是能遵行其道吗?"晏子回答说:"我听说古代能遵行自己道的人,世俗可以匡正就去匡正,不可以匡正就暂时委曲求全。他们匡正世俗,并不违背上下尊卑的次序;他们委曲求全时,不违背仁义的原则。道义施行时,与世人一同安居乐业;道义不施行时,就回归依托于自身。不以轻视君主来哗众取宠,不以贫困憔悴作为名节。所以道是国家得到治理,自身得以安处的依据。现在以不辅佐君主为道,以不顾念家庭为德行,把贫困憔悴作为名节,这种行为施行于世会使国家混乱,施行于自身就会很危险。况且天对于地,有上下的等级差别;圣明的君主即位,治国

危。且天之与地，而上下有衰[7]矣；明王始立，而居国为制[8]矣；政教错[9]，而民行有伦矣。今以不事上为道，反天地之衰矣；以不顾家为行，倍先圣之道矣；以枯槁为名，则世塞政教之途矣。有明上，不可以为下[10]；遭乱世，不可以治乱。说若道，谓之惑，行若道，谓之狂。惑者狂者，木石之朴[11]也，而道义未戴焉。"

就要制定典章制度；政治教化施行，百姓行事就有了次序。现在以不辅佐君主为道，违反天地的等级差别；以不顾念家庭作为德行，违背先圣之道；把贫困憔悴作为名节，那么就堵塞了世间施行政治教化的途径。有圣明的君主在位，却不能够为官治理百姓；遭遇乱世，也不能够治乱。宣扬此道的，称之为迷惑；遵行此道的，称之为狂妄。迷惑与狂妄的人，都像未经雕琢的木石，道义没有寄寓在他们身上。"

注释

1 **为家：**治家。

2 **傲世乐业：**轻视世人而醉心于自己的所为。

3 **枯槁为名：**把贫困憔悴作为有名节。

4 **不疑其所守：**不怀疑自己所坚持的做法。守，坚守。

5 **世可以正则正：**世俗可以匡正就去匡正。

6 **不可以正则曲：**不可以匡正就暂时委曲求全。

7 **上下有衰（cuī）：**上下之间有一定的等级差别。衰，差别，次第。

8 **居国为制：**治国制定典章制度。

9 **政教错：**政治教化施行。"错"通"措"，施行。

10 **不可以为下：**不能够治理百姓。下，指百姓。

11 **木石之朴：**未经雕琢的木石。朴，本来的样子。

叔向问人何若则荣晏子对以事君亲忠孝第二十六

原文

叔向问晏子曰："何若则可谓荣矣？"晏子对曰："事亲孝，无悔往行；事君忠，无悔往辞[1]；和于兄弟，信于朋友；不谄过[2]，不责得[3]；言不相坐[4]，行不相反；在上治民，足以尊君，在下莅修[5]，足以变人；身无所咎，行无所创[6]，可谓荣矣。"

译文

叔向问晏子说："怎样做可以称作荣耀？"晏子回答说："侍奉双亲很孝顺，没有后悔的事；侍奉君主很忠诚，没有后悔的话；与兄弟和睦友爱，与朋友讲求信用；不掩饰自己的过错，不索取别人的所得；说话不相互争辩，做事不前后相反；在朝为官治理百姓，足以使君主得到尊崇，在下位修身养德，足以影响他人；自身没有过失，做事不受挫折，这就可以称作荣耀了。"

注释

1 **无悔往辞**：意为对君王说过的话没有后悔的。

2 **不谄过**：不掩饰过错。谄，巧言掩饰。

3 **不责得**：不索取别人的所得。责，索取。

4 **言不相坐**：谈话不相互争论是非曲直。坐，争讼，争辩。

5 **在下莅修**：在下位修身养德。莅修，按道德规范进行自我修养。

6 **行无所创**：做事不受挫折。创，挫折。

叔向问人何以则可保身晏子对以不要幸第二十七

原文

叔向问晏子曰："人何以则可谓保其身？"晏子对曰："《诗》曰：'既明且哲，以保其身。夙夜匪懈，以事一人。'[1]不庶几[2]，不要幸[3]，先其难[4]乎而后幸，得之时其所也[5]，失之非其罪也，可谓保其身矣。"

译文

叔向问晏子说："人怎样才能称作是保全自身？"晏子回答说："《诗经》中说：'聪明又有智慧，能够保全自身。早晚都不懈怠，来侍奉周天子。'不怀有不切实际的希望，不怀有侥幸心理，勤勉谨慎行事在先，福运便会随后而至，有所得是适得其所，有所失也不是他的过错，可以叫作保全自身了。"

注释

1 **"既明"四句：**出自《诗经·大雅·烝民》，意为：聪明又有智慧，能够保全自身。早晚都不懈怠，来侍奉周天子。

2 **不庶几：**不怀有不切实际的希望。

3 **不要幸：**不怀有侥幸心理。

4 **难：**勤勉谨慎，指做事踏实认真。

5 **得之时其所也：**有所得是适得其所。"时"应为"是"，与下句"非"相对应。

曾子问不谏上不顾民以成行义者晏子对以何以成也第二十八

原文

曾子[1]问晏子曰："古者尝有上不谏上，下不顾民，退处山谷，以成行义者也？"晏子对曰："察其身无能[2]也，而托乎不欲谏上，谓之诞意[3]也。上惽乱，德义不行，而邪辟朋党[4]，贤人不用，士亦不易其行；而从邪以求进，故有隐有不隐。其行法，士也，乃夫议上，则不取也。夫上不谏上，下不顾民，退处山谷，婴不识其何以为成行义者也。"

译文

曾子问晏子说："古时候曾经有过对上不向国君进谏，对下不顾念百姓，退隐山谷，以此成功施行道义的人吗？"晏子回答说："省察他自身没有什么才能，而托言不想进谏国君，这叫作诞妄。君主糊涂昏庸，德义不得施行，邪僻之人结成朋党，贤人不被任用，有德之人也不会改变自己的德行；而另一些人则跟随邪僻之党求取进身，所以有人隐居，有人不隐居。那些按礼法行事的，是德义之士，那些非议君主的人，则是不可取的。对上不进谏君主，对下不顾念百姓，退隐山谷之中，我不知道他们怎样能成为施行道义的人。"

注释

1 **曾子：**名参，字子舆，孔子的学生，春秋末鲁国人，被尊称为"宗圣"。

2 **察其身无能：**省察他自身是没有什么 才能。

3 **诞意：**荒诞的想法。

4 **朋党：**结成朋党。

梁丘据问子事三君不同心晏子对以一心可以事百君第二十九

原文

梁丘据问晏子曰："子事三君[1]，君不同心[2]，而子俱顺焉，仁人固多心[3]乎？"晏子对曰："晏闻之，顺爱不懈[4]，可以使百姓；强暴不忠，不可以使一人。一心可以事百君[5]，三心不可以事一君[6]。"

仲尼闻之曰："小子识之！晏子以一心事百君者也。"

译文

梁丘据问晏子说："您先后服侍过三位君王，每个君王的心性都不一样，而您侍奉他们都很顺利，仁人难道具备多种心性吗？"晏子回答说："我听说，顺君爱民而不懈怠，能够役使广大百姓；暴虐而不忠诚，不能够役使一个人。一心一意可以侍奉好多位君王，三心二意连一个君王都侍奉不好。"

孔子听说了这件事，说："你们记住晏子的话！晏子是能一心一意而侍奉好多位君王的人。"

注释

1 **子事三君：**晏子先后侍奉过齐灵公、齐庄公和齐景公。

2 **君不同心：**每个国君都有自己的心性。

3 **多心：**意为具备多种心性。

4 **顺爱不懈：**顺君爱民而不懈怠。

5 **一心可以事百君：**一心一意可以侍奉好多位君王。"百"为虚指，指多。

6 **三心不可以事一君：**三心二意连一个君王都侍奉不好。

柏常骞问道无灭身无废晏子对以养世君子第三十

原文

柏常骞[1]去周之齐，见晏子曰："骞，周室之贱史也，不量其不肖[2]，愿事君子。敢问正道直行则不容于世，隐道危行则不忍[3]，道亦无灭，身亦无废者何若？"晏子对曰："善哉！问事君乎？婴闻之，执一浩倨[4]则不取也，轻进苟合则不信也，直易无讳则速伤也，新始好利[5]则无敝也。且婴闻养世之君子[6]，从轻不为进[7]，从重不为退[8]，省行而不伐[9]，让利而不夸，陈物而勿专[10]，见象而勿强[11]，道不灭，身不废矣。"

译文

柏常骞离开周室来到齐国，拜见晏子说："我是周王室的一个小官，不考虑自己的不才，希望侍奉有道君子。请问正直而行道义就会为世俗所不容，不顾道义而诡诈行事则又良心不安，不放弃道义，自身又不被黜免的办法是什么？"晏子回答说："好啊！您问的是侍奉君主的事吧？我听说，刚愎自用则不可取，轻易进身苟同于人则不诚实，正直坦言不知避讳就会很快受到伤害，喜新厌旧贪图利益就没有不失败的。而且我听说教诲世人的君子，不见易而进，不遇难而退，反省自身而不自夸，推让好处而不自诩，礼让财物而不专有，顺应天意而不勉强行事，不丧失道义，自身也就不会被黜免了。"

注释

1 **柏常骞：**原为周王室臣子，后来到齐国，臣事景公。

2 **不量其不肖：**不考虑自己的不才。这是柏常骞自谦之辞。

3 **隐道危行则不忍：**违背道义而诡行则于心不忍。隐道，即违道，与正道相对。危行，即诡行，与直行相对。

4 **执一浩倨：**意思是刚愎自用。浩倨，傲倨，怠慢不恭的样子。

5 **新始好利：**喜新厌旧贪图利益。

6 **养世之君子：**教诲世人的君子。

7 **从轻不为进：**意思是见易而不为进。轻，容易。

8 **从重不为退：**意思是见难而不为退。重，困难。

9 **省行而不伐：**反省自己的行为而不自夸。

10 **陈物而勿专：**礼让财物而不专有。陈，作礼让讲。

11 **见象而勿强：**顺应自然之理而不逆天行事。象，天象，指自然之理。强，勉强。

第五卷

内篇·杂上

本卷共三十章，与此前各卷主要表现晏子对国君的劝谏不同，本卷将重点转向了晏子的个人品行。晏子侍奉国君是忠心耿耿的，但这并不代表他不讲原则。第一、二章中，齐庄公不用晏子，晏子并不像佞臣那样巧言以求国君之欢心，而是毅然辞官退隐，并称“无力于民而旅食，不恶贫贱”，这实际上与孔子所提倡的“邦有道，则仕；邦无道，则可卷而怀之”是相通的。像晏子、孔子这样有操守的士大夫，立身处世皆有自己的底线。晏子的操守还体现在面对弑君的崔氏乱党时，置个人安危于不顾，往吊庄公，并义正词严地斥责崔氏，声称“劫吾以刃，而失其志，非勇也；回吾以利，而倍其君，非义也”，令人千载之下读来，仍凛然有生气。正是有了晏子这样的忠臣义士，齐国社稷才得以保全。本卷其他各章，还表现了晏子注重从细微之处引导国君人格的养成，比如第八章中，景公在路上看到一个砍柴人面带饥色而心生怜悯；第九章中，景公掏小雀取乐而又因小雀太小将其放回巢中。这在晏子看来，都可以“见微知著”，从而引导景公向善，这也和我们常说的“勿以善小而不为”类似。此外，本卷还表现了晏子的求贤若渴和不拘一格，最典型的是第二十五章，晏子的车夫因为妻子的劝告而痛改前非，晏子认为他是可造之材，就推荐他做了齐国的大夫。正因为晏子尊重贤人，所以在他蒙受不白之冤而出走的时候，受过其恩惠的北郭骚不惜杀身来替晏子剖白，真可谓人以国士待我，我必以国士报之了。

庄公不说晏子晏子坐地讼公而归第一

原文

晏子臣于庄公，公不说，饮酒，令召晏子。晏子至，入门，公令乐人奏歌曰："已哉已哉！寡人不能说也，尔何来为？"晏子入坐，乐人三奏，然后知其谓己也。遂起，北面坐地[1]。公曰："夫子从席[2]，曷为坐地？"晏子对曰："婴闻讼夫[3]坐地，今婴将与君讼，敢毋坐地乎？婴闻之，众而无义，强而无礼，好勇而恶贤者，祸必及其身，若公者之谓矣。且婴言不用，愿请身去。"遂趋而归[4]，管籥其家者纳之公[5]，财在外者斥之市[6]。曰："君子有力于民，则进爵禄，不辞富贵；无力于民而旅食，不

译文

晏子做齐庄公的臣子时，庄公不喜欢他，有一次饮酒的时候，下令召来晏子。晏子入宫，刚进门，庄公就命令乐人歌唱道："停下吧！停下吧！我不喜欢你啊，你还来做什么呢？"晏子入席，乐人又唱了三遍，这才知道针对的是自己。晏子于是站起身，向着北面坐在地上。庄公说："先生跟我一同坐在席间，为什么坐到地上？"晏子回答说："我听说争辩是非的人要坐在地上，现在我将要同君王争辩是非，敢不坐在地上吗？我听说，人多而不讲道义，恃强而不讲礼仪，喜好勇力而厌恶贤人，灾祸一定会降临到他的身上，说的就是像您这样的人。况且我的善言不被采用，我请求辞职离开这里。"于是躬身快步离开而后回家，把锁在家中的财物全部交公，外面的财产都在集市上变卖，说："君子有能力为百姓做事，就加官晋爵，不要推辞富贵；没有能力为百姓做事，

恶贫贱。”遂徒行而东，耕于海滨。居数年，果有崔杼之难。

就与百姓同甘共苦，不嫌弃贫贱。”于是徒步向东走，在海滨从事耕作。过了几年，齐国果然发生了崔杼之难。

注释

1 **北面坐地：**面朝北坐在地上。因国君面南而坐，晏子面北，是与庄公对面而坐。

2 **从席：**陪着国君坐席。从，相陪。

3 **讼夫：**争辩是非的人。

4 **趋而归：**弓着身子快步走出而后回家。趋，弓着身子快走。

5 **管籥(yuè)其家者纳之公：**锁在家里的东西全部交公。“籥”通“钥”，管籥即钥匙。

6 **财在外者斥之市：**在外的财产全部拿到市场上卖掉。斥，变卖。

庄公不用晏子晏子致邑而退后有崔氏之祸第二

原文

晏子为庄公臣，言大用[1]，每朝，赐爵益邑；俄而不用，每朝，致邑与爵[2]。爵邑尽，退朝而乘，喟然而叹[3]，终而笑。其仆曰：“何叹笑相从数也？”晏子曰：

译文

晏子出任齐庄公的大臣，他的建议每每被采用，每次朝见，庄公都加赏爵位与食邑给他。后来不重用他了，每次朝见，都削减晏子的食邑与爵位。爵位与食邑都削减完了，晏子退朝上车，感慨地叹息，叹息之后又大笑。他的仆人说：“先生为什么叹息与欢笑转换得这样快呢？”晏子说：“我叹息，是为我们的国

“吾叹也，哀吾君不免于难；吾笑也，喜吾自得也，吾亦无死矣。”

崔杼果弑庄公，晏子立崔杼之门，从者曰：“死乎？”晏子曰：“独吾君也乎哉[4]？吾死也！”曰：“行乎？”曰：“独吾罪也乎哉[5]？吾亡也！”曰：“归乎？”曰：“吾君死，安归？君民者，岂以陵民[6]？社稷是主[7]。臣君者，岂为其口实[8]？社稷是养[9]。故君为社稷死，则死之，为社稷亡，则亡之；若君为己死而为己亡，非其私昵，孰能任之？且人有君而弑之，吾焉得死之？而焉得亡之？将庸何归？”

君不能免于灾难而悲哀；我欢笑，是为我能够保全自己而高兴，我不会死了。”

崔杼果然弑杀了庄公，晏子站在崔杼的门前，崔府门人说：“想死吗？”晏子说：“难道只是我一个人的国君吗？我为何要死！”门人又说：“想逃走吗？”晏子说：“只是我一个人的罪过吗？我为何要逃走！”从者又说：“来归附吗？”晏子说：“我的国君已经死了，往哪里归附？统治百姓的人，难道可以欺凌百姓吗？一切要以国家为重。侍奉君王的臣子，难道是为了自己的俸禄吗？臣子的责任在于为国家作奉献。所以国君如果是为社稷而死，臣子就为他死，国君是为社稷而出逃，臣子就随他出逃；如果国君是因为自己的私利而死，为自己的私利而出逃，不是他的嬖臣，谁会跟随他？况且有人做出了弑君这种事，我怎能就这么死了？又为何要逃亡？何谈要来归附呢？”

注释

1 **言大用：**晏子的建议每每被采用。大用，即完全采用。

2 **致邑与爵：**归还食邑与封爵，这里的意思是庄公削减晏子的食邑与封爵。致，归还。

3 **喟然而叹：**“喟”同“喟”，喟然而叹，即感慨地叹息。

4 **独吾君也乎哉：**难道只是我一个人的国君吗？

5 **独吾罪也乎哉：**难道只是我一个人的罪过吗？

6 **岂以陵民：**难道可以欺凌百姓吗？陵，欺凌，欺侮。

7 **社稷是主：**一切要以国家为重。是主，以……为重。

8 **岂为其口实：**难道只是为了自己的俸禄吗？口实，指俸禄。

9 **社稷是养：**臣子的责任在于为国家奉献。养，指奉献。

原文

门启而入，崔子曰："子何不死？子何不死？"晏子曰："祸始，吾不在也；祸终，吾不知也，吾何为死？且吾闻之，以亡为行者[1]，不足以存君；以死为义者，不足以立功。婴岂其婢子也哉？其缢而从之也！"遂袒免[2]，坐，枕君尸[3]而哭，兴[4]，三踊[5]而出。人谓崔子必杀之，崔子曰："民之望也，舍之，得民。"

译文

门开了，晏子走进去，崔杼说："先生为什么不去死？先生为什么不去死？"晏子说："祸乱开始时我不在，祸乱结束了我不知道，我为何要去死？况且我听说，将为君而出逃当作美德的人，不能够保全国君；将为君而死当作节义的人，不能够为国立功。我难道是他的婢女吗？他上吊我也跟着上吊！"晏子于是袒衣免冠，坐在地上，将庄公的尸体枕放在自己大腿上而痛哭，哭完了站起身来，顿足三下就出去了。有人劝崔杼一定要杀了晏子，崔杼说："晏子是百姓爱戴的人，放了他可以得到民心。"

注释

1 **以亡为行者：**把逃亡看作美德的人。

2 **袒免：**袒露胳膊、脱下帽子。

3 **枕君尸：**把庄公的尸体枕放在自己的大腿上。

4 **兴：**站起来。

5 **三踊：**顿足三下。踊，跳跃，这里指顿足。

崔庆劫齐将军大夫盟晏子不与第三

原文

崔杼既弑庄公而立景公，杼与庆封相之[1]，劫诸将军大夫及显士庶人于太宫之坎上[2]，令无得不盟者。为坛三仞，坎其下，以甲千列环其内外，盟者皆脱剑而入。维晏子不肯，崔杼许之。有敢不盟者，戟拘其颈[3]，剑承其心[4]，令自盟曰："不与崔、庆而与公室者[5]，受其不祥。"言不疾[6]，指不至血者死[7]。所杀七人。

次及晏子，晏子奉杯血，仰天叹曰："呜呼！崔子为无道，而弑其君，不与公室而与崔、庆者，受此不祥。"俯而饮血。崔子谓晏子曰："子变子言[8]，则

译文

崔杼弑杀了庄公后立景公为君，自己和庆封一起自封为丞相，他们劫持众位将军、大夫、显贵人士和一些百姓，到了太庙前的祭坎边，下令让所有的人都参加盟誓。他们筑起三仞高的祭坛，在下面挖了坑，用全副武装的士兵千列包围了内外，盟誓的人都解下了佩剑才准进入。只有晏子不肯那样做，崔杼允许了他。有胆敢不盟誓的人，就用戟钩着他的脖子，用剑指着他的心口，命令他发誓说："不跟随崔、庆而跟随王室的话，会遭受报应。"声音不响亮的，手指没有蘸血的都被杀死，先后被杀的有七人。

依次轮到了晏子，晏子捧起装歃血的杯子，仰天叹道："唉！崔杼干了不仁道的事，弑杀了他的国君，凡不跟随王室而跟随崔、庆的人，会受到报应。"说完低头将杯中的血一饮而尽。崔杼对晏子说："您若改变您的话，那么我与您共享齐国；若

齐国吾与子共之；子不变子言，戟既在脰[9]，剑既在心，维子图之也！”

不改变，戟已经在您的脖子上，剑已经在您的心口上，您好好考虑一下吧！”

注释

1 **杼与庆封相之：**指崔杼与庆封相勾结弑杀庄公后，立景公，二人自封为相。

2 **太宫之坎上：**太庙的祭坎上。太宫，即太庙，王室祭祀的地方。

3 **戟拘其颈：**用戟钩住参加者的颈部。拘，钩住。

4 **剑承其心：**用剑尖顶着心口。

5 **不与崔、庆而与公室者：**不支持崔、庆二人而支持王室的。与，指支持、依附。

6 **言不疾：**声音不响亮的。疾，这里指声音响亮。

7 **指不至血者死：**手指没有蘸血的被处死。古时盟誓时用手蘸牲血涂口旁，以示诚意。

8 **子变子言：**你改变你所说的话，意思是让晏子重新发誓而支持崔、庆二人。

9 **脰**(dòu)**：**脖颈。

原文

晏子曰：“劫吾以刃，而失其志，非勇也；回吾以利，而倍其君，非义也。崔子，子独不为夫《诗》乎？《诗》云：‘莫莫葛藟，施于条枚，恺悌君子，求福不回。’[1]今婴且可以回而求福乎？曲刃钩之[2]，直兵推之[3]，

译文

晏子说：“用兵刃劫持我，强迫我丧失气节，不算有勇气；用利益诱惑我，使我背叛君王，不算是仁义。崔杼，你难道不了解《诗经》上所说的话吗？《诗经》中说：‘茂密的葛藤，缠绕在树干上。诚恳的君子，祈求降福而不变。’现在我会用邪僻的行径而祈求降福吗？弯曲的兵刃钩着我的脖颈，直直的兵刃指着我的心口，我也不会改口的呀！”

崔杼想杀了他，有人说：“不行！您因

婴不革矣！”

崔杼将杀之，或曰：“不可！子以子之君无道而杀之，今其臣有道之士也，又从而杀之，不可以为教矣。”崔子遂舍之。

晏子曰：“若大夫为大不仁，而为小仁，焉有中乎[4]？”趋出，授绥而乘[5]。其仆将驰，晏子抚其手曰：“徐之[6]！疾不必生，徐不必死，鹿生于野，命悬于厨[7]，婴命有系矣。”按之成节[8]而后去。《诗》云：“彼已之子，舍命不渝。”[9]晏子之谓也。

为您的国君无道而杀了他，现在他的臣子是个有道之人，又接着杀了他，就不能够以此为教了。”崔杼于是就没有杀晏子。

晏子说：“像大夫这样做出大不仁的事，而行小仁小义，怎么称得上有正直的品行呢？”于是快步走出门，拉着绳子上了车。他的仆人想驱马快跑，晏子碰了碰他的手说：“慢些走！快跑不一定活，慢走不一定死。鹿生长在野外，而命却系于厨师，我的命也在他人手里呢。”于是令车子有节奏地缓慢行走，离开了崔杼家。《诗经》中说：“他这个人啊，舍掉生命也不变节。”说的就是晏子啊。

注释

1 **“莫莫”二句**：出自《诗经·大雅·旱麓》，意思是：茂密的葛藤，缠绕在树干上。诚恳的君子，祈求降福而不变。

2 **曲刃钩之**：用弯曲的兵刃钩着我的脖颈。

3 **直兵推之**：用笔直的利剑对准我的心口。

4 **焉有中乎**：哪里谈得上正直？中，不偏不倚，指正直。

5 **授绥而乘**：拉住车上的绳子登上车。绥，车上的绳子。

6 **徐之**：让车慢慢地走。晏子不让车疾驰，是怕引起崔杼的疑心。

7 **命悬于厨**：鹿的命运掌握在厨师手中，比喻晏子的处境很危险。

8 **按之成节**：指车子有节奏地缓慢行走。

9 **“彼已”二句**：出自《诗经·郑风·羔裘》，意思是：他这个人，舍掉生命也不变节。

晏子再治阿而见信景公任以国政第四

原文

景公使晏子为东阿宰[1]，三年，毁闻于国[2]。景公不说，召而免之。晏子谢曰："婴知婴之过矣，请复治阿，三年而誉必闻于国。"景公不忍，复使治阿，三年而誉闻于国。

景公说，召而赏之，辞而不受。景公问其故，对曰："昔者婴之治阿也，筑蹊径[3]，急门闾之政[4]，而淫民恶之；举俭力孝弟[5]，罚偷窳[6]，而惰民恶之；决狱不避贵强[7]，而贵强恶之；左右所求，法则予[8]，非法则否，而左右恶之；事贵人体不过礼[9]，而贵人恶之。是以三邪[10]毁乎外，二谗[11]毁乎内，

译文

景公派晏子做东阿宰，三年后，毁谤晏子的坏话传遍国都。景公不高兴，召回晏子并免去他的官职。晏子谢罪说："我知道我错了，请让我再去治理东阿，三年后，称誉之声一定传遍国都。"景公不忍免去晏子的职务，又重新派他治理东阿。三年后，称誉之声果然传遍国都。

景公很高兴，召来晏子并赏赐他，晏子推辞而不接受。景公问他原因，晏子回答说："以前我治理阿地，阻塞小路，严格门闾的管理，奸邪的人就恨我；提倡节俭、勤劳、孝顺与兄弟和睦的美德，惩罚偷盗懒惰的人，游手好闲的人就恨我；判决案件不避亲疏贵贱，有权势的人就恨我；身边的人有所请求，合法的就给予，不合法的就不给，身边的人就恨我；侍奉显贵的人不超越礼仪规范，显贵的人就恨我。所以三种邪僻之人在外诋毁我，两种谗佞之人在内诋毁我，三年过去毁谤之言自然就传

三年而毁闻乎君也。今臣谨更之，不筑蹊径，而缓门闾之政，而淫民说；不举俭力孝弟，不罚偷窳，而惰民说；决狱阿贵强，而贵强说；左右所求言诺[12]，而左右说；事贵人体过礼，而贵人说。是以三邪誉乎外，二谗誉乎内，三年而誉闻于君也。昔者婴之所以当诛者宜赏，今所以当赏者宜诛，是故不敢受。”

景公知晏子贤，乃任以国政。三年，而齐大兴。

到君王耳中了。现在我改变过去的做法，不阻塞小路，放宽对门闾的管理，邪恶的人就高兴了；不提倡节俭、勤劳、孝顺与和睦兄弟的美德，不惩罚偷盗懒惰的人，游手好闲的人就高兴了；判决狱讼偏袒权贵，权贵之人就高兴了；对身边的人的请求全部应允，身边的人就高兴了；侍奉显贵的人超越了礼仪所规定的标准，显贵之人就高兴了。所以三种邪僻之人在外称誉，两种谗佞之人在内称誉，三年过去称誉之声自然就传到君王的耳中了。以前我被惩罚的恰恰是该奖赏的，现在我被奖赏之处却恰恰是该惩罚的，所以我不敢接受奖赏。”

景公知道晏子贤德，就将治国大任交给他。三年后，齐国便大为强盛。

注释

1 **东阿宰：**东阿的邑宰。东阿，齐国邑名，在今山东东阿县。

2 **毁闻于国：**针对晏子的坏话传遍国都。毁，指坏话。国，国都。

3 **筑蹊径：**切断小路，用以防奸。筑，指堵住、切断。蹊径，小路。

4 **急门闾之政：**加强对门闾的管理，用以防盗。

5 **举俭力孝弟：**提倡节俭、勤劳、孝顺与兄弟和睦的美德。“弟”通“悌”。

6 **罚偷窳(yǔ)：**惩罚偷盗、懒惰的人。窳，懒惰。

7 **决狱不避贵强：**审判案件不避亲疏贵贱。

8 **法则予：**符合法令的就给予。

9 **体不过礼：**行为不超越礼仪规范。

10 **三邪：**指奸邪、偷盗和懒惰的人。

11 **二谗：**指权贵豪强与身边的小人。

12 **言诺：**答应左右人的要求。

景公恶故人晏子退国乱复召晏子第五

原文

景公与晏子立于曲潢之上，晏子称曰："衣莫若新，人莫若故。"公曰："衣之新也，信善矣[1]，人之故，相知情[2]。"晏子归，负载使人辞于公曰："婴故老耄[3]无能也，请毋服壮者之事[4]。"公自治国，身弱于高、国[5]，百姓大乱。公恐，复召晏子。诸侯忌其威，而高、国服其政，田畴垦辟，蚕桑豢牧之处不足[6]，丝蚕于燕[7]，牧马于鲁，共贡入朝。

墨子闻之曰："晏子知道，景公知穷[8]矣。"

译文

景公和晏子站在曲潢岸上，晏子说："衣服不如新的好，人不如旧的好。"景公说："衣不如新，确实是这样的，至于故人嘛，相互间知道的事情太多了。"晏子知道景公有嫌弃之意，便回到家中装载好行李，派人向景公辞行说："我已经年老无能了，请您不要再让我从事壮年人应做的事了。"于是景公自己治理国家，自身的实力削弱到不如高、国两大姓，百姓大乱。景公害怕了，又召回晏子。诸侯忌惮晏子的威望，而高、国两姓服从他的治理。齐国的田野得到开垦，蚕桑丰收，六畜兴旺，出产的物品仓库里都放不下，于是蚕丝销往燕国，马匹运往鲁国，燕、鲁都一起进贡、朝拜齐国。

墨子听了这件事说："晏子懂得治国的道理，景公了解自己治国的无能。"

注释

1 **信善：**确实是这样。

2 **相知情：**相互了解，指晏子居朝太久，知道的事情太多了，有嫌弃之意。

3 **老耄(mào)：**年迈。

4 **请毋服壮者之事：**请求不再从事壮年人应做的事。服，担任，从事。

5 **身弱于高、国：**自身的力量削弱，不如高、国二氏。高、国，皆为齐国大姓。

6 **蚕桑豢牧之处不足：**丝织业和畜牧业发达，所生产的物品仓库都放不下。豢牧，喂养牲畜，这里指畜牧业。

7 **丝蚕于燕：**把蚕丝销往燕国。

8 **知穷：**知道自己的无能。穷，尽，这里指无能。

齐饥晏子因路寝之役以振民第六

原文

景公之时饥，晏子请为民发粟，公不许，当为路寝之台，晏子令吏重其赁[1]，远其兆[2]，徐其日[3]，而不趋[4]。三年台成而民振[5]，故上说乎游，民足乎食。君子曰："政则晏子欲发粟与民而已[6]，若使不可得，则依物而偶于政[7]。

译文

景公执政的时候发生了饥荒，晏子请求给百姓发放救济粮，景公不同意，晏子主管修筑路寝之台，他命令官吏提高役夫的工钱，增加道路的长度，延缓工期，而不急于求成。三年后高台筑成，百姓也得到了赈济。所以景公游览路寝台时感到高兴，百姓也有了足够的粮食。君子说："按照治理国家的原则，晏子是想发放粮食救济百姓的，这个主张不能实现，他就借修台多发工钱而实行了发放粮食救济灾民的政事。"

注释

1 **重其赁**:增加修台者的工钱。赁,佣金。

2 **远其兆**:"兆" 当作 "涂",意思是增加道路的长度。

3 **徐其日**:将竣工的日期推后。徐,放缓,这里指推后。

4 **不趋**(cù):不急于求成。趋,急促,迫切。

5 **民振**:百姓得到救济。振,救济,赈济。

6 **政则晏子欲发粟与民而已**:意思是按照治理国家的原则,晏子是想发放粮食救济百姓的。

7 **依物而偶于政**:"偶" 通 "寓",寄寓,此指借以实行。依,借着。这句话意思是借修台多发工钱而实行了发放粮食救济灾民的政事。

景公欲堕东门之堤晏子谓不可变古第七

原文

景公登东门防[1],民单服然后上[2],公曰:"此大伤牛马蹄[3]矣,夫何不下六尺哉?" 晏子对曰:"昔者吾先君桓公,明君也,而管仲贤相也。夫以贤相佐明君,而东门防全[4]也,古者不为[5],殆有为也。蚤岁淄水至[6],入广门[7],即下六尺耳[8],乡者防下六

译文

景公登上东门外的堤坝,看见老百姓匍匐着身子才能爬上来,就说:"这堤坝修得太高了,会伤牛马的蹄子,为什么不降低六尺呢?" 晏子回答说:"从前我们的先君桓公,是个英明的君主,而管仲是个贤能的宰相。以贤能的宰相辅佐英明的君主,因此东门的堤坝才得以全部修好。以前不降低堤坝的高度,是有原因的。旱年淄水涨水季节到来,大水逼近广里,水位最高到了比现在的堤坝低六尺的地方,如

尺[9]，则无齐矣。夫古之重变古常[10]，此之谓也。”

果过去堤坝修低了六尺，就没有今天的齐都了。古人不轻易改变故有的做法，说的就是这个道理。”

注释

1 **东门防**：齐国都城东门外的堤坝。

2 **民单服然后上**：“单服”当为“卑服”之讹，这句话意思是老百姓匍匐着身子才能爬上来，形容堤坝之高。卑服，即匍匐着身子。

3 **大伤牛马蹄**：牛马登上去会弄伤蹄子，也是形容堤坝之高。

4 **东门防全**：东门的堤坝才全部修好。

5 **古者不为**：“不为”当作“不下”，这句话意思是桓公时没有把堤坝修得低矮。

6 **蚤岁淄水至**：意思是早年间淄水的涨水季节到来。“蚤”通“早”。淄水，围绕齐国国都的一条大河。

7 **入广门**：逼近广里。入，此处作逼近讲。广门，即广里，当时的居民区。

8 **即下六尺耳**：意思是淄水水位最高时，离现在的堤坝最高处仅有六尺。

9 **乡者防下六尺**：如果以前修建堤坝时高度比现在低六尺。“乡”通“向”，向者，即从前。

10 **重变古常**：不轻易改变故有的做法。常，法度。

景公怜饥者晏子称治国之本以长其意第八

原文

景公游于寿宫，睹长

译文

齐景公在寿宫游玩，看见一个背柴

年负薪者[1]而有饥色。公悲之，喟然叹曰："令吏养之！"晏子曰："臣闻之，乐贤而哀不肖[2]，守国之本也。今君爱老，而恩无所不逮，治国之本也。"公笑，有喜色。晏子曰："圣王见贤以乐贤，见不肖以哀不肖。今请求老弱之不养[3]，鳏寡之无室者，论而共秩焉[4]。"公曰："诺。"于是老弱有养，鳏寡有室。

草的老人面有饥色。景公可怜他，长叹一声说："让官吏供给他生活所需。"晏子说："我听说，喜爱贤者而哀怜穷困的人，是守国的根本。现在君王怜惜老者，而恩惠无所不到，这就是治国的根本了。"景公笑起来，面有喜色。晏子说："圣王看见贤人就喜欢他们，看见穷困的人就怜悯他们。现在请求您将老弱不得供养的人，鳏寡没有家室的人，根据他们的情况而供给钱粮。"景公说："好。"于是老弱之人得到了供养，鳏寡之人有了家室。

注释

1 **长年负薪者**：背着柴草的老人。长年，年纪大的人。

2 **不肖**：本义为不贤之人，这里指生活贫困的人。

3 **不养**：没有得到供养。

4 **论而共秩焉**：根据他们的情况而供给钱粮。论，根据。"共"通"供"。秩，俸禄，这里指钱粮。

景公探雀鷇鷇弱反之晏子称长幼以贺第九

原文

景公探雀鷇[1]，鷇弱，

译文

景公掏小雀玩，看到雀太小了，就将

反之。晏子闻之，不待时而入见景公。公汗出惕然[2]，晏子曰："君何为者也？"公曰："吾探雀鷇，鷇弱，故反之。"晏子逡巡北面再拜而贺曰："吾君有圣王之道矣！"公曰："寡人探雀鷇，鷇弱，故反之，其当圣王之道者何也？"晏子对曰："君探雀鷇，鷇弱，反之，是长幼[3]也。吾君仁爱，曾禽兽之加焉[4]，而况于人乎！此圣王之道也。"

其放回窝内。晏子听说了这件事，没等待临朝就入宫拜见景公。景公以为出了什么事，冷汗直出而显出惊惧的样子。晏子说："君王做什么事了？"景公说："我掏小雀玩，雀太小，所以放回去了。"晏子恭敬地退后几步，向着北面拜了两拜称贺说："我们的君王有圣王的德行啊！"景公说："我掏小雀玩，雀太小，所以放回去，这同圣王的德行有什么关系？"晏子回答说："君王掏小雀玩，雀太小，放了回去，这是慈怜幼小啊。我们的君王有仁爱之心，仁慈施加于鸟兽身上，而何况对人呢！这就是圣王的德行啊。"

注释

1 **探雀鷇(kòu)：**探取待哺食的雏鸟。鷇，雏鸟。

2 **汗出惕(tì)然：**冷汗直出而显出惊惧的样子。惕然，惊惧的样子。

3 **长幼：**使幼小的长大。长，使长大。

4 **曾禽兽之加焉：**"曾"为衍字，不译。这句话意思是景公的仁慈施加于鸟兽身上。

景公睹乞儿于涂晏子讽公使养第十

原文

景公睹婴儿有乞于涂者，公曰："是无归[1]矣！"晏子对曰："君存[2]，何为无归？使吏养之，可立而以闻[3]。"

译文

景公看到有幼儿在路上乞讨，景公说："这个孩子无家可归呀！"晏子回答说："他承蒙君王过问，怎么会无家可归呢？让官吏供养他，您的美名立刻就能传扬开去了。"

注释

1 **无归**：无家可归。

2 **君存**：君王过问此事。存，过问。

3 **可立而以闻**：立刻就能传扬开去。

景公惭刖跪之辱不朝晏子称直请赏之第十一

原文

景公正昼[1]，被发，乘

译文

景公大白天披着头发，驾着六匹马

六马，御妇人以出正闺[2]，刖跪击其马而反之[3]，曰："尔非吾君也。"公惭而不朝。晏子睹裔款而问曰："君何故不朝？"对曰："昔者君正昼，被发，乘六马，御妇人以出正闺，刖跪击其马而反之，曰'尔非吾君也'。公惭而反，不果出，是以不朝。"

晏子入见。景公曰："昔者寡人有罪，被发，乘六马，以出正闺，刖跪击马而反之，曰'尔非吾君也'。寡人以子大夫之赐[4]，得率百姓以守宗庙，今见戮于刖跪[5]，以辱社稷，吾犹可以齐于诸侯乎[6]？"晏子对曰："君勿恶焉！臣闻下无直辞，上有隐君；民多讳言，君有骄行。古者明君在上，下多直辞；君上好善，民无讳言。今君有失行，刖跪直辞禁之，是君之福也。故臣来庆。请赏之，以明君之好善；礼之，以明君之受谏。"

拉的车，载着后妃出宫中的正门。受过刖足之刑的看门人拍打景公的马并让他返回，说："你不是我的国君。"景公感到惭愧而不再上朝。晏子看见裔款后问道："君王为什么不上朝？"裔款回答说："前些日子君王大白天披散着头发，驾着六马大车，载着后妃出宫中正门。刖足的看门人拍打他的马让他返回，说'你不是我的国君'。景公惭愧地返回宫中，再也没有出来，所以不上朝。"

晏子进宫拜见景公。景公说："前几天我做得不对，我披散着头发，驾着六马大车出宫中正门，刖足的看门人拍马让我返回，说'你不是我的国君'。我有了您和诸位大夫的帮助，得以统率百姓保有宗庙，现在被刖足的看门人侮辱，让社稷蒙羞，我还可以并列于诸侯之中吗？"晏子回答说："君王不必记恨这件事。我听说下面没有直言劝谏的话，上面就会有被蒙昧的君王；下面如果忌讳不敢讲真话，君王就会有骄纵的行为。古代的明君在上面治国，下面多敢于直言劝谏；君王喜好善言，下面说话就不会有忌讳。现在君王有错，刖足的看门人敢直言劝谏，这是君王的福气，所以我来庆贺。请您奖赏他，以显示君王爱听善言；请您礼待他，以显示君王接受谏言。"景公笑道："可以这样公笑曰："可乎？"晏子曰："可。"于是令刖跪倍资无征[7]，时朝无事也。

吗？"晏子说："可以。"于是下令对刖足的看门人加倍奖励，并免于征税，即使没事也可以随时朝见。

注释

1 **正昼：**天大亮的时候。

2 **正闺：**宫中的正门。古时宫中的大门叫闱，小门叫闺。

3 **刖(yuè)跪：**受刖刑的人。刖，一种把脚砍掉的酷刑。跪，即足。 **反之：**让景公返回。

4 **以子大夫之赐：**此句意思是有了晏子和诸位大夫的帮助。赐，赐予，这里作赐教、帮助讲。

5 **见戮于刖跪：**被刖刑之人侮辱。见，表被动。戮，侮辱。

6 **齐于诸侯乎：**并列于诸侯之中。

7 **倍资无征：**加倍给予资财，并免于征税。

景公夜从晏子饮晏子称不敢与第十二

原文

景公饮酒，夜移于晏子之家，前驱款门[1]曰："君至！"晏子被玄端[2]，立于门曰："诸侯得微[3]有故乎？国家得微有事乎？君何为非时而夜辱[4]？"公曰：

译文

景公饮酒，深夜将宴席转移到晏子家去，先行的侍从上前敲门说："国君到了！"晏子穿上黑色的礼服，站在门前说："莫非诸侯有什么事情？国家该不会出了什么变故吧？国君为何在深夜驾临我家？"景公说："美酒的滋味，金石的乐

“酒醴之味，金石之声，愿与夫子乐之。”晏子对曰：“夫布荐席[5]，陈簠簋[6]者，有人，臣不敢与焉。”公曰：“移于司马穰苴[7]之家。”前驱款门，曰：“君至！”穰苴介胄操戟立于门曰：“诸侯得微有兵乎？大臣得微有叛者乎？君何为非时而夜辱？”公曰：“酒醴之味，金石之声，愿与将军乐之。”穰苴对曰：“夫布荐席，陈簠簋者，有人，臣不敢与焉。”公曰：“移于梁丘据之家。”前驱款门，曰：“君至！”梁丘据左操[8]瑟，右挈竽，行歌而出。公曰：“乐哉！今夕吾饮也。微此二子者，何以治吾国；微此一臣者，何以乐吾身。”

君子曰：“圣贤之君，皆有益友，无偷乐之臣，景公弗能及，故两用之，仅得不亡。”

声，希望和先生共同享受。”晏子回答说：“铺设坐席、摆放食具，有专人负责这事，我不敢陪从。”景公说：“那么改到司马穰苴家。”先行的侍从上前敲门说：“国君到了！”穰苴披甲戴盔手执兵器站在门口说：“莫非诸侯有军事行动？该不会是大臣有叛上作乱吧？国君为何在深夜驾临我家？”景公说：“美酒的滋味，金石的乐声，希望和将军共同享受。”穰苴回答说：“铺设筵席、摆放食具，有专人负责这事，我不敢陪从。”景公说：“那么改到梁丘据家！”先行的侍从上前敲门说：“国君到了！”梁丘据左手拿着瑟，右手提着竽，边走边唱地迎出来。景公说：“今晚这宴饮太让我高兴了！要是没有晏婴和穰苴两个人，靠谁来治理国家；要是没有梁丘据，靠谁来使我愉悦。”

君子说：“圣贤的国君，都有有益于自己的朋友，没有贪图享乐的臣子，景公不能达到这个境界，所以贤臣和佞臣都被任用，齐国仅仅能保住不灭亡罢了。”

注释

1 **款门：**敲门。款，叩，敲击。

2 **被(pī)玄端：**穿着黑色的礼服。玄，黑色。端，古代的礼服。

3 **得微**:莫不是,莫非,表推测语气。

4 **非时而夜辱**:意思是不在正常的时候而夜里光临。辱,谦词,这里指屈驾光临。

5 **布荐席**:铺设座席。布,铺设。

6 **陈簠簋**(fǔ guǐ):摆设宴饮的器皿。簠,方形的器皿。簋,圆形的器皿。

7 **司马穰苴**(ráng jū):司马,官名,主管军事。穰苴,姓田,时任齐国大司马,以带兵严明著称。

8 **操**:拿着。与下句中的"挈"意思相同。

景公使进食与裘晏子对以社稷臣第十三

原文

晏子侍于景公,朝寒,公曰:"请进暖食。"晏子对曰:"婴非君奉馈之臣[1]也,敢辞。"公曰:"请进服裘。"对曰:"婴非君茵席之臣[2]也,敢辞。"公曰:"然夫子之于寡人何为者也?"对曰:"婴,社稷之臣也。"公曰:"何谓社稷之臣?"对曰:"夫社稷之臣,能立社稷,别上下之义,使当其理[3];制百官之序,使得其宜[4];作为辞令,

译文

晏子陪侍在景公身边,早上有些冷,景公说:"请给我拿些热饭食来。"晏子回答说:"我不是您侍奉饮食的臣子,恕不能从命。"景公说:"请给我拿件毛皮大衣来。"回答说:"我不是您管理寝褥的臣子,恕不能从命。"景公说:"那这样的话,先生对我来说是什么人呢?"晏子回答说:"我是社稷之臣啊。"景公问:"什么是社稷之臣?"晏子回答说:"社稷之臣,能够建立国家大政,分别上下的等级,使各自符合伦理;制定百官的次序,使他们各得其用;拟制文

可分布于四方。”自是之后，君不以礼，不见晏子。

告命令，可以颁布于四方。”从此以后，景公不符合礼节，就不召见晏子。

注释

1 **奉馈之臣**：侍奉饮食的臣子。

2 **茵席之臣**：管理寝褥的臣子。

3 **使当其理**：使它们合乎伦理。当，合乎。

4 **使得其宜**：使百官能各得其用。

晏子饮景公止家老敛欲与民共乐第十四

原文

晏子饮景公酒，令器必新，家老[1]曰：“财不足，请敛于氓。”晏子曰：“止！夫乐者，上下同之。故天子与天下，诸侯与境内，大夫以下各与其僚[2]，无有独乐。今上乐其乐，下伤其费，是独乐者也，不可！”

译文

晏子请景公饮酒，吩咐酒具一定要全部换新的，家臣说：“钱不够了，向百姓征收一些吧。”晏子说：“不行！欢乐应该上下共同享有，所以天子与普天之下同乐，诸侯与国人与乐，大夫以下各自与其僚属同乐，没有独乐的。现在居上位的人只追求自己的快乐，下面的百姓却受损于其财物消耗，这是独乐啊，不能够这样！”

注释

1 **家老**：卿大夫的家臣。

2 **各与其僚**：大夫以下的人各与他们的僚属同乐。僚，指僚属。

晏子饮景公酒公呼具火晏子称诗以辞第十五

原文

晏子饮景公酒，日暮，公呼具火[1]，晏子辞曰："《诗》云'侧弁之俄'[2]，言失德也。'屡舞傞傞'[3]，言失容也。'既醉以酒，既饱以德，既醉而出，并受其福'[4]，宾主之礼也。'醉而不出，是谓伐德'[5]，宾之罪也。婴已卜其日[6]，未卜其夜。"公曰："善。"举酒祭之，再拜而出。曰："岂过我哉[7]？吾托国于晏子也。以其家货养寡人[8]，不欲其淫侈也[9]，而况与寡人谋国乎！"

译文

晏子请齐景公饮酒，天黑了，景公下令准备灯火，晏子辞谢说："《诗经》中说'帽子歪歪斜斜戴'，说的是酒后失德。'酒醉起舞舞不停'，说的是酒后失态。'喝醉了就离席，是有德行，大家都受福'，是宾主的礼节。'喝醉了还不离席，这叫损德'，是客人的失礼。我选择的是在白天请您饮酒，而没有选择晚上。"景公说："好。"举起酒杯称赞了饮食丰盛后，拜了两拜离开了晏子家。景公说道："能责备我有过错吗？我把国家托付给了晏子。他用平常居家的酒食招待我，是不想铺张浪费，更何况为我治理国家呢！"

注释

1 **具火：**准备灯火。

2 **侧弁之俄：**出自《诗经·小雅·宾之初筵》，意思是帽子歪戴着，形容酒醉的神态。弁，古代贵族戴的一种帽子。俄，倾斜。

3 **屡舞傞(suō)傞:**出自《诗经·小雅·宾之初筵》,意思是酒醉起舞不停歇。傞傞,起舞不停状。

4 **"既醉以酒"四句:**今本《诗经》中无此四句,有学者认为是后人所加。这四句话大意是喝醉了就离席,是有德行,大家都受福。

5 **"醉而不出"二句:**出自《诗经·小雅·宾之初筵》,意思是喝醉了还不离席,就称为损德。

6 **卜其日:**选择在白天饮酒。卜,此处指选择。

7 **岂过我哉:**能责备我不对吗?

8 **以其家货养寡人:**用平常居家的酒食招待我。家货,家常的饮食。

9 **不欲其淫侈也:**不想酒宴过于奢侈。淫侈,过分奢侈。

晋欲攻齐使人往观晏子以礼侍而折其谋第十六

原文

晋平公欲伐齐,使范昭[1]往观焉。景公觞之,饮酒酣,范昭曰:"请君之弃樽。"[2]公曰:"酌寡人之樽,进之于客。"范昭已饮,晏子曰:"撤樽,更之[3]。"樽觯[4]具矣,范昭佯醉,不说而起舞,谓太师[5]曰:"能为我调成周之乐[6]乎?吾为子舞之。"太师曰:"冥

译文

晋平公想攻打齐国,派范昭前往打探情况。景公请他饮酒,喝到兴头上,范昭说:"请让我用景公用过的酒杯饮酒。"景公说:"把我的酒杯斟上酒,递给客人。"范昭接过酒杯饮过后,晏子说:"撤下国君用的酒杯,另换一个。"酒具更换完毕,范昭假装醉酒,不高兴地起来跳舞,对太师说:"能够给我演奏成周的乐曲吗?我为你们跳这种舞。"太师说:"我没有练习过。"范昭躬着身子快步走了出去。

臣不习[7]。”范昭趋而出。

景公谓晏子曰：“晋，大国也，使人来将观吾政，今子怒大国之使者，将奈何？”晏子曰：“夫范昭之为人也，非陋而不知礼也，且欲试吾君臣，故绝之[8]也。”景公谓太师曰：“子何以不为客调成周之乐乎？”太师对曰：“夫成周之乐，天子之乐也，调之，必人主舞之。今范昭人臣，欲舞天子之乐，臣故不为也。”

范昭归以报平公曰：“齐未可伐也。臣欲试其君，而晏子识之；臣欲犯其礼，而太师知之。”

仲尼闻之曰：“夫不出于尊俎之间，而知千里之外，其晏子之谓也。可谓折冲[9]矣，而太师其与焉[10]。”

景公对晏子说：“晋国，是大国呀，派人来考察我国的政务，现在您惹怒了大国的使者，怎么办？”晏子说：“范昭的为人处事，并非粗俗不懂礼节，他只是想试探一下我们君臣的反应，所以我回绝了他。”景公问太师说：“你为何不给客人演奏成周之乐呢？”太师回答说：“成周之乐，是天子之乐，演奏它，一定是君主起舞。现在范昭身为人臣，想用天子之乐配舞，所以我不演奏。”

范昭回去报告平公说：“齐国不能攻打。我想试探他们的国君，被晏子识破了；我想冒犯他们的礼仪，被太师看穿了。”

孔子听说了这件事，说：“不离开宴席之间，却可知千里之外的事，大概说的就是晏子吧。可以称得上是挫败了敌人，而太师也协助了这件事。”

注释

1 **范昭：**晋国大臣。

2 **请君之弃樽：**请求用国君不用的酒杯给我酌酒。范昭作为晋国使臣，却要求用国君的酒杯，是一种故意为之的失礼行为。

3 **更之：**更换酒具。这说明晏子对范昭失礼的行为表示强烈不满，并做了针锋相对的斗争。

4 **觯**(zhì)**：**一种青铜酒器，形似樽而小。

5 **太师**:古代乐官之长。

6 **成周之乐**:专为周天子演奏的乐曲。

7 **冥臣不习**:失明之臣没有练习过。冥臣,失明之臣,古代乐师的自称。习,练习。这句话是太师对范昭失礼行为的一种回击。

8 **绝之**:回绝了他。

9 **折冲**:本义为战斗中挫败了攻击者的冲车,后引申为却敌之意。

10 **其与焉**:指太师协助了这件事情。与,协助。

景公问东门无泽年谷而对以冰晏子请罢伐鲁第十七

原文

景公伐鲁,傅许[1],得东门无泽[2],公问焉:"鲁之年谷何如?"对曰:"阴冰凝[3],阳冰厚五寸[4]。"不知,以告晏子[5]。晏子对曰:"君子也。问年谷而对以冰,礼也。阴冰凝,阳冰厚五寸者,寒温节[6],节则刑政平,平则上下和,和则年谷熟。年充众和[7]而伐之,臣恐罢民弊兵,不成君之意[8]。请礼鲁以息吾怨[9],遣其执[10],

译文

景公攻打鲁国,抓获了鲁国大臣东门无泽。景公问他:"鲁国的年成怎么样?"东门无泽回答说:"不见阳光的地方的冰全凝冻着,见阳光的地方冰厚有五寸。"景公不明白他的话,就告诉了晏子。晏子回答说:"这是个贤人啊。问他年成而回答冰冻情况,知礼呀!不见阳光的地方全凝冻着,见阳光的地方冰厚五寸,说的是寒暑变化有规律,寒暑变化有规律刑法政令就平稳,刑法政令平稳上下就和睦,上下和睦庄稼就丰收。年成丰收、百姓和乐而去攻打它,我担心会使齐国军民疲敝,不能达到国君的愿望。请礼待鲁国使它消除以明吾德。”公曰：“善。”乃不伐鲁。

对齐国的怨恨，放还抓获的人，以昭明我国的德行。”景公说：“好。”于是不攻打鲁国了。

注释

1 **傅许**：疑此二字为衍，可不译。一说“傅”为至之意，“傅许”即到达许地。

2 **东门无泽**：鲁国大臣，姓东门，名无泽。

3 **阴冰凝**：不见阳光的地方的冰凝冻着。

4 **阳冰厚五寸**：太阳照到的地方的冰厚五寸。

5 **不知，以告晏子**：此句前脱“公”字，应为“公不知，以告晏子”，意思是景公不明白东门无泽的话，就把他的话告诉了晏子。

6 **寒温节**：寒暑变化有规律。节，有规律。

7 **年充众和**：年成丰收，百姓和乐。

8 **不成君之意**：不能达到国君的愿望。

9 **息吾怨**：消除对我们齐国的怨恨。

10 **遣其执**：放还抓来的人。

景公使晏子予鲁地而鲁使不尽受第十八

原文

景公予鲁君地，山阴数百社[1]，使晏子致之，鲁使子叔昭伯[2]受地，不尽受也。晏子曰：“寡君献地，忠廉也，曷为不尽受？”子

译文

景公将泰山北面居住有数百社人家的土地送给鲁国国君，派晏子送去文书，鲁国派子叔昭伯来接受土地，但他没有全部收下。晏子说：“我的国君送给你们土地，是诚心诚意的，为什么不全部收下

叔昭伯曰:“臣受命于君曰:‘诸侯相见,交让,争处其卑[3],礼之文[4]也;交委多[5],争受少,行之实[6]也。礼成文于前,行成章于后[7],交之所以长久也。’且吾闻君子不尽人之欢,不竭人之忠[8],吾是以不尽受也。”

呢?”子叔昭伯说:“我接受命令时国君说:‘诸侯相见,交往要礼让,争着处在卑下的地位,这是礼的外在表现;交往时馈赠得多,接受得少,这是礼的践行。礼节上先有了形式,后有了践行,交情因此能够长久。’况且我听说君子不夺人所爱,不尽享他人的忠心,因此我不能全部收下。”

注释

1 **山阴数百社:**泰山北面数百社。山阴,指泰山北边。社,古时二十五家为一社。

2 **子叔昭伯:**鲁国大臣。

3 **争处其卑:**两国交往礼让,都争着处在卑下的位置而尊崇对方。

4 **礼之文:**礼的外在表现。文,外在表现。

5 **交委多:**交往时赠送得多。委,赠送。

6 **行之实:**指礼的践行。

7 **章于后:**“章”疑为“实”之讹,意思是实际的行动在后。

8 **“且吾闻”二句:**这是曾子的话,原为“君子不绝人之欢,不尽人之礼”。这里的意思是君子不夺人所爱,不尽享他人的忠心。

原文

晏子归报公,公喜笑曰:“鲁君犹若是乎。”晏子曰:“臣闻大国贪于名,小国贪于实[1],此诸侯之通患也。今鲁处卑而不贪乎尊,辞实而不贪乎多,行廉

译文

晏子回去报告了景公,景公高兴地笑着说:“鲁国的国君还这样啊。”晏子说:“我听说大国贪图名声,小国贪图实惠,这是诸侯的通病啊。现在鲁国宁愿自处卑下而不贪图尊贵,推辞实惠而不贪图多得,行事廉洁而不苟且求利,讲道义

不为苟得[2]，道义不为苟合[3]，不尽人之欢，不竭人之忠，以全其交[4]，君之道义，殊于世俗，国免于公患[5]。”公曰：“寡人说鲁君，故予之地，今行果若此，吾将使人贺之。”晏子曰：“不！君以欢予之地，而贺其辞[6]，则交不亲，而地不为德[7]矣。”公曰：“善。”于是重鲁之币，毋比诸侯[8]，厚其礼，毋比宾客。君子于鲁，而后明行廉辞地之可为重名也。

而不随便附和，不夺人所爱，不尽享他人的忠心，以此来维护与他国的交往。鲁国国君的道义，与世俗不同，因此使鲁国能避免别的诸侯都遭受的那种祸乱。”景公说：“我喜欢鲁国国君，所以赠送给他土地，现在他的德行果然这样，我要派人去祝贺他。”晏子说：“不行！君王因为高兴给他土地，又去赞扬他的推辞之举，那么相交就不亲密，赠送土地也不算有德义了。”景公说：“好。”于是用超过对其他诸侯的厚礼赠送鲁国，用超过对别的宾客的礼节接待鲁国宾客。君子了解了鲁国的作为，然后才明白行为廉洁、辞让赠地可以使国家名重天下。

注释

1 **贪于实：**贪图实惠。实，指实际的利益。

2 **行廉不为苟得：**德行清廉，不愿意苟且求利。

3 **道义不为苟合：**遵循道义，不愿意随便附和。

4 **以全其交：**用以维护两国的正常交往。

5 **国免于公患：**国家避免了别的诸侯都遭受的那种祸乱。

6 **贺其辞：**赞扬他的辞让之举，指不尽受赠地。

7 **地不为德：**赠送土地不算是有德义的行为。

8 **毋比诸侯：**意思是赠送给鲁国的礼物比给别的诸侯的多。

景公游纪得金壶中书晏子因以讽之第十九

原文

景公游于纪[1]，得金壶，乃发视之，中有丹书，曰："食鱼无反[2]，勿乘驽马[3]。"公曰："善哉如若言[4]！食鱼无反，则恶其鱢[5]也；勿乘驽马，恶其取道不远也。"晏子对曰："不然。食鱼无反，毋尽民力乎！勿乘驽马，则无置不肖于侧乎！"公曰："纪有书，何以亡也？"晏子对曰："有以亡也。婴闻之，君子有道，悬之闾[6]；纪有此言，注之壶，不亡何待乎？"

译文

景公到纪国故地去游玩，得到一个金壶，于是打开来看，壶里有丹书，上面写道："吃鱼不要翻过来，不要骑劣马。"景公说："这话讲得好啊！吃鱼不要翻过来，是厌恶它的腥臊；不要骑劣马，是厌烦它走不了远路。"晏子回答说："不是这样的。吃鱼不要翻过来，是不要耗尽百姓的财力啊！不要骑劣马，就是不要将卑劣的人置于君王身边啊！"景公说："纪国有这样的丹书，为什么会亡国呢？"晏子回答说："亡国是有原因的。我听说，君子有治国的策略，要高悬于门闾广而行之；纪国有这样的丹书，却装在金壶里，不灭亡还等待什么好结果呢？"

注释

1 **纪：**古纪国，其地在今山东寿光市。

2 **无反：**吃鱼不要翻过来，留其一面。意思是享受美食不要穷尽。

3 **驽马：**劣马，跑不快的马。

4 **善哉如若言:**这话讲得好。善哉,好啊。如,像。若言,这话。

5 **恶其鳔:**讨厌它的腥味。"鳔"同"臊",腥臭。

6 **悬之闾:**悬挂在门闾之上,意思是广而行之。

景公贤鲁昭公去国而自悔晏子谓无及已第二十

原文

鲁昭公弃国走齐,景公问焉,曰:"君何年之少,而弃国之蚤?奚道至于此乎[1]?"昭公对曰:"吾少之时,人多爱我者,吾体不能亲[2];人多谏我者,吾志不能用。是以内无拂而外无辅[3],辅拂无一人,谄谀我者甚众。譬之犹秋蓬[4]也,孤其根而美枝叶,秋风一至,根且拔矣。"景公辩其言[5],以语晏子,曰:"使是人反其国,岂不为古之贤君乎?"晏子对曰:"不然。夫愚者多悔,不肖者自贤,溺者不问队[6],迷者

译文

鲁昭公失掉了君位而逃亡到齐国,景公问他道:"您为何年纪轻轻却早早失去了国家?什么原因使你落到了这样的地步?"昭公回答说:"我年轻的时候,很多人爱戴我,我却没有亲近他们;很多人向我进谏,我却独断专行不采纳他们的意见。因此内外都没有能够辅弼的贤臣。辅弼的贤臣一个也没有,谄谀的小人却特别多。就好像是秋天的飞蓬,它的根孤单而枝叶华茂,秋风一吹,就被连根拔起了。"景公体味着他的话,并将它告诉了晏子,说:"如果让昭公返回他的国家,难道不是成了古代的贤君了吗?"晏子回答说:"不会这样。愚蠢的人多爱后悔,无能的人好说自己有才干,淹死的人在于事先不问涉水的道路,迷路的人在于事先不

不问路。溺而后问队，迷而后问路，譬之犹临难而遽铸兵，噎而遽掘井，虽速亦无及已。”

问清路线。快淹死了才问涉水道路，迷路后才问行进路线，就像已经大难临头才急忙去打造兵器，噎住了才急忙去挖井，即使再快也来不及了。”

注释

1 **奚道至于此乎**：什么原因使你到了这个地步？

2 **体不能亲**：自己不能亲近。

3 **内无拂而外无辅**：意思是朝廷内外都没有能够辅弼的贤臣。

4 **秋蓬**：秋天的飞蓬。

5 **辩其言**：体味他说的话。辩，这里是体味的意思。

6 **溺者不问队**："队" 通 "隧"，泛指道路。这句话意为淹死的人在于不问涉水的道路。

晏子使鲁有事已仲尼以为知礼第二十一

原文

晏子使鲁，仲尼命门弟子往观。子贡反，报曰："孰谓晏子习于礼乎？夫《礼》曰，登阶不历，堂上不趋，授玉不跪。[1] 今晏子皆反此，孰谓晏子习于礼者？"

译文

晏子出使鲁国，孔子命令门下弟子前去观看。子贡回来，报告说："谁说晏子熟习于礼呀？《礼记》中说，上台阶不能越级，在堂上不能快步走，接受玉器不能下跪。现在晏子的做法全部与此相反，谁说晏子是熟习礼的人呢？"

晏子结束了对鲁国国君的拜见后，离开

晏子既已有事于鲁君[2]，退见仲尼，仲尼曰：“夫《礼》，登阶不历，堂上不趋，授玉不跪。夫子反此，礼乎？”晏子曰：“婴闻两槛之间[3]，君臣有位焉，君行其一，臣行其二[4]。君之来速，是以登阶历堂上趋以及位[5]也。君授玉卑，故跪以下之。[6]且吾闻之，大者不逾闲[7]，小者出入可也。”晏子出，仲尼送之以宾客之礼，反，命门弟子曰：“不法之礼[8]，维晏子为能行之。”

宫廷去见孔子。孔子说：“《礼记》有言，上台阶不能越级，在堂上不能快步走，接受玉器不能下跪。先生违反了这些，合乎礼仪吗？”晏子说：“我听说东西殿堂之间，君臣各有其固定的位置，君王走一步，臣子走两步。君王走来得快，所以我上台阶跨越而行，在堂上快步走以便及时到达我的位置。君王接受玉时身子低俯，所以我跪下以比他更低。而且我听说，大的方面不越过规矩，小的方面有些出入是可以的。”晏子出去了，孔子以宾客之礼相送，返回后，对门下弟子说：“没有明文写上去的礼仪，只有晏子能够实行它。”

注释

1 **“登阶不历”三句：**出自《礼记·曲礼上》，意思是登台阶不跨越两级，殿堂上不快走，接受玉器时不能下跪。

2 **既已有事于鲁君：**指朝见鲁国国君的事务已经完成。

3 **两槛之间：**“槛”当作“楹”，这句话意思是东西殿堂之间。

4 **“君行其一”二句：**国君走一步，臣子行两步。

5 **趋以及位：**快步走去就位。

6 **“君授玉卑”二句：**鲁君接受玉时身子下倾，所以晏子为了维持君尊臣卑之礼，跪下向鲁君授玉。“授”通“受”，接受。

7 **大者不逾闲：**大的方面不要越过了规矩。闲，法度，界限。

8 **不法之礼：**没有明文写上去的礼仪。这里的意思是晏子能够灵活行事。

晏子之鲁进食有豚亡二肩不求其人第二十二

原文

晏子之鲁，朝食进馈膳，有豚焉。晏子曰："去其二肩[1]。"昼者进膳，则豚肩不具。侍者曰："膳豚肩亡[2]。"晏子曰："释之矣。"侍者曰："我能得其人。"晏子曰："止。吾闻之，量功而不量力[3]，则民尽；藏余不分[4]，则民盗。子教我所以改之，无教我求其人也。"

译文

晏子到鲁国去，早晨送来的膳食有小猪。晏子说："把它的两条前腿藏起来。"到了白天送来的饭食，小猪的前腿就没有了。侍候晏子的人说："膳食中的小猪前腿不见了。"晏子说："算了吧。"侍者说："我能找到偷猪腿的人。"晏子说："算了。我听说，凡事只考虑成效而不考虑民力，就会使民力竭尽；藏起多余的而不分给不足者，就会使百姓偷盗。你应教我如何改变这种情况，而不要教我去寻找那个偷盗之人。"

注释

1 **去其二肩**：将它的两条前腿藏起来。去，藏起来。肩，这里指前腿。

2 **亡**：同"无"。

3 **量功而不量力**：只考虑成效而不考虑民力。量，考虑。

4 **藏余不分**：藏起多余的而不分给不足者。

曾子将行晏子送之而赠以善言第二十三

原文

曾子将行，晏子送之曰：“君子赠人以轩[1]，不若以言。吾请以言之，以轩乎？”曾子曰：“请以言。”晏子曰：“今夫车轮，山之直木也，良匠揉之[2]，其圆中规[3]，虽有槁暴[4]，不复嬴矣[5]，故君子慎隐揉。和氏之璧，井里之困[6]也，良工修之[7]，则为存国之宝，故君子慎所修。今夫兰本[8]，三年而成，湛之苦酒，则君子不近，庶人不佩；湛之麋醢[9]，而贾匹马矣。非兰本美也，所湛然也。愿子之必求所湛。婴闻之，君子居必择邻，游必就士[10]，择居所以求士，求士所以辟患也。婴

译文

曾子将要远行，晏子为他送行说：“君子认为送给人财物，不如送给人善言。我是送给你善言呢，还是财物呢？”曾子说：“请送给我善言。”晏子说：“现在那些车轮，本是山中笔直的树木，灵巧的工匠用火烘烤使它弯曲，让它同规那样圆，即使再暴晒让它干燥，它也不会变回原来的挺直了，所以君子要小心那种改变自己本性的事。和氏璧本来埋没在民间，灵巧的工匠剖治它，就成了镇国之宝，所以君子要用心对待自身的修养。现在那兰草与藁本，三年长成，用苦酒浸泡过后，君子不亲近它，百姓也不佩带它。若用麋鹿肉做的酱浸泡它，它就能换一匹马。不是兰草和藁本的质地好，而是浸泡它的东西使它昂贵啊。希望您一定要找合适的环境。我听说，君子居住一定选择邻居，出游一定结交贤士。选择居住地是为了寻求贤士，寻求贤士是为了避开祸患。我听说，

闻汩常移质[11]，习俗移性，不可不慎也。”

违反伦常就会改变人的本质，学习风俗会改变人的性情，不能不谨慎呀。”

注释

1 **轩：**应作“财”。

2 **揉之：**用火烘烤后使它弯曲。

3 **中规：**符合规的圆度。

4 **虽有槁暴：**即使再让它暴晒干燥。“有”通“又”。槁暴，暴晒使之干燥。

5 **不复嬴矣：**不会再变回原来的挺直了。

6 **井里之困：**指和氏璧原本埋没在民间。

7 **修之：**剖治它，即剖璞得玉。

8 **兰本：**植物名，即兰草和藁本，都有芳香。

9 **麋醢**(hǎi)**：**“麋”当作“麇”。麇醢，即用麇鹿肉做的酱。

10 **游必就士：**交游就一定要结交贤士。

11 **汩**(gǔ)**常移质：**违反伦常就会改变人的本质。汩，乱。

晏子之晋睹齐累越石父解左骖赎之与归第二十四

原文

晏子之晋，至中牟[1]，睹弊冠反裘负刍[2]，息于途侧者，以为君子也，使人问焉。曰：“子何为者也？”对曰：“我越石父[3]者也。”

译文

晏子到晋国去，行至中牟，看见一个头戴破帽子、反穿皮衣、背着干草的人在路旁休息，晏子认为他是个有德行的人，便派人上前问道：“您是什么人？”那人回答说：“我叫越石父。”晏子说：“为何弄到晏子曰:“何为至此?”曰:“吾为人臣[4],仆于中牟,见使将归[5]。”晏子曰:“何为为仆?”对曰:“不免冻饿之切吾身[6],是以为仆也。”晏子曰:“为仆几何?”对曰:“三年矣。”晏子曰:“可得赎乎?”对曰:“可。”遂解左骖以赎之,因载而与之俱归。

至舍,不辞而入[7],越石父怒而请绝,晏子使人应之曰:“吾未尝得交夫子也,子为仆三年,吾乃今日睹而赎之,吾于子尚未可乎?子何绝我之暴[8]也。”越石父对之曰:“臣闻之,士者诎乎不知己[9],而申乎知己[10],故君子不以功轻人之身[11],不为彼功诎身之理[12]。吾三年为人臣仆,而莫吾知也;今子赎我,吾以子为知我矣。向者子乘,不我辞也,吾以子为忘;今又不辞而入,是与臣我者同矣。我犹且为臣,请鬻于世[13]。”

这种境况?”越石父回答说:“我是人家的奴隶,在中牟行仆役,现在正在回去的路上。”晏子说:“什么原因使你成了奴隶?”回答说:“自己不能免除寒冷饥饿的痛苦,所以给人做了奴隶。”晏子说:“您做奴隶多长时间了?”回答说:“三年了。”晏子说:“可以赎身吗?”回答说:“可以。”晏子于是解下左边的骖马给他赎身,并用车载着他一同返回。

到了家门口,晏子没有打招呼就进去了,越石父气愤地请求与晏子绝交。晏子派人问他说:“我不曾同先生交往过啊,您当了三年奴隶,我今天看到并赎回了您,我对您还不可以吗?您为何这么快就同我绝交?”越石父回答说:“我听说,士委屈于没有人了解自己,而畅快于有人了解自己。所以君子不能因为有功于人而轻视对方,不因别人有功于己而屈身侍人。我三年中给人做奴隶,没有谁了解我;现在您赎回我,我以为您了解我了。刚才您乘车,不和我打招呼,我认为是您疏忽了;现在又不和我辞别而入内,是和把我当奴隶看待的人一样了。我还是当奴隶,请到市上将我卖了吧。”

注释

1 **中牟：**古邑名，曾为赵国都城。
2 **负刍：**背着干草。刍，干草。
3 **越石父：**人名，曾为仆，为晏子所赎，后为齐国贤臣。
4 **为人臣：**给人当奴仆。臣，这里的意思是奴仆。
5 **见使将归：**现在正在回去的路上。“见”同“现”。
6 **切吾身：**摧残我的身体。切，本义为切割，引申为摧残。
7 **不辞而入：**不打招呼就进去。辞，打招呼。
8 **暴：**疾，快。
9 **诎乎不知己：**委屈于没有人了解自己。诎，委屈。
10 **申乎知己：**畅快于有人了解自己。申，本义为伸展，这里指心情畅快。
11 **不以功轻人之身：**不因自己有功于人而轻视他。
12 **不为彼功诎自之理：**不因别人有功于己而屈身侍人。
13 **鬻(yù)于世：**到市上去卖。鬻，卖。

原文

晏子出，见之曰：“向者见客之容，而今也见客之意。婴闻之，省行者不引其过[1]，察实者不讥其辞[2]，婴可以辞而无弃乎[3]？婴诚革之。”乃令粪洒改席[4]，尊醮而礼之[5]。越石父曰：“吾闻之，至恭不修途，尊礼不受摈[6]。夫子礼之，仆不敢当也。”晏子遂以为上客。

君子曰：“俗人之有

译文

晏子走出来，见越石父说：“刚才只看到您的外表，而现在见到了您的内在精神。我听说，反省过错的人就不要去追究他的过错，核察实情的人就不再去讥讽他的言辞，我可以向您道歉而不被您拒绝吗？我诚心改正我的过失。”于是命令打扫房屋、改换座席，用醮礼来礼待他。越石父说：“我听说，最恭敬的礼节不必打扫房屋，最隆重的礼节不必用傧相引导。先生这么礼待我，我不敢当啊。”晏子于是将他尊为上宾。

君子说：“世俗的人有功于人就自以为有德，自以为有德就会骄傲。晏子有功于功则德[7]，德则骄。晏子有功，免人于厄，而反诎下之[8]，其去俗亦远矣。此全功之道[9]也。”

人，使人免除困厄，而又屈己礼下于人，他与俗人的差别就更大了。这是成就功德的方法啊。”

注释

1 **省行者不引其过：**能够反省自己行为的人就不要再提及他的过失。引，提及。

2 **察实者不讥其辞：**对详察事实的人就不要再讥讽他说过的话。

3 **辞而无弃乎：**道歉而不被拒绝。辞，道歉。

4 **粪洒改席：**打扫房屋、改设座席。粪，扫除。

5 **尊醮(jiào)而礼之：**用隆重的醮礼来礼待他。醮，古代一种接待宾客的隆重礼节。

6 **尊礼不受摈：**尊崇礼仪而不必用傧相相引。“摈”通“傧”，傧相，古时替主人接引宾客和赞礼的人。

7 **有功则德：**有功于人就自我炫耀以为有德。

8 **反诎下之：**反而委屈自己去礼下于别人。

9 **全功之道：**成就功德的方法。

晏子之御感妻言而自抑损晏子荐以为大夫第二十五

原文

晏子为齐相，出，其御之妻从门间而窥，其夫为相御，拥大盖[1]，策驷马，意

译文

晏子任齐国宰相，有一天出门，他车夫的妻子从门缝向外观望。她看见自己的丈夫为宰相驾车，张着大伞盖，赶着四

气扬扬，甚自得也。既而归，其妻请去。夫问其故，妻曰："晏子长不满六尺[2]，相齐国，名显诸侯。今者妾观其出，志念深矣[3]，常有以自下者[4]。今子长八尺，乃为人仆御；然子之意，自以为足，妾是以求去也。"其后，夫自抑损[5]。晏子怪而问之，御以实对，晏子荐以为大夫。

匹马，得意洋洋，神气十足。车夫驾车完毕回到家里，妻子请求离他而去。车夫问她原因，妻子说："晏子身长不满六尺，任齐国宰相，声名显赫于诸侯。今天我观察他出行，心怀远大志向，却保持着礼下于人的谦逊态度。而你身高八尺，仅是给人驾车的仆人；然而你的心意，自以为满足，我因此请求离开你。"这以后，车夫开始谦逊有礼，晏子感到奇怪，就问他，车夫将实情告诉了晏子，晏子就推荐他做了大夫。

注释

1 **拥大盖**：张着大伞盖。拥，遮掩。盖，遮阳用的大伞。

2 **尺**：这里的尺为周代之尺，较现在的尺短。

3 **志念深矣**：志向远大。

4 **自下者**：礼下于人。

5 **抑损**：谦逊，谦让。

泯子午见晏子晏子恨不尽其意第二十六

原文

燕之游士，有泯子午[1]者，南见晏子于齐，言有文章[2]，术

译文

燕国的游士中有一个叫泯子午的人，往南到齐国去拜见晏子，

有条理[3]，巨可以补国[4]，细可以益晏子者，三百篇。睹晏子，恐慎而不能言[5]。晏子假之以悲色[6]，开之以礼颜[7]，然后能尽其复[8]也。客退。晏子直席而坐[9]，废朝移时[10]。在侧者曰："向者燕客侍，夫子胡为忧也？"晏子曰："燕，万乘之国也；齐，千里之涂也。泯子午以万乘之国为不足说，以千里之涂为不足远，则是千万人之上也。且犹不能殚其言于我，况乎齐人之怀善而死者乎？吾所以不得睹者，岂不多矣？然吾失此，何之有也？"

他的言辞颇有文采，学说系统有条理，大的方面可以补益于国家，小的方面可以有益于晏子的文章有三百篇。但他见到晏子后，又因为害怕而说不出话来。晏子以温和的脸色对待他，用彬彬有礼的态度使他放松，之后他才能畅所欲言。客人退下了。晏子端坐在席上，停止了朝会好长时间。旁边的人说："为什么燕国客人侍坐时，夫子那么忧虑呢？"晏子说："燕国，是有万辆兵车的强国，齐国，是土地千里的大国。泯子午认为万辆兵车的国家不足以游说，不把千里的路程视为遥远而来齐国，那他是在千万人之上的人了。他尚且不能尽情地把想说的话都说给我，何况那些在齐国怀藏德才而死的人呢？我不能够亲眼见到的有德才的人，岂不是太多了吗？而我失去了这些人，还有什么呢？"

注释

1 **泯子午：**人名，事迹仅见于此，生平不详。

2 **言有文章：**说话很有文采。

3 **术有条理：**学说系统有条理。

4 **巨可以补国：**大的方面可以补益于国。

5 **恐慎而不能言：**恐惧而说不出话来。恐慎，即恐惧。

6 **假之以悲色：**用温和的脸色对待他。假，这里作对待讲。悲色，温和的脸色。

7 **开之以礼颜：**用彬彬有礼的态度使他放松。开，使之放松。

8 **能尽其复**：能够畅所欲言。
9 **直席而坐**：端正地坐在席上。
10 **废朝移时**：停止了朝会好长时间。废，停止。

晏子遗北郭骚米以养母骚杀身以明晏子之贤第二十七

原文

齐有北郭骚[1]者，结罘罔[2]，捆蒲苇[3]，织履，以养其母，犹不足，踵门[4]见晏子曰："窃说先生之义，愿乞所以养母者。"晏子使人分仓粟府金而遗之，辞金受粟。

有间，晏子见疑于景公，出奔，过北郭骚之门而辞。北郭骚沐浴而见晏子曰："夫子将焉适[5]？"晏子曰："见疑于齐君，将出奔。"北郭骚曰："夫子勉之矣！"晏子上车太息而叹曰："婴之亡岂不宜哉？亦不知士甚矣。"晏子行，

译文

齐国有个叫北郭骚的人，编织渔猎用的网，捆扎蒲苇，编鞋子，来养活他的母亲，但还是不足以维生，他于是登门拜见晏子说："我私下里仰慕先生的仁义，希望讨要一些能够供养母亲的东西。"晏子派人拿一些仓中的粮食和府库中的钱送给他，他推辞掉金钱，只接受了粮食。

过了一段时间，晏子被景公怀疑，出逃在外，路过北郭骚的家门而与他辞行。北郭骚沐浴后拜见晏子说："先生将要到哪里去？"晏子说："我被君王怀疑，要出去逃亡。"北郭骚说："先生您还是努力让齐王了解您吧！"晏子上车长叹一声说："我出逃难道不应该吗？我也太不了解士了呀。"晏子走了，北郭骚召来他的朋友并告诉他说："我仰慕晏子的德义，曾经

北郭子召其友而告之曰："吾说晏子之义，而尝乞所以养母者焉。吾闻之，养其亲者身伉其难[6]。今晏子见疑，吾将以身死白之[7]。" 着衣冠，令其友操剑，奉笥而从[8]，造于君庭[9]，求复者[10]曰："晏子，天下之贤者也；今去齐国，齐必侵矣。方见国之必侵，不若死，请以头托白晏子也。" 因谓其友曰："盛吾头于笥中，奉以托。"退而自刎。其友因奉托而谓复者曰："此北郭子为国故死，吾将为北郭子死。" 又退而自刎。景公闻之，大骇，乘驲[11]而自追晏子，及之国郊，请而反之。晏子不得已而反，闻北郭子之以死白己也，太息而叹曰："婴之亡，岂不宜哉？亦愈不知士甚矣。"

向他讨要能够供养母亲的东西。我听说，对赡养自己双亲的人，自己要为他承受灾难。现在晏子被怀疑，我将要用我的死来为他辩白。" 于是穿好衣服戴好帽子，让他的朋友拿着剑，捧着竹篮跟着他，来到景公的宫廷，向守门人说："晏子，是天下贤能的人。现在他离开齐国，齐国一定会遭到侵犯。等着看国家被侵犯，不如死了，请您将我的头拿进去，来为晏子辩白。" 于是对他的朋友说："将我的头盛在竹篮中，拜托您送给国君。" 然后退后而自刎。他的朋友就捧着竹篮对守门人说："北郭先生为了国家的缘故而死，我将要为北郭先生而死。" 也后退而自刎。景公听说了这件事后，大受惊骇，乘着驿站的专车亲自去追赶晏子，到国境追上了他，请求他回去。晏子不得已才返回，听说北郭先生用死来为自己辩白，长长地叹了一口气，说："我出逃，难道不应该吗？我也太不了解士了。"

注释

1 **北郭骚**：齐国人，事迹仅见于此，生平不详。

2 **罘(fú)罔**：捕兽的网。

3 **蒲苇**：蒲草和芦苇，可用来织席子、编草鞋。

4 **踵门**：亲自到门。

5 **将焉适**：将往哪里去。

6 **伉其难：**承受其灾难。伉，承受。

7 **以身死白之：**用自己的死亡来为其辩白。

8 **奉笥(sì)而从：**捧着竹篮跟随着他。笥，方形的竹篮。

9 **造于君庭：**到了国君的宫廷。造，到了。

10 **复者：**守在门口负责通报的人。

11 **乘驲(rì)：**乘着驿站的专车。驲，古代驿站专用的车。

景公欲见高纠晏子辞以禄仕之臣第二十八

原文

景公谓晏子曰："吾闻高纠[1]与夫子游，寡人请见之。"晏子对曰："臣闻之，为地战者，不能成其王；为禄仕者，不能正其君。高纠与婴为兄弟久矣，未尝干婴之行[2]，特禄之臣[3]也，何足以补君乎？"

译文

景公问晏子说："我听说高纠同先生有交往，我想见见他。"晏子回答说："我听说，为争夺土地而发动战争的人，不可能成就帝王的功业；为俸禄而做官的人，不能匡正他的国君。高纠和我做兄弟已经很久了，未尝批评过我的行为。他只不过是个拿着俸禄没什么作为的人罢了，有什么能够补益君王的呢？"

注释

1 **高纠：**齐国人，曾侍奉晏子。

2 **干婴之行：**批评我晏婴的行为。干，这里作批评解。

3 **特禄之臣：**只拿俸禄的臣子，意思是没有多大的作为。

高纠治晏子家不得其俗乃逐之第二十九

原文

高纠事晏子而见逐，高纠曰："臣事夫子三年，无得[1]，而卒见逐，其说何也[2]？"晏子曰："婴之家俗[3]有三，而子无一焉。"纠曰："可得闻乎？"晏子曰："婴之家俗，闲处从容不谈议，则疏；出不相扬美[4]，入不相削行[5]，则不与；通国事无论[6]，骄士慢知[7]者，则不朝也。此三者，婴之家俗，今子是无一焉。故婴非特食馈之长也[8]，是以辞。"

译文

高纠侍奉晏子而被驱逐，高纠说："我侍奉先生三年，没有得到禄位，最后却被驱逐，这怎么解释呢？"晏子说："我家的规矩有三条，而你一条也没有做到。"高纠说："可以说来听听吗？"晏子说："我家的规矩，闲居无事不讨论政事的，就疏远他；出外不相互弘扬美德，入内不相互切磋德行的，就不同他共事；不关心国事，对贤士骄横、对智者傲慢的人，就不同他交往。这三条，就是我家的规矩，现在你没有做到其中任何一条。我不是专供人吃饭的人，所以辞退你。"

注释

1 **无得**：没有得到禄位。

2 **其说何也**：这怎么解释呢？

3 **家俗**：家中的规矩。

4 **出不相扬美**：出外不相互弘扬美德。

5 **入不相削行：**在家里不相互切磋德行。削，切磋。

6 **通国事无论：**国内的事情不关心。论，讨论、关心。

7 **骄士慢知：**对贤士骄横、对智者傲慢。

8 **非特食馈之长也：**不是专门供应饮食的人。长，这里指主人。

晏子居丧逊答家老仲尼善之第三十

原文

晏子居晏桓子[1]之丧，粗衰[2]，斩[3]，苴绖带[4]，杖[5]，菅屦[6]，食粥，居倚庐[7]，寝苫[8]，枕草。其家老曰："非大夫丧父之礼也。"晏子曰："唯卿为大夫。"

曾子以闻孔子，孔子曰："晏子可谓能远害矣。不以己之是驳人之非，逊辞以避咎[9]，义也夫！"

译文

晏子为其父晏桓子守孝，穿粗麻布制成的丧服，没有缝边，腰间系着粗麻绳，手执丧棒，穿着草鞋，吃粥，住在草棚里，睡草垫子，枕着草。他的老家臣说："这不是大夫丧父的礼节呀。"晏子说："只有卿大夫才能服大夫的丧服。"

曾子将这件事告诉了孔子，孔子说："晏子可以称为能远离祸患之人呀。不用自己的正确驳斥他人的错误，用谦逊的话来避开别人的指责，这就是义了。"

注释

1 **晏桓子：**名弱，晏子的父亲。

2 **粗衰(cuī)：**古代丧服之一，胸前缀有六寸长、四寸宽的麻布。

3 **斩：**即斩衰，丧服中最重的一种，用最粗的麻布做成，边缘不缝缀。

4 **苴绖(jū dié)带：**古代丧服之一，用粗麻搓成草绳系在腰间。苴，粗麻。绖，古代丧服所用的麻带。

5 **杖**:即丧棒,居丧时持于手中。

6 **菅屦**(jù):居丧时穿的草鞋。

7 **倚庐**:古人为父母守丧时居住的简陋棚屋。

8 **寝苫**(shān):睡在茅草编成的粗席上。苫,用茅草编织的垫子,古代居丧时,孝子用以寝卧。

9 **逊辞以避咎**:用谦逊的言辞来避免被指责。

第六卷

内篇·杂下

本卷共三十章。其中第一章为晏子劝谏齐灵公，这也是灵公在本书中的唯一一次“亮相”。灵公禁止国内的女子穿男子的衣服，但却默许宫内的女子这么做，因此晏子讽其为“悬牛首于门，而卖马肉于内”，谚语“挂羊头卖狗肉”即从此演化而来。晏子认为，国君首先要以身作则，正如孔子所说的“其身正，不令而行”。在第四、六章中，晏子还针对齐景公崇奉鬼神进行了劝谏，认为与其寄希望于鬼神，不如修身治国，即“维以政与德而顺乎神，为可以益寿”。受时代的限制，晏子也认为鬼神实有。但可贵的是，他能够从实际出发来考虑事情，而不把鬼神作为依赖。第八、九、十、十一诸章，还展现了晏子的外交原则和智慧，尤其是“晏子使楚”二章中的“使狗国者入狗门”“橘生淮南则为橘，生于淮北则为枳”两个典故，体现了晏子的聪明机敏和坚持原则，已经成为家喻户晓的成语故事。此外，第十五章至二十六章，集中描述了晏子对于国君种种赏赐的推辞，这一方面是晏子自己的立身之道，即“足欲则亡”；另一方面，则是晏子希望以此来劝诫国君和大臣，要以身作则，节用而爱民。

灵公禁妇人为丈夫饰不止晏子请先内勿服第一

原文

灵公好妇人而丈夫饰[1]者，国人尽服之，公使吏禁之，曰："女子而男子饰者，裂其衣，断其带。"裂衣断带相望，而不止。晏子见，公问曰："寡人使吏禁女子而男子饰，裂断其衣带，相望而不止者何也？"晏子对曰："君使服之于内，而禁之于外，犹悬牛首于门，而卖马肉于内也。公何以不使内勿服，则外莫敢为也。"公曰："善。"使内勿服，逾月，而国莫之服[2]。

译文

齐灵公喜欢让女子穿着男人的衣服，因此国中的女子都穿男装。灵公派官吏禁止这种行为，说："妇女穿男子衣服的，就撕裂她的上衣，割断她的衣带。"被撕裂上衣、割断带子的人比比皆是，这种风气还是不能禁止。晏子拜见灵公，灵公问："我派官吏禁止女子穿男装，被撕裂上衣、割断带子的人一个接一个，还不能禁止的原因是什么？"晏子回答说："君王让宫内的人穿，而对宫外的人禁止，就像把牛头挂在门上，而在门内卖马肉一样。君王何不让宫内的女子不那样穿，那么宫外的人也没有谁敢穿了。"灵公说："好。"让宫内的女子不准再穿男装。过了一个月，国内也没有人敢那样穿了。

注释

1 **妇人而丈夫饰：**女子穿着男人的衣服。

2 **莫之服：**即莫服之，意思是女人不再穿男人的衣服。

齐人好毂击晏子绐以不祥而禁之第二

原文

齐人甚好毂击[1]，相犯以为乐，禁之不止。晏子患之，乃为新车良马，出与人相犯也，曰："毂击者不祥，臣其祭祀不顺[2]，居处不敬[3]乎？"下车而弃去之，然后国人乃不为。

故曰："禁之以制，而身不先行，民不能止。故化其心[4]，莫若教也。"

译文

齐国人很喜欢玩毂击之戏，并以此为乐，屡禁不止。晏子很忧虑，就制造一辆新车用良马拉着，出去与别的车相撞，然后说："用玩毂击之戏不吉祥，我是祭祀神灵不谨慎，居家不恭敬吧？"于是下车弃车走了，从此以后齐国人就不再玩毂击之戏了。

所以说："用制度来禁止，而自身不先执行，民众就不能禁止。所以教化民众的心性，莫过于身教。"

注释

1 **毂(gǔ)击：**两车的车轮相撞击。毂，轮毂，这里指车轮。

2 **祭祀不顺：**祭祀神灵不谨慎。"顺"通"慎"。

3 **居处不敬：**起居不恭敬。

4 **化其心：**教化他们的心性。

景公梦五丈夫称无辜晏子知其冤第三

原文

景公畋于梧丘[1]，夜犹早，公姑坐睡[2]，而梦有五丈夫北面韦庐[3]，称无罪焉。公觉，召晏子而告其所瞢。公曰："我其尝杀不辜，诛无罪邪？"晏子对曰："昔者先君灵公畋，五丈夫罟而骇兽[4]，故杀之，断其头而葬之。命曰'五丈夫之丘'，此其地邪？"公令人掘而求之，则五头同穴而存焉。公曰："嘻！"令吏葬之。国人不知其梦也，曰："君悯白骨，而况于生者乎？不遗余力矣，不释余知[5]矣。"故曰君子之为善易矣。

译文

景公到当道的高地去打猎，离天黑还早，就暂且坐着打个瞌睡，而梦见有五个男子面北向着他住的帐殿，口称无罪。景公猛然醒来，召见晏子而告诉他自己做的梦。景公说："我曾经滥杀无辜，诛杀过无罪的人吗？"晏子回答说："从前先君灵公打猎，有五个男子设网时惊动了野兽，灵公因此杀了他们，砍下他们的头葬在一起，起名叫'五丈夫之丘'，难道就是此地吗？"景公叫人挖掘寻找，果然见到五个人头一同埋在土坑内。景公叹曰："啊！"命令官吏好好安葬这五个人。齐国人不知道景公做的梦，说："君主怜悯白骨，而何况对待活人呢？那么我们为了国家也将不遗余力，竭尽所能啊。"所以说君子想做善事是很容易的。

注释

1 **梧(wù)丘**：当道的高地。梧，相迎，相遇。丘，高地。《尔雅·释丘》："泽中有丘，都丘。当途，梧丘。”宋人邢昺疏：“梧，遇也。当道有丘名梧丘，言若相遇于道路然也。”

2 **姑坐睡：**暂且坐着打个瞌睡。

3 **北面韦庐：**面北向着景公的行宫帐殿。韦庐，即行宫帐殿之类。

4 **罟而骇兽：**设网的时候惊动了野兽。

5 **不释余知：**将竭尽我们的才智。

柏常骞禳枭死将为景公请寿晏子识其妄第四

原文

景公为路寝之台，成，而不踊[1]焉。柏常骞曰：“君为台甚急，台成，君何为而不踊焉？”公曰：“然！有枭昔者鸣[2]，声无不为[3]也，吾恶之甚，是以不踊焉。”柏常骞曰：“臣请禳而去。”公曰：“何具？”对曰：“筑新室，为置白茅。”公使为室，成，置白茅焉。柏常骞夜用事[4]。明日，问公曰：“今昔闻鸮声乎？”公曰：“一鸣而不复闻。”使人往视之，鸮当陛[5]，布翌[6]，伏

译文

景公修建路寝之台，竣工后，又不去登台。柏常骞说：“君王建台时很急，建成后，为什么又不登台了呢？”景公说：“确实如此！前些日子我听到有猫头鹰叫，什么声调都叫出来了，我很厌恶，因此不想登台。”柏常骞说：“我请求祭祀来使它离开。”景公说：“要准备什么东西？”柏常骞说：“修建一间新屋子，在屋内放置白茅。”景公就派人修建新屋，新屋建成，放置了白茅。柏常骞在夜晚进行祭祀。第二天，他问景公说：“昨晚您听到猫头鹰的叫声了吗？”景公说：“叫了一声就听不见了。”派人前去查看，原来猫头鹰落在台阶上，两翼张开，伏在地上死了。景公说：

地而死。公曰:“子之道若此其明,亦能益寡人之寿乎?”对曰:“能。”公曰:“能益几何?”对曰:“天子九,诸侯七,大夫五。”公曰:“子亦有征兆之见乎?”对曰:“得寿,地且动。”公喜,令百官趣具[7]骞之所求。

“你的道术如此高明,还能为我增加寿命吗?”柏常骞说:“能。”景公说:“能增加多少?”柏常骞说:“天子能增加九岁,诸侯能增加七岁,大夫能增加五岁。”景公说:“寿命的增加会有征兆吗?”柏常骞说:“实现增寿,地将震动。”景公欣喜,命令百官赶紧准备柏常骞所需的东西。

注释

1 **踊:**本义为跳,这里指登台。

2 **有枭昔者鸣:**前些时候有猫头鹰在叫。枭,即下文中的鸮,指猫头鹰之类的鸟。古人认为其为恶鸟,叫声不祥。

3 **声无不为:**什么样的声音都有。

4 **用事:**指祭祀以祛除不祥。

5 **当陛:**在台阶上。

6 **布翌:**张开翅膀。布,张着。“翌”通“翼”,翅膀。

7 **趣具:**赶紧准备。“趣”通“趋”。

原文

柏常骞出,遭晏子于涂,拜马前,骞辞曰:“为禳君鸮而杀之,君谓骞曰:‘子之道若此其明也,亦能益寡人寿乎?’骞曰:‘能。’今且大祭,为君请寿,故将往,以闻[1]。”晏子曰:“嘻!亦善能为

译文

柏常骞出来,在路上遇到晏子,他在马前向晏子揖拜。柏常骞说:“我为君主祭祀而杀死了猫头鹰,君主告诉我说:‘先生的道术如此高明,还能为我增加寿命吗?’我说:‘能。’如今准备大祭,为君主增寿,所以现在就要过去,把这件事报告给您。”晏子说:“啊!还能够为君主增加寿命。虽然如此,我听说,只有政治与德行顺应神

君请寿也。虽然，吾闻之，维以政与德而顺乎神，为可以益寿。今徒祭，可以益寿乎？然则福兆有见乎？”对曰：“得寿，地将动。”晏子曰：“骞！昔吾见维星绝[2]，枢星散[3]，地其动，汝以是乎？”柏常骞俯有间，仰而对曰：“然。”晏子曰：“为之无益，不为无损也。汝薄敛，毋费民，且无令君知[4]之。”

灵，才可以增寿。如今仅仅借助祭祀，就可以增寿吗？那么有吉兆会显现吗？”柏常骞回答说：“实现增寿的话，地将震动。”晏子说：“柏常骞！昨夜我见到维星消失，枢星散乱，大地将震动，你是以此作为吉兆吧？”柏常骞低头想了一会儿，抬起头回答说：“是的。”晏子说：“做这事没有什么益处，不做也没有什么损害。你少征赋税，不要耗费百姓的财力，而且做什么事情要预先让君王知道。”

注释

1 **以闻：**意思是把这件事报告给您。

2 **维星绝：**维星消失。维星，北斗七星斗柄后有三星，名为维星。

3 **枢星散：**枢星消散。枢星，即天枢星，北斗七星的第一星。

4 **无令君知：**“无”当作“先”，即预先让国君知道。

景公成柏寝而师开言室夕晏子辨其所以然第五

原文

景公新成柏寝之台[1]，使师开[2]鼓琴，师开左抚宫[3]，右弹商，曰：“室夕[4]。”

译文

景公新建成柏寝之台，让名叫开的乐师在台上弹琴，乐师开左手奏宫调，右手弹商调，说：“这房子有点偏西。”景公公曰："何以知之？"师开对曰："东方之声薄[5]，西方之声扬[6]。"公召大匠[7]曰："立室何为夕？"大匠曰："立室以宫矩[8]为之。"于是召司空[9]曰："立宫何为夕？"司空曰："立宫以城矩[10]为之。"

明日，晏子朝公，公曰："先君太公以营丘之封[11]立城，曷为夕？"晏子对曰："古之立国者，南望南斗，北戴枢星，彼安有朝夕哉？然而以今之夕者，周之建国，国之西方，以尊周也。"公蹙然曰："古之臣乎！"

说："你怎么知道偏西？"乐师开回答说："东边的琴声低沉一些，西边的琴声高昂一些。"景公召来大匠说："房屋为何偏向西？"大匠说："这房屋是按修建宫室的规矩修的。"于是景公又召见司空说："房屋为何偏向西？"司空说："这房屋是按修建都城的规矩修的。"

第二天，晏子朝见景公，景公说："先君太公分封在营丘建立都城，为什么偏向西？"晏子回答说："古代立国的人，都是向南仰望南斗，向北头顶北斗，哪里有偏东偏西的呢？然而如今都城偏向西方，是周朝建国在西方，国都偏西，是用来尊崇周天子。"景公恭敬地说："这真是尊古之臣啊！"

注释

1 **柏寝之台：**即柏寝台，故址在今山东青州东北。

2 **师开：**师，乐师。开，乐师的名字。古时乐师多为盲人，因此文中景公问他如何知道房子位置不正。

3 **宫：**宫调，与下文中的"商"都是古时音律。

4 **室夕：**房子位置不正，偏向西方。因房子偏向西，夕阳反照，因此谓之"夕"。

5 **薄：**声音低沉。

6 **扬：**声音宏亮。

7 **大匠：**掌管土木建筑的官名。

8 **宫矩：**修建宫室的规矩。

9 **司空：**亦为掌管工程的官名。

10 **城矩：**修建都城的规矩。

11 **营丘之封：**齐国始祖姜尚被封于齐地，建都营丘（即后之临淄），故称。

景公病水梦与日斗晏子教占梦者以对第六

原文

景公病水[1]，卧十数日，夜梦与二日斗，不胜。晏子朝，公曰："夕者梦与二日斗，而寡人不胜，我其死乎？"晏子对曰："请召占梦者。"

出于闺，使人以车迎占梦者。至，曰："曷为见召？"晏子曰："夜者，公梦二日与公斗，不胜。公曰：'寡人死乎？'故请君占梦，是所为也。"占梦者曰："请反具书。"[2]晏子曰："毋反书。公所病者，阴[3]也。日者，阳也。一阴不胜二阳，故病将已。以是对。"

占梦者入，公曰："寡

译文

景公患了水肿病，卧床十几天，有一天晚上梦见自己与两个太阳相斗，不能取胜。晏子入朝，景公说："我晚上梦见和两个太阳相斗，而不能取胜，我恐怕要死了吧？"晏子回答说："请去召占梦的人。"

晏子走出宫中小门，派人用车去接占梦人。占梦人来后，问："为何召见我？"晏子说："君王夜里梦见自己与两个太阳相斗，不能取胜，君王说：'我恐怕要死了吧？'所以请你为君王占梦，这就是你要做的事。"占梦人说："请让我回去准备好占梦的书。"晏子说："不用回家拿书。景公的病，属阴。太阳，是阳。一阴不能战胜二阳，所以病很快会痊愈。你就这样回答。"

占梦人入宫，景公说："我梦见和两个太阳相斗而不能取胜，我恐怕要死了吧？"占梦人回答说："君王所患的病，属人梦与二日斗而不胜，寡人死乎？”占梦者对曰：“公之所病，阴也。日者，阳也。一阴不胜二阳，公病将已。”居三日，公病大愈，公且赐占梦者。占梦者曰：“此非臣之力，晏子教臣也。”公召晏子，且赐之。晏子曰：“占梦者以占之言对，故有益也。使臣言之，则不信矣。此占梦之力也，臣无功焉。”公两赐之[4]，曰：“以晏子不夺人之功，以占梦者不蔽人之能。”

阴。太阳，是阳。一阴不能战胜二阳，君王的病很快就会痊愈了。”过了三天，景公的病果然痊愈，他准备赏赐占梦人。占梦人说：“这不是我的功劳，是晏子教我的。”景公于是召来晏子，要赏赐他。晏子说：“占梦人以占梦的话回答，所以有益于您的病情。如果叫我说，那么您就不相信了。这是占梦人的功劳，我没有功劳。”景公对两人都给予赏赐，说：“因晏子不争夺别人的功劳，因占梦人不隐瞒别人的才能。”

注释

1 **病水**：水肿病。

2 **请反具书**：请让我回去准备好占梦的书。

3 **阴**：景公所患的病属于水肿之类，水为阴。

4 **两赐之**：对两个人都给予了赏赐。

景公病疡晏子抚而对之乃知群臣之野第七

原文

景公病疽[1]在背，高子、国子[2]请。公曰：

译文

景公背上长了一个疽疮，高子、国子请求拜见。景公说：“你们应当为我察看一

"职当抚疡。"[3]高子进而抚疡，公曰："热乎？"曰："热。""热何如？"曰："如火。""其色何如？"曰："如未熟李。""大小何如？"曰："如豆。""堕者[4]何如？"曰："如屦辨[5]。"

二子者出，晏子请见。公曰："寡人有病，不能胜衣冠以出见夫子，夫子其辱视寡人乎？"晏子入，呼宰人具盥[6]，御者具巾，刷手温之[7]，发席傅荐[8]，跪请抚疡。公曰："其热何如？"曰："如日。""其色何如？"曰："如苍玉[9]。""大小何如？"曰："如璧[10]。""其堕者何如？"曰："如珪[11]。"晏子出，公曰："吾不见君子，不知野人之拙也。"

下这个疽疮。"高子走近景公察看疽疮，景公说："热吗？"高子说："热。"景公说："热的程度怎么样？"高子说："像火。"景公说："是什么颜色？"高子说："像没有成熟的李子。"景公说："大小怎样？"高子说："像豆粒。"景公说："下陷之处怎么样？"高子说："像破裂的皮屦。"

两个人出去后，晏子请求拜见。景公说："我有病，不能穿戴好衣冠出去见先生，先生可以屈尊来看视我吗？"晏子进入内室，让侍者准备好洗手的盆和毛巾，并为景公擦洗身子，然后离开自己的座席靠近景公，跪下来请求察看疽疮。景公说："疽疮发热的程度怎么样？"晏子说："像烈日。"景公说："它是什么颜色？"晏子说："像青玉。"景公说："大小怎样？"晏子说："像玉璧。"景公说："其下陷之处怎么样？"晏子说："像是珪。"晏子出去后，景公说："我若不是见到晏子这样的君子，就不知道粗鄙之人的言辞之拙了。"

注释

1 **病疽**：患了痈疽的病。痈疽，毒疮名。

2 **高子、国子**：齐国有高氏、国氏，都是太公之后。二人具体事迹不详。

3 **职当抚疡**：你们按职责应当为我察看下疽疮。抚，这里作察看讲。

4 **堕者**：下陷之处。

5 **屦辨**：破裂的皮屦。辨，形容皮革破裂。

6 **具盥**：准备好洗手的盆。

7 **刷手温之:**洗干净手为景公擦洗身子。温,这里指擦洗。

8 **发席傅荐:**离开自己的座席而靠近景公的卧席。傅,靠近。

9 **苍玉:**青色的玉。

10 **璧:**圆形的玉器。

11 **珪:**上尖下方的玉器。

晏子使吴吴王命傧者称天子晏子详惑第八

原文

晏子使吴,吴王谓行人[1]曰:"吾闻晏婴,盖北方辩于辞[2]、习于礼者也。"命摈者[3]曰:"客见则称天子请见。"明日,晏子有事,行人曰:"天子请见。"晏子蹙然。行人又曰:"天子请见。"晏子蹙然。又曰:"天子请见。"晏子蹙然者三,曰:"臣受命敝邑之君,将使于吴王之所,以不敏而迷惑,入于天子之朝,问吴王恶乎存?"然后吴王曰:"夫差[4]请见。"见之以诸侯之礼。

译文

晏子出使到吴国。吴王对掌管外交事务的官员说:"我听说晏子是北方擅长言辞、熟习礼仪的人。"就命令负责接待宾客的官员:"当客人觐见时,就说是天子召见。"第二天,晏子觐见,外交官员传报:"天子召见。"晏子露出惊疑不安的神情。外交官员又传报:"天子召见。"晏子还是惊疑不安。等到第三次传报:"天子召见。"晏子更加惊疑不安,说:"小臣受鄙国国君的命令,出使到吴国,我因不才而感到迷惑,居然进入了天子之朝,请问吴王在哪里?"吴王听了只好说:"夫差召见。"于是以诸侯之礼接待了晏子。

注释

1 **行人**:掌管朝觐聘问等外交事务的官员。

2 **辩于辞**:形容能言善辩。

3 **摈者**:"摈"通"傧",即傧相,负责接待宾客的人。

4 **夫差**:吴国国君,阖闾之子,曾会盟诸侯,与晋争霸。后被越王勾践率兵攻灭。

晏子使楚楚为小门晏子称使狗国者入狗门第九

原文

晏子使楚,以晏子短[1],楚人为小门于大门之侧而延[2]晏子。晏子不入,曰:"使狗国者,从狗门入;今臣使楚,不当从此门入。"傧者更道从大门入,见楚王。王曰:"齐无人耶?"晏子对曰:"临淄三百闾[3],张袂成阴[4],挥汗成雨,比肩继踵[5]而在,何为无人?"王曰:"然则子何为使乎?"晏子对曰:"齐命

译文

晏子出使楚国,因为晏子身材矮小,楚国人就在大门的旁边特意开了一个小门,用来迎接晏子。晏子拒绝走小门,说:"出使到狗国的人,才从狗门进入;如今我出使楚国,不应该从这个门进入。"导引宾客的傧相只好带领晏子改道从大门进去,见到楚王。楚王说:"齐国难道没有人了吗?"晏子回答说:"临淄有几千户人家,人们展开衣袖就可以遮住太阳,挥洒汗珠就能成为大雨,人多得肩膀挨着肩膀,脚跟接着脚跟,怎么说没有人呢?"楚王说:"既然这样,为什么派先生做使臣呢?"晏子回答说:"齐国派遣使臣,各有出使的对象,贤能的人派他

使，各有所主，其贤者使使贤王，不肖者使使不肖王。婴最不肖，故直使楚矣。”

出使贤能的君王，不贤能的人就出使不贤能的君王。我晏婴最不贤能，所以只好出使楚国了。”

注释

1 **短**：个子矮小。

2 **延**：邀请。

3 **闾**：古时二十五家为一闾。

4 **张袂成阴**：张开衣袖就可以遮住太阳。

5 **比肩继踵**：肩膀挨着肩膀，脚跟接着脚跟，形容行人众多的繁华景象。

楚王欲辱晏子指盗者为齐人晏子对以橘第十

原文

晏子将至楚，楚闻之[1]，谓左右曰：“晏婴，齐之习辞者也，今方来，吾欲辱之，何以也？”左右对曰：“为其来也，臣请缚一人，过王而行，王曰：‘何为者也？’对曰：‘齐人也。’王曰：‘何坐[2]？’曰：‘坐盗。’”

晏子至，楚王赐晏子

译文

晏子将要出使到楚国去，楚王听到这个消息，对左右说：“晏婴是齐国能言善辩的人，现在他将要过来，我想羞辱他，用什么办法呢？”左右回答说：“在他来时，我们请求绑上一个人，从君王面前走过，您说：‘这是什么人？’我们回答说：‘齐国人。’您说：‘犯了什么罪？’我们回答说：‘犯了盗窃罪。’”

晏子到了楚国，楚王赐晏子饮酒，

酒，酒酣，吏二缚一人诣王，王曰："缚者曷为者也？"对曰："齐人也，坐盗。"王视晏子曰："齐人固善盗乎？"晏子避席对曰："婴闻之，橘生淮南则为橘，生于淮北则为枳[3]，叶徒相似，其实[4]味不同。所以然者何？水土异也。今民生长于齐不盗，入楚则盗，得无楚之水土使民善盗耶？"王笑曰："圣人非所与熙也[5]，寡人反取病焉[6]。"

饮到兴浓时，只见两个官吏绑着一个人来见楚王。楚王说："绑着的是什么人？"官吏回答说："是齐国人，犯了盗窃罪。"楚王看着晏子说："齐国人生来就是善于盗窃的吗？"晏子离开席位回答说："我听说，橘子长在淮河以南就结橘子，长在淮河以北就结枳子，它们仅仅叶子相似，而果实的味道并不一样。原因是什么呢？水土不同啊。现在百姓生长在齐国不盗窃，到了楚国就偷盗，莫非是楚国的水土使百姓善于偷盗吗？"楚王笑着说："圣人是不能和他来玩笑的，我反而自取其辱了。"

注释

1 **楚闻之：**楚王听到这个消息。这里的"楚"，特指楚王一人。

2 **坐：**犯罪。

3 **枳：**植物名，叶与橘相似，但果实小而味酸，不宜食用。

4 **其实：**它的果实。其，指代枳。

5 **非所与熙也：**不能和他开玩笑。"熙"通"嬉"，开玩笑。

6 **反取病焉：**反而被对方取笑，即自取其辱。

楚王飨晏子进橘置削晏子不剖而食第十一

原文

景公使晏子于楚，楚王进橘，置削[1]，晏子不剖而并食之[2]。楚王曰："当去剖。"晏子对曰："臣闻之，赐人主之前者[3]，瓜桃不削，橘柚不剖。今者万乘无教令[4]，臣故不敢剖；不然[5]，臣非不知也。"

译文

景公派晏子出使楚国，楚王命人送上橘子，放置了削皮的小刀，晏子没有剥开皮就连皮一起吃了。楚王说："应该剥开橘皮。"晏子回答说："我听说，在君主面前接受赏赐的，瓜桃不削皮，橘柚不剥开。如今国君没有给我去皮的命令，所以我不敢剥开，我并不是不知道该剥开来吃。"

注释

1 **置削：**放置了削水果的刀子。削，一种长刃有柄的小刀。

2 **不剖而并食之：**不剥开橘皮而连皮一起吃掉。

3 **赐人主之前者：**在君王面前接受赏赐的人。

4 **万乘无教令：**君主没有给我去皮的命令。万乘，指万乘之国的国君。

5 **不然：**此二字为衍，不译。

晏子布衣栈车而朝田桓子侍景公饮酒请浮之第十二

原文

景公饮酒，田桓子[1]侍，望见晏子，而复于公曰："请浮晏子。"[2]公曰："何故也？"无宇对曰："晏子衣缁布之衣[3]，麋鹿之裘，栈轸之车[4]，而驾驽马以朝，是隐君之赐[5]也。"公曰："诺。"

晏子坐，酌者奉觞进之，曰："君命浮子。"晏子曰："何故也？"田桓子曰："君赐之卿位以尊其身，宠之百万以富其家，群臣其爵莫尊于子，禄莫重于子。今子衣缁布之衣，麋鹿之裘，栈轸之车，而驾驽马以朝，是则隐君之赐也。故浮子。"晏子避席曰："请饮而后辞乎？其辞

译文

景公饮酒，田桓子侍奉在旁边，他看见晏子到来，便向景公说："请罚晏子喝酒。"景公说："什么原因呢？"田桓子回答说："晏子穿着黑色的粗布衣服，披着麋裘，坐着竹木车厢的简陋的车子，还用劣马驾车来上朝，这是掩盖了君主对他的赏赐啊。"景公说："是。"

晏子坐下后，侍者捧着酒杯送给晏子说："君主命令罚先生一杯酒。"晏子说："请问是什么原因呢？"田桓子说："君主赏赐给您上卿的爵位以使您尊贵，恩宠您俸禄百万以富裕您的家庭，群臣的爵位没有谁比先生更尊贵，俸禄没有谁比先生更多。如今您穿着黑色的粗布衣服，披着麋裘，坐着竹木车厢的简陋的车子，还用劣马驾车来上朝，这是掩盖了君主对您的赏赐啊，所以要罚先生饮酒。"晏子离开座席说："请问是让我先饮酒再作解释呢，还是先解释再饮酒呢？"景公说："先作解释

而后饮乎?”公曰:“辞然后饮。”晏子曰:“君之赐卿位以尊其身,婴非敢为显受[6]也,为行君令也;宠以百万以富其家,婴非敢为富受[7]也,为通君赐[8]也。臣闻古之贤臣,有受厚赐而不顾其国族[9],则过之[10];临事守职,不胜其任,则过之。君之内隶[11],臣之父兄,若有离散,在于野鄙,此臣之罪也。君之外隶,臣之所职,若有播亡[12],在于四方,此臣之罪也。兵革之不完,战车之不修,此臣之罪也。若夫弊车驽马以朝,意者非臣之罪乎?且臣以君之赐,父之党无不乘车者,母之党无不足于衣食者,妻之党无冻馁者,国之简士待臣而后举火[13]者数百家。如此者,为彰君赐乎,为隐君赐乎?”公曰:“善!为我浮无宇也。”

再饮酒。”晏子说:“君主赏赐给我上卿之位以使我尊贵,我并不是为了自身的显贵而接受,为的只是行使君主的命令;君主宠爱我而赏赐百万钱财以富裕我家,我并不是为了富裕而接受,而是为了让君王的恩赐惠及于人。我听说古代的贤臣,有接受厚重赏赐而不顾及他的乡亲族人的,那么就责罚他;有治理政事、职守官位不能胜任的,那么就责罚他。君王内宫的侍臣,我的父母兄弟,如果有流离失散在荒野边地的,这是我的罪过。君主派在外面的官吏,我的下属,如果有迁徙流亡在四方的,这是我的罪过。兵器甲胄不完备,战车不修整,这是我的罪过。如果用驽马驾简陋的车子入朝,我想不是我的罪过吧?况且我凭借君主的赏赐,父亲的亲属没有不乘车的,母亲的亲属没有衣食不足的,妻子的亲属没有受冻挨饿的,国内未仕的读书人等待我的救济后才能生火煮饭的有几百家。像这样做,是彰显了君主的赏赐,还是掩盖了君主的赏赐?”景公说:“说得好!为我罚田桓子饮酒。”

注释

1 **田桓子:**名无宇,即下文中的“无宇”,属齐国田氏家族,为景公臣子。

2 **请浮晏子:**请罚晏子饮酒。浮,罚酒。

3 **缁布之衣:**黑色的粗布衣服。

4 **栈轸之车:**用竹木做车厢的车。

5 **隐君之赐:**掩盖了国君的赏赐。

6 **非敢为显受:**并不是为了自身的显贵而接受。

7 **非敢为富受:**并不是为了富裕而接受。

8 **通君赐:**让君王的赏赐遍及更多的人。

9 **国族:**即乡亲和族人。

10 **过之:**责罚他。

11 **内隶:**宫内的侍臣。

12 **播亡:**迁徙流亡。

13 **国之简士待臣而后举火:**国内未仕的读书人等待我的救济才能生火做饭。简士,未仕的读书人。

田无宇请求四方之学士晏子谓君子难得第十三

原文

田桓子见晏子独立于墙阴,曰:“子何为独立而不忧[1]?何不求四乡之学士可者而与坐[2]?”晏子曰:“共立似君子[3],出言而非也。婴恶得学士之可者而与之坐?且君子之难得也,若美山然[4]。名山既多

译文

田桓子看见晏子一个人站在墙阴下,就说:“先生为何独自站立而不忧愁?为何不寻求四乡有学问的读书人来与您坐在一起?”晏子说:“大家站在一起好像都是君子,说出话来就未必了。我哪里能找到有学问的读书人而与他们坐在一起呢?何况君子是难于寻求到的,就像那美丽的高山。名山是很多的,山上的松

矣，松柏既茂矣，望之相相然[5]，尽目力[6]不知厌，而世有所美焉，固欲登彼相相之上，仡仡然[7]不知厌。小人者与此异，若部娄[8]之未登，善；登之无蹊[9]，维有楚棘[10]而已。远望无见也，俯就则伤婴[11]，恶能无独立焉？且人何忧？静处远虑，见岁若月[12]，学问不厌，不知老之将至，安用从酒[13]？”田桓子曰：“何谓从酒？”晏子曰：“无客而饮，谓之从酒。今若子者，昼夜守尊[14]，谓之从酒也。”

柏长得茂盛，远望它那高耸的山峰，极尽目力也不会感到厌倦，而世人都赞美它，所以想登上那高耸的山峰，奋力攀登也不厌烦。小人们则与此相反，就像那小山丘，未登它之前还好；要登它又没有路，只有满山荆棘而已。远远望去什么也看不见，俯身靠近则会伤害我，我怎么能不独自站立于此呢？况且人有什么忧愁呢？静居远虑，看一年的时间如同一月那么短暂，勤学好问不知道厌倦，不觉老年即将到来，怎么用得着纵酒呢？”田桓子说：“什么叫作纵酒？”晏子说：“没有客人而自己独饮，就叫作纵酒。就像现在您一样，白天黑夜守着酒杯，就叫作纵酒了。”

注释

1 **独立而不忧：**独自站立而不感到忧愁。

2 **与坐：**坐在一起。

3 **共立似君子：**大家站在一起好像都是君子。

4 **若美山然：**像美丽的高山一样。

5 **相相然：**形容山高耸状。

6 **尽目力：**竭尽眼力观看。

7 **仡仡然：**用力登山的样子。

8 **部娄：**小土山。

9 **无蹊：**没有路。蹊，小路。

10 **楚棘：**即荆棘。

11 **俯就则伤婴：**俯身靠近就会伤害我。这句话的意思是和那些貌似君子实则无才学的人交往，就会有损自己的德行。

12 **见岁若月：**看一年就像一个月那么短暂，形容时光易逝。

13 **从酒：**即纵酒。

14 **昼夜守尊：**白天夜晚守着酒杯。"尊"同"樽"。

田无宇胜栾氏高氏欲分其家晏子使致之公第十四

原文

栾氏、高氏[1]欲逐田氏、鲍氏[2]，田氏、鲍氏先知而遂攻之。高强曰："先得君[3]，田、鲍安往？"遂攻虎门[4]。二家召晏子，晏子无所从也。从者曰："何为不助田、鲍？"晏子曰："何善焉，其助之也。""何为不助栾、高？"曰："庸愈于彼乎？"[5]

门开，公召而入。栾、高不胜而出[6]，田桓子欲分其家，以告晏子。晏子曰："不可！君不能饬法，而群臣专制，乱之本也。今又

译文

栾施、高强想驱逐田无宇、鲍国，田、鲍预先得到了消息，于是就攻打栾、高。高强说："先控制住国君，田无宇、鲍国还能跑到哪里去？"于是就去攻打景公宫室的正门。争斗的双方都邀请晏子帮助，晏子没有依从。晏子的侍从说："为何不协助田无宇、鲍国呢？"晏子说："他们有什么善行，值得我协助呢？"侍从说："那为何不协助栾施、高强呢？"晏子说："难道他们就是好人吗？"

宫门开了，景公召晏子入宫。栾施、高强不能取胜便逃出齐国，田无宇想瓜分掉栾、高两家的财产，便告诉晏子。晏子说："不行！国君不能整饬法纪，而让群臣专权，这是混乱的根源。如今又想分掉他

欲分其家，利其货，是非制也。子必致之公[7]。且婴闻之，廉者，政之本也；让者，德之主也。栾、高不让，以至此祸，可毋慎乎！廉之谓公正，让之谓保德，凡有血气者[8]，皆有争心，怨利生孽[9]，维义可以为长存。且分争者不胜其祸，辞让者不失其福，子必勿取。”桓子曰：“善。”尽致之公，而请老于剧[10]。

们的家产，贪图他们的财货，这不符合法制。您一定要把它交给国君。况且我听说，廉洁，是为政的根本；谦让，是美德的主体。栾、高二人不谦让，才遭遇此祸，可以不谨慎吗！廉洁就叫作公正，谦让就叫作美德。凡是血气方刚的人，都有争夺之心，积聚财物就会招致祸害，只有行正义之事才能长久保全自身。纷争的人灾祸不断，谦让的人不会失去福分，您一定不要去夺取栾、高的财产。”田桓子说：“好。”于是将栾、高的财产全部交给景公，而请求告老还乡回到剧城。

注释

1 **栾氏：**指栾施，字子旗。 **高氏：**即下文中的高强，字子良。

2 **田氏：**指田无宇，即田桓子。 **鲍氏：**指鲍国，谥文子。

3 **先得君：**先劫持国君。得，这里指劫持。

4 **虎门：**景公居住的宫室正门。

5 **庸愈于彼乎：**难道比田氏、鲍氏好吗？意思是二者都不是好人。

6 **不胜而出：**失败而逃走。

7 **致之公：**交给公家，即交给国君。

8 **有血气者：**指血气方刚的人。

9 **怨利生孽：**积聚财物就会招致祸害。“怨”应作“蕴”，积聚。孽，祸害。

10 **请老于剧：**请求告老还乡回到剧城。剧，剧城，在今山东寿光南。

子尾疑晏子不受庆氏之邑晏子谓足欲则亡第十五

原文

庆氏[1]亡，分其邑，与晏子邶殿[2]，其鄙六十[3]，晏子勿受。子尾[4]曰："富者，人之所欲也，何独弗欲？"晏子对曰："庆氏之邑足欲[5]，故亡。吾邑不足欲也，益之以邶殿，乃足欲；足欲，亡无日矣。在外不得宰吾一邑[6]，不受邶殿，非恶富也，恐失富也。且夫富，如布帛之有幅[7]焉，为之制度[8]，使无迁也[9]。夫生厚而用利[10]，于是乎正德以幅之，使无黜慢[11]，谓之幅利[12]，利过则为败，吾不敢贪多，所谓幅也。"

译文

庆封逃亡后，齐国瓜分他的食邑，分邶殿及其边境的六十邑给晏子，晏子不接受。子尾说："财富，是人人都希望的，为何唯独先生不想要？"晏子回答说："庆封的食邑能够满足他的欲望，所以他灭亡了。我的食邑不能满足我的欲望，增加给我邶殿，欲望就能满足；欲望得到满足，离灭亡也就没有多久了。我在外已有的一邑也将不是我的了，不接受邶殿，并不是厌恶财富，而是害怕失去财富。那财富，就像布帛有幅度一样，为它规定幅度，使它不会改变。百姓生活富足而器用便利，于是要用道德匡正并加以约束，使他们不至于放肆怠惰，这就叫作约束私利。私利过多就会失败，我不敢贪多，就是所说的做事有约束。"

注释

1 **庆氏**：指庆封。公元前545年，鲍氏、高氏、栾氏攻灭庆氏，庆封逃亡吴国。

2 **邶(bèi)殿:**齐国的别都。
3 **其鄙六十:**邶殿边境的六十邑。
4 **子尾:**齐国臣子。
5 **足欲:**满足于欲望,即可以任意挥霍。
6 **在外不得宰吾一邑:**意思是如果得到邶殿而满足一时之快的话,那么最终就会连自己本来保有的一邑都会失去。
7 **幅:**布帛的宽度。
8 **为之制度:**规定它的幅度。古代以二尺二寸为一幅。
9 **使无迁也:**令它不得改变。迁,改变。
10 **生厚而用利:**百姓生活富足而器用便利。
11 **黜慢:**放肆和怠惰。
12 **幅利:**约束追求私利。幅,这里作动词,约束。

景公禄晏子平阴与棠邑晏子愿行三言以辞第十六

原文

景公禄晏子以平阴与槁邑[1],反市者十一社[2]。晏子辞曰:"吾君好治宫室,民之力弊矣;又好盘游玩好,以饬女子[3],民之财竭矣;又好兴师,民之死近矣。弊其力,竭其财,近其死,下之疾其上甚矣!此

译文

景公把平阴和棠邑赏赐给晏子作为俸禄,贩卖货物的集市有十一社。晏子推辞说:"君主您喜好修建宫室,百姓的精力都疲敝了;您又喜欢游乐,爱好玩物,给宫内的妃嫔妆饰,百姓的财力也都枯竭了;您又喜好兴兵打仗,百姓也都接近死亡了。困乏民力,竭尽民财,让百姓接近死亡,百姓们非常怨恨君王啊!这就是我不

婴之所为不敢受也。”

公曰:“是则可矣。[4]虽然,君子独不欲富与贵乎?”晏子曰:“婴闻为人臣者,先国后家,先君后身;安国而度家[5],宗君而处身[6],曷为独不欲富与贵也?”公曰:“然则曷以禄夫子?”晏子对曰:“君商渔盐[7],关市讥而不征[8];耕者十取一焉;弛刑罚,若死者刑,若刑者罚,若罚者免。若此三言者,婴之禄,君之利也。”公曰:“此三言者,寡人无事焉,请以从夫子。”公既行若三言,使人问大国,大国之君曰:“齐安矣。”使人问小国,小国之君曰:“齐不加我[9]矣。”

敢接受的原因。”

景公说:“您的话说得不错。虽然如此,君子难道就不想要富贵吗?”晏子说:“我听说作为臣子,要先想到国再想到家,先想到君主再想到自身;国安才能居家,君尊才能立身,怎么会唯独不想要富贵呢?”景公说:“那么我用什么给先生作食禄呢?”晏子回答说:“请您放宽渔盐的税收,关卡市场只查问而不征税;民众耕地的收获十成只收一成;放宽刑罚,当判死罪的改判徒刑,当判徒刑的改判处罚,当判处罚的就赦免。如果您同意这三句话,那就是我的俸禄,君主的利益了。”景公说:“这三件事,我不会阻挠,请依从先生的话去办。”景公按这三句话施行后,派人去询问大国,大国的国君说:“齐国安定了。”派人去询问小国,小国的国君说:“齐国再不会侵凌我们了。”

注释

1 **平阴:**地名,在今济南市平阴县。 **槁(gǎo)邑:**应为“棠邑”,在今青岛市即墨区。

2 **反市者十一社:**贩卖货物的集市有十一社。“反”通“贩”。

3 **以饬女子:**用来打扮宫内的妃嫔。“饬”通“饰”,妆饰,打扮。

4 **是则可矣:**话固然是对的。是,代词,指晏子的话。

5 **度家:**居家度日。

6 **宗君而处身:**尊崇君王而后才能立身。

7 **商渔盐:**放宽渔盐的税收。“商”当作“宽”。

8 **讥而不征:**只盘查而不收税。讥,查问。

9 **不加我:**不侵凌于我。加,侵凌。

梁丘据言晏子食肉不足景公割地将封晏子辞第十七

原文

晏子相齐,三年,政平民说。梁丘据见晏子中食[1],而肉不足,以告景公,旦日[2],割地将封晏子,晏子辞不受,曰:“富而不骄者,未尝闻之。贫而不恨者,婴是也。所以贫而不恨者,以善为师也。今封,易婴之师[3],师已轻,封已重矣,请辞。”

译文

晏子做齐国的宰相,三年的时间,政治清平百姓喜悦。有一天梁丘据看见晏子吃的是普通的饭食,肉很少,就把此事告诉景公。第二天,景公便割地封赐给晏子,晏子推辞不接受,说:“富裕而不骄傲的人,我没有听说过;贫穷而不怨恨的人,我就是了。之所以贫穷而不怨恨的原因,是把善当作老师。如今您封赐我,是改变我的老师,老师被轻视,封赏被看重,因此我请求推辞封赏。”

注释

1 **中食:**普通饭食。

2 **旦日:**第二天。

3 **易婴之师:**改变我晏婴的老师。易,改变。

景公以晏子食不足致千金而晏子固不受第十八

原文

晏子方食，景公使使者至。分食食之[1]，使者不饱，晏子亦不饱。使者反，言之公。公曰："嘻！晏子之家，若是其贫也。寡人不知，是寡人之过也。"使吏致千金与市租[2]，请以奉宾客。

晏子辞，三致之，终再拜而辞曰："婴之家不贫。以君之赐，泽覆三族[3]，延及交游，以振百姓，君之赐也厚矣！婴之家不贫也。婴闻之，夫厚取之君，而施之民，是臣代君君民[4]也，忠臣不为也。厚取之君，而不施于民，是为筐箧[5]之藏也，仁人不为也。进取于君，退得罪于士，身死

译文

晏子刚要吃饭，景公派遣的使者到了。晏子便将自己的饭分给使者吃，使者没有吃饱，晏子也没有吃饱。使者回到宫里后，把这件事告诉景公。景公说："嘻！晏子家里竟然这么穷，我不知道，就是我的过失了。"于是派官吏送给晏子千金和市场的税款，让他来款待宾客。

晏子推辞，景公三次送给他，最后晏子揖拜了两次而推辞说："我家里并不贫穷。我凭借君主的赏赐，恩泽遍及父、母、妻三族，还扩大到朋友，并救济了百姓，君主的赏赐已经很丰厚了！我家里并不贫穷呀。我听说，从君王那里过多地取得财物，而又施惠给百姓，是代替君主来治理百姓，忠臣是不会这样做的。从君王那里过多地取得财物，而不施惠给百姓，就成了储藏钱财的箱子，仁人是不会这样做的。做官时从君王那里接受赏赐，不做官了又得罪读书人，自己死后财产转移到别

而财迁于它人，是为宰藏[6]也，智者不为也。夫十总之布[7]，一豆之食[8]，足于中免[9]矣。”景公谓晏子曰：“昔吾先君桓公，以书社[10]五百封管仲，不辞而受，子辞之何也？”晏子曰：“婴闻之，圣人千虑，必有一失；愚人千虑，必有一得。意者管仲之失，而婴之得者耶？故再拜而不敢受命。”

人手中，这就是为主人收藏，聪明人不做这样的事。粗疏的布衣，一豆的粮食，足够安度中晚年就可以了。”景公对晏子说：“从前我们的先君桓公，将书写了姓名的五百社封赐给管仲，管仲不推辞就接受了，那么先生为何推辞呢？”晏子说：“我听说，圣人千虑，必有一失；愚人千虑，必有一得。我想管仲失误的地方，也许就是我正确的地方吧？所以我两次辞谢而不敢接受您的赏赐。”

注释

1 **分食食(sì)之：**将自己吃的饭分给别人吃。“食之”的“食”作动词。

2 **市租：**商人所缴税款。

3 **泽覆三族：**恩泽遍及父、母、妻三族。覆，遍及。三族，这里指父族、母族和妻族。

4 **臣代君君民：**臣子代替国君治理百姓。君民，治理百姓。

5 **筐箧：**筐子和箱子。

6 **为宰藏：**为主人收藏。宰，主人。

7 **十总(zōng)之布：**粗疏的布。“总”通“緵”，古代一种粗布。

8 **一豆之食：**一豆的粮食。豆，四升为一豆。

9 **足于中免：**“免”当为“晚”之讹。这句话意思是足够安度中晚年。

10 **书社：**书写了社人姓名的社。

景公以晏子衣食弊薄使田无宇致封邑晏子辞第十九

原文

晏子相齐，衣十升之布[1]，食脱粟之食[2]，五卯苔菜[3]而已。左右以告公，公为之封邑，使田无宇致台与无盐[4]。晏子对曰："昔吾先君太公受之营丘，为地五百里，为世国长[5]，自太公至于公之身，有数十公矣。苟能说其君以取邑，不至公之身，趣齐搏以求升土[6]，不得容足而寓焉[7]。婴闻之，臣有德益禄，无德退禄，恶有不肖父为不肖子为封邑以败其君之政者乎？"遂不受。

译文

晏子做齐国的宰相，穿粗疏的布衣，吃粗糙的粮食和仅以盐调味的蔬菜。左右侍从将此事告诉景公，景公为他封赏食邑，派田无宇将台邑和无盐邑送给晏子。晏子回答说："从前我们的先君太公受封于营丘，方圆五百里土地，成为大国之首。从太公到君王今天，已经经历了数十位国君。如果说取悦于国君的人就能得到封邑，那么等不到传到您身上，跑来齐国求取土地的人早就没有立足栖身的地方了。我听说，臣子有德行就增加俸禄，没有德行就退还俸禄，哪有不肖的父亲为不肖的儿子取得封邑而败坏他们国君的政治的呢？"于是不接受封邑。

注释

1 **十升之布：**指粗疏的布。

2 **食脱粟之食：**吃粗糙的饭食。脱粟，简单地把壳去掉。

3 **五卯苔菜：**意为吃的是仅以盐调味的蔬菜。"五卯"当作"五卵"，意为颗粒状的盐。苔菜，此处泛指蔬菜。

4 **台与无盐**：台邑和无盐邑，均为地名。

5 **为世国长**：做大国之长。

6 **趣**(qū)**齐搏以求升土**：都到齐国来谋求封地。趣，趋向，前往。

7 **不得容足而寓焉**：没有立足之地可以栖身了。

田桓子疑晏子何以辞邑晏子答以君子之事也第二十

原文

景公赐晏子邑，晏子辞。田桓子谓晏子曰："君欢然[1]与子邑，必不受以恨君[2]，何也？"晏子对曰："婴闻之，节受于上者，宠长于君[3]；俭居处者，名广于外。夫长宠广名，君子之事也。婴独庸能已乎？"

译文

景公赏赐食邑给晏子，晏子推辞。田桓子告诉晏子说："君主高兴地送给先生食邑，您却违背君意而不接受，这是为什么呢？"晏子回答说："我听说，有节制地从君上那里接受赏赐，就能长期得到君主信任；生活节俭的人，美名就会传扬在外。长期得到信任和广泛传扬名声，这就是君子的事业。我怎么能独自例外呢？"

注释

1 **欢然**：高兴的样子。

2 **恨君**：违背君意。恨，这里作违背讲。

3 **宠长于君**：长期受到国君的信任。宠，这里指信任。

景公欲更晏子宅晏子辞以近市得求讽公省刑第二十一

原文

景公欲更晏子之宅，曰："子之宅近市湫隘[1]，嚣尘[2]不可以居，请更诸爽垲[3]者。"晏子辞曰："君之先臣容焉[4]，臣不足以嗣之[5]，于臣侈矣。且小人[6]近市，朝夕得所求，小人之利也。敢烦里旅[7]！"公笑曰："子近市，识贵贱乎？"对曰："既窃利之[8]，敢不识乎！"公曰："何贵何贱？"是时也，公繁于刑，有鬻踊者。故对曰："踊贵而屦贱。"公愀然改容，公为是省于刑。

君子曰："仁人之言，其利博哉！晏子一言，而齐侯省刑。《诗》曰：'君子如祉，乱庶遄已。'[9]其

译文

景公打算给晏子更换住宅，说："先生的住宅靠近市场又低下狭小，喧闹又尘土飞扬，不宜于居住，请您更换到干燥而地势较高的地方去住吧。"晏子推辞说："我的先人曾居住于此，我的德行还不够继承它呢，住在这里对于我来说已经很奢侈了。何况我靠近市场居住，早晚都能得到所需求的东西，对我有利呀。哪敢劳烦里中主事者？"景公笑着说："先生靠近市场，知道什么东西贵什么东西贱吗？"晏子回答说："既然私下以为它有利，怎么会不知道呢？"景公说："什么东西贵什么东西贱？"当时，景公刑狱繁多，不少人被砍掉双脚，因此有卖假脚的人。所以晏子回答说："假脚贵而鞋子便宜。"景公悲悯而变了脸色，因此而减少了刑罚。

君子说："仁人的话，其带给人的利益大啊！晏子一句话，而景公就减少了刑罚。《诗经》中说：'国君如果能任用君子，

是之谓乎！”

祸乱很快就会停止。’大概说的是晏子吧！”

注释

1 **湫(jiǎo)隘：**低下狭小。

2 **嚣尘：**喧嚣且尘土飞扬。

3 **爽垲(kǎi)：**高而干燥之地。

4 **先臣容焉：**先人曾居住在这里。先臣，指晏子的先人。容，居住。

5 **嗣之：**继承它。嗣，继承。

6 **小人：**这里是晏子的谦称，非泛指。

7 **里旅：**司里，即里中主事者。

8 **窃利之：**私下以它为有利。

9 **“君子”二句：**出自《诗经·小雅·巧言》，意思是国君如果能任用君子，祸乱很快就会停止。

景公毁晏子邻以益其宅晏子因陈桓子以辞第二十二

原文

晏子使晋，景公更其宅，反则成矣。既拜，乃毁之，而为里室[1]，皆如其旧，则使宅人反之[2]。且[3]：“谚曰：‘非宅是卜，维邻是卜。’[4]二三子先卜邻矣[5]，违卜不祥。君子不

译文

晏子出使到晋国去了，景公便重修晏子的旧宅，晏子返回时新宅已经建成。晏子拜见景公后，便拆除了新宅，而修建被拆掉的邻居的居室，全都依原来的样子，又叫原来的住户迁回来。并说：“谚语说：‘不要选择住宅，应当选择邻居。’你们几位先前已经选择邻居了，违背这种选择不吉祥。

犯非礼[6]，小人不犯不祥，古之制也。吾敢违诸乎？”卒复其旧宅。公弗许。因陈桓子以请，乃许之。

君子不做不合礼制的事，百姓不做不吉祥的事，这是古代留下来的制度，我敢违背吗？”最终恢复了原来的住宅。景公不允许。又通过陈桓子来请求，景公才允许。

注释

1 **里室：**邻居的居室。里，指邻居。

2 **使宅人反之：**让原来居住的邻居都返回来。宅人，指邻居。

3 **且：**应为“曰”之讹。

4 **“非宅”二句：**意思是不要选择住宅，应当选择邻居。

5 **二三子先卜邻矣：**意思是你们先前已经选择了邻居了。二三子，指因被拆掉居室而迁走的那些邻居。卜邻，通过占卜选择地方盖房子而成为邻居。

6 **不犯非礼：**不做不符合礼制的事情。

景公欲为晏子筑室于宫内晏子称是以远之而辞第二十三

原文

景公谓晏子曰：“寡人欲朝夕见，为夫子筑室于闺内可乎？”晏子对曰：“臣闻之，隐而显[1]，近而结[2]，维至贤耳。如臣者，饰其容止，以待承令[3]，犹

译文

景公对晏子说：“我想能够与先生朝夕相见，打算给您在宫内建个居室可以吗？”晏子回答说：“我听说，隐居而能显名，近于国君而能约束自己，唯有很贤能的人才做得到。像我这样的人，修饰自己的仪容举止，以等待接受您的命令，都还

恐罪戾[4]也。今君近之，是远之也，请辞。”

害怕会犯错。如今君王想通过这种方式来亲近我，恰恰就是疏远我了，因此我请求推辞。”

注释

1 **隐而显：**隐居而能显名。

2 **近而结：**近于国君而能约束自己。结，抑制、约束。

3 **以待承令：**以等待接受国君的命令。

4 **罪戾：**犯过失。

景公以晏子妻老且恶欲内爱女晏子再拜以辞第二十四

原文

景公有爱女，请嫁于晏子。公乃往燕晏子之家，饮酒酣，公见其妻曰：“此子之内子耶？”晏子对曰：“然，是也。”公曰：“嘻！亦老且恶[1]矣。寡人有女少且姣[2]，请以满夫子之宫[3]。”晏子违席而对曰：“乃此则老且恶，婴与之居故[4]矣，故及其少且姣也。且人固以壮托

译文

景公有一个心爱的女儿，她请求嫁给晏子。景公于是到晏子家赴宴，酒兴正浓时，景公看见晏子的妻子，就问：“这就是先生的妻子吗？”晏子回答说：“对，是的。”景公说：“嘻！衰老而且丑陋啊。我有个女儿年轻而又美丽，请求嫁给先生充实内室。”晏子离开座席，恭敬地回答说：“我的妻子现在是又老又丑了，但我和她长期生活在一起，她也有过年轻而又美丽的时候啊。况且人本来年轻中就寄寓着衰老，美丽中就寄寓着丑陋，她曾将终身托付给

乎老[5]，姣托乎恶，彼尝托，而婴受之矣。君虽有赐，可以使婴倍[6]其托乎？”再拜而辞。

我，而我接受了她的托付。现在国君您虽有恩赐，但可以使我背弃妻子的托付吗？”晏子再次拜谢而推辞。

注释

1 **老且恶**：衰老并且丑陋。恶，丑陋。

2 **少且姣**：年轻并且美丽。姣，美丽。

3 **满夫子之宫**：充实您的内室，意思是嫁给晏子。

4 **居故**：一起居住很久。故，这里是长久。

5 **壮托乎老**：年轻中就寄寓着衰老，意思是年轻的人总归会有衰老的一天。

6 **倍**：通“背”，背弃。

景公以晏子乘弊车驽马使梁丘据遗之三返不受第二十五

原文

晏子朝，乘弊车，驾驽马。景公见之曰：“嘻！夫子之禄寡耶？何乘不佼之甚也[1]？”晏子对曰：“赖君之赐，得以寿三族[2]，及国游士，皆得生焉。臣得暖衣饱食，弊车驽马，以奉其身，于臣足矣。”

晏子出，公使梁丘据

译文

晏子上朝，乘坐着破旧的车，用劣马拉着。景公看见说：“嘻！先生的俸禄太少了吗？为何乘坐这么破旧不堪的车子呢？”晏子回答说：“仰赖君主的赏赐，我的俸禄得以保全三族，还兼及国内的游士，他们都得以生存。我能够吃饱穿暖，还有旧车劣马来奉养自身，对我来说已经很满足了。”

晏子出去后，景公派梁丘据赠送给

遗之辂车乘马[3]，三返不受。公不说，趣召晏子。晏子至，公曰："夫子不受，寡人亦不乘。"晏子对曰："君使臣临百官之吏，臣节其衣服饮食之养，以先国之民[4]，然犹恐其侈靡而不顾其行也。今辂车乘马，君乘之上，而臣亦乘之下，民之无义，侈其衣服饮食而不顾其行者，臣无以禁之。"遂让不受。

晏子四马大车，往返三次晏子都不肯接受。景公很不高兴，立刻召见晏子。晏子到后，景公说："先生要是不接受，那我也不乘车了。"晏子回答说："君主派我担任管理百官的官吏，我应该节省衣服饮食的供给，为国内的百姓做个榜样，即使这样，我还怕他们奢侈浪费而不顾自己的品行呢。如今给我四马大车，君王在上乘坐它，而我作为下级也乘坐它，那么百姓当中不讲礼义，追求衣食奢侈而不顾自己品行的人，我将没有理由去禁止他们。"晏子最终还是辞谢，没有接受车马。

注释

1 **何乘不佼之甚也：**为什么乘坐这样破旧的车子。佼，美好。

2 **寿三族：**保全三族。寿，这里作保全讲。

3 **辂(lù)车乘(shèng)马：**四匹马拉的高大的车子。辂车，大车。乘马，古时计数以四为乘，故乘马即四马。

4 **先国之民：**意思是为齐国的百姓做榜样。先，给……做榜样。

景公睹晏子之食菲薄而嗟其贫晏子称其参士之食第二十六

原文

晏子相景公，食脱粟之食，炙三弋[1]、五卵苔菜耳矣。公闻之，往燕焉，睹晏子之食也。公曰："嘻！夫子之家如此其贫乎？而寡人不知，寡人之罪也。"晏子对曰："以世之不足[2]也，免粟之食饱，士之一乞[3]也；炙三弋，士之二乞也；五卵，士之三乞也。婴无倍人之行[4]，而有参士之食[5]，君之赐厚矣！婴之家不贫。"再拜而谢。

译文

晏子做景公的宰相时，吃的是粗糙的粮食，以烤制的飞禽、加盐的蔬菜佐餐而已。景公听说后，便去晏子家赴宴，看看晏子的饮食。景公说："嘻！先生家里如此贫穷吗？而我不知道，这是我的过错啊。"晏子回答说："因为世间的物产不丰富，粗糙的粮食能吃饱，是士人的第一种满足；吃上烤制的飞禽，是士人的第二种满足；有盐吃，是士人的第三种满足。我没有比别人更强的能力，却享有这三种士人满意的饭食，说明君主的赏赐很丰厚啊！我的家不贫穷。"再拜表示感谢。

注释

1 **炙三弋：**烤制的飞禽。三弋，这里指多种飞禽。

2 **以世之不足：**因为世间的物产不丰富。

3 **士之一乞：**士人的第一种满足。"乞"当作"足"，满足。

4 **倍人之行：**比别人更强的能力。倍，加倍，意思是比别人强。

5 **参(sān)士之食：**三种士人满意的饭食。“参”通“三”。

梁丘据自患不及晏子晏子勉据以常为常行第二十七

原文

梁丘据谓晏子曰：“吾至死不及夫子矣！”晏子曰：“婴闻之，为者常成[1]，行者常至[2]。婴非有异于人也，常为而不置[3]，常行而不休者，故难及也[4]？”

译文

梁丘据对晏子说：“我到死也赶不上先生啊。”晏子说：“我听说，只要肯做，就常常会取得成功，只要肯走，就一定会到达目的地。我没有什么不同于别人的地方，就是经常去做而不放弃，经常行走而不停止，有什么难以赶上的呢？”

注释

1 **为者常成：**只要肯做，就常常取得成功。

2 **行者常至：**只要肯走，就能到达目的地。

3 **不置：**不放弃。置，搁置，放弃。

4 **故难及也：**“故”当作“胡”。胡难及也，意思是有什么难以赶上的呢。

晏子老辞邑景公不许致车一乘而后止第二十八

原文

晏子相景公，老，辞邑。公曰："自吾先君定公[1]至今，用世多矣，齐大夫未有老辞邑者矣。今夫子独辞之，是毁国之故[2]，弃寡人也。不可！"晏子对曰："婴闻古之事君者，称身而食[3]；德厚而受禄，德薄则辞禄。德厚受禄，所以明上也；德薄辞禄，可以洁下也。婴老薄无能，而厚受禄，是掩上之明，污下之行，不可。"

公不许，曰："昔吾先君桓公，有管仲恤劳齐国，身老，赏之以三归[4]，泽及子孙。今夫子亦相寡人，欲为夫子三归，泽

译文

晏子作为宰相辅佐景公，告老还乡的时候，要归还自己的食邑。景公说："自从我的先君丁公到现在，出而为官的人太多了，齐国的大夫还没有告老时归还食邑的。如今先生一人要归还，这是破坏了国家旧有的制度，舍弃我了。不行！"晏子回答说："我听说古时候侍奉国君的人，衡量自身才能而接受食邑，德行厚的就接受俸禄，德行薄的就辞去俸禄。德行厚而接受俸禄，是为了彰明国君的英明；德行薄而辞去俸禄，就可使下级廉洁。我年老德薄而又无能，却接受厚禄，这是掩盖了国君的英明，玷污了臣下的洁行，不能这样。"

景公不允许，说："从前我的先君桓公，有管仲忧劳治理齐国，管仲老了，就赏赐给他三处屋宅，恩泽延及子孙。如今先生也是我的宰相，我也想赏赐先生三处屋宅，恩泽延及子孙，难道不可以吗？"晏子回答说："从前管仲侍奉桓公，使桓公的大

至子孙,岂不可哉?”对曰:“昔者管子事桓公,桓公义高诸侯[5],德备百姓[6]。今婴事君也,国仅齐于诸侯,怨积乎百姓,婴之罪多矣,而君欲赏之,岂以其不肖父为不肖子厚受赏以伤国民义哉?且夫德薄而禄厚,智惛而家富,是彰污而逆教[7]也,不可。”

公不许。晏子出。异日朝,得间而入邑,致车一乘而后止[8]。

义高于诸侯,德行遍及百姓。如今我侍奉国君,齐国仅能与诸侯平列,怨恨积于百姓,我的过失太多了,而国君还想赏赐我,难道不是以不肖的父亲为不肖的儿子接受赏赐而伤害了国家和百姓的大义吗?德行薄而俸禄厚,才智平庸而家庭富裕,这是表彰污行而违背圣人的教诲呀,不能这样。”

景公仍不允许。晏子出朝。过了几天晏子又入朝辞官,适时归还了自己的封邑,直到答应景公仍保留一车四马的待遇后才完结此事。

注释

1 **定公:**不见于史料,应为“丁公”之讹。丁公,名伋,太公姜尚之子。

2 **毁国之故:**破坏国家旧有的制度。故,这里指旧有的制度。

3 **称身而食:**衡量自己的才能而接受食邑。食,俸禄,这里指食邑。

4 **三归:**三处屋宅。

5 **义高诸侯:**大义高于诸侯。指齐桓公会盟诸侯,匡扶周室。

6 **德备百姓:**德行遍及百姓。备,遍及。

7 **彰污而逆教:**表彰污行而违背圣人的教诲。

8 **致车一乘而后止:**保留一车四马的待遇后才完结此事。致,接受,保留。

晏子病将死妻问所欲言云毋变尔俗第二十九

原文

晏子病，将死，其妻曰："夫子无欲言乎？"子曰[1]："吾恐死而俗变[2]，谨视尔家，毋变尔俗也。"

译文

晏子生病，将要死的时候，妻子问他说："先生没有想说的话吗？"晏子说："我恐怕死之后家规会改变，你要谨慎地看守家里，不要改变你的家规呀。"

注释

1 **子曰：**当作"晏子曰"。

2 **俗变：**家规改变。俗，这里指家规。

晏子病将死凿楹纳书命子壮示之第三十

原文

晏子病，将死，凿楹纳书[1]焉，谓其妻曰："楹语[2]也，子壮而示

译文

晏子生病，将要死的时候，命人凿开厅堂前的柱子将遗书藏在里面，告诉妻子说："柱子里的遗言，待儿子长大后再给他看。"

之。”及壮，发书之言曰：“布帛不可穷，穷不可饰[3]；牛马不可穷，穷不可服[4]；士不可穷[5]，穷不可任；国不可穷，穷不可窃[6]也。”

等到儿子长大了，取出遗书，书上的话说：“布帛不可用完，用完了就没有可穿戴的；牛马不可用完，用完了就没有耕地拉车的；士人不能没有志气，没有志气就不能被任用；国家不可陷入困窘的地步，陷入困窘的地步就不可保有。”

注释

1 **凿楹纳书：**凿开厅堂的柱子把遗书藏在里面。楹，厅堂的前柱。书，这里指遗书。

2 **楹语：**柱子里的话，即遗言。

3 **不可饰：**没有穿的。饰，穿戴。

4 **不可服：**没法驾车、耕地。服，指牛马驾车、耕地。

5 **士不可穷：**士人不可以没有志气。

6 **不可窃：**“窃”通“践”。不可窃，即不可践，意思是不能保有国家。

第七卷

外篇

本卷由原七、八两卷删减合并而来，并重新进行了编排。第二章中，面对国内新兴势力田氏的迅速崛起，景公和晏子都有空前的危机感。从历史发展的视角来看，这是社会制度嬗变的必然。但晏子毕竟要站在忠君的立场上，想尽办法维护国君的权威。因此，晏子提出“维礼可以已之”，即用“礼”来约束田氏。最富有戏剧性的，当属第三、五、六、七章中晏子和孔子的“对手戏”。本卷之前，但凡出现孔子评论晏子，基本上都是赞誉之词。但本卷中，孔子却处处责难晏子，例如他到了齐国却不见晏子，景公好奇而发问，孔子说：“臣闻晏子事三君而得顺焉，是有三心，所以不见也。”这分明是把晏子当成了溜须拍马的佞臣，而且与上文对晏子的赞誉前后矛盾。这些细节，也反映了《晏子春秋》成书的复杂性。反过来，晏子对孔也没有什么好话。第三章中，孔子来到齐国，本来是想谋求一职来推行其政治理想的，当景公询问晏子意见的时候，晏子坚决反对，其理由是：儒者好修身养命而短于做实际工作，过于注重烦琐的外在礼节而耗费民力。我们注意到，这其实也正是“百家争鸣”时期其他学派对儒家的主要抨击点。所以这些章节又传达了这样的信息：不论作者是谁，可以认定其身份绝非儒家。就晏子本人的思想而言，其中固然有和儒家相似之处，但在本质上，二者又是不相同的。在前言中，我们说《晏子春秋》的整体思想比较复杂，非儒非墨，其原因正在于此。

景公问治国之患晏子对以佞人谗夫在君侧第一

原文

景公问晏子曰："治国之患亦有常乎？"对曰："佞人谗夫之在君侧者，好恶良臣[1]，而行与小人，此国之长患也。"公曰："谗佞之人，则诚不善矣。虽然，则奚曾为国常患乎？"晏子曰："君以为耳目而好谋事[2]，则是君之耳目缪也。夫上乱君之耳目，下使群臣皆失其职[3]，岂不诚足患哉？"公曰："如是乎！寡人将去之。"晏子曰："公不能去也。"

公忿然作色不说，曰："夫子何小[4]寡人甚也！"对曰："臣何敢槁[5]也！夫能自周于君[6]者，才能皆非常也。夫藏大不诚于

译文

景公问晏子说："治理国家长期存在的祸患是什么？"晏子回答说："谗佞之人在君王身边，喜欢毁谤良臣，与小人结党，这就是国家长期存在的祸患。"景公说："谗佞之人确实不好。即便这样，他们怎么会成为国家长期存在的祸患呢？"晏子说："君王把他们当作耳目并且喜欢和他们谋划国事，这样君王的视听就会产生谬误了。他们在上淆乱君王的耳目，在下使群臣都无法尽职，难道还不足以成为祸患吗？"景公说："说得有理啊！我将除掉他们。"晏子说："您不可能除掉他们。"

景公满脸怒色说："先生为何这样看不起我！"晏子回答说："我哪里敢傲慢自大呢！那些能为君王所用的人，才能都非同一般。那些心中隐藏着极大不忠的人，一定在表面上谨慎地表现出小的忠诚，用来达到他们大不忠的目的。他们在内就寻找君王的嗜好来顺从其心意，国君

中[7]者，必谨小诚于外[8]，以成其大不诚。入则求君之嗜欲能顺之，公怨良臣，则具其往失而益之[9]；出则行威以取富。夫何密近[10]，不为大利变，而务与君至义者也？此难得其知也。”公曰：“然则先圣奈何？”对曰：“先圣之治也，审见宾客，听治不留[11]，群臣皆得毕其诚，谗谀安得容其私？”公曰：“然则夫子助寡人止之，寡人亦事勿用[12]。”对曰：“谗夫佞人之在君侧者，若社之有鼠也，谚言有之曰：‘社鼠不可熏去。’谗佞之人，隐君之威以自守也，是难去焉。”

怨恨贤臣，他们就举出他以往的过错并夸大它；在外就横行霸道来索取财富。这些人哪能和君王如此亲密而不获取大的利益，却专为君王行义呢？这种人难以了解其真实面目啊。”景公说：“那么先前圣明的君王是怎样做的？”晏子回答说：“先前圣明的君王治理国家，审慎地接见宾客，处理政事绝不拖延，群臣都能竭尽忠诚，谗佞之人怎么会有机会实现其私欲呢？”景公说：“那么就请先生帮助我除掉他们，我也不用这些人办事了。”晏子回答说：“君王身边的谗佞之人，就像神社中的老鼠啊，谚语里说：‘神社里的老鼠是没法用烟熏走的。’谗佞之人，依仗君王的威望来保住自己，这就是难以除去的原因。”

注释

1 **好恶良臣**：喜欢诽谤贤臣。

2 **谋事**：谋划国事。

3 **下使群臣皆失其职**：意思是因为奸佞用事而群臣不知所措。

4 **小**：看不起。

5 **槁**：当作“骄”，自大。

6 **自周于君**：使自己能用于君王。“周”当作“用”。

7 **藏大不诚于中**：内心隐藏着极大的不忠。

8 **谨小诚于外**：表面上显得谨小慎微。

9 **其往失而益之**：举出他们过往的过失而夸大其词。

10 **密近**：指靠近君王。

11 **听治不留**：处理政事绝不拖延。

12 **事勿用**：凡事不使用。

景公问后世孰将践有齐者晏子对以田氏第二

原文

景公与晏子立曲潢之上，望见齐国，问晏子曰："后世孰将践有齐国者乎？"晏子对曰："非贱臣之所敢议也。"公曰："胡必然也[1]？得者无失，则虞、夏常存矣。"晏子对曰："臣闻见不足以知之[2]者，智也；先言而后当[3]者，惠[4]也。夫智与惠，君子之事，臣奚足以知之乎！虽然，臣请陈其为政[5]。君强臣弱，政之本也；君唱臣和，教之隆也；刑罚在君，民之纪也。今夫田无宇二世有功于国，而利取分寡[6]，公室兼之，国

译文

景公与晏子站在曲潢上面，望见齐国的广大田野，问晏子说："后世谁将占有齐国呢？"晏子回答说："这不是微臣敢谈论的事情。"景公说："何必如此呢？得到天下而不再失去，那么虞舜、夏禹就永远存在了。"晏子回答说："我听说，未见事情的全部就能知道其实质的人，是有智之人；先给出预言而后来能被证实的人，是聪慧之人。智与慧，是君子的事情，我哪里能知道呢！即使这样，我还是请求陈述一下为政之道。君王强大而臣子弱小，这是治国的根本；君王倡导而臣子应和，教化就会兴隆；刑罚的权力在君王手中，百姓便有了纲纪。现在田无宇两代皆有功于国家，而又聚集财物分给贫穷之人，公室他有份，国家的权柄他

权专之，君臣易施[7]，能无衰乎！婴闻之，臣富主亡。由是观之，其无宇之后无几，齐国，田氏之国也？婴老不能待公之事，公若即世[8]，政不在公室。”

公曰：“然则奈何？”晏子对曰：“维礼可以已之[9]。其在礼也，家施不及国[10]，民不懈，货不移，工贾不变，士不滥，官不谄，大夫不收公利。”公曰：“善。今知礼之可以为国也。”对曰：“礼之可以为国也久矣，与天地并立。君令臣忠，父慈子孝，兄爱弟敬，夫和妻柔，姑慈妇听[11]，礼之经也。君令而不违，臣忠而不二，父慈而教，子孝而箴[12]，兄爱而友，弟敬而顺，夫和而义，妻柔而贞，姑慈而从，妇听而婉，礼之质也。”公曰：“善哉！寡人乃今知礼之尚[13]也。”晏子曰：“夫礼，先王之所以临天下也，以为其民，是故尚之。”

也专擅，君臣的关系颠倒了，王权能不衰微！我听说臣子富强则君王就会衰亡。如此看来，大概田无宇之后不长时间，齐国就成为田家的了吧？我老了，不能再为您办事了，君王如果去世，政权就不在您家了。”

景公说：“这可怎么办？”晏子回答说：“只有礼制才能防止这种情况发生。在礼制的规范中，卿大夫的施舍不能超出自己的封邑而遍及全国，百姓不懈怠，财物不流入一处，工商业的人不变诈，士人不夸夸其谈，官吏不谄媚，大夫不侵占国家的利益。”景公说：“好。现在我知道礼制可以治国了。”晏子回答说：“礼制可用来治理国家是长久之计，可以与天地并存。君王有德而臣子忠诚，父亲慈爱而儿子孝顺，兄长仁爱而弟弟恭敬，丈夫和气而妻子温柔，婆婆慈祥而媳妇顺从，这就是礼的基本准则。君王有德而不违，臣子忠诚而不怀有二心，父亲慈爱而能施教，儿子孝顺而能自律，兄长仁爱而能友善，弟弟恭敬而能和顺，丈夫和气而能重义，妻子温柔而能忠贞，婆婆慈祥而能从容，媳妇顺从而能温婉，这就是礼制的实质。”景公说：“好啊！我现在知道礼制的重要了。”晏子说：“礼制，是先王用来治理天下，用来教化百姓的，因此很崇尚它。”

注释

1 **胡必然也**：何必如此呢？胡，表疑问语气。

2 **见不足以知之**：未见事情的全部就能知道其实质。

3 **先言而后当**：先预言而后来又被证实。当，证实。

4 **惠**：通“慧”，聪慧。

5 **陈其为政**：陈述为政之道。

6 **利取分寡**：把财富聚集起来，又分给缺乏钱财的人。“取”通“聚”。

7 **君臣易施**：意为君臣的地位颠倒过来。

8 **即世**：去世。

9 **已之**：停止它。

10 **家施不及国**：卿大夫的施舍不能超出他的封邑而遍及全国。家，指卿大夫。

11 **姑慈妇听**：婆婆慈祥媳妇顺从。姑，婆婆。听，顺从。

12 **箴**：自我规劝。

13 **知礼之尚**：知道礼制的重要。

仲尼见景公景公欲封之晏子以为不可第三

原文

仲尼之齐，见景公，景公说之，欲封之以尔稽[1]，以告晏子。晏子对曰：“不可。彼浩裾自顺[2]，不可以

译文

孔子到了齐国，拜见齐景公，景公很喜欢孔子，准备将尔稽这个地方封赏给他，并把自己的想法告诉了晏子。晏子回答说：“不行。他傲慢而自以为是，不可以用来教导百姓；喜好礼乐对百姓宽缓，不能让他亲自治理百姓；

教下；好乐缓于民[3]，不可使亲治；立命而建事[4]，不可守职；厚葬破民贫国，久丧循哀费日，不可使子民。行之难者在内[5]，而儒者无其外[6]，故异于服[7]，勉于容[8]，不可以道众而驯百姓。自大贤之灭，周室之卑也，威仪加多，而民行滋薄；声乐繁充，而世德滋衰。今孔丘盛声乐以侈世，饰弦歌鼓舞以聚徒，繁登降之礼、趋翔之节以观众[9]。博学不可以仪世，劳思不可以补民，兼寿不能殚其教[10]，当年不能究其礼[11]，积财不能赡其乐[12]。繁饰邪术以营世君，盛为声乐以淫愚其民。其道也，不可以示世；其教也，不可以导民。今欲封之，以移齐国之俗，非所以导众存民也。”公曰：“善。”于是厚其礼而留其封，敬见不问其道，仲尼乃行。

以修身养命来建立功业，不能尽其职守；主张厚葬破费民财，使国家贫困，丧仪长久哀念不止枉费时日，不能让他做父母官。德行修养最难的在于内心，而儒者只注重修饰外表，所以服饰奇特，过分注重仪容举止，不能引导众人，教化百姓。自从大贤之人死后，周王室就衰落了，礼仪的名号更加繁多，百姓的行为却日益浇薄；礼乐烦冗，而世间的道德日渐衰微。现在孔子用繁盛礼乐来使世风日趋奢靡，用弦歌鼓舞来聚集众人，使进退的礼仪、步趋的节奏更加烦琐，来让百姓效法。他们博学却不能为世人表率，思虑劳顿却不能于人民有所补益，有加倍的寿命也学不完他们的礼教，人到壮年也难搞清他们的礼仪细则，积蓄的财产不足以供他们礼乐的费用。他们繁饰邪术以蛊惑世上的国君，盛为礼乐来愚弄百姓。他们的主张，不能示范于世；他们的学问，不能用来教育人民。您现在打算封赏孔子，用他们的一套来改变齐国的风俗，可不是用来教育百姓、保护人民的好办法。”景公说：“好。”于是赠给他厚重的礼物而留下了打算封赏给他的土地，匆匆地接见了他而没有问他的道德学问，于是孔子就离开了齐国。

注释

1 **尔稽:**地名。

2 **浩裾自顺:**傲慢而自以为是。浩裾,即傲倨,怠慢不恭的样子。

3 **好乐缓于民:**喜欢礼乐而对百姓宽缓。

4 **立命而建事:**以修身养命来建立功业。

5 **行之难者在内:**德行修养最难的在于内心。

6 **儒者无其外:**“无”当作“妩”,媚悦之意。意思是儒者只注重修饰外表。

7 **异于服:**服饰奇特。

8 **勉于容:**过分注重仪容举止。勉,指过分注重。

9 **趋翔之节:**步趋的节奏。 **观众:**使百姓效法。

10 **兼寿不能殚其教:**有加倍的寿命也学不完他们的礼教。

11 **当年不能究其礼:**人到壮年也难搞清他们的礼仪细则。

12 **积财不能赡其乐:**积蓄的财产不足以供他们礼乐的费用。赡,供给。

景公上路寝闻哭声问梁丘据晏子对第四

原文

景公上路寝,闻哭声。曰:“吾若闻哭声,何为者也?”梁丘据对曰:“鲁孔丘之徒鞠语[1]者也。明于礼乐,审于服丧,其母死,葬埋甚厚,服丧三

译文

景公登上路寝台,听到有人在哭,说:“我好像听到哭声,这是干什么的呀?”梁丘据回答说:“是鲁国孔丘的学生鞠语在哭。他明了礼乐,熟习丧仪,他的母亲死了,丧葬办得很隆重,他服丧已经三年了,哭泣仍然很悲痛。”景公说:“这难道不应

年，哭泣甚疾。”公曰：“岂不可哉？”而色说之。

晏子曰：“古者圣人，非不知能繁登降之礼，制规矩之节，行表缀之数[2]以教民，以为烦人留日[3]，故制礼不羡于便事[4]；非不知能扬干戚钟鼓竽瑟以劝众也，以为费财留工，故制乐不羡于和民；非不知能累世殚国以奉死，哭泣处哀以持久也，而不为者，知其无补死者而深害生者，故不以导民。今品人[5]饰礼烦事，羡乐淫民，崇死以害生，三者，圣王之所禁也。贤人不用，德毁俗流，故三邪得行于世。是非贤不肖杂，上妄说邪，故好恶不足以导众。此三者，路世之政[6]，道事之教[7]也。公曷为不察，声受而色说之？”

该吗？”并露出欣赏的神色。

晏子说：“古代的圣人，不是不知道能用烦冗的进退礼仪，制定共同遵守的规矩，按照礼仪楷模的标准来教育百姓，而是因为这些礼仪使人劳累而又旷日持久，所以制定的礼仪不超过便于行事的范围；不是不知道能用音乐舞蹈来勉励百姓，而是因为它耗费钱财花费人工，所以制定乐舞不超过和悦百姓的标准；不是不知道能竭尽现世国力来祭祀死者，办理丧事要持久处哀，但不这样做的原因，是知道它无益于死去的人而严重地损害了活着的人，所以不用它来教导百姓。现在众人徒饰礼仪不怕烦琐地去做这些事，过多的乐舞使百姓迷惑，尊崇死人而损害活人，这三者，是圣王所禁止的。贤良的人不被任用，勤俭的美德被毁坏，奢侈的风俗流行开来，所以以上三种邪行得以流行于世。对与错、好与坏没有区别，君王荒淫而喜欢邪行，所以他的喜好与厌恶都不足以教导百姓。这三件事，是败国的政治，坏人心的主张。君王为何不明察此事，听到了哭声还流露出欣赏的神色呢？”

注释

1 **鞠语：**孔子学生，具体事迹不详。

2 **行表缀之数：**按照礼仪楷模的标准。表缀，楷模。数，标准。

3 **烦人留日：**使人劳累又旷日持久。留日，浪费时日。

4 **不羡于便事：**不超过便于行事的范围。羡，超过。

5 **品人：**即众人。

6 **路世之政：**"路"通"露"，败坏的意思。露世之政，意为儒家的学说是败国的政治。

7 **道事之教：**"道"当作"瘅"，病。瘅事之教，意为教坏人心的主张。

仲尼见景公景公曰先生奚不见寡人宰乎第五

原文

仲尼游齐，见景公。景公曰："先生奚不见寡人宰[1]乎？"仲尼对曰："臣闻晏子事三君而得顺焉，是有三心，所以不见也。"仲尼出，景公以其言告晏子，晏子对曰："不然！非婴为三心，三君为一心故。三君皆欲其国之安，是以婴得顺也。婴闻之，是而非之，非而是之，犹非也[2]。孔丘必据处此一心矣。[3]"

译文

孔子到齐国游说，拜见景公。景公说："先生为何不见见我的宰相晏婴呢？"孔子回答说："我听说晏子侍奉三位国君都很顺利，那么他肯定是有三种心性而不专一，所以我不想见他。"孔子出宫后，景公将他的话告诉了晏子，晏子回答说："不是这样！不是我有三种心性，而是三位国君心性相同的缘故。三位国君都希望自己的国家安定，所以我能顺利地侍奉他们。我听说，把正确的说成错误，把错误的说成正确，这就等同于诽谤了。孔丘一定属于这两种情况中的一种。"

注释

1 **寡人宰**：即晏子。宰，宰相。

2 **犹非也**：与诽谤没什么两样。"非"通"诽"。

3 **孔丘必据处此一心矣**：此句中"据""心"二字为衍，应为"孔丘必处此一矣"，意思是孔丘必然属于"是而非之""非而是之"这两种情况中的一种。

仲尼之齐见景公而不见晏子子贡致问第六

原文

仲尼之齐，见景公而不见晏子。子贡曰："见君不见其从政者，可乎？"仲尼曰："吾闻晏子事三君而顺焉，吾疑其为人。"

晏子闻之，曰："婴则齐之世民[1]也，不维其行[2]，不识其过[3]，不能自立也。婴闻之，有幸见爱，无幸见恶，诽誉为类[4]，声响相应[5]，见行而从之者也。婴闻之，以一心事三君者，所以顺焉；以三心事一君者，不顺焉。今未见婴之行，而非

译文

孔子到齐国去，拜见了景公却不会见晏子。子贡说："拜见国君却不会见他的宰相，这样合适吗？"孔子说："我听说晏子侍奉三位国君都很顺利，我怀疑他的为人。"

晏子听到这话后，说："我是齐国的普通百姓，不能长久地保持自己廉正的行为，不能认识到自己的过失，也不能自立于世。我听说，得宠就受到赞誉，不得宠就被指责，指责和赞誉都是同类，声音与回响相呼应，这都是以自己的行为得来的。我听说，用一心一意侍奉三位国君的，就顺利；用三心二意侍奉一位国君的，就不顺。现在孔子没有看到我的行为，却指

其顺也。婴闻之，君子独立不惭于影，独寝不惭于魂[6]。孔子拔树削迹[7]，不自以为辱；穷陈、蔡[8]，不自以为约[9]；非人不得其故，是犹泽人之非斤斧[10]，山人之非网罟也。出之其口，不知其困也。始吾望儒而贵之，今吾望儒而疑之。”

仲尼闻之，曰：“语有之：‘言发于尔，不可止于远也[11]；行存于身，不可掩于众也[12]。’吾窃议晏子而不中夫人之过，吾罪几矣[13]！丘闻君子过人以为友[14]，不及人以为师[15]。今丘失言于夫子，讥之，是吾师也。”因宰我[16]而谢焉，然仲尼见之。

责我的顺利。我听说，君子独自站立无愧于自己的影子，独自寝处无愧于自己的内心。孔子不以被拔树削迹的经历为羞辱；被围困在陈、蔡之间也不觉得穷困；不弄清事情的原委就指责别人，这就像住在湖区的人指责刀斧无用，住在山区的人指责渔网无用一样。那些话轻率地出自他的口中，他却认识不到自己的无知。先前的时候我见到儒者而尊敬他们，现在我见到儒者则怀疑他们了。”

孔子听了晏子的话后，说：“谚语有这样的话：‘在近处说出的话，不能禁止它传播到远处；自身的行为，不能在众人面前掩盖。’我私下议论晏子而没有言中别人的过失，我的罪过大了啊！我听说君子指出别人的过失是把别人当作朋友，比不上别人就把别人当作老师。现在我失言于晏子，晏子讥笑我，他是我的老师啊。”于是孔子派宰我去向晏子表示歉意，之后孔子亲自去会见了晏子。

注释

1 **齐之世民**：齐国的普通老百姓。

2 **不维其行**：不能长久地保持廉正的行为。维，保持。

3 **不识其过**：不能认识到自己的过失。

4 **诽誉为类**：指责和赞誉都是同类。

5 **声响相应**：声音和回响相呼应。

6 **独寝不惭于魂：**独自寝处时内心不会感到惭愧，即问心无愧。

7 **拔树削迹：**指孔子周游列国时，曾在宋受拔树之逐，在卫受削迹之辱。

8 **穷陈、蔡：**孔子曾困于陈、蔡之间，绝粮七日。

9 **约：**贫困。

10 **泽人之非斤斧：**住在湖区的人指责刀斧无用。

11 **“言发”二句：**在近处说出的话，不能禁止它传播到远处。

12 **“行存”二句：**自身的行为，不能在众人面前掩盖。

13 **吾罪几矣：**我的罪过大了。

14 **过人以为友：**指出别人的过失是把别人当作朋友。

15 **不及人以为师：**比不上别人就把别人当作老师。

16 **宰我：**即宰予，孔子的学生。

景公出田顾问晏子若人之众有孔子乎第七

原文

景公出田[1]，寒，故以为浑[2]，犹顾而问晏子曰：“若人之众，则有孔子焉乎？”晏子对曰：“有孔子焉则无有[3]，若舜焉则婴不识。”公曰：“孔子之不逮舜为间矣[4]，曷为‘有孔子焉则无有，若舜焉则婴不

译文

景公出去打猎，天气很冷，所以停下来取暖，回过头问晏子说：“如果在人群当中，能认出孔子吗？”晏子回答说：“如果是孔子，就能知道他在不在，如果是舜我就认不出来了。”景公说：“孔子和舜的差距也太大了，为什么您还说‘如果是孔子，就能知道他在不在，如果是舜我就认不出来了’？”晏子说：“这就是孔子之所

识’？”晏子对曰：“是乃孔子之所以不逮舜。孔子行一节者也[5]，处民之中，其过之识[6]，况乎处君之中乎！舜者处民之中，则自齐乎士[7]；处君子之中，则齐乎君子；上与圣人，则固圣人之林也。此乃孔子之所以不逮舜也。”

以赶不上舜的地方啊。孔子是行为极端的人，身处人群之中，他与众不同容易辨识，何况处在君子当中呢！舜处在百姓当中，就和百姓一样；处在君子当中，就和君子一样；往上和圣人比，那他本来就是圣人行列中的人。这就是孔子之所以赶不上舜的地方。”

注释

1 **出田：**出去打猎。田，狩猎。

2 **浑：**假借为“温”，取暖。

3 **有孔子焉则无有：**第一个“有”字当作“若”，意思是如果是孔子，就能知道他在不在人群中。

4 **为间矣：**相差很远。间，远。

5 **行一节者也：**处事比较极端的人。一节，事物的一端。

6 **其过之识：**他与众不同容易辨识，意思是说儒家常“异于服，勉于容”，与众不同。过，超过，这里指与众不同。

7 **自齐乎士：**自己与百姓看齐，即与百姓没什么两样。

仲尼相鲁景公患之晏子对以勿忧第八

原文

仲尼相鲁[1]，景公患

译文

孔子担任鲁国的宰相，景公很害怕，

之，谓晏子曰："邻国有圣人，敌国之忧也。今孔子相鲁若何？"晏子对曰："君其勿忧。彼鲁君，弱主也；孔子，圣相[2]也。君不如阴重孔子，设以相齐[3]，孔子强谏而不听，必骄鲁而有齐[4]，君勿纳也。夫绝于鲁，无主于齐，孔子困矣。"居期年，孔子去鲁之齐，景公不纳，故困于陈蔡之间。

对晏子说："邻国有圣人啊，这是敌国对我们的隐患。现在孔子当了鲁国宰相，怎么办？"晏子回答说："君王用不着担心。那鲁国的国君，是个昏庸懦弱的人；孔子则是德行才智超凡的宰相。国君不如私下表示尊崇孔子，假意要让他做齐国宰相，孔子强谏而鲁君不听从，一定会因鲁君骄横而到齐国来，到时候君王不要接纳他。这样他就自绝于鲁国，又不能被齐国任用，就会陷入窘迫的境地。"过了一年，孔子离开鲁国来到齐国，景公不接纳他，所以孔子就被困在陈国、蔡国之间。

注释

1 **仲尼相鲁：**孔子做鲁国宰相，是在晏子去世之后的事，文中所说与史实不符。

2 **圣相：**德行才智超凡的宰相。

3 **设以相齐：**假意要让他做齐国宰相。

4 **骄鲁而有齐：**因鲁国国君骄横而到齐国来。

景公问有臣有兄弟而强足恃乎晏子对不足恃第九

原文

晏公问晏子曰："有臣

译文

景公问晏子说："有能力强的臣子，

而强，足恃乎？”晏子对曰：“不足恃。”“有兄弟而强，足恃乎？”晏子对曰：“不足恃。”公忿然作色曰：“吾今有恃乎？”晏子对曰：“有臣而强，无甚如汤；有兄弟而强，无甚如桀。汤有弑其君[1]，桀有亡其兄，岂以人为足恃哉，可以无亡也？”

足以依靠吗？”晏子说：“不足以依靠。”景公又说：“有能力强的兄弟，足以依靠吗？”晏子回答说：“不足以依靠。”景公生气地变了脸色说：“那么我现在有什么可以依靠吗？”晏子回答说：“有能力强的臣子，没有谁比得上成汤了；有能力强的兄弟，没有谁比得上夏桀了。成汤杀死了他的国君桀，夏桀驱逐了他的兄长，怎么能把别人当作依靠，认为这样就可以免于灭亡呢？”

注释

1 **汤有弑其君：**汤原是夏桀的臣子，后灭夏，建立商朝，所以这里说“弑其君”。

景公游牛山少乐请晏子一愿第十

原文

景公游于牛山，少乐，公曰：“请晏子一愿[1]。”晏子对曰：“不，婴何愿？”公曰：“晏子一愿。”对曰：“臣愿有君而见畏[2]，有妻而见归[3]，

译文

景公在牛山游玩，稍得其乐。景公说：“请晏子说一个心愿。”晏子说：“没有，我能有什么心愿？”景公说：“你说一个吧。”晏子说：“我希望有国君而被臣子敬畏，有妻子而归心于我，有儿子

有子而可遗[4]。”公曰：“善乎，晏子之愿！载一愿[5]。”晏子对曰：“臣愿有君而明，有妻而材[6]，家不贫，有良邻。有君而明，日顺婴之行[7]；有妻而材，则使婴不忘[8]；家不贫，则不愠朋友所识[9]；有良邻，则日见君子。婴之愿也。”公曰：“善乎，晏子之愿也！载一愿。”晏子对曰：“臣愿有君而可辅，有妻而可去，有子而可怒[10]。”公曰：“善乎，晏子之愿也！”

而能够传家。”景公说：“晏子的心愿很好啊！再说一个心愿。”晏子说：“我希望有国君而圣明，有妻子而贤惠，家不贫困，有好的邻居。有国君而圣明，我每天能顺君之意行事；妻子贤惠，使我不会恣意妄为；家不贫困能周济朋友，朋友和熟识的人就不会愠怒；有好的邻居，就能每天接触到君子。这就是我的心愿了。”景公说：“晏子的心愿很好啊！再说一个心愿。”晏子回答说：“我希望有可以辅佐的国君，有性情驯顺的妻儿。”景公说：“晏子的心愿很好啊！”

注释

1 **请晏子一愿：**请晏子说一个心愿。
2 **见畏：**被敬畏。
3 **见归：**归心于我。
4 **可遗：**可以传家。
5 **载一愿：**“载”通“再”，再说一个愿望。
6 **材：**有才能，这里可以理解为贤惠。
7 **日顺婴之行：**当作“婴日顺之行”，意思是我每天能顺君之意行事。
8 **不忘：**“忘”通“妄”，即不妄为。
9 **不愠朋友所识：**朋友和熟识的人就不会愠怒。
10 **“有妻”二句：**大意是讲希望有性情驯顺的妻儿。

田无宇非晏子有老妻晏子对以去老谓之乱第十一

原文

田无宇见晏子独立于闺内，有妇人出于室者，发班白[1]，衣缁布之衣而无里裘。田无宇讥之曰："出于室为何者也？"晏子曰："婴之家[2]也。"无宇曰："位为中卿[3]，田七十万，何以老为妻？"对曰："婴闻之，去老者，谓之乱；纳少者，谓之淫。且夫见色而忘义，处富贵而失伦，谓之逆道。婴可以有淫乱之行，不顾于伦，逆古之道乎？"

译文

田无宇看到晏子独自一人站在自己的居室内，有一个妇人从里边走出来，头发花白，穿着黑布缝制的衣服而里面没有皮衣。田无宇嘲笑晏子说："从居室里走出来的是什么人？"晏子说："是我的妻子。"田无宇说："您官至中卿，田赋收入七十万，为何用个老太婆做妻子？"晏子回答说："我听说，抛弃年老的，就叫作乱；新娶年轻的，就叫作淫。况且看到美色就忘记大义，处于富贵就丢掉人伦，这叫作背离道德。难道我能有淫乱的行为，不顾及人伦，背离古时的道德吗？"

注释

1 **班白：**"班"通"斑"，即斑白。

2 **家：**妻子。

3 **中卿：**卿的等级，地位仅次于上卿。

工女欲入身于晏子晏子辞不受第十二

原文

有工女托于晏子之家者，曰："婢妾，东廓之野之也，愿得入身，比数[1]于下陈焉。"晏子曰："乃今日而后自知吾不肖也！[2]古之为政者，士农工商异居，男女有别而不通，故士无邪行，女无淫事。今仆托国主民[3]，而女欲奔仆，仆必色见而行无廉[4]也。"遂不见。

译文

有一个做工的女子请求托身于晏子家，说："贱妾是东城外的粗野之人，希望能托身于此，充数于姬妾之列。"晏子说："我今天才知道自己是个品行不端的人啊！古代执掌朝政的人，让士、农、工、商各居一处，男女有别而不相来往，所以士人没有邪僻的行为，女子没有淫乱的事情发生。现在我受国君之托管理百姓，而女子却想私奔于我，我一定表现得好色而行为没有廉耻了。"于是没有接见这个女子。

注释

1 **比数**：充数。

2 **"乃今"句**：意思是今天我才知道自己是个品行不端的人。

3 **托国主民**：受国君之托管理百姓。

4 **色见而行无廉**：表现得好色而行为没有廉耻。

庄公图莒国人扰绐以晏子在乃止第十三

原文

庄公阖门而图莒[1]，国人以为有乱也，皆操长兵而立于衢闾[2]。公召睢休相[3]而问曰："寡人阖门而图莒，国人以为有乱，皆操长兵而立于衢闾，奈何？"休相对曰："诚无乱而国以为有，则仁人不存。请令于国，言晏子之在也。"公曰："诺。"以令于国："孰谓国有乱者！晏子在焉。"然后皆散兵而归。

君子曰："夫行不可不务也。晏子存而民心安，此非一日之所为也，所以见于前信于后者。是以晏子立人臣之位，而安万民之心。"

译文

齐庄公关闭了城门而准备攻打莒国，齐国人以为国家发生了祸乱，都拿着长矛之类的武器站在当街的闾门外。庄公召见睢休相并问他："我关闭了城门而准备攻打莒国，国人以为国家发生了祸乱，都拿着长矛之类的武器站在当街的闾门外，怎么办？"睢休相说："本来没有祸乱而百姓却以为发生了祸乱，就是因为贤人不在啊。请您下令全国，说晏子就在国都。"庄公说："好。"就向全国下令说："谁说国家发生了祸乱！晏子就在国都。"命令下达后，百姓都放下武器而回到自己家里。

君子说："德行不可以不勉力去做。晏子在的话，百姓的心就安定，这不是一天的工夫所能办到的，所以百姓之前忐忑不安而后内心安然。因此晏子在朝廷担任大臣的职务，万民的心才得以安定。"

注释

1 **阖门而图莒:**关闭了城门而准备攻打莒国。

2 **衢间:**当街的闾门。

3 **睢休相:**齐国大臣,姓睢,名休相。

晏子死景公驰往哭哀毕而去第十四

原文

晏公游于菑,闻晏子死,公乘侈舆服繁驵[1]驱之。而因为迟[2],下车而趋;知不若车之速,则又乘。比至于国者,四下而趋[3]。行哭而往,伏尸而号,曰:"子大夫日夜责寡人,不遗尺寸[4],寡人犹且淫泆而不收,怨罪重积于百姓。今天降祸于齐,不加于寡人,而加于夫子,齐国之社稷危矣,百姓将谁告夫[5]?"

译文

景公正在菑地游玩,听到晏子的死讯,就乘着快车驾着快马一路疾驰赶回去。景公嫌车跑得太慢,自己下车疾跑;后又觉得自己还是没有车子快,就又上车。等他赶到都城的时候,已经先后四次下车疾跑了。一路上景公边走边哭到了晏子家,伏在晏子的尸体上大哭,说:"先生不分白天黑夜地规劝我,细小的过失都不放过,我尚且沉溺于淫乐而不收敛,对我的怨恨与指责深深地积聚在百姓心中。现在上天降祸给齐国,不加在我身上,而加在先生身上,大概齐国的江山危险了,百姓将向谁求告呢?"

注释

1 **乘侈舆服繁驵**:乘坐着快车驾着快马。"侈"当作"趋",快。繁驵,骏马。

2 **因为迟**:以之为迟,意即嫌车跑得太慢。因,以。

3 **四下而趋**:先后四次下车疾跑。

4 **不遗尺寸**:细小的过失都不放过。尺寸,指细小的过失。

5 **百姓将谁告夫**:百姓将向谁求告。

晏子没左右谀弦章谏景公赐之鱼第十五

原文

晏子没,十有七年,景公饮诸大夫酒。公射,出质[1],堂上唱善,若出一口。公作色太息,播弓矢[2]。弦章入,公曰:"章,自晏子没后,不复闻不善之事。"弦章对曰:"君好之,则臣服之;君嗜之,则臣食之。尺蠖食黄则黄[3],食苍则苍是也。"公曰:"善。吾不食谄人以言[4]也。"以鱼五十乘赐弦章。

章归,鱼车塞涂,抚其

译文

晏子死后十七年,景公设酒宴款待大夫们。景公射箭,箭脱了靶子,殿堂上的人却都齐声喝彩,好像出自一人之口。景公面带怒色而叹息,扔掉了弓箭。弦章进来后,景公说:"弦章,自从晏子死后,再也听不到说我做得不对的事了。"弦章回答说:"君王喜好穿衣打扮,臣子就跟着讲究穿戴;君王喜欢宴饮,臣子就跟着讲究饮食。尺蠖吃黄土就变成黄色,吃苍土就变成苍色。"景公说:"好。我以后不听那些谄媚于人的话了。"于是把五十车鱼赏赐给弦章。

弦章回家时,见装鱼的车子把路都

御之手，曰："昔者晏子辞赏以正君[5]，故过失不掩之。今诸臣谀以干利，吾若受鱼，是反晏子之义，而顺谄谀之欲。"固辞鱼不受。

君子曰："弦章之廉，晏子之遗行也。"

堵塞了，就抚着车夫的手说："过去晏子辞谢赏赐来匡正国君，所以不掩盖国君的过失。现在所有臣子都用阿谀奉承来追求私利，我如果接受了这些鱼，那就是违背了晏子的行为准则，而迎合了阿谀奉承之人的欲望。"于是坚决辞谢，不接受景公赏赐的鱼。

君子评论说："弦章的廉洁，是晏子遗留下的美德啊。"

注释

1 **出质**：脱了靶子，即没有射中。质，靶子。

2 **播弓矢**：扔掉弓箭。

3 **尺蠖食黄则黄**：尺蠖吃了黄土自己也会变成黄色，喻指群臣易受君王言行的影响。

4 **不食谄人以言**：不听那些谄媚于人的话。食，这里是听取的意思。

5 **辞赏以正君**：辞谢赏赐来匡正国君。

参考书目

原典类:

一、张纯一著:《晏子春秋校注》,中华书局,2014年。

二、吴则虞编著,吴受琚、俞震校补:《晏子春秋集释》(增订本),国家图书馆出版社,2011年。

三、骈宇骞著:《晏子春秋校释》,书目文献出版社,1988年。

四、王更生译注:《晏子春秋今注今译》,台湾商务印书馆股份有限公司,2011年。

论著类:

一、刘文斌著:《〈晏子春秋〉研究史》,人民文学出版社,2015年。

二、唐德正著:《〈晏子春秋〉词汇研究》,中州古籍出版社,2008年。

三、邵先锋著:《〈管子〉与〈晏子春秋〉治国思想比较研究》,齐鲁书社,2008年。

图书在版编目(CIP)数据

晏子春秋/徐文翔导读注译.—长沙:岳麓书社,2019.1(2019.6 重印)

(古典名著普及文库)

ISBN 978-7-5538-0907-6

Ⅰ.①晏… Ⅱ.①徐… Ⅲ.①先秦哲学 Ⅳ.①B220

中国版本图书馆 CIP 数据核字(2018)第 055116 号

YANZI CHUNQIU

晏子春秋

导读注译:徐文翔

责任编辑:孙世杰

责任校对:舒　舍

封面设计:罗志义

岳麓书社出版发行

地址:湖南省长沙市爱民路 47 号

直销电话:0731-88804152　0731-88885616

邮编:410006

岳麓书社网址:www.yueluhistory.com

2019 年 1 月第 1 版　2019 年 6 月第 2 次印刷

开本:890mm×1240mm　1/32

印张:10.75

字数:300 千字

ISBN 978-7-5538-0907-6

定价:30.00 元

承印:长沙超峰印刷有限公司

如有印装质量问题,请与本社印务部联系

电话:0731-88884129

道德教育与学生的生活世界

由于我们谈论的生活是人的生活，因此它的含义就远远超出了生物学上“生存、活着”的意义，而有着深厚的文化旨趣与价值内涵。如果说，“生活”指的是生命的存在状态，那么，“生活世界”指的便是生活实有与应有的畛域。“生活世界”这一概念为德国思想家胡塞尔(Edmund Husserl)所常用。狭义的生活世界概念，指日常的、知觉地给予的世界，即日常生活世界。生命展现于生活，生活是生命的形式。人在世界中展开人的思想与言行，展开人的生命与人生历程，与个人实际生活发生真实“牵涉”的世界的总和构成人的“生活世界”。

教育是对现实的、具体的人的教育，是在现实的、具体的人的生命历程中展开的师生的心灵相遇。因此，教育都是在人的生活世界之中行进的，都超不出生活世界的畛域。教育活动和人在教育中的生活都是属于生活世界的，生活世界是教育的根基和教育可以依持的场域，是教育之所以能够促进学生个体多种品质生成的奥妙蕴藏的处所。

杜威在《民主主义与教育》中认为：“‘生活’包括习惯、制度、信仰、胜利和失败、休闲和工作。”又认为，“我们使用‘生活’这个词来表示个体的和种族的全部经验”。(杜威：《民主主义与教育》，人民教育出版社，1990年版，第3页)杜威常常视生活与经验为同样的东西，如他在《经验与自然》中阐释“经验”的含义时也一同阐明了生活的含义。他说，经验和与它类似的“生活”一样，“既包括人们所做的、所遭遇的事情,人们所追求的、所爱的、所相信的、所忍受的事情,也包括人们怎样活动和接受活动,人们行动和遭受、意欲和享受、观察、信仰、想象的方式”。(《杜威教育论著选》,华东师范大学出版社,1981年版,第272页)杜威视生活与经验为同样的东西其实也就是对精神生活的强调,因为即使是与精神生活相对的物质生活或是生理活动,如果没有精神关照、心灵关照,个体经验就无法生成。

强调关注学生的生活世界,就是要反对教育与学生当下生活的疏离,就是强调教育要切入并丰富学生的经验。所谓经验,即个体在其生活世界中的际遇、经历和体验,是间接经验转化为个体精神财富的中介和“加速器”。体验是理性与非理性的结晶,离开了活动、交往和情境,离开了学生当下的生活,体验就无法生成。

道德教育为什么要关注学生的生活世界呢?

首先,“儿童不可能把自己的生活、自己的印象、自己的感受远远地丢在校门之外,怀着纯而又纯的学习愿望来到学校”。我们关心儿童,不能只关心他们的学习如何,他们的智力发展如何,还应当关心他们的整个精神世界的活动,关心他们的全部生活。因此,我们不能只是在学科上下功夫,在智力的发展上下功夫,而应该在整体的人身上下功夫,着眼于学生的完整的、独特的自我的成全。生活是过程,现在的生活本身就是生活,它并不是将来生活的准备。

如果人专注于未来生活的完满,并把现在一切努力看成是未来生活的准备,那么他就必然会遗忘现在就是生活,无法倾心于现在的生活,以获得现时生活的充盈。布莱兹·帕斯卡尔(Blaise Pascal,1623—1662)说得很透彻:“现在永远也不是我们的目的:过去和现在都是我们的手段,唯有未来才是我们的目的。因而我们永远也没有在生活着,我们只是在希望着生活;并且既然我们永远都在准备着能够幸福,所以我们永远都不幸福也就是不可避免的了。”（帕斯卡尔：《思想录》，商务印书馆，1995年第1版，第83页）重视现在，重视学生当下的生活世界，意味着强调儿童现在的兴趣和能力，意味着关注学生现实生活中的欢乐与哀愁，所面临的挑战与诱惑。

其次，事实上，一个人只有在他经历过种种情绪上的体验，包括遭到挫折和感情的创伤，才能对别人的疾苦有移情的体验。理智能力的发展是道德发展的必要条件，这是皮亚杰和科尔伯格道德认知—发展学说的一种基本看法，但道德发展与认知发展相互平行的现象并不意味着道德判断只是认知水平在道德问题上的简单应用。道德发展不仅需要认知发展，而且还需要社会性的刺激。这种社会性的刺激来源于个体之间的相互作用，来源于学生生活世界中的价值冲突。

再次，人的精神世界的形成是通过某些实际体验来实现的。“人的亲密感情、兴趣、动机的形成，则又是一种方式，不同于掌握某种知识、规则和技巧。譬如，可以对学生讲解某个算术规则或语法规则，让他们做相应的例题和习题，结果他们就会掌握这个规则。但是，假定以善良和同情为题进行谈话，然后布置相应的作业，指望用这种方法培养出善良和有同情心的人，那是不可能的。用这样的方法最容易培养伪君子和伪善的人。”（[苏]列·符·赞科夫：《和教师的谈话》，教育科学出版社，1980年第1版，第41页）由于脱离了学生丰富多彩的生活，因而也就不可能培养出真正的生活者，而生活与生活世界正是道德教育赖以发生的真实背景。

概括地说，道德教育之所以特别应该关照学生的生活世界，是因为只有在学生的生活世界中，在学生的现实遭遇中，在学生内心世界的价值冲突中，才真正蕴藏着宝贵的教育时机，才能够真正开掘出学生道德人格生成与确立的源头活水。关注学生的生活世界意味着对于学生的尊重——对于学生需要的尊重，对于学生独特性的尊重，对于学生当下生活的尊重。而尊重是教育必不可少的要素。强调道德教育必须关照学生的生活世界就是要反对和摒弃那种高高在上的道德训诫，反对和摒弃道貌岸然、煞有介事的“伪崇高”，强调将学生培养成一个诚实和正直的人，人格统整的人，一个平凡、乐观、自信而友善的生活者。

道德教育的目的是为了促进学生的道德成长。学生的道德成长离不开学习。道德学习作为一种学习类型，也必须利用真实的问题情境，成为解决问题的学习。从教条主义出发，脱离学生的真实需要，我们的教育无异于戴着枷锁跳舞。

道德很典型地（尽管并不总是）与克服内在冲突或者不愿为而为之的努力紧密相关。价值冲突在道德教育中的作用是由道德的本性确定的。只有关注学生的生活世界，社会生活中的价值冲突和学生内心的价值冲突在其成长发展中的作用才能进入教育者的视野，才可能去发掘其教育价值。学生道德人格的生成和确立的现实基础只能是其生活世界，舍此，任何教育都只是外在化的装饰。

科学的观察和研究表明，即使是婴儿也决不只是一个客体。就外部活动而言，婴儿是亲子互动的积极参与者，并且对监护者同样具有很强大的影响力；就内部活动而言，婴儿也拥有超乎我们先前所想象的复杂的内心世界。

由此，培养学生敏感的心灵、丰富的体验、细腻的感受，是完整人的教育所需要的。因此，在学校教育中，让学生有更多的活动、更多的参与、更多的平等交往与对话、更多的美感陶冶、更多的与自然界交融、更多地感受到被人欣赏、被人关爱的温暖与幸福，这都是道德教育的现实途径。

关注学生的生活世界逻辑地要求我们的教育对社会生活中的价值冲突与学生内心世界的价值冲突予以关照。社会生活中以及学生所面临的价值冲突，是教育，特别道德教育重要的资源；道德的发展源自社会冲突情景中的社会性相互作用。有争议的价值问题必须由学生在课堂上处理，这些问题因其不确定性可激发学生的道德思维。任何道德价值都是经验的产物，因而是个人的、相对的。每个人都有选择自己的价值并依此行事的权利，同时对选择承担责任。任何人不能也不应该把某种价值观念强加给别人。无视学生的生活世界，无视学生道德活动的主体性，无视社会生活中和学生内心世界的价值冲突，道德教学只会使儿童安于习俗、服从权威，而不能获得真正的精神财富，再合理的道德规范都只是外在的、没有生命力的、束缚人的枷锁，这种道德教育也是道德人格教育所要拒斥和否弃的。

在任何社会中，不仅有占主导地位的价值体系的存在，同时也会有非主流的价值体系的存在，这就使得冲突无法避免。但这种冲突并不完全是消极的。相反，它正是社会道德、个体道德生成、运动、发展的永不枯竭的原动力。特别是在社会变革时期，不同的社会道德之间、社会道德与个体道德之间、不同的个体道德之间的冲突，是整个社会道德进步的源头活水。正是在冲突之中，先进的道德显示其进步性和生命力。

我们要正确认识价值冲突的社会意义，合理地对待社会中现实存在的价值冲突，通过对价值冲突的正视、理解与疏导，推动社会的进步。社会生活中以及学生所面临的价值冲突，是教育，特别是道德教育重要的资源。因为价值冲突对于学生体认社会文化的多元，确立主体性的价值评判标准，实现对社会、他人以及自我的理解与认同，选择实现和提高自我价值的现实途径，都有重要的意义。一言以概之，价值冲突是个人的自由全面发展、道德人格确立的内在动力。

我国目前正处在社会转型时期。置身于开放的世界体系中的中国社会，原来以历时形态依次更替的不同文明时代的价值观念共时性地存在着。这些不同文明时代的基本文化精神在历史演进中都表现出某些方面不可替代的价值，又都展示出内在的某种缺陷和弊端，表现出价值观念上的巨大冲突。这一现象必然反映在我们的教育中，反映在学生的生活世界中。英国著名比较教育学家萨德勒(1861—1943)说："学校外的事情，比学校内的事情更重要， 而且它支配和说明着学校内的事情。"(萨德勒:《比较教育学》，刘树范、李永连译，吉林人民出版社，1989年第1版，第71页)对社会生活中价值冲突的正视是与开放的心态和宽容的精神相联系的，而对学生个体内心世界的价值冲突的关注，即是与对个体成长的关注相联系的。

建构主义对学校德育的启示

理论的基本职能是描述、解释和预言。建构主义(constructivism)学习理论是关于个体学习的内部心理过程的描述和解释。它对于道德规范的学习和道德认知能力的发展有一定的解释力,另外,它强调学生的独特性和学习过程中的自主性,因此对提高学校德育的实效性具有一定的启示意义。

建构主义是学习理论中行为主义发展到认知主义以后的进一步发展。我们当今的许多教育观念都与这一理论的基本观点相关联。行为主义的基本主张是:客观主义、环境主义、反馈与强化。行为主义的学习观反映在教育上,认为学习就是通过强化建立刺激与反应之间的联结的链;教育者的目标在于传递客观世界的知识,学习者的目标是在这种传递过程中达到教育者所确定的目标,得到与教育者完全相同的理解。行为主义的缺憾在于无视这一过程中学生的理解及其经验背景。

认知主义认为世界是由客观实体以及客观事物之间的关系所构成。他们与行为主义者的不同之处在于认知主义力图确认学习者内部的认知过程。教学的目标在于帮助学习者习得这些事物及其符号标识,使外界客观事物(公共知识及其结构)内化为个体内部的认知结构。可以说,认知主义强调内化,也就为道德规范灌输敞开了方便之门。

建构主义学习理论主张,世界是不以人们的主观意志而存在的,但是对于世界的理解和解释却是由每个人自己选择的,受着个人的眼界、胸襟和怀抱的制约。我们以自己的经验为基础来建构"现实",我们个人的经验世界是用我们自己的视界创建的,由于我们的经历和体验以及对它的解释不同,于是我们对外部世界的理解便也迥异。建构一方面是对新事物的意义的赋予,同时又包含对原有经验的改造和重组。所以建构主义者更关注学习者如何以原有的经验、心理结构和信念为基础来建构精神世界。

道德的学习,不仅有认知,更有情感、态度、价值观和行为与习惯。建构主义学习观强调学生的直接经验,强调学习过程中学生的自主性和独特性。学习是学习者主动地建构内部心理表征的过程,它不仅包括结构性的知识,而且包括大量的非结构性的经验背景。学习过程不是先从感觉经验本身开始的,而是从对该感觉经验的选择性注意开始的。这对于改进学校德育具有一定的理论意义和实践价值。让我们想一想:脱离学生已有知识、经验背景和认知水平的空洞、高远、笼统的道德说教和生硬灌输,其效果将会怎样?

让·皮亚杰(Jean Piaget,1896—1980)就曾指出:"逻辑是思想的道德,正如道德是行动的逻辑。"儿童能否掌握道德这门"行动逻辑"或者康德所讲的"实践理性",其中一个前提必然是,儿童是否具备掌握这种逻辑或理性的概括、判断、推理等逻辑思维能力。因此,发展儿童的智力,尤其是发展逻辑推理能力,是提高儿童道德水平的一个必要条件。建构主义学习观将学生认知发展水平作为掌握知识的一个必要条件,强调了认知活动在个体精神生活中的基础地位,对学校德育亦有借鉴价值,特别是对于反对道德蒙昧主义有着重要的启示意义。

对于个体而言,道德包括内部动机和外显行为。由于道德发展反映于个体的道德判断和推理能力的发展,道德发展与认知发展就有密切的关系。个体的道德发展蕴涵于其认知发展之中。认知阶段的发展是道德阶段发展的一个必要条件,也限定了道德发展所能达到的水平。学生的道德判断、推理的结构,是在其基本认知能力的基础上,与他人相互作用过程中,把自己的社会经验(主要是道德经验)加以组织化的结果。正是这样的结构,决定了一个人得以形成某种道德观念或价值观,使一个人面临道德问题时,据此来确定判断和推理应遵循的方向。一个人如果不理解道德观念和准则、缺乏基本判断和推理能力,就不会有自觉的道德行动。道德行为是指那种存在着价值冲突的道德情境中作出缜密决策的行为,而不是那种单纯的顺从行为,那种单凭机械训练养成的刻板反映并不是良好的道德品质的表现;品德心理成分中认知才是道德发展的引导机制,情感则是一种被激发了的力量,一个人情感只有被认知引导到道德的方向上才具有道德价值。

科尔伯格的道德认知发展理论认为:行为的道德性质取决于行动者对道德情境和行为的理解,而行动者对道德是非的理解又是决定其对情境与行为理解的重要因素,因此道德判断是道德行为的有机组成部分。

科尔伯格在其道德认知发展理论基础上,对传统德育进行了彻底的反叛。他一反传统德育理论把儿童看成“包装美德的口袋”(a bag of virtues)的看法,鲜明地提出:“我们是根据道德判断或一个道德观点的形式特质而不是它的内容来理解道德的。”他在《发展是教育的目的》一文中指出:“道德的发展源自社会冲突情景中的社会性相互作用。道德既非给定的文化价值的内化,也非自然本能和情感的展开。”(L.Kohlberg & R.Mayer:“Development as the Aim of Education”, *Harvard Educational Review*, Vol.42, no.4, November, 1972, p454)科尔伯格的这种道德哲学直接影响了他的道德教育理论,他反对道德灌输,而把道德教育的重点放在促进道德思维能力上,更确切地说,是在道德判断的结构和方式上。科尔伯格试图把儿童从传统德育的那种被动性中解放出来,帮助儿童通过自己的理性和推理能力实现道德上的自主。

个人建构究竟是一个什么样的过程呢?当代美国心理学家凯利认为:

第一,个人建构是不断发展、变化和完善的,可推陈出新,不断提高。

第二,个人建构因人而异,在他看来,现实是各人所理解和知觉到的现实,面对同一现实,不同的人会有不同的反应。

第三,在研究人格的整体结构的同时,不能将其组成部分弃于一端,而应努力做到整体与部分、形式与内容的有机统一。

第四,当人们总用已有的建构去预期未来事件时,不可避免地要遇到一些困难和麻烦,新的信息和元素需要加入到原有的建构之中。

第五,他强调一个人要获得一种同现实十分一致的建构体系绝非轻而易举,要经过大量的探索和试误过程。

为了有效地促进学生的自主建构,从而促进学生的道德发展,以下几点是值得我们予以重视的:

(1)教师在学校里肩负着帮助学生增加他们的自我价值感和获得成功的责任。为了在学生中培养自尊心,教师在教学中建立协助关系是必需的。促进个人成长和自尊心的条件包括移情作用、积极关注、和谐一致和表达具体。教师的任务除了理解这些条件和它们的意义之外,还要想方设法在课堂里作好创设这些条件的准备。此外,他必须认清学生对个人自由和不必担心他人监视的需要。最主要的是安心而自由的学习才能使学生做到这一步。

(2)道德发展包括认知和情感的发展,特别是移情性的理解能力的发展。儿童道德的发展很大程度上基于个人经验。经验培植信念。因此,学校教育的各个环节都应为学生探测情感、考察态度、明确价值观、学习如何有效地进行交往以及为发展处理人际关系的技能提供指导和机会,创设有助于丰富和提升学生道德体验的情境和氛围。

(3)在公开讨论中，儿童必须感到可以自由地大胆检验他们的想法。教师通过鼓励儿童真正的尝试，支持那些大胆谈出不明确的想法和供选择的解释或其他推测的儿童，来帮助建立一个心理安全的环境。此外，教师不试图掩盖她弄出的任何差错，对于诚信自觉履行具有榜样的价值。教师力图让学生明了：人是会有过错的，过错提供反馈，构成学习过程的一个自然和重要的部分。

(4)让儿童学会建造规则。课堂上的社会相互作用指的是“一个整体范围上的智力相互交流和关系，以及道德的和理性的合作”(皮亚杰)。教育情景中活跃的道德目标，是发扬每个人出自本心的精神，允许他们独立作出决定，尊重别人的自由和权利。儿童不仅能够遵守规则，也能够建造规则。为了鼓励学生自主性，教师尽可能地少一些干预，让儿童有自己做决定的机会。通过制定课堂活动的起码规则，使儿童发扬一种代替教师权威的社会义务感。这些规则是当儿童认识到他们的必要性时才建立的，不是在他们尚未理解之前，由教师把现成的东西强加给他们。儿童建立他们自己的规则，并开始遵守，他们将辨别违犯的行为，并愿意接受协商的结果而不失自尊。同样，他们也将认识到有些规则需要修正。在建立和重建规则的过程中，儿童逐渐学会听取和协调他人的意见，这就包括学会退让、放弃和妥协，从而导致相互尊重的发展。

市、县(区)两级教育局的教育局长或副局长兼任某一学校的校长(或党委书记),这在全国各地都不难发现。我也还没发现有人对其合理性提出过质疑。这在我看来,是不合理的。

之所以不合理,原因就在于:在今天,即使公立学校之间实际上也是存在着竞争的。既然存在着竞争,作为政府官员的局长们,既当运动员又当裁判员,就有可能破坏公平竞争的环境——在资源的分配上,在对学校的评价上,都有可能出现不同程度的倾斜。同理,一些高官政要在大学担任职务,即使只是作为"普通"的教授,都不利于大学之间公平竞争的氛围的营造。这在文明社会中不过是常识,到了我们这里,社会精英们对这一基本常识也都表现出极度的"无知",不知是有意还是无意。

在全国的大中小学的校园,"八荣八耻"的宣传张贴画是随处可见。我们已经形成了一种传统:为了表示对某一事情的重视,掌管宣传的有关机构就会指示要在中小学"进课堂"。"八荣八耻"自然要进课堂,我担心随之相应的针对中小学生的各种"宣传读本"就会粉墨登场。最终究竟谁是"进课堂"的受益者就只有天知地知你知我知了。

人之所以不同于禽兽,就在于人有羞耻之心,这大概古今中外头脑清明、心地正直的人都能认可。何谓"荣",何谓"耻",也不难达成共识。只是小小孩童,要能真正理解何谓"骄奢淫逸"恐怕有些困难。

在今天的中国,除非一些无良商人、暴发户,钱来得容易,花得也痛快,有可能骄奢淫逸,还有就是掌握实权的科级以上的政府官员,也有可能骄奢淫逸。普通工薪阶层即使想"骄奢淫逸",怕也是"心有余而力不足",更不用说广大中小学生了。我认为"以艰苦奋斗为荣,以骄奢淫逸为耻"重点要进大学课堂,尤其是党校课堂。

中小学教育是基础教育,教育内容应该是具有相当的稳定性的人类的基本经验和核心价值,而不是赶潮流似的"见风就是雨"。这并不是说在教育内容上不要与时俱进,而是要保持教育的相对独立性,只有那些经受了历史检验的东西才能成为教育的内容。应时的代价就是过时,趋炎附势的后果就是价值的虚无,这是一再为历史所证明的。

至于一些学校在中小学开展"廉政教育"就更是荒唐和滑稽。试问:那些贪官们受的"廉政教育"还少吗?他们难道不清楚为官应该清廉吗?本来是制度设计要解决的问题非要教育来承担,不仅会是低效和无效,甚至可能负效。

看2006年硕士生考试的政治理论的复习资料,我几乎要拍案而起。这是些什么东西呀!现在都21世纪了,怎么还有人在向年轻学子们不负责任地推销这样一些陈芝麻烂谷子的东西?那些政治理论考纲的设计者们,那些复习资料的编纂者们,你们的良知哪里去了?这种种的说法你们自己相信吗?你们觉得符合常识吗?你们不觉得在自欺欺人吗?你们知道这样做的后果吗?如果我们不能区别西方原始积累时期的资本主义与当代发达的资本主义,而是不加分析、不加区分地说资本主义如何地充满罪恶和血腥,只能说我们是睁眼说瞎话。

我并不反对在硕士研究生入学统一考试中包括政治理论考试,因为这对于引导青年学子关注国际国内大事,关注国计民生,确立思想方法论的意识,系统全面思考社会、历史、人生的一些重大问题，是有积极意义的。但问题是，我们要给予他们以怎样的价值观的引导。如果政治理论的考试所要求掌握的内容是无助于年轻学子头脑的开放、实事求是地看待人类社会历史发展的过程和未来趋势，而是牵强附会、强词夺理，仍然深陷在思想僵化的泥潭里自欺欺人，那么，其后果就只能是思想上的误导，最终造成思想上的叛逆，无端浪费社会资源，浪费年轻学子的时间与精力。

有高度的教育

谁可以称作“教育家”

现在被称之为“教育家”的人越来越多。这既有可喜的一面，也有值得忧虑的一面。可喜的是，这反映了教育探索日益受到人们的重视和关注，教育创新已是蔚然成风，而且许多教育界的同仁的确取得了一些骄人的成绩，以“教育家”称誉之也算是实至名归。值得忧虑的是，“表面的繁荣”背后是太多的急功近利、没有立场和根基浅薄。在我看来，并不是在教育工作中做出了一点成绩的人就可以称之为“教育家”，正如手艺非凡的工匠不能称之为“艺术家”一样。“教育家”称号的贬值，会使得人们缺乏更为高远的追求。

所谓“教育家”，他必须至少符合以下两个标准的一个：一是代表他所在的时代，具有原创性地回答了教育理论中最基本、最核心的问题，提出了具有解释力的概念和理论命题，其理论影响了同时代人对教育的整体认知和理解，丰富着人类的思想宝库。

二是其实践探索影响了同时代的人的教育行为方式或丰富、提升（或改变）了人们对教育的情感、态度、价值观，树立了具有时代精神的教育者的人格风范，这种影响并有可能延续下去并融入教育的传统。

作为一个教育家，他不可能回答时代变迁、教育发展所提出的所有重大问题，但他一定能够创造性地、开拓性地回答一两个关系一个时代的教育方向或教育效率或教育品质的问题，在对教育的系统思考的基础上提出鲜明的、体现着时代精神的、具有深远的历史意义的教育主张。蔡元培先生在《对于新教育之意见》一文中指出："政治家是以谋现实幸福为目的，而教育家则以人类的终极关怀为其追求了。故而前者常常顾及现实，而后者往往虑及久远。"（《对于新教育之意见》，《蔡元培全集》第二卷，中华书局，1984年第1版，第130—131页）教育家应该是高瞻远瞩的人。

作为一个教育家，他的教育探索和努力的方向一定会赢得众多的追随者，并引领和感召着他们的探索和成长。他实践着的精神或个人人格的魅力影响着许许多多的学校和教师，并进而形成着一种风气，一种模式，甚至是一个运动。陶行知先生在《第一流的教育家》这篇文章中写道："今日的教育家，必定要在下列两种要素当中得了一种，方才可以算为第一流的人物。一是敢探未发明的新理，二是敢入未开化的边疆。敢探未发明的新理，即是创造精神；敢入未开化的边疆，即是开辟精神。创造时目光要深；开辟时，目光要远。在教育界，有胆量创造的人，即是创造的教育家；有胆量开辟的人，即是开辟的教育家，都是第一流的人物。"（《时报·教育周刊·世界教育新思潮》，第9号，1919年4月21日）

按照上述标准，近现代中国教育中，仍然健在的不好评论，已经故去的人中，只有陶行知先生（1891—1946）和蔡元培先生（1868—1940）可以称之为"教育家"。这个结论有些令人感伤。其实，这也是在相当长的时间内盛行的"口号代替理论""强权就是真理"的必然结果。

作为一个教育家的首要条件就是：他是一个自由知识分子，他坚定地反对一切个人或利益集团利用教育来谋一己之私利，有"面对强权说出真理"的胆识和勇气。其次才是热爱教育，关注人的成长，对人生和社会抱以极大的热忱；他对人性有深切的理解，并知道如何去引导成长中的个体求真、向善、臻美。

虽然有世界级的教育家，如约翰·杜威（John Dewey，1859—1952），但任何一个教育家都是在一定的文化中成长起来的。正如约翰·杜威代表着美国自由民主的思想一样，中国教育家的教育探索就应该充分地体现中国风格、中国气派、中国情怀。但他的教育探索应该与人类文明发展的方向相一致，在中国风格、中国气派、中国情怀中自觉地融入人类的核心价值，如自由、民主、平等、博爱、人权等等。惟其如此，中国教育家才能代表中国为人类文明作出贡献。

何谓"学术能力"

"学术"是一种探索真理的社会实践活动及其成果。作为探索的成果,"学术"指的是"有系统的、较专门的学问"。学术能力(academic ability)即是从事学术研究的相关素质。一个人的学术能力具体表现在以下六个方面:问题的发现与提出的能力、文献的收集与整理的能力、概念的生成与厘定的能力、作出学术命题的能力、设计研究过程的能力以及对学术前沿的敏感。

学术能力首要的方面就是发现问题与提出问题的能力。进行任何一项学术活动,若没有问题意识,将是无从下手的。学术史上,很多理论的提出,无不与问题意识有着密切的关联。许多富有学术造诣的学者,他们的问题意识都特别强。

问题是思维的起点。没有问题,就不可能有探究问题的意识与动力。人类天生就具有很强的探究本能,对任何事物、事情、事理都有天然的、与生俱来的好奇心。有探索意义的问题不仅与我们理智的好奇心有关,也都与我们的价值取向和责任感相联系。比如说,如何提高课堂效率?这就涉及什么是课堂效率,为什么要提高课堂效率。一个敷衍塞责的人,一个得过且过的人是不会探索这样的问题的。

问题发现了之后,紧接着就是问题的提出,即发现的问题究竟是一个怎样的问题。这就需要我们对所发现的问题进行提炼与概括。

其次是文献的收集与整理的能力。文献是深入探讨学术的必要资源。资源的占有量的多少与质的高低往往决定着学术质量的优劣。没有足够的、高质量的文献作为学术研究的基础，我们将会做很多无用功；有足够的文献参考，我们就能够将学术思维的触角延伸到更远的地方——伟大的物理学家牛顿说，站在巨人的肩膀之上，我们才能够看得更远。

文献占有有两项细致的工作：其一就是文献的收集，其二就是文献的整理。文献的收集首先是查找文献。文献的收集需要很多技巧，否则，在浩如烟海的资料中却找不到对自己的研究有任何帮助的文献。那些学术成就很高的学者，他们往往都有很强的文献收集能力，能够迅速、准确地找到适合自己的学术研究的必备文献资料。

仅占有文献材料还是不够的。这就需要我们对文献进行归类与整理。占有的文献中，有的是基础性的，有的是前沿性的；有的是拓展性的，有的是辅助性的；有的是理论性的，有的则是实践性的等等。因此，如高效率、准确地将这些资料分类整理，这是一项非常关键的工作。马克思当年为了写《资本论》，在大英图书馆查阅了大量的文献资料。如果他没有文献整理的能力，恐怕很难在有生之年完成这一宏篇巨制。有些研究者占有了大量的宝贵的文献，可是由于缺乏科学的文献整理的能力，因此导致了文献使用、引用、援引的不当。对于学术研究而言，文献的整理是一项毫不亚于文献搜集的重要工作。

再次，学术能力表现为概念的生成与厘定的能力。概念的生成是指从所发现和提出的问题之中形成核心概念的过程与结果。学术研究需要以概念为基石。学术史上那些取得卓越成就的大家们都是生成与建构概念的高手。这些大师们创造出一套属于自己的独特的学术概念，并在此基础上建设自己的学术大厦，这些概念是我们后人理解其深奥学理的门径。

在学术研究的过程中，有时需要提出一些概念，有时需要借用和移植一些概念。不管是原创的概念还是借用和移植的概念，都需要进行界定或阐释。这样一来，概念指涉的对象、内涵就明晰化了。通过这一工作，让读者明白这些概念究竟指称的是什么。在当今这个浮躁与功利的时代，不少学人往往喜欢造弄一些新词，或者从国外舶来一些概念，动不动就是新名词、新概念、新术语，卖弄自己的学问有多么的深刻，好像别人不懂他的新东西就意味着自己比较高明。但事实上，这些人往往也不知道究竟他所言说的东西是什么，模糊而且会自相矛盾。这就是为什么我们认为概念的厘定是一项非常重要的学术能力的原由。

第四是作出理论命题的能力。在逻辑学中，命题指“表达判断的语言形式，由系词把主词和宾词联系而成”；在数学或物理中，指“要进行某种说明的问题”；在社会科学中，指“比概念更为上位的、运用一组概念而构成的一个特定概念链”。命题是学术研究的重要的成果表现的形式。

对于学术研究而言，仅有概念是不够的。学术需要有命题的支撑。因为，命题能够将概念所不能言指的对象说明得更加清楚，指涉得更为明了。从命题出发，我们能够进一步扩展学术的疆域，能够将概念的力量延伸至更广阔的领域，从而充实、丰盈学术大厦，使之更为坚实、更加辉煌。所谓作出命题的能力，其本质上就是指建构一组组为了将概念联系起来成为一个整体的概念链的能力。命题能够使思想得到简练、精到的表达。命题之于学术的价值就在于它的精简与扼要能够准确地表达深刻的思想。

在学术思想史上，没有哪位大家没有命题。就教育学来说，实用主义教育大师约翰·杜威在其力作《民主主义与教育》中就提出了许多非常有影响力的命题，比如，我们所耳熟能详的“教育即生长”“教育即生活”“教育即经验的改组改造”。这些都是将概念根据一定的意义串联而成的对当世与后世都有巨大影响的教育命题。

第五是设计研究过程的能力。基于所要研究的问题以及对于问题的假设来设计研究的过程。研究过程的设计，就好比是建筑的设计一样重要。

设计研究过程，首先要设计研究的基本步骤以及所采用的研究方法。对于任何一项学术研究而言，无论是自然科学还是人文社会科学，方法论都对研究的水平起着决定性的作用。方法论作为指导学术研究的宏观要旨，它就像指南针或者罗盘一样，能够确保我们的研究进程的准确性。不同的研究领域需要不同的方法论，不同的研究课题需要不同的方法论，不同的研究对象、不同的研究主体、不同的研究背景等都需要不同的方法论。因此，选择适合研究的方法论对于研究的科学性而言是尤为重要的。否则，不使用或者盲目使用方法论都会造成学术研究的不理想或者甚至就是失败。

最后是对学术前沿的敏感。研究若想要走在前列而不落伍，或者说不失创新性，就需要对学术前沿动态保持高度的关注。学术敏感性之所以是学术能力的一个极为重要的构成要素，就因为发现学术新的生长点，才能引领研究的潮流和开风气之先。因此，要保持学术研究的创新性，这就需要我们始终保持对学术前沿信息、动态、走向、趋势与路向的敏感，把握学术的趋向，从而保障在进行学术研究的选题与文献参考资料的选择时能够至少不落伍，同时也能够避免重复研究的浪费。对学术前沿的敏感性，这是一种不可或缺的，也是往往被忽视的、极其重要的学术能力。

随笔与论文

教育随笔的写作，在中小学教师队伍中渐成气候，这是一种可喜的现象。写真情实感的文字，会培养起一种率真的性格；写细腻的文字，则有助于培养一种注重细节的品质。对于教师来说，写作是一种非常有意义的事情，写作会使我们拥有一个充实而厚重的人生。我在《写作的意义》一文中有详尽的表述。

写作是一种与人分享的方式。你要告诉别人一件什么样的事情，表达一种什么样的主张和情怀，这就不仅需要有条理地表达出来，而且也需要富有艺术地表达出来，从而使表达具有美感，具有较强的感染力和感召力。

无论是随笔，还是学术论文，标题往往是一篇文章最精要的概括。比如《学程设计：课程开发的一种独特方式》（汤雪峰）、《回眸我的专业成长历程》（徐世贵）、《关于反思之反思》（管锡基），作者要表达什么我们可以从标题中一目了然。所以，用心打磨文章的标题是必要的。

在众多的文体中，社论体的文风是最值得警惕的。社论是一种社会权威机构的宣传，往往以不容置疑、高高在上的口吻表达一种立场和主张。作为个人写作是不宜用这种文体的，可这样的文章还真不少，诸如《保证高等教育的健康发展》《高举素质教育的旗帜，加强学校管理》，从标题上就不难看出，这是典型的社论文风。要能够否弃这种文风，重要的是要有民主的性格，特别是乐于真诚的分享和交流。好的随笔不会摆出一副哲人和权贵的架势,睿智蕴涵在平易和朴素之中。随笔的魅力源于真诚、个性、灵动与亲切。

随笔的写作从炼题、立意到起论、收尾,一招一式,闪转腾挪,都体现着作者的学识修养、艺术才情和人生境界。如果能够做到玩典故于股掌,出奇论于谐趣,阐玄机于数语,探幽微于物宜,于千字文中纵横捭阖,在方寸之地烹古煨今,有左右逢源之巧,无捉襟见肘之嫌;圆厚其身,曲尽其妙,那是十分难能可贵的。因此,要写好随笔,学识的积累和生活的积累就非常必要。这就需要所谓的"积理练识",理之积,识之练,无他,学与悟耳。理积于博学,识练于物宜。只有观览之博,运思之精,体悟之深,方能自出机杼,别具一格,领异标新。

学术论文的特点是"论":"论点""论据"和"结论"。所以,学术论文重要的是要有四个意识:首先是问题意识。学术论文总得探讨并回答一个问题,包括这个问题是怎样提出来的,它究竟是怎样的一个问题,探讨和解决这个问题有什么理论上或实践上的意义。问题就是事物发展中影响其发展变化的变量之间的我们要去探索的某种关系。比如一个人的受教育程度与他的社会责任感之间有没有关系,有着怎样的关系,二者之间相关程度有多高。

其次是文献意识。对于这个问题,它在历史上是以怎样的方式存在的,前人或同时代的人对此作了哪些研究,有哪些重要的文献资料值得重视,需要梳理清楚学术共同体在这一问题上学术演进的基本线索。所以,文献意识也就是历史意识。朱光潜先生曾经说:"我以为一个人第一件应明确的是他本国的文化演进、社会变迁以及学术思想和文艺的成就。这并不是出于执古守旧的动机。要前进必从一个基点出发,而一个民族以往的成就即是他前进出发的基点。"他还说:"书籍是过去人类的精神遗产的宝库,也可以说是人类文化学术前进轨迹上的里程碑。我们就现阶段的文化学术求前进,就必定根据过去人类已得的成就做出发点。"

第三是对话意识。你对别人的研究过程、观点作出怎样的评价，这一研究在针对特定学术领域整个的探索中处于怎样的位置,对于其研究结论做怎样的辩驳,并阐明自己的观点,这就是学术对话。作为探索者,我们是在参与对话,而不是在宣布真理。所以,对话意识也就是学术民主的意识。

第四是方法论意识。学术论文的写作要有一个方法论的考量:你的研究方法是否合理？你是在怎样的研究角度来探讨问题的？你使用概念框架在逻辑上是否是严密的？方法论的考量还包括对自己所持立场的自觉审理,包括对研究进路的自觉反思。论证的过程其实就是利用事实和逻辑不断宣明事理的过程。

一篇优秀的学术论文，一定会体现出写作者的学术积累、学术创新、学术规范和学术节操。学术节操也可以是学术规范的要义,我在这里单独提出来,是为了强调学术节操。所谓学术节操就是不迎合任何利益集团的趣味,能够坚持真理,服膺真理,不惟书,不惟上。当我们有比较好的学术修养时,我们的随笔写作就会更加隽永,更加厚重,更能给予读者以智慧的启迪和美感的陶冶。

随笔与论文二者相对而言,前者可以更富于思想,而后者则更需要学术研究的支撑。随笔可以更多的“大胆猜测”,放肆为文,而论文则更需要“小心求证”,言之有据。论文中一定要包含思想,但它要让“思想”令人信服,就需要严密和充分的论证。在由艺术到科学构成的人类把握世界和表达自我的连续体中,随笔更接近“艺术”这一端,而论文则倾向于科学这一极。

在教育随笔的写作中,有一个值得注意的问题:一些引文被引用得很滥了,就要尽可能避免再引用,否则就显得俗不可耐,显得江郎才尽。另外,一些引文的出处尽管不需要详尽的注明,但仍需力求准确。我经常看到一些在引文上张冠李戴的现象,令人啼笑皆非。所以,学术研究的功底也是写好随笔的一个重要条件。

大学要带给你什么

对于年轻学子来说，上大学是为了什么？为了能找到更好的工作，为了能跻身于主流社会，这些动机也都无可厚非。但在我看来，上大学最主要的意义是扩大你的眼界，提高你的见识，使你有更丰富的内心世界和更高洁的人生境界，有丰富的不断超越自我的内在动力。

大学要带给你什么呢？在我看来，首先要带给你的是现代文明的教养：理性，客观，崇尚个人自由和个人价值，遵守游戏规则，讲求诚信，积极参与社会合作，体面而诚实地表达个人意见和利益诉求。

现代文明的教养体现在我们日常的待人接物之中，也是在日常的学习与生活中慢慢养成的。比如，老师在讲课时，有同学在看其他的书，或者在交头接耳，老师提醒他(她)要集中精力听课。有的学生会很敌意，一副不快的样子，更有甚者，冲出教室，对老师打击报复。也有同学会微笑着说："老师，对不起，谢谢您的提醒。"无疑，后者才是富有现代文明教养的表现。有同学会说："老师课讲得糟糕极了，还想要我们认真听，这合理吗？"的确，教师的教学要真诚、深刻和丰富，才会有感染力，才能吸引学生。但是，教学是一个双向互动的过程。学生专注听讲，积极参与课堂，成为对课堂有贡献的人，老师会更投入，会更努力带给学生有价值的内容。况且，可以友善地向老师提出教学建议。老师也可能为自己的行为辩解，也可能口头接受了你的建议，可并没有付诸行动，没有实质性的改进。这也不能简单地视为虚伪。每个人都有特殊的境遇，有的改变并不容易作出。这就需要我们理解。更重要的是，老师水平不高，是他的局限，但作为学生认真听课是你的义务和本分。

你首先要尽好自己的义务和本分，才有权利要求别人。老师面对的是一个班级的同学，各人的趣味和需要是不一样的，经常是众口难调。你觉得老师讲得不好，可也有不少人认为老师讲得很好，这时就需要作一些退让和妥协。社会生活中不可避免地会带给我们一些沮丧，成长中一定包括对一些无奈的现实心平气和的接受。

其次是发展你的洞察力、鉴赏力和批判性的思考力，帮助你获得作为知识分子的品格。大学是创新思想的地方，代表着精英文化，代表着先进文明。“大学应该是新的、有争议的、非正统异端学说的论坛……如果在一所大学里听不到与众不同的意见，或者它默默无闻地隐没于社会环境中，我们就可以认为这所大学没有尽到它的职责。”（约翰·布鲁贝克：《高等教育哲学》，浙江教育出版社，1987年版，第48页）

雅斯贝尔斯（Karl Jaspers，1883—1969）认为：“所谓教育，不过是人对人的主体间心智交流活动（尤其是老一代对年轻一代），包括知识内容的传授、生命内涵的领悟、意志行为的规范，并通过文化传递功能，将文化遗产交给年轻一代，使他们自由地生成，并启迪其自由天性。”（雅斯贝尔斯：《什么是教育》，三联书店，1991年版，第3页）所谓知识分子，是这样一类人：他不仅拥有专业知识并以此服务于社会，他同时能够对公共事务给予关注，这些公共事务是超越个人和个人所归属的小团体的私利的，他能够自觉地守护社会的核心价值。所以有西方学者将知识分子视为“漆黑长夜”的守更者。

第三才是专业知识和专业技能。知识分子当然不应该是不学无术的人，不仅应该具有广博的文化的修养，也需要具有专业知识和专业技能。尽管通识教育和博雅教育的确有着重要价值，但广博和专精是互为前提、互为条件、相互生成的。知识分子的工作即对事物作出“权威陈述”（authoritative statements），这种权威可以对意见纷争作出裁决，并最终决定是非取舍。因此，拥有知识的知识分子，他们的知识对社会秩序和人类完善有着直接的决定性意义。随着人类文明的进步，专业知识和专业技能在社会生活中，特别是在现代社会生产中有着越来越重要的意义。

和研究生的谈话

亲爱的同学们，我很高兴在这三年中能和大家一起共同学习。我是来为大家服务的,为大家的成长服务的。

我忝为大家的指导教师,自知能力有限,但我会尽力而为的。我希望大家在这三年的学习中获得全面成长,为以后的生活与工作夯实更为坚实而厚重的基础。这三年,你们不只是为了获得一个学位,也不只是在学术上获得一些长进,你们也需要在立身行事、个人修炼方面获得成长,成长为一个更为纯净、更为磊落、更为光明和正直的人。

除了学好我们这个学术团队为研究生开设的一些专业基础课和一些专业课外,也需要广泛地涉猎一些人文社会学术领域的经典文献,需要懂得尽可能多一点,特别是需要自觉地培养注重积累的习惯。

这三年,在学术探索上最重要的成果形式还是学位论文。这首先需要很好地选题。在选题上,我充分尊重你们的学术兴趣。选题要避免大而无当,我提倡"小题大做"——就是在小的问题上深入细致地研究,有丰富翔实的资料的支撑。理论的建构,除了需要系统详尽地掌握已有文献资料外，还需要有一些实证研究作支持,诸如调查问卷、访谈、课堂观察、个案分析等等。所以,学位论文一定要首先包括选题依据、文献综述、研究思路、研究的核心问题,其次才是研究的结论。

学术研究的规范是需要特别强调的。学术规范首先是学术节操的问题。这意味着你不迎合任何个人、任何利益集团和任何政党的私利。你坚守“学术自由、学术自治、学术中立”的原则，你基于事实和合乎学理的程序得出研究结论。其次才是尽可能详尽准确地注明资料来源和引文出处。至于捏造事实、制造假数据，那更是应该坚决杜绝的。

有机会专门研究学问，是人生的一大幸事。在我看来，没经历过学术训练的人往往难以摆脱狭隘和肤浅。学问，首先你要知道得比较多。对一个专题的研究，你要尽可能熟悉这一领域的基本文献，也就是前人或同时代的其他学者已经做过的研究，有哪些代表性的观点，他们的理论贡献与局限在哪里。其次，要有自己的心得、发现和理论洞见，这就需要对材料很好地咀嚼、消化和吸收。第三，要对自己的理论进路有自觉的审视和检讨。这些就需要有学术研究中的四个意识：问题意识、文献意识、对话意识和方法论意识。

在这三年中，希望你们把绝大部分的时间和精力放在学业上。外出兼职、打点零工，虽然也能增长见识、锻炼才干和获得一些报酬，但毕竟是得不偿失。现在你们精力充沛、生活单纯，集中精力在学问上，使自我的学问有所长进，对于以后的人生有莫大的益处。如果精力分散，学问上长进不大，徒有虚名，那是很令人遗憾的。

成为一个真正的知识分子，是我对你们的期待。这就意味着要有灵魂和社会担当以及专业素养。我尊重你们所有的选择，包括加入哪一个组织和政党，但我建议你们要出于真诚的信仰。怀着投机的心态和“分赃”的动机去加入某一组织和强势利益集团是可耻的。希望你们立志做一个法律尊严的捍卫者和民主社会中核心价值的坚定的守护者和践履者。

你们在研究中遇到一些问题，也许我也不能帮你们很好地解决，不能对一些你们提出的问题作出很好的回答，你们完全可以请教其他学有专攻的老师。我相信我的同事们都不会有狭隘的门户之见。

我有幸作为你们学术研究的指导教师，当然也是你们合法权益的维护者、监护人。当你们受到不公正的对待或权益受到侵害时，我会坚定地站在你们一边，不管这种侵害来自何方。

长江后浪推前浪，相信你们在各个方面，特别是在学术造诣方面今后能超过我，希望这三年成为你们有着美好回忆的岁月，希望你们成为令我自豪、令我骄傲的人。我相信你们会成为一个遵纪守法的人，一个道德的人，一个正直与光明的人，成为一个幸福的人，一个成功的人，一个对人类进步事业作出贡献的人。

大学教育质量何以低劣

在一个现代国家中，大学是一个国家的思想库，是新思想的策源地。办好大学的重要性几乎是毋需赘言的。在知识经济时代，没有一流的大学，断不能建设一流的国家。我想，我们大家不难达成这样一个共识：只有把我们的大学建设好，才有可能把我们的国家建设好。

我们的大学办不好，不仅不能提高全民族自主创新的能力，从而影响核心竞争力和综合国力的提高，还会导致大量的人才外流和资金外流。现在越来越多的富裕家庭将孩子送到发达国家的大学去读书，其中一个原因就是国内的大学教育质量不理想。

中国高等教育质量不高，这是不争的事实。衡量一所大学教育质量的高低无非是在知识创新和人才培养上所取得的成就。而我们的大学在这两方面都是极其不理想的。

许多高校的教育质量何以低劣？原因无疑是多方面的。这既有外在的原因，也有内在的原因。外在的原因包括我们的文化传统和社会制度安排。中国文化传统中缺乏终极关怀，一切都浸淫着世俗的功利的考量，所以才会有“官本位”、权力崇拜。而这背后其实也就是对现实利益的崇拜。无论是对于一个人，还是对于一个民族，没有精神的超越性，没有灵魂的高度，就没有思想的深度和意境的高远，这样的文化必定陶养不出伟大的、深邃的、丰富的心灵。自然，在我们的国度没有卓越的知识创新也就没什么可奇怪的了。

我们的某些制度安排其实也表征着甚至强化着这样的文化传统。对权力缺乏有效监督，官官相护，权势者结成利益共同体，一切以强权者的利益为导向，这是我们大学中一些制度安排的本质特征。在这样的文化境域中，大学中的人主要关心的就是利益。大学里充斥着衙门作风，盛行着“有权力就有一切”“汝果欲成名，功夫在学外”的潜规则，弥漫着投机钻营的市侩气息。在这样的氛围中，又如何能陶养出纯净、坦荡、真诚、深邃、博大的心灵呢？

我常看到某些所谓“学术权威”飞扬跋扈、颐指气使的骄横，也常看到一些资历尚浅又一心想向上爬的人在有可能影响他们前程的“老资格”面前低三下四、奴颜婢膝的窘态。在这样的人身上，我们又岂敢奢望他们去创造、体现和传承真正的大学精神？

说得极端一点，中国内地的许多高校基本上是只有权术，而没有学术。什么能利益最大化就做什么，怎么做能利益最大化就怎么做，所以，大学里巴结官员，大学里“近亲繁殖”，重大课题被少数“课题掮客”垄断，大学里对有“独立之人格，自由之思想”者的边缘化，甚至是无情打压就不难理解了。

在这里，我们不妨以“近亲繁殖”为例来透视一下中国内地的高校的运行机制。“近亲繁殖”的危害，大家都很清楚。因为，遗传学早就揭示自然界的一切动物和植物，都有一个共同的遗传特点，即近亲繁殖会导致物种退化，而远缘杂交将培育出新的品种。自然界基因的多样性保证了“物竞天择”，使物种不断进化。在人类的精神领域，思想和方法的多样性同样保证了学术的不断创新。可高校何以会“近亲繁殖”呢？原因当然也很多，但最主要的是大学里那些拥有权力的人为了形成自己的小宗派，刻意留自己“信得过”“用得上”的人，当然这样的人以自己的学生最可靠。可见，是权势者的个人利益主导着大学的运行机制。这样的运行机制怎么能够造就公平、公正、富有效率、生机勃勃的大学呢？

大学中人的“学”与“行”

大学不仅是研究和传播高深学问的场所，大学也应该是先进文化的代表者。文化既包括价值观，也包括行为方式。大学中人的“学”与“行”就有着特殊的意味。德国哲学家、教育家雅斯贝尔斯认为：“大学是研究和传播科学的殿堂，是教育新人成长的世界，是个体间富有生命的交往，是学术勃发的领地。”（[德]雅斯贝尔斯：《什么是教育》，生活·读书·新知三联书店，1991年版，第150页）因为大学的独特性和在现代社会中的价值，为了体现其办学宗旨和理想追求，大学应该从“学”与“行”两个方面对师生提出相应的要求。

大学第一位的是“学”。而“学”，首先是学识，这种学识不是简单地俯就于狭隘性的日常职业生活的需要，而是基于理智好奇心的需要和全人类的福祉。大学乃是“一切知识和科学、事实和原理、探索和发现、实验和思索的高级保护力量；它描绘出理智的疆域，并表明……在那里对任何一边既不侵犯也不屈服”（纽曼：《大学的理念》）。丰厚的学养，在今天这样一个资料信息外储系统十分发达、文献资料检索极其便利的时代，仍然是令人称道的，因为只有人脑才有可能将信息转化为思想。

学，其次是学术规范。怎样尊重同行的劳动成果，怎样做到研究过程的合理，怎样做到不屈服于外在压力坚持真理、坚持学术自治、学术中立，这都是学术规范的问题。学术规范不仅是方法的问题，也是学术操守、学术道德的问题。其底线是不抄袭，不剽窃，不作伪。

第三是学术创新。大学是知识精英云集之地，是生产知识、学术创新的场所。学术创新不仅是服务社会的途径，也是培养具有学术前沿的知识视野、具有探索精神的学术薪火传承者所需要的一种精神氛围。一流的大学一定是研究性大学，有着浓厚的研究气氛和强烈的学术创新意识。

从学术上看，真正能影响后世的学人不是那些竞技者，而是极少数求道者。哲学人文学科所求之道必须上升到形而上学层次，形而上的真理不是技术性的，而是高度抽象的，高度综合性的，是对世界、社会与人的博大圆融的理解，是大智慧，是真正的远见卓识。大学应该是思想最活跃、最富有创造力的学术殿堂，是新思想、新知识和新文化的策源地。它作为一种与社会的政治、经济机构鼎足而立的功能独特的文化机构，承担着重大的社会责任，应当具有一种超凡脱俗的独立品格和价值追求。求道者是追求大智慧者，他们今天可能被人们嘲笑为“不合时宜的人”，但他们一定会为后人所景仰。

陈独秀（1879—1942）在《随感录：学术独立》中指出：“中国学术不发达之最大原因，莫如学者自身不知学术独立之神圣。譬如文学自有其独立之价值也，而文学家自身不承认之，必欲攀附《六经》，妄称‘文以载道’，‘代圣贤立言’，以自贬抑。史学亦自有其价值也，而史学家自身不承认之，必欲攀附《春秋》，着眼大义名分，甘以史学为伦理学之附属品。音乐亦有其独立之价值也，而音乐家自身不承认之，必欲攀附圣公王道，甘以音乐为政治学之附属品。医药、拳技亦自有其独立之价值也，而医家、拳术家自身不承认之，必欲攀附道术，如何养神，如何练气，方‘与天地鬼神合德’，方称‘艺而近于道’。学者不自尊其所学，欲其发达，岂可得乎？”（陈独秀：《随感录：学术独立》，见杨东平编：《大学精神》，辽海出版社，1999年版，第122页）

"行",即一个人的立身行事。任何意志行为都是由内在动机和外显活动构成的。因而一个人的行就反映着他的修养、境界和操守。"行为世范",也就是需要率先垂范,以身作则。大学中的每一个人都是学校文化的体现者、创造者和传承者。

在我看来,大学中人的"行",不仅仅是日常生活中的待人接物,更重要的是制度的建设。大学应该是社会的理想类型,而不应是社会的缩影。大学不仅要产生思想和学问,还要为社会提供实践的行为模式。大学理应成为最文明、最具理性、制度最为完善的机构。大学的真义就是无限的广大、无限的包容。英文中的"university"(大学)的词根"universe"的含义就是"宇宙的""普遍的""至大无垠的"。1930年蔡元培为《教育大辞书》所写"大学教育"词条称:"近代思想自由之公例,即被公认,能完全实现者,却惟大学。大学教员所发表之思想,不但不受任何宗教和政党之拘束,亦不受任何著名学者之牵制。苟其确有所见,而言之成理,则虽在一校中,两相反对之学说,不妨同时并行,而一任学生之比较选择,此大学之所以为大也。"(《蔡元培全集》(5),中华书局,1988年第1版,第507—508页)

著名教育家雷沛鸿先生在《什么是构成大学大的要素》中指出:"什么是大学的特性?或者什么是构成大学大的要素?在此地,我要指出三点,就是与民众结合、自由思考和科学方法。"董任坚先生更是强调:"大学的教授们,应该有了理智的工具,客观的态度,历史的背景,远大的视点,研究的时间,这种训练和机会都不是一般的政治家企业家所容易得到的。但是要大学有这种贡献,第一须使大学的教授能够独立研究,不感受到一党一系的恩赐,指挥,限制,强迫,他们才可以内无顾忌,外无猜疑,自由的探讨真理,公平的批判结果。"(《大学的学术自由》)美国教育家赫钦斯(Robert Maynard Hutchins,1899—1977)指出:"我能够想得出的大学的最好的定义,就是大学是一个独立思想的中心。"(R.M.

Hutchins: *The Conflict in Education in a Democratic Society*, Harper & Brather, 1953, p.10)每一个教师和学生都要自觉地践履有尊严的多样性、有理想的包容性和健康心态的批判性,这也是对于大学中人的"行"的特别的要求。

从"学"与"行"的关系上看,"学"也是第一位的。大学应该是"训练和培养人的智慧的机构,大学讲授的知识不应该是对具体事实的获得或实际操作技能的发展,而是一种状态或理性(心灵)的训练"。正如洪堡十分强调科学研究对于道德完善的作用:"大学的真正成绩应该在于它使学生有可能(或者说它迫使学生)在他一生当中有一段时间完全献身于不含任何目的的科学,从而也就是献身于他个人道德和思想上的完善。"《中庸》中有所谓"尊德性而道问学",可以阐释为:一个人的德性的修养需要经由学问的修养来达成。所谓的"腹有诗书气自华",所谓的"学问深时气自平",讲的都是同一个道理。

"行"的一个重要方面是教师的"教"。教师的教学是否严谨、认真,是否丰富、开放,是否优质、高效,不仅关系着教师自身的形象,也影响着一所学校的声誉。而大学中的教学不过是其整个大学精神得以体现的一个方面。可是,今天中国很多的大学不过是"能者多捞"的地方,不仅令人失望,也很令人悲哀。

期待官员从学界退场

政府官员同时又在大学或研究机构有学术兼职，主持着多项重大课题，招收攻读博士或硕士学位的研究生，这种情况在今天的中国内地非常普遍，且有愈演愈烈之势。

我们应该承认，在当今的政府官员中有一些天资优异、很有学养的人士。他们完全有能力指导研究生和承担重大项目的研究工作，但问题是我国有着浓厚的人身依附、“官本位”的历史污垢，政府官员因其特殊的身份，在学界容易扮演“既是裁判员，又是运动员”的角色，从而在课题的立项申报和审批、研究生录取和学生论文答辩通过以及学生就业等方面容易诱发一些人向“权力”的献媚和不公平的竞争。

另外，进行学术研究不仅要具有时间与精力上的保证，更需要的是淡泊名利、宁静致远、耐得寂寞的心境。这是忙忙碌碌的身在官场上的政府官员们最不具有的。而且，一些研究结论很可能与某些政策或法律法规不完全一致，由于其政府官员的特殊身份因而发表出来也有许多不便，研究的意义也就大打折扣。

我们应该尽快建立一种制度，确定担任行政职务的人不再担任相关的学术职位，但可以保留他的学术资格，等他不再担任行政职务了，还可以继续当教授或博导。其实在这一点上是有榜样可以学习的。基辛格博士原本是哈佛大学的教授。基辛格做国务卿以后，哈佛大学立即通知他辞掉教授职位，如果不辞，学校会摘掉他的帽子。杨炳章先生的《不平则鸣——我在哈佛15年》，就说了这样的一件事，更是值得我们很好地检讨一番。1986年，恰逢哈佛大学建校350周年，校庆与该年的毕业典礼联合举行。因有罗斯福总统出席哈佛300周年校庆的先例在，故哈佛有意邀请当时的美国总统罗拉得·里根参加盛典。邀请传到白宫，里根欣然接受，同时提了一个条件，希望哈佛大学授予他一个荣誉博士学位。对总统阁下的小小请求，哈佛董事会讨论时产生了严重的分歧，旋即广泛征求师生的意见，但多数人的意见是：堂堂最高学府，岂可给一个电影演员什么学位？最后不了了之，里根没有得到学位，当然，他也没有莅临哈佛校庆。

其实，即使是大学的最高行政领导不兼学术职务，也是非常必要的，因为这样更有利于学术保持中立。但现在连校外的官员甚至直接的部门领导，也要当兼职教授或博导，这就很容易滋生权钱交易、权学交易等权力寻租的腐败。以学术打假而享誉学界的杨玉圣教授建议大学副校长以上职务的官员不要招收博士、硕士学位的研究生，这个建议是有其现实意义的。因为同为博士或硕士生导师，身份上的不平等会导致学生之间不平等竞争，还可能诱发一些人以“傍大款”的不良心态和动机进入学界。如果大学校园里弥漫的是谄媚之风，流行的是钻营之风，伤害的不仅是学术的尊严，而且也会毒化人际关系，不利于社会文明的进步。

高官招收研究生，我认为也不利于研究生们学术能力的培养。学问最需要的是怀疑的精神，需要师生间的诘难问疑。许多学生本来对导师就有一种敬畏，倘导师是高官，恐怕就不只是敬畏，而是惶恐了，如何地诘难问疑呢？那就更不用说“吾爱吾师，吾更爱真理”了。

官做到司局级（更不用说更高级别了），已是非常的尊荣了，又何必还非要当个硕导或博导呢？什么都想得到，什么都不想放弃，岂不有得陇望蜀之嫌？当今之日，要做到淡泊宁静须抵御各种物欲的诱惑。正所谓“欲淡则心静，心静则理见”，“处身者，不为外物眩晃而动,则其心静,心静则智识明”。这也正是一位称职的政府官员所应该具有的人格品质和生命境界。学界不是名利场,更不是权势场。学界应该是佛门圣地,是恬淡的心灵自由游历的场域,只有心无旁骛的人才配在这里诗意地栖居。惟其如此才能做到历史学家范文澜先生(1893—1969)所说的:“板凳要坐十年冷,文章不写一句空。”

当年邓小平先生对于废除领导干部终身制率先垂范,可谓立德、立功之举,仅此也足以让邓公名垂千古。倘若今天哪位高官政要能够自觉从学界退场,也许暂时会遭致一点现实利益的损伤,但我估计也可因此而深得人心。

任何人的时间和精力都是非常有限的,没有任何一个人能够拥有三头六臂。每一个人都能各就各位,专心政务或潜心治学,官员的身份比较单纯,学者的背景也比较清明,这应该是21世纪的中国政治文明建设的应有之义。

校长的职责与境界

在文明社会中，校长是一个体面的、受人尊敬的、重要的社会角色。这首先因为学校是知识经济的现代社会中最为重要的社会机构和奠定幸福人生基础的不可或缺的场所。其次还因为校长作为社会精英，他应该而且有能力通过对于社会的政治、经济、文化的各个方面作出的反应，提供建设性、创造性的意见，以促进社会的文明与进步。

校长作为学校的最高行政首长和精神领袖，其职责包括：系统地规划学校，特别是学校的办学目标及其实现目标的主要途径；形成并完善学习型组织，以促进教师的专业成长和提升教师的生命质量；学校资源的合理配置，以保证一个安全和有效率的教育环境；建立起学校与家庭和社区之间的合作关系，改善学校外部环境，并引导家长和社会确立起对学校教育的合理期待；采取必要的措施，提高课堂教学的效率，以促使所有学生学业上的进步。

学校的中心任务和主要目标是促进学生的成长和发展。可是，现在有一种倾向，把学校当成企业来经营，热衷于做表面文章，热衷于制造轰动效应，以吸引社会公众的眼球，从而获得足够的生源，以便收取不菲的择校费，或换取校长的知名度。某些专家在报告和文章中也极力鼓吹"校长要有识别机遇的敏感性和捕捉机遇的胆识""校长要有效益观念""校长要有承担风险的心理准备"等等，在我看来，这些观点都值得商榷。学校不同于企业，它不应该将“占领市场”和经济利益作为自己的目标追求。

学校是学习的场所，教学是学校的中心工作，校长应该成为教学的行家里手，这就需要校长能经常走进课堂，和教师一道探讨有效教学的策略。从理论上讲，校长主要应该关注和思考的问题是：如何创造学校文化，如何形成一个学习型组织以培养和提升教师，如何开发课程资源，如何提高课堂教学的质量等等。今天更多的校长忙碌的却主要是为应付各种各样的检查评比而进行的公关应酬，多方筹措经费以弥补办学经费的短缺，为课题立项而奔波等等。这是极其不健康、不正常的现象，尽管责任主要不在校长，但作为有境界的校长至少不应该推波助澜。

校长究竟靠什么来形成和保持在师生群体中的影响力？概括地说：智慧与真情，眼界与境界。学校应该是充满公平与正义的地方，应该是具有文化品位和精神感召力的场所，是理想社会的雏形，因而应该有完善的规章制度，有良好的人际关系，有积极向上的心理氛围，有与教师所付出的努力相适应的福利待遇。制度是由人建设的，也是由人来执行的。如果我们没有公正的观念，如果我们缺乏宽广的胸怀，那建设出来的制度就会缺乏公信力和鼓舞人心的力量。

作为校长，要尽可能地尊重团队成员中个人的创造，尽可能地发挥个人的力量，而不要动辄以“学校利益”为借口，轻视和压制教职员工个人的选择和追求。凡是校长权力意志过强的地方，凡是缺乏对人信任、鼓励和尊重的地方，凡是以权谋私、私欲膨胀的地方，就必定人心涣散、敷衍塞责、精神萎靡、效率低下。

如何唤醒每一位教职员工心灵深处巨大的潜能，唤起他们对于成就感的需求，带给他们更丰富、更真实和更强烈的成功的体验，鼓励其自由充分地发展，并将这所有个体的能量凝聚成一股足以推动学校不断进步的力量，这便是校长领导智慧和个性魅力的体现。

我结识过成百上千个校长，走进过成百上千所学校。评判一所学校好还是不好，我并不需要听汇报，也不需要看各种统计资料，只需要看教师的眼神，看教师的精神风貌：好学校的教师眼睛里透露的是自信，是职业的自豪感，是情感饱满、精力充沛和充满探索的兴趣，是浓浓的书卷气，正如我在成都市实验小学、在北京小学、在哈尔滨继红小学、在青岛育才中学、在荆州江陵中学、在江苏翔宇教育集团、在深圳学府中学、在福建南安教师进修学校、在台湾中原大学……在许许多多学校看到的那样，而这些学校背后是一个个心怀宽广、高瞻远瞩、意志坚定、追求卓越的优秀校长。相反，在那些一般的学校，教师的眼中充满了职业的倦怠感、对于前途的迷茫感和焦虑感，是灰头土脸、了无生气，而这背后就有可能是一个个唯我独尊、得过且过、自私自利、平庸无能的校长。

实践意味着面对障碍把某些包含着幻想、信念和欲望的行为付诸行动。实践是达到人们所期望的完美的一种手段。在每一种实践活动中，它都是一系列细微的精确的行为的完成，不管这些行为是体力的还是智力的，你实实在在地从中获得了成就，感觉到了自己作为人的存在价值，产生了精神满足感。

最好的领导者都十分渴望听到人们要说的话。别人的意见是一种非常宝贵的资源。领导者的才能在于与利益相关者建立一种工作伙伴关系。你所追求的图景越清晰、越有力，就越可能吸引利益相关者参与支持你的事业。

如果你鼓励人们成为你构想的一部分，动员他们参与和作出承诺，他们也可能向你提出分享权力的要求。否则，他们又何必卷入呢？"以人为中心"不是一种方法或技术，它是一种教育情境，个体身在其中便能得到成长；它又是一个价值观系统，强调个体的尊严、个人选择的重要性、责任的意义和创造的愉悦；它又是一种人生观，建立在强调人人皆有权力的民主精神基础上。

作为卓越的领导者，你几乎必然要去克服人们固有的惰性或冷漠，以及他们的玩世不恭、不信任或抵制。然而，这都是你的领导工作的一部分。你不被这些消极因素拖垮，是你区别于别人的一个侧面。这意味着坚定人们的信念，激发人们的热情，全副身心地投入到工作之中；意味着建立起人与人之间的一种坚不可摧的信任关系。

作为团队的精神领袖，通过你自己的行为来展示你所期望的东西，是一种对别人进行指导的形式。这比用规劝的方式来达到你所想达到的目的更具说服力。它给予你一种强大有效的工具。你不能在后边指手画脚，那样只能招致人们对你的领导采取一种冷嘲热讽的态度。

最好的领导敢于把领导的权力交给他人。如果教师在工作中没有做决定的权利，总是被管理者密切监视，他们就不会信任校长。校长越是开明,越是支持老师的工作,老师就会越信任校长。如果老师和学校有共同的荣誉感,对学生有信心,同事间相互关心与信任,老师的工作绩效就会提高。

“校长最基本的职能,就是通过创造开放、健康和信任的氛围间接促进教学的发展。”越来越多的学校实践表明:决定学校发展的关键因素是教师,决定教师发展的关键因素是机制。

个性意味着自主性、独立性和独特性。校长作为团队的精神领袖,并不是一个“和事老”。他坚持原则,并努力影响下属的想法和行为。批评的效力在于是否被人接受。如果出于种种顾虑没能以下属最能接受的方式沟通, 那么再严厉的批评也是苍白无力的,而领导者所谓权威更无从谈起。

实际上,以诚恳、体贴又能保全下属面子的方式提出批评,不仅能够优化批评的效果,还能鼓励下属主动征求上司对他们工作表现的评价(Williams,1999)。因为对于大多数员工来说,投入源于认同,而这一切的背后是一份起码的尊重。理解和大度最容易缩短两颗敌视的心之间的距离,而关照就是两颗心之间最美的桥梁。你不信任别人,别人也不会信任你。最好的领导从不轻易发号施令。

有人说:“最好的领导,很少让人们感觉到他的存在;其次的领导,是令人们爱戴、赞美的人;再次的领导,是令人们惧怕的人;最差的领导,是令人憎恨、蔑视的人。”这一说法是很有见地的,值得我们玩味。

假如我能做一个校长

在文明世界中，校长是一个令人尊敬、令人羡慕的职业和岗位。如果我有幸能够成为一所学校的校长，我首先要做的事情是提出、表达、倡导和维持学校的使命、愿景和核心价值，并努力使它们体现在学校的每一个细节之中。我会坚持在每个学年开始的时候给每个老师、家长和学生一封情真意切的、体现着学校办学方向和理想追求的信，使它成为一个传统，一份值得珍藏的礼物。

首先让我们来看看我草拟的《给学校教师的一封信》。

尊敬的老师：

您好！

首先，请接受我对您的辛勤工作和创造性劳动的崇高的敬意和亲切的问候！我们坚信：对于学校的领导，首先是教育思想的领导，其次才是行政领导；在学校里，正确的领导就是要着重建立团队意识，使大家同心同德，一起努力为孩子们创造一个能够带给他们深层次的学习体验的情境和氛围。在学校的管理中，如果管理者把自己看做老板，别人是雇员，那么他就会从教师和学生队伍中分离出去。其实领导者的作用是要在学生和教师之中培养领袖，这些领袖应该力求建立一个团结的、富有感召力的集体。领导者必须激发教职员工的热情，使大家达成共识。

我们也坚信，当教师们把自己看做是对整个管理体系都至关重要的领导者时，他们会发挥自己的潜能，用自己的言行去影响孩子们的学习。他们将发现“教育就是服务”的真正含义。没有一个人的智慧能超越集体。如果我们想全面发挥一位老师在学校日常生活中解决问题和作出决策时所具有的才能，那么，我们这些处于领导层的人就需要培养和鼓励教师们参与到我们的管理中来。一个学校及其领导机构是否健康的标志就是能否促进彼此领导潜力的发挥。

我们相信学校中的人际关系比其他因素更有影响力。纯洁、光明、温暖、充满公平与正义的人际关系不但可以改变学校生活的质量，而且还能影响学生的成绩。学校里的人不单单要作为教职员工或是学生。他们还是一家人，他们需要心心相系，共同建立良好的人际关系。如果老师付出自己的爱心，给予学生无微不至的照顾，那么学生会有无比的安全感。而且，教师对于学生，只有用一种平等的、不夹杂优越感和施舍意味的爱，才会被他们真正接受。

教育远远不只是让学生掌握书本知识，她还在于灵魂的感召，在于唤醒、鼓舞每一个学生所具有的丰富潜能。“一份耕耘，一份收获”这一自然法则，在教师的工作中最能得到充分的体现。生活向我们揭示了这样一个真理：我们唯有在全心关注他人或投身于超越自我的事业时，才能成全最为完整的自我。一个探索知识并力求正确运用知识的人会变得真正的富有。

依靠教师，尊重教师的创造性劳动，将教师吸引到学校的管理中来，是学校取得成功的不二法门。我愿意和您一道将学校建设成为孩子们成长的乐园，相信我们的合作将会是十分愉快和成功的！

祝您工作愉快，拥有一颗永远年轻的心！

谨致

最美好的祝愿！

肖川

让我们接下来看看我草拟的《给学生家长的一封信》。

尊敬的家长：

您好！我十分感谢您对我们的信任与支持！我们将以努力工作和一流的教育服务使您确信您将孩子送入我们学校的选择是明智和富有远见的。

从您开始注意到我们的学校那一刻起，我们就随时准备为您提供最好的服务。教育是人道主义事业的重要组成部分，它通过对人的成长提供服务和帮助，以使作为个体的人能够获得更为充分自由的发展，来增进人类的福祉与尊严。学校作为一种社会组织，一种社会机构，它服务于三大目的：对学生的看护（以便安全地生活和成长）、提高学生的知识与技能水平、发展学生的个性（诸如兴趣、态度、价值以及其他那些称之为情感性学习的行为等）。在服务于学生安全、健康和成长上，我们将以出色的工作以确保充分发挥学校的所有职能。

我们向您郑重承诺，您的孩子在我们的学校会受到充分的尊重和关爱，我们会公正地对待每一个学生，以便使他们获得自由、和谐、充分、全面的发展，而绝不会受到任何形式的恐吓、羞辱、歧视和剥夺。在我们学校的上空，将永远飘扬着一面教育人道主义的旗帜。

关注学生的校园生活质量，致力于提高学生的校园生活，特别是课堂生活质量，这是良好教育的应有之义。我们将努力营造宽松与高洁、明丽与清新的校园文化氛围，禁绝强制的纪律和苛严的规训，使学校变得有吸引力，成为学生舒展心灵、放飞想象的处所。

学校是一个整体，我们不仅对每一位教师提出严格的、高水准的要求，对于学校的每一位员工，我们都要求在日常的、细微的行动中来体现其敬业的精神和我们的教育追求；我们认为，高品位的校园文化离不开每一个师生员工的共同努力，而只有高品位的校园文化，才能使置身于其间的每一个人获得充分的成长！

学生是学校中的一员，也是家庭和社会中的一份子。他们的健康成长取决于多方面的影响。我们深切地希望得到您的密切配合，希望在学校与家庭之间有多种形式的沟通与合作。

我们期待着您一如既往地对于我们事业的支持和建设性的建议。

再一次感谢您的支持与合作！祝您合家欢乐，心想事成！

肖川

最后让我们来看看我草拟的《给学生的一封信》。

亲爱的同学们：

你们好！

我们工作的最高目标就是为了你们的健康成长。你们应该感谢你们的父母，是他们明智的选择，使你们有机会来到我们的学校学习。

亲爱的同学们，你们想一想，有什么比受到良好的教育更重要呢？只有良好的教育才能使我们秉有渊深的学识、清明的才智、通达的情性、宽广的胸怀和高贵的教养。在一个人的一生中，青少年时期是最需要受教育，也是最好受教育的时期。这一时期所受到的教育，在很大程度上决定着你今后漫长的一生的生命质量。一位作家说过一句意味深长的话："人的一生是漫长的，但在关键处常常只有几步，特别是在你年轻的时候。"

为使你们成为能够创造幸福生活和建设美好社会的人，"学会学习，学会创新，学会合作，学会成为独特的你"，这是我和我们学校所有老师对你们的殷切期待。

我将和你们敬爱的老师一道工作，研究探讨不断提高教育质量的方略；我倡导所有的老师走近你们，成为你们可以倾心交谈的朋友，给予你们更多的被理解后的亲切；我们将开展丰富多彩的教育活动，带给你们充实、丰富的精神生活；我们更加希望今天的校园生活将给你们的一生留下许许多多美好的回忆。

教师是我们这个社会中最为纯净、最富有教养的一个群体，他们是引领着你们走向光明与真实境界的人。尊师敬道是我们民族的优秀传统，希望你们能将这一传统发扬光大。

祝你们学习进步，健康成长！

肖川

信写完了，并非就万事大吉，更艰苦、更细致的工作还在后面。但事在人为，只要真正按照信中所体现的办学思想去努力，我相信一定能够把学校办好。

学校文化建设的旨意

学校文化是一个十分宽泛的概念，它是一种精神，是一种氛围。学校文化是一种“组织文化”，渗透在学校的办学理念、管理体系、校园活动等各个方面。

迄今为止，施恩（Eegar Schein）1992年的《组织文化和领导力》一书是关于“组织文化”这个话题的权威：文化是一群人在解决适应环境和内部团结的问题时习得的、成体系的一系列基本预设。这些预设在实践中卓有成效，所以被认为是正确的，被当做解决问题时正确的感知、思考和感觉的方式教给新成员。他还有一个著名的说明文化的三个层次的睡莲模型（Waterlily Model）：水面上的花和叶是文化的外显形式，包括组织的架构和各种制度、程序；中间是睡莲的枝和梗，是各种公开倡导的价值观，包括使命、目的、行为规范等；最下面是睡莲的根，是各种视为当然的、下意识的信念、观念和知觉。简而言之，学校文化是基于预设的价值观，这些价值观产生制度，并进而约束行为。

积极健康向上的学校文化能无形中为学生提供健康向上的生活空间和学习氛围，促进学生积极健康地发展，从而为提高学校的核心竞争力奠定坚实的基础。因而，学校文化要与时俱进，顺应时代发展，体现时代精神，同时又要体现鲜明的校园特色和风格，从而真正促进学校核心竞争力的提升。

从某个意义上讲，学校文化实质上是一种特殊的社区文化。它主要由师生的精神面貌、校风、校纪、校容、群众团体、校园艺术

（包括校园歌曲、戏剧、诗歌、美术）等构成。学校文化建设是学校教育的一个重要方面，对正在建构精神世界的青少年来说有着极大的教育作用。著名的教育家梅贻琦说："学校犹水也，师生犹鱼也，其行动犹游泳也。大鱼前导，小鱼尾随，是从游也。从游既久，其濡染观摩之效，自不求而至，不为而成。"（原载《清华学报》第13卷第1期，1941年4月）学校之"水"，即学校文化。高品质的学校文化是学生发展和人格陶冶的重要力量。

学校担负着培养人的任务，因而学校文化就不应该仅仅是一种超前于社会文化发展的蕴涵着代表社会文化发展方向因素的社区文化，在文化发展变迁日益加剧的时代，学校文化作为一股强大的教育力量，对其周围的社区文化有着一种辐射状的影响力。而学校文化是可以自觉创生的。因此，建构出健康文明、充满生机与活力的学校文化就很有必要。

在学校文化的建设中，以下三点应是值得注意的：首先，作为学校文化，有三个基本元素：使命（mission）、愿景（vision）和核心价值（core value）。所谓"使命"就是学校要为一个什么样的社会培养什么样的人，这背后就蕴涵着社会理想，特别是政治信念。"愿景"就是一个团队的成员共同认可的，并愿意为之付出努力的富有感召力的前景和目标。学校的明天是一幅怎样的图景？我们在向着一个怎样的目标努力？为了培育学校的"愿景"，就需要系统地规划学校，尤其是要给学校一个合理的定位。而"核心价值"就是全校师生需要共同守护的原则、规范和价值观。核心价值体现在学校的校训中，更体现在学校全体师生的思想和行为之中，体现在教风和学风之中。人是文化产物，也是文化的创造者，还是文化的载体。在学校中，每一个人都是学校文化的体现者、创造者和传承者。

其次，要重视校容建设。校容构成校园文化的有形部分，同时又体现着整个校园文化的风貌、气韵。走进处处整齐洁净、清新明丽的学校会使人心情舒畅、精神振作,它可以陶冶师生美的情操,激发人们对于美的深切感受和向往,这是一股强大的教育力量。你看不到谁在进行教育,但它却起着潜移默化的作用。校园中的一切都是"会说话的",一切都是富有教育意义的。走进校园,像是进入了一个诗意盎然的世界,这里为学生求知欲望的满足打开着一扇扇门扉,处处展现着浓郁的、高尚纯洁的精神氛围。这种影响在时间上特别长久,甚至对学生一生中都将产生持续性的影响。重视校容建设并不一定要追求高档和豪华,这就有一个校容建设的出发点的问题。校容建设的目的应该是涵养文化,服务师生高品质的校园生活,让师生感到心情舒畅,得到生活与学习的便利。

第三,学校文化建设中非常重要的是为学生的成长和教师的发展提供丰富的读物。学校应该是书的世界。学校是传播、分享人类精神文化遗产、建构个体精神世界、培养文化创造者的场所,而书籍则是人类精神文化的最重要的载体。苏霍姆林斯基从自身的实践经验中深切地感受到:学校里可能什么都很充裕,倘若没有为人的全面发展和为其丰富的精神生活所需要的书,那这还不算是学校;相反,学校可能许多东西都缺,许多东西都可能是不充足的、简陋的,但如果有永远为我们打开世界之窗的书,这就是学校了。一所具有优秀的学校文化的学校应该是一个书的世界。在这个书的世界中,应努力形成认真读书、热爱书籍的良好风尚。我始终相信,在文字的背后,有更加广阔的想象空间。因此,经常举办书评、书展、读书讨论会等等都是有着重要意义的。

从科举到学堂

从鸦片战争爆发以来，东方古国的雍容华贵，慢慢地零落以尽。中国传统教育的空疏无用、腐朽没落的本质日趋显露，传统教育已到了山穷水尽、行将就木的时候。可以说，中国教育近代化这个历史命题，从某种角度上是侵略者的坚船利炮所推出的。

清代的教育制度基本上是因袭明代旧制：学校与科举相辅而行，且偏重于科举。科举取士是封建统治阶级以功名利禄笼络知识分子的手段，各级儒学和书院不过是科举乡试的入门阶梯，学校名存实亡。科举知识分子为获取功名利禄以读“四书五经”和参加科举考试为手段。“万般皆下品，唯有读书高”的功名意识，“代圣人立言”“经术既明，取青紫如拾芥”的经学意识，“忠孝节义”的纲常意识，便是科举知识分子的价值取向、知识结构和伦理观念。清人李惺在《老学究语》中指出科举的危害：“读书专习文字，文字专求科第，一心指望做官，误了许多子弟。”这样的知识分子在风云骤变、民族危亡之际，一筹莫展、束手无策，只能是“无事袖手谈心性，临危一死报君恩”。

危机孕育着新生。改革传统教育必须从废除科举制度开始。科举制度不适应中国近代化的历史要求，主要表现在两个方面：其一，科举名额限制造成了知识分子出路狭窄；其二，考试内容不可能为中国社会提供资本主义工业化所需要的新型知识和人才。科举制度只是把社会各阶层的人才吸收进专制政权，造成人才流向的单一化，读书人除了彻底依附这个政权别无他途。因而它是中国知识分子接受西方近代自然科学近代思想文化意识的严重障碍。所以，当时的有识之士认识到："科举一日不停，士人皆有得第之心……学堂绝无大兴之望。""科举不停，学校不广，士心既莫能坚定，民智复无由大开，求其进化日新也难矣。"因此，他们要求："欲补救时艰，必自推广学校始，而欲推广学校，必自先停科举始。"

但由于科举制度是中国封建专制统治者赖以抵制西方资本主义工业文明在中国的传播与影响以维护封建纲常伦理、恪守祖制的重要手段，所以，科举制度的改革和废除从一开始就受到了封建顽固派的极力阻挠。又由于科举取士制度是中国封建传统读书人赖以晋升的唯一途径，所以封建顽固派对科举制度改革与废除的阻挠有着广泛的社会基础。因此，虽在第一次鸦片战争前后，龚自珍、林则徐、魏源等一代开明之士就已提出了废除科举制度的主张，但直到1905年，科举制度才得以真正废除。其过程之艰难，可见一斑。

清末科举制度从改革到废除，大约经过三个阶段：第一阶段，改革科举考试内容。1887年始将算学列为科举考试的科目，这是实行科举以来第一次将西学列入科举考试科目。第二阶段，递减科举取士名额。改科举、兴学校，是清末"新政"在教育方面的重要改革措施。一些政府官员和封疆大吏，为表达他们对"新政"在教育方面的重要改革措施的拥护和支持，他们不满足废止八股，改试策论，而纷纷奏请递减科举取士名额。第三阶段，废止科举取士制度。科举虽经改革，但仍与学堂并存。科名出身仍对学生有强烈的诱惑力，所以学生不愿入学堂，影响当时急需的大量新式人才的培养。清廷迫于形势，于1905年9月2日明令废止科举。至此，始于隋炀帝大业三年（公元607年），完备于唐，盛行于明、清的科举制度，经历了1 300年之久，终于完全废止了。这是中国教育近代化历程中重要的里程碑。

而兴办新式教育，确立教育宗旨，建立近代学制，是与科举制度的废除互为条件的。洋务派在同西方列强的交往中，逐渐认识到必须向西方资本主义国家学科学技术，才能使国家走上富强之路。在教育上，主张学西学，兴办新式学堂，实施具有近代科学技术内容的新教育。自1862年设立京师同文馆，新式学堂如雨后春笋，发展迅速。京师同文馆的设立，开创了兴办外国语学堂的先河，继设该馆之后，为了适应培养西文和西艺的各种人才的需要，洋务派还兴办了各类新式学堂：一类为外国语学堂，如上海广方言馆、广州同文馆、湖北自强学堂；二类为军事技术和其他技术学堂，如福建船政学堂、广东实学馆、上海江南制造局附设工艺学堂、天津电报学堂、天津医学堂；三类为军事学堂，如天津水师学堂、湖北武备学堂。洋务派创办新式教育，开设了英、法、德、俄、日等外国语课和天文、算学等自然科学课程，还效法西方采取班级授课制，这是对中国传统教育以儒学为内容和个别施教方法的一次大革新、大突破，因而是中国教育近代化的重要步骤。

此外从洋务运动到五四运动，提出的教育宗旨，“中学为体，西学为用”都是其核心精神。清末正式颁布的教育宗旨，是在1906年3月由学部奉上谕公布的五端标准，即“忠君、尊孔、尚公、尚武、尚实”。“五端十字”的教育宗旨，仍是“中体西用”精神的体现。这一教育宗旨虽然仍在强调“忠君”“尊孔”，其“体”未变，但增添了“尚公”“尚武”“尚实”，在“用”上有了近代的新内容。所以，这一教育宗旨的性质，已不再是封建专制主义。1912年，资产阶级革命派成立的南京临时政府教育部召开全国临时教育会议，讨论并通过了新的教育宗旨：“注重道德教育，以实利教育、军国民教育辅之，更以美感教育完成其道德。”新的教育宗旨的制定，是对清末提出的教育宗旨的革命性变革，是中国教育近代化的重要成就。

新学制的建立，亦是中国教育近代化的重要步骤和事件。1902年中国近代教育史上首次建立的学校教育系统——壬寅学制是模仿日本的教育制度而制定的。壬寅学制并未施行，不久重订，以癸卯学制（1904年）取代。癸卯学制是中国近代第一个最为完备的学制，以教育法令公布，并在全国施行。它规定了各级各类学堂在学校体系中的地位和作用，使全国散在的学堂统一成为一个整体，并以法律形式规定了普及义务教育的年限，引进了西方近代科学知识内容，促进了普通教育数量上的发展和质量上的提高。尤其是为了适应工商实业的发展和满足师资的需求，将实业教育和师范教育组成了两个与普通教育并行的体系，使教育为社会生产服务，使教师职业专门化，具有教育革新的重大历史意义。

兴办留学事业也是中国教育近代化的当然要求和重要事件。出国留学始于19世纪40年代。第一代留学生容闳等人从美国学成归来后，即以宣传留学为己任，企图通过这一办法，“以西方之学术，灌输于中国，使中国日趋于文明富强之境”。

维新运动中出国留学亦被作为一项国策提出来。一方面为了改革科举，一方面为了学习日本，维新派极力主张留日。1896年5月，清政府新任驻日钦差大臣裕庚带领13名学生抵日，这是中国近代第一批公派留日学生。次后，在国内形成了留日高潮，仅1906年一年留日的学生多达13 000多人。民国初年，除了继续向日本派遣留学生外，又兴起了留学美国和欧洲国家的高潮。留美发展较快的一个因素是美国政府将退还的部分庚子赔款用于资助中国留学生。1911年清政府建立了留美预备学校——清华学校。

除了留学美国以外，“五四”后掀起了赴法勤工俭学运动，在近两年的时间里，约有1 600多名青年学生赴法留学。留学运动造就了庞大的留学生群，大大增加了新型知识分子在知识界的成分，有力地推动了近代文化的转型。留学生们在推动中国民主政治的发展、新闻事业的发展、语言文学的改良尤其是教育的变革中，作出了非常积极的贡献，涌现出了一批杰出的资产阶级知识分子。留学生在近代高等教育的师资中占有一定比例，这就为教育内容的更新与完善提供了保证，它反过来又为“五四”时期的又一代知识分子提供了新的文化环境。

值得一提的是，在中国教育近代化的过程和事件中教会教育的发展。尽管传教士们在华创办教会教育目的是为了培养能够效忠于教会的中国领袖人物，实现他们“以华治华”的侵略目的，但客观上，对于促进我国普及教育的发展、高等教育的发展、女子教育的发展，对于传播西学和西艺，对于刺激中国学校教育质量的提高，都曾起过积极作用。

中国教育，从空疏无用、腐朽没落的封建传统教育，经过废除科举制度，兴办新式教育，确立新的教育宗旨，建立近代学制，兴办留学事业，而逐步具备了近代教育的结构与功能，即能够培养具有近代思想意识和知识结构的经世致用的新型人才。在中国教育近代化的过程中，每一个事件和步骤都体现着进化意识、比较意识、世界意识和开放意识。也正因为如此，它们才有力地促进了中国教育的近代化。

我的教学主张

我的教学主张

教学是学校教育服务于学生成长的最主要的途径和最中心的工作。我们的日常教学究竟为了什么？什么样的教学才是高品质的教学？这是业内人士关注的核心问题。我基于个人的学习、思考与实践，逐渐形成了对于教学的理解与追求，在此愿与大家分享。

首先，教学必须服务于完整的人的成全。完整的人，相对的是片面的人、畸形的人、精神世界残缺不全的人。完整的人的发展包括个人与“天、人、物、我”四个向度上的认知、情感、态度和技能的和谐发展。我们的每一门课程、每一个学习主题都有自己具体的教学目标，而教学的任何一个环节，要达到的任何一个具体目标，都应自觉地朝向这个教学的终极目标——完整的人的发展，并且使任何一个教学活动与教学环节，都能作为通向这个终极目标的步骤而存在。教学的真正目的是通过提高个人选择和自我指导的能力来最大限度地促使自我发展——成长为一个完整的人，作为教师在教学过程中应该始终怀想着这个大目标。

其次，创造丰富的课堂，带给学生广博深厚的文化浸染。教学的真正目的在于促进个人成长和自我实现，而不单纯是掌握教科书上的知识。一个丰富的课堂才能带给学生心灵的自由飞翔，才能唤起学生创造的冲动，才能激发学生分享的内在需要。创造一个丰富的课堂，让学生的心灵在博大、温暖的精神氛围中自由地跳荡。而要创造丰富的课堂，教师的学识修养和想象力就变得非常重要。

第三，教学重要的是教学生学会学，并且帮助学生形成认知框架。在教学中，为了便于学生学习，我们的学科知识不得不被分成条块，变成细小的局部。学生的成长也是依靠这样的小步骤一点点积累的。但是，不清楚每一个小步骤在学科思想长河中的位置，不了解它们之间的逻辑关联，不了解它们在主要领域里的意义，任凭教师如何重复讲解，学生如何苦苦训练，也只能是事倍功半。简单地重复正确的结论，并不能使学生更好地理解某一概念或原理。如果真正的学习没有发生，教师教得再辛苦，也是无效的。真正的学习意味着经验的重新组织与重新解释，这就包括先前经验的激活、引发新的认知冲突，信息的搜集、选择与加工，最后形成开放性的认知框架——概念系统和命题网络。

所谓命题网络就是指如果两个命题中具有共同成分，通过这种共同成分，可以把若干命题彼此联系组成命题网络。"教育是既见树木又见森林的过程。"我们既可以把森林理解为"上位概念"，把树木理解为"下位概念"，也可以把"见森林"理解为智力生活的背景和整体把握，把"见树木"理解为细处摄神和结合个体经验的理解。

在教学中，教师帮助学生形成认识事物的整体观是必要的。黑格尔在美学讲演录中通过典型例子精湛地表达了他的整体观："割下来的手就失去了它的独立的存在，就不像原来长在身体上时那样，它的灵活性、运动、形状、颜色等都改变了……只有作为有机体的一部分，手才获得它的地位。"（黑格尔：《美学》第1卷，商务印书馆，1994年版，第156页）在教学中应该将学习的内容升华到更大的思考主题，并形成理解框架和概念网络。所以，在学习过程中，既需要深入细节、解剖麻雀，又需要"会当凌绝顶，一览众山小"。布鲁纳认为，儿童的学习，主要是掌握学科知识的基本结构；教师的教学，主要是促进儿童认知能力的发展；衡量教与学的有效性的标准,是看儿童动作的、映象的和符号的认知结构是否有序地得到发展。这些观点都是值得我们重视的。

第四,教学必须为学生的发展提供机会。好的教学要让学生在课堂上有展示自我、发现自我、发展自我的机会。因为,只有展示自我才有发现的优势和不足,只有发现自我,才能更加深入和全面地认识自我,进而才能发展自我。个体的潜能和资质就是在这一过程中凸现、彰显并丰富和发展出来的。

学习远远不只存在于认知活动中,也广泛存在于交往活动与审美活动之中。学习的结果不仅包括知识的建构,还包括态度、价值观的改变或深化,情感的丰富和体验的深刻,技能的形成或巩固,认知策略的高级和完善。教学不是为了教师的表演和个人魅力的展示（尽管不露行迹的个人魅力的展示有着重要的教育价值),教学是为了促进学生的发展。为此,要努力为学生的成长与发展提供机会,要创造氛围与情境,让学生具有深度地参与,从而为学生展示自我、发现自我和发展自我提供足够的时间和空间。教师讲得越多、越细,越有可能封闭学生的思想空间,并造成学生对教师的依赖。况且,如果教学方式单一,刺激单调,就会导致学生注意力不集中,导致心理疲劳,进而导致学习效果的下降。

第五,带给学生理智的挑战,以问题引导教学的进程,通过问题的解决而进行学习。教师要善于营造真实的问题情境,以问题引导教学,让学生在解决问题中学习,通过问题的解决,掌握问题解决所依据的原理和所必需的材料。问题必须是真实的,即能够与学生的已有的经验产生冲突;问题必须是具有理智的挑战性并通过努力有可能作出尝试性的解答的。

教学应该创设一个合适的问题空间,以便对学生的理智能力构成挑战;教师应该自觉地培养学生对证据、逻辑和结论提出理性的怀疑的习惯,并基于证据来形成解释。

最后,重要的是理解的质,而不是信息的量。人们对于事物的理解，有不同的层次。深层次的理解，必须充分展开高层次的思维过程，即复杂的概括和推理的过程。到了小学高年级以后，着力发展学生的思辨力，特别应该将发展学生开放性的、创造性的思维能力作为教学的重心。对于学习的重点和难点，应该通过对话和讨论让学生真正地理解，而不是似懂非懂。新的学习内容能够真正地纳入学生的认知结构，并能够灵活运用，教学才能真正地促进学生的发展。

知识观与教学

在中国教育界,“转变观念”喊了很多年了,为什么还在喊?原因是多方面的。一是观念转变是一个长期的过程,因为随着人们认识的深化,观念本身也是在不断变化的,不可能一劳永逸,所以“转变观念”就是一个常议常新的事情;二是我们的理论不彻底,停留在一般的口号上,理论不彻底就难以带给人们确信感,实现由知到信的提升。为了促进教学领域的“转变观念”,我们需要对究竟什么是知识有一个充分的讨论。

“知识”一词,有多层能指,在不同的语境中有不同的内涵。所谓知识观,就是我们如何看待知识,对知识具有怎样的性质、又具有怎样的功能的观念和认识。知识观是我们认识教学目标、教学过程以及教学的意义和价值的观念基础。教学中究竟应不应该强调知识?当前是否存在轻视知识掌握的倾向?诸如此类的问题,如果不对知识观本身作一个充分的探讨,那么,对于这些问题的认识就很难深化并形成基本的共识。

知识按照其所属的主体,可以分为公共知识和个体知识。公共知识是人们认识成果的社会承认,对于某一问题的认识社会成员之间已经达成的共识。

知识是观念形态的,是人们“交互主体性”的产物,一个人所作出的命名(或命题),只有在交往中,为其他人广泛的接纳和认可,它才有可能成为公共知识。公共知识的表征形态包括专门术语、概念、具体事实、公式、常规、方法、方法论和各种原理的陈述,即命题。公共知识我们也可以理解为种族经验。

“公共知识是建构的产物”这一命题的衍生意义就在于：以事实、概念、命题、公式、定理等等为表征形态的公共知识，并不是天经地义的，它不过是人们按照某一规则约定俗成的结果。

另外，区分知识的另外一对范畴是显性知识和默会知识（tacit knowledge，又译缄默知识、隐性知识）。所谓显性知识是可以用语言文字或数字符号明确地表达出来的事实和意义，而默会知识是“只能意会难以言传”的体验、直觉、动作技能与心智技能。

我们以往在对知识的认识上，存在着这样两个突出的局限和不足：一是“知识”就等同于公共知识，造成了个体知识的缺席；二是“知识”就等同显性知识，造成了默会知识的缺席。这是我们的教学中不重视学生的参与、活动、体验、交往等等建构知识的必要元素的观念上的原因。只强调对于书本上学习内容的掌握——熟悉、理解、记忆，因而不利于实现公共知识向智慧的转变。

强调“知识传授”的教学观是建立在如下的世界观和知识观基础上的：世界是物质的，物质是客观存在的，客观存在的物质是运动着的，运动是有规律的，规律是可以被认识的；客观存在的物质运动的规律也是客观的，因而作为认识的成果“知识”也就是客观的，将客观的知识教给学生，就可以得到一个客观的结果，因而也可以用标准化的考试做一个“客观”的检测。

对于什么是“知识”的理解，决定着我们怎样理解教学的目标、教学过程和对于教学成果的评价，进而影响着我们的教学策略和教学行为。只有当我们将对知识的理解不局限于公共知识，而能够将个体知识——自主建构的成果放入我们的视野时，我们才能真正地关注学生对于教学的参与，重视教学中的交往和对话，才能真正实现有效的教学。这就是当前的课程改革重视过程和方法的理由，也是在更高层次上重视知识的体现。

教学是教师和学生的交往和对话，是师生双方相互交流、相互沟通、相互启发、相互补充。在这个过程中教师与学生分享彼此的经验和认识，交流彼此的情感、体验，拓展彼此的视界，求得新的发现，实现教学相长和共同发展。对教学而言，交往意味着平等对话，意味着社会性的意义建构，它不仅是一种认识活动，更是一种人与人之间平等的精神交流。对学生而言，交往意味着主体性的凸显、个性的表现和创造性的解放。对教师而言，交往是一起分享理解，是生命活动、专业成长和自我实现的过程。可以说，这种教学过程是走向解放的课堂教学规范的精神所在。它不仅不是轻视知识，而是在更合理、更有价值的层面上重视学生真正地获得知识，使书本知识真正转化为学生内在的精神财富。而相反，学生在课堂上低水平的简单接受，胡乱的猜测和没有经过充分思考的、琐碎、呆板的回答，学生对于问题的理解缺乏原创性和想象力，是无助于学生真正地掌握知识的。而这些现象，都与将知识视为已有的现成结论，将教学过程简单地视为单纯的认识过程有关。

让学生掌握“公共知识”既不是教学的唯一目的，也不是教学的最终目的。“公共知识”只是一种载体，掌握“公共知识”，其根本目的是促进学生的发展，使学生成为认知的主体、道德的主体、审美的主体、自由与责任的主体，使学生获得精神的自由和解放。而学生对于公共知识的掌握，需要一个咀嚼、玩味、吟咏、体察、如切如磋、如琢如磨、掩卷沉思、反复推敲、探幽察微的过程。况且，我们只能通过知识的建构来发展智慧能力，而这个建构过程在很大程度上取决于情境、氛围和人际互动，那么，强调情境的创设，强调学习的支持性的心理氛围的营造就十分必要。

数学的魅力

我们所生活的世界，包括我们人类自身，无非是质与量两个方面。所谓“质”，表现为好坏、优劣、善恶、美丑等等；而所谓“量”则表现为长短、粗细、大小、厚薄、轻重、形状以及数量之间的关系等等。数学就是从量的角度把握和解释世界的一种努力，所以数学是一种思想、一种解释世界的方式、一种精密的语言系统。数学是对现实世界的数量关系和空间形式的概括和反映。

“数学，作为人类思维的表达形式，反映了人们积极进取的意志、缜密周详的推理，以及对完美境界的追求。”（R.柯朗等：《数学是什么》，湖南教育出版社，1985年版，第5页）正如美国数学史家M.克莱因所说的那样，“任何时候，谁想找一个推理的必然性和准确性的例子，一定会想到数学”（M. 克莱因：《数学：确定性的丧失》，李宏魁译，湖南科学技术出版社，1997年版，第2页）。他还曾对数学做过这样的描述：“音乐能激发或抚慰情怀，绘画使人赏心悦目，诗歌能动人心弦，哲学使人获得智慧，但数学却能提供以上的一切，给人快乐。”

数学依靠的是两样东西：逻辑与创造。而人们对数学的追求则有两个目的：各种实用的目的以及数学的内在趣味。对于一些人，这不仅仅指职业数学家，数学的精髓在于它的美妙和它对于智力的挑战。“数学是最聪明人之间的较量，因此非常具有挑战性，同时，数学的美丽使研究数学成为一种乐趣。”这就是菲尔兹奖得主、美国数学家符拉基米尔·福沃特斯对常人眼中枯燥的数学的认识。当然对于另一些人,包括许多科学家和工程师,数学的首要价值是它能够被应用于他们的工作之中。

数学语言是表达数学思想的慎重的、有意的而且经常是精心设计的专门语言,具有抽象性、准确性、简约性和形式化等特点。加强数学语言教学对提高数学阅读能力、数学表达以及交流能力具有重要作用。数学语言分为符号语言、文字语言和图表语言,三类语言之间的相互转换在数学语言学习中占有重要地位。

社会建构主义数学哲学将主观知识和客观知识看成是相互维护和相互依存的。关于数学知识的社会建构性质,欧内斯特提出了以下三点根据:1.数学知识的基础是语言知识、约定和规则,而语言知识是一种社会建构;2.个人的主观数学知识经发表后转化为客观数学知识,这需要社会性的交往与交流;3.客观性本身应该理解为社会性的认同。(Paul Ernest:《数学教育哲学》,齐建华、张松枝译,上海教育出版社,1998年版,第51—52页)"整个数学知识是由证明予以保证的,其基础和可靠性则依赖于语言知识和规则。"(同上,第66页)

数学是科学的主要术语。数学和科学具有许多共性,包括都具有对可以理解的规划的信念,想象力和严格逻辑的相互影响,诚实与公开的思想,同行评论的极端重要性。17世纪以来数学的发展清楚地表明,社会生产推动自然科学的发展,自然科学又推动数学的发展,并为数学发现提供灵感。美国数学家克莱因下面的论述充分说明了这一点:"对自然的深入研究是数学发现最丰富的源泉。"(M.克莱因:《数学:确定性的丧失》,湖南科学技术出版社,1997年版,第293页)"数学是科学的王后,同时也是它们的女佣。"(同上,第286页)

作为人类智慧的伟大结晶,数学受到了普遍的尊敬和推崇。在高中数学课程《标准》中提到:"数学作为人类文化的重要组成部分,构成了公民所必须具备的一种基本素质。数学科学历来是自然科学和社会科学的基础……越来越广泛的数学应用,正在不断地渗入社会生活的方方面面。……高度发展的数学思维成为人类社会进步的重要标志。”

数学有着极其重要的教育价值。数学是训练客观且精确的判断力的基本因素之一,数学尤其需要积极的思维活动及对结果的验证,而这会对其他学科的学习(在智力上和道德上)产生影响。数学的奥妙不在于发现它的完美和复杂,相反在于找到最经济和简单的表述和论证。因为数学在现代文化中扮演着中心的角色,所以对数学性质的基本了解成为科学素养的需要。要做到这一点,学生需要将数学视为科学活动的一部分,了解数学思维的本质,并熟悉重要的数学概念和技巧。

作为一门理论学科,数学探索抽象概念之间的关系,并不考虑这些抽象在现实世界是否存在对应的本物。心理学研究表明,一切智力的核心在于思维。儿童数学能力的发展应该包括认知、计算、思维三个方面,而不能简单地将计算等同于数学。有学者富有见地地指出:珠算、心算对于提高儿童的计算能力的确有很好的促进作用,但对儿童思维发展的贡献却十分有限。

国际数学教育界就数学教学的目的有了基本的共识:数学教学的目的就在于帮助学生形成行动上的逻辑程序(思考、分析、抽象、简明、计划、演绎、推理、普遍化、具体化、应用、评判等),形成合理的思想及其提升表达的质量,做到富有条理、严谨、精确、明了、简洁等;引起观察,形成空间和数目的概念;培养抽象领域里的直觉和想象、注意和关注的能力、坚持不懈的努力的习惯,最后形成诸如客观、诚实、深刻和稳定的研究兴趣等科学素养。这是作为一个现代人所受教育的一个基础部分,哪怕他今后从事非科学或非技术性的工作。

如何发展学生的数学能力,进行有效的教学?荷兰数学教育家弗赖塔尔认为:学习数学的唯一正确方法是实行“再创造”,也就是由学生本人把要学的东西自己去发现或创造出来。

国际数学教育专家在一份数学教育指导性的文件中提出了如下意见：引导学生自己形成思想，发现数学的关系和性质，而不是把承认成熟的思维强加给他们；更注意思维和推理而不是机械训练和死记硬背，限制死记一些固定的基本结论；强调数学内在的统一性；就数学思想和正在学习的理论的主要历史发展阶段作出说明；保持数学与应用数学的科学之间的合作；贯彻数学思维的要求，增加语言的精确度、语言的清晰度和简明性。

我国正在进行的基础教育课程改革对数学也提出了如下教学指导思想：1.以学生发展为本，把学习的主动权交给学生，让学生自主探索，主动积极地获取知识，使学生人人在原有基础上有所收获，有成功感，得到和谐的发展。2.确立关于学生和教师的观念：每一个学生都可以学习数学；不同的学生学习不同水平的数学；允许学生以不同的速度学习数学；学生可以用自己的方法学习数学。教师是课程实施过程中的决策者，是教学过程中的组织者、指导者和参与者。3.教学中要激发学生学习数学的兴趣，要为学生提供丰富多彩的情景，要为学生留有探索与思考的余地，倡导合作交流的课程气氛。

数学知识源于生活，但并不等于它是生活本身的摹本，它是对生活中的数量关系与空间形式的提炼，因此，它高于生活、概括生活，具有高度的抽象性。在教学中，联系学生的生活经验，接通生活的源头活水，就会使原本枯燥单调的理论变得鲜活生动起来。比如初中数学中的“一次函数的表达式”为：$y=kx+b$。这些符号之间是怎样的一种关系呢？这个表达式能够描述和解释怎样的现象和事实？我们假定y这个因变量代表一个餐厅服务员一个月的薪水，x代表餐厅一个月的营业额（或一个服务员通过其服务所带来的营业额），k代表从营业额中提成的比例，b也是一个常量，代表基本工资，或称之为底薪。也就是说，餐厅服务员一个月的收入等于底薪加营业额按一定比例的提成。

这就是一个比较合理的、双赢的雇主和雇员之间的关系:作为餐厅的服务员,如果你能以自己优质的服务,赢得更多的回头客,你的收入也会更多;即使由于其他的原因,餐厅的营业额不佳,对于服务员来说,至少还有基本工资。这样学生不仅能够很好地理解这个表达式的意念,也能真切地感受到数学学习对于生活的意义。如果我们这样联系生活,学生就能感受到数字的意义,就能发现数学尽管十分抽象,其实它是源于生活。联系生活,也能培养学生生活的智慧,当他今后成为一个经营者,或者是就业者时,就知道怎样去处理类似的问题。而当学生感受到学习的意义时,学习就会是快乐的,也就是更有效的。在课堂中,与学生密切相连的生活事例,对学生而言,有一种特别的亲和力,它能够拉近学生与数学的距离。

数学解题是学生应用知识、解决问题的过程,也是学习的巩固和知识迁移的过程。学会解题是学习成果的重要体现。著名数学家波利亚在《怎样解题》中对数学解题划分为四个阶段:弄清问题→拟定计划→实现计划→回顾。其中“回顾”就是解题后的反思,它是解题思维过程中的深化和提高。解题过程的反思,实际是解题学习的信息反馈调控阶段,通过反思,有利于学生知识体系的深层次建构。

“教什么”和“怎么教”

教学是人类诸多复杂、重要的事务之一，因为教学过程中涉及许多的变量。教学不单纯是一系列的操作行为，这背后更重要的是整个人的精神活动。把教学降格为一种技术，是对教育理解的狭隘和肤浅的最突出的表现，也是教育中可能犯的最大错误之一。

课堂教学，核心要素是学习内容与教学方法。在“教什么”和“怎么教”哪一个更重要的问题上，我的意见是要看我们追求什么。如果是在追求教育的价值旨趣上，“教什么”比“怎么教”更重要。因为，在具体的学习内容背后，特别是人文类的课程，总是承载着（有时是隐含着）我们所崇尚、所倡导的价值观。比如我们今天中小学教育内容中仍然存在着“爱国的自大”、“虚假的民族自豪感”、丑化西方资本主义、对个体生命意识重视不够、公民教育的思想缺失等弊端。而这些弊端极大程度上影响着幸福人生的创造者和自由社会的建设者的培养，却没有引起人们，特别是中小学广大教师的重视。

从关注教学效率的角度讲，“怎么教”自然比“教什么”更重要。“怎么教”更多地关涉学生课堂的参与程度、学生学习过程中的自主程度、学生知识建构的水平。比如说，直观教学就是解决怎么教的问题。所谓直观教学，不仅是凭借书面文字学习符合特定目的的内容，而且凭借实物，通过儿童自身的感受去学习，从儿童可以体验到的自然和社会环境中选择教学的内容。

其实,“怎么教”更涉及到我们有什么样的儿童观和我们究竟要培养什么样的人。在今天国民的创造力已经越来越成为一个国家核心竞争力的关键因素,而这正是我们的弱势。学校教育中导致学生创造力缺乏的原因究竟在哪里呢?概括地说,原因恐怕就在于学生自信心、生活激情的下降,批判求异精神的匮乏,创新视野的限制,情感体验单一、苍白,缺乏对知识自主选择的机会和知识结构的失衡,过度焦虑,缺乏创造思维应有的放松心态,过度的竞争压力导致人际关系紧张,缺乏交往中的智慧碰撞,还有“标准答案”的“唯一性”,也是束缚学生发散思维,扼杀创造性的。

正如许多学者所提及到的中国教育模式的诸多弱点,如重共性、轻个性,重服从、轻民主,重主宰、轻主体,重结果、轻过程,重灌输、轻探索,重逻辑、轻形象等,严重破坏了青少年的学习兴趣和求知欲,磨灭了好奇心和创造性,致使思维钝化,想象力缺乏,丧失问题意识。当然,这背后有一个更为复杂的教育和文化的问题。

“教什么”和“怎么教”是密切地联系在一起的。比如说,良好的教育内容一个重要的特征是与学生的生活经验有一定的关联。没有一定的直接经验,间接经验(书本知识)就难以理解和掌握。对此,陶行知先生有过一个精辟的比喻:“接知如接枝。”他说:“我们要有自己的经验做根,以这经验所发生的知识做枝,然后别人的知识方才可以接得上去,别人的知识方才成为我们知识的一个有机体部分。”(陶行知:《中国教育改造》,东方出版社,1996年第1版,第124页)对此,“怎么教”也要求作出努力来激活、丰富和提升学生的直接经验。直接经验对于每一个人的意义是不同的。有效教学是我们积极寻求、改变直接经验意义的活动。

教育是价值引导与自主建构相统一的过程。在价值引导上,“教什么”显然起着更重要的作用;而在学生的“自主建构”上,“怎么教”就更重要。

课堂教学,不仅应该是有效率的,也应该是有灵魂的。效率更多地取决于“怎么教”,灵魂更多地取决于“教什么”。而“教什么”和“怎么教”都取决于我们究竟要培养什么样的人。这是教育的方向问题,也是教育的根本问题。良好的教育应该是正确的方向与有效的方法的统一。

中小学教师普遍缺乏的是对教学内容的批判性理解,把教科书上的内容视为不容置疑的现象是普遍存在的,这当然有一个原因是考试指挥棒在起作用,但我们广大中小学教师缺乏自觉的社会文化的价值追求、缺乏现代民主政治意识也是一个重要原因。

一堂课中的必要环节

在一些公开课上，我们经常能看到非常丰富的活动，非常的热闹。但更多的是蜻蜓点水，走过场。活动不深入，没有做实，并且对活动也缺乏必要的总结与提升。对此有一个很好的比喻是：只重挖坑，而不重掘井。因而一节课上学生的收获也就寥寥无几或者很肤浅。

我们通常说的一节课，30分钟、40分钟或45分钟，根据其任务与目的的不同，可分为不同的类型，比如主题学习的课、综合练习课、复习课等等。作为“主题学习的课”（过去的《教育学》教科书上称之为“新授课”，即“传授新知识的课”），在一堂课内，有一些必要的环节，是让学生很好地领会和掌握学习内容所必需的。教学是朝向一个特定目标所进行的努力的系列行为。所谓教学环节，就是既相互独立又相互连结的一组教学行为。

其一是学习意义的明了。学习一个主题，它对于我们理解把握世界有何帮助，知晓、明了这一点，对于学生学习动机的激发是不可或缺的。我上初中时，就不明白为什么要学正余弦定理，后来才明白是为了解决三角形角与边的关系问题。明白这一点对于理解正余弦定理就很必要。任何一个学习者，如果在学习过程中不能获得成就感，或者怀疑所学知识的价值，就会很容易失去学习的兴趣以及主动性。学生们必须在真实的学习情境中学会自律以及负起责任。而真实的学习情境首要的就是明确目标与任务，以及学生非常明确完成任务、达到目标的意义。

其二是反馈与强化。由于学生的知识背景与我们教师的知识背景存在比较大的差异，我们觉得很简单的推理、很明确的逻辑联系，对学生来说，特别是对于少数处于特殊情况的学生来说，很可能一头雾水、十分茫然。这就需要我们能以对话的方式探明学生学习的真实情况，建立起师生之间的信息反馈的渠道，在一些关键点上予以强化。最有效的策略是鼓励学生复述，即用自己的语言来明确表达。

魏书生老师在他的报告中说，他把一节课的任务分配给不同的学生，然后就什么都不做了。我想魏老师的成功非常重要的一点是发挥了学生的主动性，学生有明确的任务驱动，不依赖老师，真正经历了自主探索的过程，因而学生获得了比较好的发展。但如果老师在对一些复杂问题的理解上给与学生一些点拨、一些启发，学生是不是会发展得更好呢?好总是相对的，在任何时候我们都仍然有努力的空间。

其三是课堂讨论。课堂讨论在西方的教学中，特别是大学教学中普遍采用的教学方法，以至成为教学的一个环节。教学中教师的思想高度是通过教师引导并参与学生的讨论来体现的，讨论可以澄清思绪，可以让学生学会倾听，学会有条理地表达，学会阐明和维护自己的观点，学会从别人的观点和证据中吸取有价值的东西修正和完善自己的观点和论述。

在课堂讨论中，教师要特别注意发现和捕获学生思想的火花，给予更多的鼓励和欣赏，并引导他们完善推理和论证的高级思维过程。教师的职责就是帮助学生揭示积极地合作、相互尊重的氛围之下的意见歧异；不埋没任何一个人，提供一道学习、一道成长的环境；引导学生能够共鸣地接纳一切意见，勇于表述自己的观点；学生将现实生活中直面的问题引进教室也无关紧要，有时还值得鼓励和欣赏。切记不要羞辱和耻笑学生观点的荒谬和论证的粗疏，羞辱和耻笑将会使学生变得退缩和怯懦，进而压抑求异思维的冲动，摧毁创造性思维的幼芽。

最后是回顾和分享。当一个主题的学习结束以后，教师应该停下来问一问学生有什么需要质疑的，有什么需要修正、补充和丰富的。对学生说：“我是不是表达清楚了？”“还有什么需要进一步澄清的？”而不是对学生说：“你们听明白了没有？”“你们还有什么不理解的？”前者表明的是教师对于自己“教”的责任承担；而后者表明的是学生学会了还是没学会，责任在学生。

好的教学是一个精神漫游的过程，正如登山，只有当我们最终登上山巅，俯瞰登山时所走过的路时，我们才会有一种了然于胸的感觉。这时的回顾和分享，其实也就是及时复习。及时复习对于巩固所“学”的知识有着极其重要的价值。在今天知识学得巩固仍然是必要的，因为只有学得巩固，才能比较好地迁移，才能转化为学生的实际能力。

一门课程的知识是一个大的网络、大的系统，犹如一个链条，如果这个网络哪里出现了断裂，就不容易做到“纲举目张”、以简驭繁。如果学生头脑中的知识是缺乏内在的意义关联的、零星的、杂乱无章的，那么，这些书本知识就会是僵死的、呆滞的，不能自主地建构出个体的知识。况且，学生也需要经常自我反思，这样他们才能善于管理、评价和改进自己的学习和思考。

当然，在最后这个环节里也还要包括课后作业的布置。课后作业对于学生的成长来说是非常必要的。给学生布置怎样的课后作业，是需要认真研究的。“教师也不要给学生布置太简单、太容易的作业。太容易的作业不仅会使比较聪明的学生觉得枯燥乏味或引起捣鬼行为，也没能给不太聪明的学生提供克服以前失败以及发展解决问题的技能的机会。”（Thomas L. Good和Jere E. Brophy:《透视课堂》，陶志琼、王凤凰、邓晓芳等译，中国轻工业出版社，2002年1月第1版，第177页）

西方学者艾普汀（Eptein）确定了10个布置家庭作业的原因，

她称之为家庭作业的十大目的(10Ps):练习(practice)——速度,掌握并保持技能;准备(preparation)——作好下一堂课的准备,完成课堂活动和作业;参与(participation)——每个学生参与学习活动的积极性,体会学习的乐趣;个人进步(personal development)——学生的责任感,培养毅力和支配时间的能力,培养自信心和成就感,开发并认可学生在课堂上不能学到的知识和技能,扩大并丰富活动;学间的交流(peer interaction)——学生共同协力完成作业和学习计划,激励他们互相学习;家长—子女关系(parent-child relation)——以学习的重要性为出发点建立家长—子女关系,证明学生在学校学习的知识在真实生活和经历中的运用,提高家长对学生学习进展情况的意识和帮助支持;家长—教师之间的交流(parent-teacher communication)——教师能够让家长了解并参与学生的课堂活动,同时,让家长了解自己子女学习的课程以及进展情况;与社会的联系(public relation)——向社会证明学校是一个严肃认真的学习场所,包括家庭作业,同时,可以把与社会进行有效交流规定为有关学生—社区关系的家庭作业;执行政策(policy)——执行区或学校教育领导管理者制定的政策规定,完成规定的每天或每周的作业量;惩罚(punishment)——纠正行为中或效率方面存在的问题。课外作业的意义是多方面的,并不是可有可无的,作业应该是教师精心准备的送给学生的礼物。

“理解”的前因后果

“理解”一词，在我们的教育表达中是十分常用的。比如老师对学生说：“你理解了吗？”“你是如何理解‘人是文化的载体’这个命题的？”“你理解起来有什么困难吗？”人们对于世界的理解，并不同于电脑对于信息的加工。人对于事情的理解受制于许多的因素。理解并不是某种纯粹的智力活动，而是完整的人的心智活动，包括心灵的——自我审思、叩问心灵，也包括智力的——回忆、推理、判断、想象等等。

正如我国学者殷鼎先生所指出的那样：“理解弥漫于人的一切活动中——解释、应用、探索、情感、行为等，语言的解释也成为人的生活形式。理解不再被视为一种精神主体的活动，它成为人生的发生进行过程。理解、解释、应用同是这一存在过程中的各个时刻。从这种本体论意义上的存在的角度透视理解、解释、应用三者的关系，理解、解释、应用都是要把原先不属于人的自我理解范围内的陌生之域，在理解中占据为己有，拓展扩大了人生的疆域。生活就是一种不同的解释活动，理解转动着解释之轮，留下人走在自我理解之途上的意义之辙。”（殷鼎：《理解的命运》，生活·读书·新知三联出版社，1988年版，第101—102页）一个人鉴赏力和洞察力都源于深厚的理解能力。

罗伯特·凯根认为，“自我是在个体采择社会意义和生活意义的过程中得到发展的。人是一个意义采择者，这里的意义既可以是个体对自己的认识、对他人的认识以及对我他关系的认识，又可以是对过去经验的组织、对当前环境的理解以及对未来发展的预期等。自我的发展就是不断告别旧意义而采择新意义的过程”。(罗伯特·凯根:《发展的自我》,浙江教育出版社,1999年版,第25页)理解是社会向个体内化的基本途径,是个体参与文化交流和发展的重要方式。

理解作为认识活动的一个必要环节,也有自身运动的规律。理解之所以可能还因为人的“前理解”的存在。按照海德格尔的说法,没有什么认识是没有前提条件的。所有的理解都以先前的掌握,以一种作为整体的前理解为前提。由于前概念总是在限定着我们的认识,所以要压制每一个理解的“主观”决定因素是不可能的。([美]D.C.霍埃:《批评的循环》,兰金仁译,辽宁人民出版社,1987年版,第5页)

“前理解”是主体在以往的理解中所获得的知识、观点、思维方法以及逐步地积累形成的文化心理结构等。它是解释者与文本发生联系的中介。理解不是被动的接受能力,而是主体在“前理解”的中介作用下对文本世界的能动的重构。借助于“前理解”,主体把自己纳入历史过程的生成关系和作用关系之中。“前理解”深度和广度决定了主体对作品世界展开的深度和广度。“前理解”的偏狭性和贫乏性才是造成理解的主观性和任意性的重要根源。丰富、扩展、深化“前理解”是达到理解的“客观性”的基本途径。我们理解一个命题,这就存在着部分(命题构成的语言单位)与整体是以一种循环的方式相联系的;为了理解整体,则必须理解其部分;而在理解其部分的同时,又有必要对整体有所领悟。

在理解之中,人展开了自己与历史的联系。语言是服务于人的存在,它使人成为历史的存在,也使人进入历史。一方面,历史向人敞开,通过语言,人理解历史、解释历史,使人在活生生的历史长河中把握过去、展望未来;另一方面,人也向历史敞开,通过理解历史和传统,人丰富了自己,提高了自己,从而创造历史。在一定意义上说，历史、传统不仅是规定主体的先决条件，而且还由于主体的理解而被创造出来。人在理解历史和传统的过程中也规定了历史和传统。理解历史、语言、文本从根本上说又是理解自己。

“理解”既是一种对人的态度，又是一种认识的方式（思维方式），要求从学习者的角度思考他们的语言、思想、情感和行为。有人称之谓“移情性理解”，即“教师在考察学生时，并不是用主观预想的框框看待对方，而是以同情的态度体验学生本身的所感所想，达到理解的方法。教师在这种移情性的理解中设身处地地理解学生的内心世界、学生的情感和想法”（大正桥夫：《教育心理学》，钟启泉译，上海教育出版社，1980年版，第96页）。

“人格获得的力量和深度越大，理性获得的自由越多，人就可以更多地理解世界，他在自身之外就可以创造更多的形式。因此，人的教养就在于：一方面使人的感受功能与世界有更多的接触，从而在情感方面使受动性得到充分发挥；另一方面使特定功能保持对感受能力的最大独立性，并在理性方面使能动性得到充分发展。只要这两种特性结合起来，人就会兼有最丰满的存在和最高度的独立与自由，他自己就不会失去世界，而是以其现象的全部无限性将世界纳入到自身之中，并使之服从于他的理性的统一体。”（席勒：《美育书简》，徐恒醇译，中国文联出版公司，1984年版，第80页）理解是人对于世界的嵌入和自我精神力量的确证与表征。

后现代主义认为每一事物都是一个文本，认为文本的表现形态是多种多样的。美国哲学家波林·罗斯诺指出：“一切事物，包括一次生活经历，一场战争，一次革命，一次政党集会，选举，人际关系，度假，理发，购车，谋职，等等，都是一个文本。甚至演说也具有文本的地位（一个口头文本）。”（波林·罗斯诺：《后现代主义与社会科学》，上海译文出版社，1998年版，第50页）

哲学诠释学认为，理解不是主体的一次性行为，而是一个文本和"理解者的前结构"或"偏见"之间的不断互动的过程。每一次理解都是一次意义生成。伽达默尔(Hans-Georg Gadamer)曾经说过:"对文本或艺术品真正意义的发现是没有止境的,这实际上是一个无限的过程,不仅新的误解被不断克服,其真义得以从遮蔽它的那些事情中敞亮,而且新的理解也不断涌现,并揭示出全新的意义。"所谓"先见",在海德格尔(M. Heidegger)看来,"原不过是解释者的不言自明、无可争议的先入之见"(海德格尔:《存在与时间》,陈嘉映译,北京三联书店,1987年版,第184页)。伽达默尔则进一步指出,"先见"是理解的前提,是解释者认识事物的基础。

"只要人在理解,理解便会不同。除非迫于政治或宗教方面的压力而哑口无声,人只要思想着,理解着,就会出现'百家争鸣'的思想状态。'百家争鸣',不是允许或由开明政治赐予的问题,它是历史中的人在理解时所必然要发生的事实,一种思想的事实。理解总是多元的。"(殷鼎:《理解的命运》,第125页)理解的首要价值在于理解本身,理解事物的过程本身,它抗拒着心智的荒芜和懈怠。

加拿大著名后结构主义教育家史密斯(David G.Smith)教授认为,"自我理解的真正提高是四重行为的不断递进: 向他人开放;与他人交流;某种包含自我更新意味的自我反省;重新与他人交流"。(史密斯:《全球化与后现代教育学》,郭洋生译,教育科学出版社,2000年版,第204页)"只有理解才能使课程和知识与学生的人生历程与经验真正联系起来。理解是从人生已有的生活经验和精神世界出发的。它建立的是一种整体的涉及经验与精神世界的整体关系,它所理解的内容最终被纳入人生经验与精神世界的整体之中,从而对个体的人生与经验起到新的意义重建。因此,通过理解,使学生建构自身与教育的整体的意义关系。"(阿尔费赖德·怀海特:《思想方式》,李红译,华夏出版社,1991年版,第1页)任何理解的过程都是自我的精神世界与文本的双向建构的过程,我们的内心世界愈丰富,对于文本的解读就愈丰富。

公开课与常规课

我们将有教师同行参与观摩的课称为公开课，而将按照学校教学计划在教室中仅仅面对学生所进行的教学称为常规课。二者的共同之处在于：都要引领学生分享人类已有的认识成就，都要促进学生的自主学习，都要帮助学生获得全面成长。

公开课与常规课之间的一个重要区别就是：由于学生意识到公开课是在特定的情境下进行的，所以潜意识中收敛了自己一些诸如开小差等不良行为。而在常规课中，课堂管理是教师课堂行为非常重要的一个方面。在公开课上，特别是当学生得知今天要来给他们上课的是一位非常有名望的老师，他们就会异常兴奋，他们表现的欲望就会被激发出来，学生因此变得异常活跃，课堂因此变得异常热闹。

公开课与常规课另一个重要区别是：公开课的教学主题教师是可以自主选择的，可以选择自己擅长的、更有课堂表现空间的学习主题。正因为这个原因，有的名师一节课“上”遍全国，就不足为奇了。但在常规课上，你擅长不擅长的，喜欢不喜欢的都得教，很少有选择的余地。

有人把公开课比喻为T型台上的时装秀，很是贴切。我们不能将时装表演的服饰带到日常生活、现实社会中来，但时装表演中服饰的款式、面料、色彩却可以引领时尚。T型台上的时装秀是服饰时尚的体现者、制造者、引领者和推动者。

公开课受到非议的一个重要原因是它的表演性。公开课中有表演的成分，或者说得刻薄一点，有作假的成分，这可能是公开课的天然要素。因为这表演中就包含着要倡导的观念和行为——只有他（她）觉得好的、有效的、有价值的，他（她）才会努力去追求。理想总是高于而且先于现实（即日常的课堂）而存在，公开课总是要体现理想追求，上公开课的教师总是要把自己最美好的一面展示出来。只是由于有的上公开课的教师自我修养还没有达到应有的境界，有时就难免让人感觉不那么对劲。

但我们不能因此否认公开课的价值。公开课可以起到示范、观摩的作用，可以为教师培训提供鲜活的教学案例，可以发现和培养教学新秀，可以展示教学探索的成果，可以为上公开课的教师的自我反思提供镜鉴和契机等。

我曾经在深圳、顺德、福州、厦门、石家庄、赤峰等城市上过公开课，学科包括《语文》《品德与生活》《历史》《思想政治》，教学对象既有小学生，也有初中生和高中生。优秀教师黄瑞夷著文《有灵魂的教学》（参见张文质、肖川、黄旭主编：《生命化教育探索丛书》，黄瑞夷：《作文教学的趣味与境界》，福建教育出版社，2006年第1版，第222—224页），对我的教学给予了评析和鼓励。

我上公开课有如下几点体会：首先，课堂教学不仅应该是有效率和效益的，而且应该是有灵魂的——我们需要自觉地给予学生怎样的影响？这就需要教师充分发掘教材内容，并自觉地给予学生以富有高度的引领。其次，教学中要有一些必要的环节，比如一节课结束前五六分钟的回顾与分享，每一门课程的教学，特别是一些主题的教学，还是有一些成熟的教学模式的。第三，真正好的公开课是不太具有观赏性的，上好任何一节课，包括常规课，重要的是要设计出一个有思考空间的、能够引导整个教学进程的问题。

我所设计的"优秀教师与教育专家合作论坛"的教师培训活动共有五个环节：首先就是教学观摩，依次为自我反思，专家点评，学术报告，现场对话。这是一种多方互动的教师培训的方式。论坛是为了“宣传课程改革的精神，探索有效教学的途径，架设理论与实践的桥梁，服务于教师的成长”而创办的。五个环节，可以用一天的时间，也可以用一天半或两天。这是一种活动，一种探索，一种分享，一个机会。合作论坛坚持以“公益性、探索性、互动性”为活动宗旨，服务于中国的教育事业。我坚信：成就名师就是成就希望。

解读“朱子读书法”

朱熹(1130—1200)字元晦,是我国南宋时期很有影响的理学家,也是一位杰出的教育家。他吸收前人的经验,总结自己的经验,对于如何教人读书,提出过不少有益的见解,对后世的影响也很大。他去世后不久,他的弟子们把他的意见归纳为“朱子读书法”六条:循序渐进,熟读精思,虚心涵泳,切己体察,着紧用力,居敬持志。对此,学者们多有阐发。只因为到今天,“朱子读书法”对于我们如何有效地学习,特别是如何有效地通过阅读来建构知识,仍然有着重要的借鉴意义。

(1)循序渐进。朱熹主张读书要根据自己的能力,由易到难,讲究次第,扎扎实实,步步为营。“读书之法,当循序而有常。”(《学规类编》)他说:“以二书(指《论语》《孟子》)言之,则通一书而后及一书。以一书言之,篇、章、文、句首尾次第,亦各有序而不可乱也。量力所至而谨守之,字求其训,句索其旨。未得乎前,则不敢求乎后;未通乎此,则不敢志乎彼。”朱熹告诫人们:读书不要急于求成,应按照一定的顺序进行。这个顺序是:第一,先读基础的、容易把握的书。第二,读完一本,再读另一本。第三,从字句、章节、篇章依次读起,把前面的弄懂后,再继续读下去。

(2)熟读精思。读书必须记得背得,仔细推敲、琢磨其意。“大抵读书,先须熟读,使其言皆若出之于吾之口;继之精思,使其意旨皆若出之于吾之心,然后可以有得耳。”(《朱子大全·读书之要》)所谓诵读,就是要求在初步理解的基础上,用朗读的方法,反

以柄，引狼入室，自取其辱。

历史的经验告诉我们：只有民主，才能使一个国家走向富强和文明。所以在今天，我们的教师只有具有现代民主政治的意识，才是与我们肩负的责任相称的，我们才有望成为“为大多数人带来幸福的人”。“历史承认那些为共同目标劳动而使自己变得更加高尚的人是伟大人物；经验赞美那些为大多数人带来幸福的人是最幸福的人。”“我们的幸福将属于千百万人，我们的事业将默默地、但是永恒发挥作用地存在下去。”（马克思：《青年选择职业时的思考》，《马克思恩格斯全集》，第40卷，人民出版社，1970年版，第7页）一个代表人类文明前进方向的教师，一定是具有现代民主政治意识的教师。

教师的职业优势

在当今中国，教师作为一种职业，还不具有足够的吸引力，诸如待遇不高、工作繁琐、心理压力大、劳动时间长等等，这都是不争的事实。但教师这个职业仍有它的优势，那就是在认真钻研教学的过程中不断提高自身素质，对其子女的成长十分有帮助。在和学生的相处之中，在对教育的探索之中了解和研究孩子，就更有可能使作为教师的我们成为一个好的、称职的父亲或母亲。虽然还没有这方面的实证研究，但凭经验大体可以得出这样一个结论：在不同的职业群体中，教师子女成才率是最高的。

相信不少具有眼光的人都能够认同这一点：对于子女的投资，是最有意义的投资。如果在一个家庭中，无论是学业成绩，还是人格品质都很优秀，孩子成长和发展得都很好，那这个家庭就能够给人充满希望、充满活力之感；假如孩子不争气——不好学上进，品行不端，那不管家长如何的成功，如何的有权有势，都给人以没落之感。就算你凭权势给孩子找一个好工作，没准他哪天违法犯罪了；就算你可以花大笔的钱送孩子出国学习，一个没有好的学习品质的人，在国外的学校就更学不到东西，最终仍是一个不学无术的纨绔子弟。上学读书不单纯是为了能够做学问，当什么科学家，上学读书更重要的是受到好的教育，从而变得心地纯正，见识不俗，举止得体，谈吐文雅，成为一个受人尊敬和受人欢迎的人。

我认识的一个小老板，做生意挣了些钱，常向我吹嘘他如何有钱。我觉得他既可怜又可笑。这些时候我一般都不会作评价，但我内心充满对他的怜悯，他生活在一种多么狭窄的境地里。他大概是真的不知道人生有比物质、金钱更重要的东西，比如社会声望，比如纯洁的人际关系，比如展示智慧与个性魅力的舞台，比如美好的思想与情怀。当然那些不如他的人——那些一贫如洗、家徒四壁的人也是大有人在的，他得意洋洋也并非完全没有道理。他毕竟摆脱了生存的危机。不过在有精神追求的人看来，真正富有的人应当是物质和精神都很富有的人，而不是那些穷得只剩下金钱的人。

许多教师经常有一种消极的心态：对于厌学的学生，对于社会的偏见和制度的不完善，或者学校的官僚主义、过多的不合理的条条框框等等往往觉得无能为力，徒唤奈何。这种“无力感”是激发教师投入和创新的巨大阻力。因此，更多地看到教师职业的优势，让我们试着改变那些不合理现实的同时，也试图改变一下我们的心态：相信“水滴石穿”，相信“千里之堤，溃于蚁穴”，相信即使一切都不改变，我们仍然有努力的空间，从而唤醒我们职业的内在尊严和生命热情。这是我们在关注教师的专业成长首先要重视的一个方面。

任何职业都有它的优势和局限，重要的是我们如何去看待。安徽省合肥市第62中学小学部的薛瑞萍老师就深刻地认识到：“单纯、率直、理想化、书卷气，这些特质已经融入我的血液，成为‘我’本身。换一个行业，它们很可能成为致命的弱点，可是作为教师，它们却成了难能可贵的优点。在诸多职业中，教师是为数不多的可以让我上班时间公私兼顾、尽情饱读的一行。”优秀教师的共同特点就是热爱自己的职业，并能够从工作中寻找到乐趣。

最近我看到在许多城市居民的消费支出中，教育消费占第一位，这是一个好的迹象。人们乐于把钱花在教育上，民族素质的提高就有了希望。真正优秀的教育工作者，应该树立起“为国育儿”

的理想,努力培养好自己的孩子。在把学生当成自己的孩子的同时,千万不要忽视了自己的孩子。有的教师将全部的时间和精力都给予了学生,却对自己的孩子很少关注,这是不可取的。学校领导有责任提醒教师不要忽视对自己孩子的教育。作为教师,我们应当有这样的信念:每朵花都有盛开的理由。无论何时,要把自己的孩子当成你最重要的学生加以培养,这是我们对家庭承担的重要责任,同时也是对社会作出贡献的重要方面。我们国家有1 400万教师,至少有1 000万教师家庭。如果每个教师家庭都能培养一个优秀的孩子,那也是一个了不起的成就,那也是我们教师这个群体对于民族的巨大贡献。

老 师 ， 您 好

曾读到过一则很可心的故事，讲的是一位老教授课讲得枯燥乏味，下课休息时，学生都跑到操场踢球去了，教室里就剩下教授自己。上课铃声敲响了，一会儿，有一个学生进来，回来拿忘在教室中的球鞋。教授以为他是来听自己课的学生，不胜欣喜，很认真而愉快地为这一个学生上了一节课。这故事很令我感动，虽然感动之余，也有一丝苍凉和凄楚。

台湾作家三毛在《雨季不再来》这集子中，有一篇讲叙她做教师的感受，其中有一句话颇值得玩味："教师并不是飞蛾扑火的烈士，教师本质上是有良知的生意人。"我想，上面那则故事中令人感动的正是教授先生所表现出的教师的良心吧。如果一个教师，没有这种敬业的精神，他决不会是一个好的教师。

在我们受教育的经历中，能遇到几位好的教师，那么确是一件很幸运的事情。有成就的人，大概都是遇到过对他们的人生产生过重要影响的教师的吧，正如滕野之于鲁迅、费米之于鲍利、杜威之于屈伯先、孔子之于颜回、苏格拉底之于柏拉图、徐特立之于毛泽东……

联想到《教师法》的颁布，其初衷就是维护教师的权益。是不是因为我们教师过于儒雅以至文弱而需要特别的保护呢？在我看来，教师的权益，首先是教师作为公民的权益，即信仰自由、思想自由、言论自由、结社自由、出版自由、罢工自由等等权利。如果作为公民的权利不能得到充分的保障，作为教师权利的保障就变得无足轻重了。

教师是人类千百年来积累的精神财富与年轻一代之间的桥梁和纽带，是人类文明薪火的传承者，是引导年轻一代与有教养的人类进行对话的人。在人类文明还时常经受着蒙昧与野蛮挑战的时代，社会民众来为文明薪火的传承者们披上一件虽单薄却华丽的外衣，来抵御寒冷的侵袭，毕竟是一件值得庆幸的事情，然而，我们渴望"环球同此凉热"的时代！

现代中国教育史上，曾有过教师节，只是后来无疾而终了。而现在，每年的9月10日前后，各种新闻传媒会争相报道一些有关教师、教育的事情。诚然教师节是一件不坏的事情，只是总使人联想到"三八国际妇女节""六一国际儿童节"的儿童和妇女。在人们的眼里，他们是弱者。为他们设立节日固然是社会良心的表现，如果社会只是借庆祝教师节，排解一下对于教师的负疚心理，那就大打折扣了，更何况许多人连对教师的负疚心理都没有。

懂得尽可能多一点

所谓“懂得”，浅的层面是“知道”“了解”，我们可以称之为“知”；深的层面是“理解”，有所发现，心有所得，我们可以称之为“识”。对个体而言，“知识”就应该包括这两个层面。

“知道”是“发现”的前提和条件。如果连“知道”都不知道，当然就谈不上更进一步的“发现”和“洞见”。譬如，如果你真正知道世界上32个发达国家它们的历史文化传统、社会政治制度、自然资源状况、人口的数量及结构、产业优势、国土面积等等，你就会有许多的发现。你会发现，它们都是资本主义国家，都与以美国为首的西方世界有着良好的关系，都实行着市场经济（在某种意义上说，资本主义是市场经济的同义语；杰出的社会学家帕森斯就曾指出，“市场经济、民主政治、个人主义”三位一体）。“知道”并不必然导致“发现”和“洞见”。从“知道”到“发现”和“洞见”，需要一个复杂的认知加工的过程。这就需要我们学会思考并养成思考的习惯。

要真正把“懂得尽可能多一点”作为对自己不懈的要求，就需要有“人类的一切都与我息息相关”的意识和胸怀，就需要走出狭隘的自我，把眼光投向更为高远、更为广阔的世界。

懂得尽可能多一点，就要求我们经常问自己：我今天在学问上有长进吗？我掌握了什么新的概念或原理？我又多了解了世态人情的哪一方面？我是否了解人类有史以来那些改变了人类生活的发明与发现？我是否知道杰出的思想家们的思想成果以及对于人类社会有何影响?等等。当然,对于专家、学者而言,不仅要学识渊博,而且要专深,要成为对某一领域或研究主题有原创性贡献的人。

要懂得尽可能多一点,就需要“博学、审问、慎思、明辨、笃行”;就需要广泛阅读,仔细咀嚼,再三推敲,反复玩味,需要在教学中、写作中、日常交往中有意识地使用近期所掌握的你所“懂得”的东西。

另外,随时地利用网络,利用工具书,对一些我们不太熟悉的概念、习惯性的表达弄清楚它的真实含义,使我们对概念和命题的“懂”比较确切和可靠,这也是重要的。譬如,我们有时会看到对某个人的写作手法称之为“春秋笔法”。那何谓“春秋笔法”呢?所谓“春秋笔法”是指孔子首创的一种文章写法。《史记·孔子世家》说:“孔子为《春秋》,笔则笔,削则削,子游、子夏之徒,不能措一辞,不能改一字。”《春秋》是我国最早的编年体史书,它用语准确、选词严谨,常根据事件的性质、情形和结果以及作者对该事件的态度选用不同的词语。《春秋》的记事极简短,一般一件事只有一两句话。可是这极简短的记述往往微言大义,有着很丰富、很深刻的含义,不仅表达了作者的思想倾向,而且也给读者以深刻的影响。后来,人们就把这种文笔曲折、微言大义,并带有一定倾向性的文字称为“春秋笔法”。以上文字并不是我的理解,而是学者们公认的理解。当一种理解被公认并广为传播时,就成为了一个社会(或社群)的常识。

还比如说,中国传统的读书人学习的内容无非是经史子集。那“经史子集”究竟是些什么东西呢?查一下字典你就会得到答案,它不过是我国传统的图书分类法:把所有图书划分为经、史、子、集四大类,称为四部。“经部”包括儒家经传和小学方面的书。“史部”包括各种历史书,也包括地理书。“子部”包括诸子百家的著作。“集部”包括诗、文、词、赋等。

泰山不辞抔土而成其高，大海不弃涓流而成其阔。注重积累，不满足于一知半解，对任何现象都问一个“为什么”，力图给予它一个充分和有说服力的解释，这都是好的习惯，也是使我们懂得尽可能多一点所必需的品质。

懂得尽可能多一点，我们就不会有太多的空虚与无聊，正如牛在躺着休息时仍可反刍一样，在任何时候我们都可以细细地回味、咀嚼、琢磨近期所知道的一些资讯，从而丰富、提升或修正与完善我们的知识系统。

当我们的生活中有更多的学识渊博的人，我们的社会就会变得更有创造力，出现杰出人物的概率就会增大。因为，我们所有个人的发展都取决于我们直接或间接交往的所有其他人的发展。

强烈的求知欲、不倦的探求精神是从哪里来的呢？这是一个复杂的问题，三言两语难以解释得清楚。但可以肯定的是，推行思想专制的国度不能孕育出深邃的心灵，实用理性盛行的社会不可能培育出睿智的头脑，崇尚物质消费的人群不可能产生强烈的精神需要。只有充分尊重公民的知情权的社会，只有每个人可以自由充分言说的社会，只有高度尊重“自由意志、独立人格”的社会，才有可能让更多的人感受到智力劳动的快乐，感受到精神生活的美好，并进而培育出更多的具有强烈的求知欲和不倦的探索精神、内心世界丰富、明敏和深邃的人。

为，都是与先进文化格格不入的。哪里存在着一部分人对另一部分人的歧视和盘剥，存在着谎言和欺骗，存在着以权谋私、徇私舞弊的现象，哪里就不可能孕育出先进文化，就只能人心涣散，正不压邪，乌烟瘴气，物欲横流。

作为先进文化的代表者的教师应该是严正而又宽容，深邃而又单纯，执著而又潇洒，真诚而又练达，豪放而又儒雅，平实而又伟大。惟其如此，我们才有望造就更多的高尚的人，更多的理想主义者，更多的先进文化的体现者和创造者。

读书与成长

没有教师的成长，就没有高品质的教育。这已日渐成为人们的共识。道理很简单，教师本身是课程资源的重要组成部分，教师自身的成长是教育力量的源泉。教师的成长离不开学习，而读书是最为重要的学习途径。读书不仅可以丰厚文化底蕴，使自己更加具有文化眼光，读书更为重要的价值在于使教师的内心变得开放、鲜活、细腻和温柔，使教师具有不断增长的与人分享的内在需要，从而克服对于教学的倦怠感，从而使教学永远充满活力和内在的感染力。

读书的过程就是与世界进行交往的过程，一个从狭隘走向广阔的过程，它有利于提高人的精神品位，培养教师的读书人的气质。现在大多的教师阅读量太少，原因固然是多方面的，比如工作量太大、心理压力太大、没有时间也没有心境去阅读，但缺乏阅读习惯是一个重要的原因。这也可以说是我们的教育存在的一个缺憾：没有很好地培养学生自主阅读的习惯和品质。

好的读物的标准是什么？我想就是那些能够唤起你进一步阅读和写作冲动的读物，那些使你亲近书籍和人类精神生活的读物。记得卡尔维诺(Italo Calvino，1923—1985)说过："一部经典作品是一本每次重读都好像初读那样带来发现的书。"具体地说，一部好书给予读者的是倾注了作者强烈注意力(我们通常把注意力称为"心血")的真情实感和真知灼见，而一部糟糕的书给予读者的是无所用心或用心很少地收集来的信息。张爱玲在评论爱默生的创作时说，爱默生(Ralph Waldo Emerson，1803—1882)的书不算多，因为他的书就像珊瑚礁一样，是在海面下缓慢地累积，直到最后才露出海面的。

那么，读什么呢？首先，读一读中小学各种教科书。尽管教科书编得还不是很理想，但仍然是最适合中小学教师的读物。对于现在中小学的教科书上的内容许多教师并不陌生，但古人讲得好："故书不厌百回读，要获新知读旧书。"林语堂先生就曾感慨："同一本书，同一读者，一时可读出一时的味道来……四十岁学《易》是一种味道，到五十岁看过更多的人世变故的时候，再去学《易》，又是一种味道。"系统阅读中小学教科书，有助于我们夯实知识基础，丰厚文化底蕴，也有助于我们更多地了解学生已有的知识基础和后续学习的内容，有助于我们在自己所教授的课程之中经常提及本课程与其他课程的联系。

其次，多读一些翻译过来的书籍。翻译过来的书籍或多或少经过了选择，更由于西方发达国家(英、美、法、德等国)有较为健全的知识产权的保障制度，简单的抄袭和剪接不太有市场，这就保证了出版物有一定的原创性和水准。另外，这些书籍中所渗透的价值观念和思维方式也是我们建立一个自由社会需要的。

再次，中小学教师可以多读一些滋养心灵、温暖生命的书，如席慕容、余光中的诗，张晓风、刘墉、林清玄的散文，王小波、周国平的随笔。我建议中小学教师阅读的视野要宽广一点。陆游说："功夫在诗外。"这是高度凝炼和充满智慧的表达。有一些书能够让我们增加善念和怜悯心，扩大智慧和见识，远离鸡虫得失的无谓争斗，把目光投送到更远大的天地，关注更根本性的、深沉久远的事物。读文笔和情怀优美的书籍，可以净化心灵、温润生命，可以使我们用更积极、更乐观的心绪看待世界和人生。

最后，在中小学教师读什么的问题上，我主张多读一些优秀的教育报刊。因为优秀刊物上的文章比较精粹，也比较集中于大家所关注的问题，比较前沿和新锐。《人民教育》、《中国教师报》、《明日教育论坛》（福建）、《教育参考》（上海）、《中国教师》、《小学青年教师》（河南）、《教师博览》（江西）都是国内一流的教育类期刊。

在读什么和怎么读的问题上，我认为后者更为重要。只要是有价值的书籍，都是能给人以思想、智慧的。对今天的读书人来说，则应倡导创造性地阅读。爱默生说："当心灵被劳动与创造所激励时，则无论阅读何书，每一页都会变得熠熠闪光，意蕴无穷，每一句话都意义倍增。……我们觉得作者的见识有如天地一般宽广无边。"

我个人的经验是，不一定要读得很多，但一定要读得透，那些真正有价值的作品应该反复读。就像西方虔诚的信徒用一生来读《圣经》那样，作为中小学教师也需要读几本常读常新的好书。"旧书不厌百回读，熟读深思子自知。"（苏轼）在一次又一次的阅读中不断有新的发现。"发现"，就是一种难得的阅读体验，这既可从轻松阅读中"发现"愉悦、轻逸、趣味，令人捧腹，令人莞尔，也可从沉重阅读中"发现"生命内部的震撼，灵魂的激荡风暴。

宋代朱熹提倡："为学之道，莫先于穷理，穷理之要，必在于读书，读书之法，莫贵于循序而致精，而致精之本，则又在于居敬而持志。"所谓"穷理"，就是做彻底的逻辑追问，就是追求理论的彻底性，就是努力求得思想的澄明，而不满足于一知半解。"读书譬如饮食，从容咀嚼，其味必长；大嚼大咽，终不知味也。"（朱熹）"读书欲精不欲博，用心欲纯不欲杂"……这都是如何读书的经验之谈。

师职业。这一调查结果，也得到最近来北京参加“第五届北京素质教育研讨会”的10个省区市的近百名一线教师的认同。

从社会的角度来看，我们需要将教师的地位提高到与社会对教师的要求相一致的高度。教师的地位和作用是辩证地联系在一起的。近年来，我国教师的社会地位有了显著的提高，但与教师肩负的责任相对而言，还有一定的距离。从与责权利相统一的原则来看，只有把教师的社会地位提高到应有的高度，对教师的要求——敬业精神的要求、专业水平和教育能力的要求——才能理直气壮，才可以毫不含糊。任何侵害教师的合法权益和贬低教师在教育过程中重要作用的言论与行为，都将直接或间接威胁教师的校园生活质量。

对教师的期待

教师是一个高尚和体面的职业，尽管它今天还不是最有魅力和吸引力的职业。对于教师提出过高、过多或过低的要求，都是不合适的。究竟需要对教师提出怎样的要求，是一件值得认真研究和讨论的事情。在这里，我参考一些学校制定的《教师手册》，吸收国内外有关专家的研究成果，以“对教师的期待”为题梳理出“教师的基本责任和在教室里的职责”以及“对教师进一步的要求”，聊做引玉之砖，以期引起大家的重视。

作为教师，你必须成熟、投入和具有专业精神。因此，有的事情你必须在别人没有告诉你时就会做，有的事情你应该为自己做，有的事情你应该为别人做。作为教师你必须明确你的职责，你的基本责任和在教室里的职责。

1. 基本责任

1.1 教师有责任使学校具有良好的学习环境——保证一个充满安全、爱心、鼓励、尊重、挑战和秩序的环境。

1.2 教师有责任模范地执行学校所有的规定和国家及地方政府的法律、法规，并以符合伦理的方式处理所有的问题。

1.3 教师有责任成为自己所扮角色的模范，因为教师的行为应该蕴涵对学生期望的价值观。

2. 教师在教室里的职责

2.1 当教师在教室里时，必须控制自己，教师应该适当和广泛地行使自己的权力，对教室里的所有事情负责，但不得故意刁难和轻视学生。

2.2 教师应该检查是否所有的学生都到了教室，如果有一个学生没有正常的理由而旷课，那么，教师应该立即发现该学生在什么地方。

2.3 不能把学生放在教室外作为惩罚，法律和合乎人道的教育不允许任何形式的体罚；应该尽力采取有效的措施保护学生，使其在学习、健康和安全方面免受伤害。

2.4 保证学生在精神上和物质上对于学习有充分的准备，保证学生有课本、作业本、笔记本和练习本。

2.5 上课时间绝不允许忽视学生，不得无故抑制学生的自我主导的学习，不得无故否定或粗暴地对待学生的独到见解，不得故意地压制或歪曲反映学生进步的事实。

3. 进一步的要求

3.1 保证选择适当的课程资源支持教学，以确保教学目标的有效达成。

3.2 创造一种安全、愉快与和谐的学习环境，保持一个充满赞扬和肯定的环境，使学生感到安全，受到鼓励，得到尊重和富于挑战。

3.3 积极、坚定地创造学生自主发展的空间，保证教室是一个有吸引力、有秩序的地方，确保教学资源的完善管理并便于使用。

3.4 学生的自主学习与小组合作均应得到鼓励，为此教师应将精神分散和干扰减到最小，要迅速完善地化解掉争执和破坏性的冲突。

3.5 在对学生进行评价和建设性批评的时候，应该通过师生间一对一面谈的方式。

3.6 重视并承认家长对学校事务的参与，并能够使校外人士参观，让他们感受到是受欢迎的。

3.7 欣赏并分享同事、家长和学生不同的文化背景和个人经验。

3.8 接受并学习新的教育方法和技艺，尝试新的方法，将新信息融入到教学中。

3.9 设置个人专业目标，积极地探索某一方面的需要和感兴趣的发展机会，关注个人发展和评价活动。

3.10 阅读各种教育资料，保持高水平的专业知识，采取措施与当前的教育趋势保持一致。

大多数中小学教师只掌握了所教学科的内容性知识（事实、概念、原理等），而不能很好地掌握学科更为深刻的、更为实质性的知识，即学科知识的内在联系、理论框架、概念体系、学科研究方法和思维特点、学科信念和学科发展史等，这就会使得教师的教学不太可能具有应有的高度、深度和大气。

教师只是普通的生活者，教师的内心也有委屈、不满、失望、沮丧、压力和焦虑，但不管怎样，我们内心仍旧要充满信心、希望、仁爱和实践与探索的勇气。孩子们需要的是鼓励、尊重、认可、欣赏、信任、宽容和体谅。也许你会觉得他们需要的太多，其实，所有这些不过是爱的具体体现。有爱，不见得就有一切；但没有爱，却没有一切。有了爱，就有了翱翔蓝天的翅膀。

更重要的是，要在学生的心中培植爱的情感。在美国，一所私立学校开学第一天，全体教师都收到了校长的一封信，信的内容如下：

亲爱的老师们：

我是集中营里的幸存者。我亲眼目睹了一般人看不到的事情：

毒气室由有学识的工程师建造；

孩子被受过教育的医生毒死；

婴儿被训练有素的护士谋杀；

妇女和孩童被受过高中或者大学教育的毕业生射杀；

所以，我怀疑教育。

我的请求是：希望你们帮助学生做一个有人性的人。永远不要用你们的辛勤劳动，去栽培孕育出学识渊博的怪兽、身怀绝技的疯子，或者是受过教育的纳粹。

阅读、写作、数学等学科，只有在用来把我们的孩子教育得更有人性时，才显得重要。

（[美]海姆·G.吉诺特：《老师怎样和学生说话》，冯杨、周呈奇译，海南出版社，2005年版，第239页）

可见，我们究竟要培养怎样的人，这才是关键中的关键。教师要致力于帮助每一位学生认识到自己作为有价值、有意义的社会成员的内在潜能。因而，教育工作者要激励学生的钻研精神，帮助学生获得知识、理解力和有意识地建构价值目标。作为教师，您首先是一位教育者，其次才是一门课程的教师。

给教师的建议

许多知名不知名的教育家，都给过教师许多建议，都曾经以“给教师的建议”为题贡献过宝贵的教育思想。这些建议，对于教师的成长，对于教师更好地胜任工作，都是有益的。作为生活者和教育者，我们都需要被提醒，被劝勉。由于每一个人所持的立场和切入的角度的不同，由于人们眼界不同，志趣不同，对教育理解的层次不同，建议的价值取向、精神内涵就会不同。但不管怎样，作为教师，听一听别人的建议，总会或多或少有些益处。既然是建议，我们就可以姑妄听之。不过，作为一个心灵开放的人，一定会用积极的态度对待别人的建议。这除了要有一颗开放的心灵，还需要有善于思考的头脑。

教育工作千头万绪，不管是一百条建议，还是一千条建议，总归是挂一漏万。我在这里给予教师们的建议仅仅几条，可我认为是比较根本的。

1. 让心灵变得丰富和深刻

在更多的人穷得只剩下贪婪的今天，让心灵变得丰富和深刻是一个近乎奢侈的话题。我始终认为，对教师来说，最重要的是文化底蕴。所谓文化底蕴，就是对于人类的精神成就的分享的广度和深度，就是学识的修养和精神的修养。因为，一个教师的文化底蕴，不仅决定着他理解、驾驭教材的能力，决定着他参与课程开发的能力，更重要的是只有教师具有丰厚的文化底蕴，才能创造一个真诚、深刻和丰富的课堂，才能带给学生以广博的文化浸染，才能让学生在广阔的精神空间中自由驰骋。

我发现,在许多教师和学生的头脑中,有一个根深蒂固的观念,那就是所谓"课内"与"课外"。教科书上的就是所谓"课内知识",凡是教科书上没有的就是"课外知识",在我看来,这有画地为牢的嫌疑。教科书上的"知识"只是"药引子",只是"酵母",而只有教师能够超越"课内"与"课外"的人为界线,教学才能左右逢源,才能引导学生的思维纵横驰骋。到了小学高年级,特别是中学以后,发展学生的思考力,为创造力而教,就应该成为我们自觉的教育追求。这就需要教学具有应有的广度和深度。

2. 捕捉你生命中的每一次感动

我们的生活中以及许多报刊杂志上经常有一些令人感动的故事。感动,为善良和美好的人性感动,为高贵的情怀感动,于是便对自己有一份感动着的感动。我想,一个易于被感动的人,一定是一个幸福的人,一个善良的人,一个纯洁的人,一个过着真正的人的生活的人。

喜欢发现并赞美生活的人，总能发现生活中点滴的幸福,并善于把它传递给身边的人。这种人就是真正成熟的人。真正的成熟不是摆出一副"看破红尘"的沧桑,不是整天嘲笑别人的"幼稚"，不是生活得百无聊赖却自以为曾经沧海……真正的成熟是以一颗感恩的心去接纳一切,包容一切,并学会重新去热爱,热爱一切美好和充满希望的人和事,而使自己变得"百炼钢成绕指柔"!

常言道:"送人玫瑰,手有余香。"让凝固的岁月生动起来,让感动常驻心田,并努力向这个世界贡献一份让人感动的思想和情怀,爱心与诗意。爱心本质上就是诗心！当我们的内心荡漾着诗意,生活也就变得无比的清新、明丽和温暖。

3. 给自己积极的心理暗示

消极和悲观是我们追求卓越的最大的心理障碍。我们往往以为人生当中有太多的"不可能"，其实它们无不是我们自己所设置。我们总是被受挫、失败的想象吓住，并且害怕这种经历令自己蒙羞。我们总是把“不可能”的圈子划得很大，“可能”的边界也就越来越小。其实，任何有所成就的人，必定要把许多不可能变成可能。每一次真正的创造，每一次自我的提升都必须直接面对失败，面对“不可能”。而只会沿着“可能”的小圈子的轨迹行事的人，注定是平庸的；他“不可能”拾级而上，而只能原地打转。

给生命一种向上的力量，让崇高回归人们的情感世界，拒斥伪崇高，消解伪善，保持一颗积极、绝不轻易放弃的心，尽量发掘你周遭人或事物最美好的一面，从中寻求正面的看法，让自己能有前进的力量，而不要让借口成为你成功路上的绊脚石。

科学家指出，社会参与是人类的一个根深蒂固的愿望，任何形式的社会排斥，例如失恋、离婚、同事关系恶化、遭到拒绝等等，都会对人的身体和大脑造成一定程度的损伤。所以，人们要学会拥有一个乐观积极的心境。

美丽是人生的一种格调。一个具有自省的能力，眷注心灵，善取善舍，与时俱进，而又步履从容的人，必定能够将物质消费变成一种彻底的精神享受，将生存的艰辛与平淡琐屑调理为甘美与意味隽永。给予自己积极的心理暗示，我们需要经常对自己说：“我是重要的！我是能干的！我是快乐的！我是美好的！”作为教师，我们是如此的重要，从小处来说，我们可以影响几十个孩子一天的心情，从大处来说，我们可以影响一个孩子一生的命运，甚至可以影响一个民族和国家的命运。

4. 给予学生更多真诚的鼓励

我相信每个成功的人的经验之中，都一定具有最初的鼓励所给予他的温暖和力量。虽然说鼓励并不能使所有人都成才，但每个成功的人毫无疑问都离不开鼓励。更为重要的是，无论是一个人的信心的获得、价值观的确立，还是一个良好习惯的形成，鼓励无疑是非常重要的。鼓励会使我们每一个人更多地感受到生命的美好和提高一个人的自尊。

人的一生究竟有多少甜蜜和美丽？生活的美好，往往是经过岁月的洗淘，在风雨沧桑过后，从心底涌出来的细腻温暖的回忆。给予别人鼓励需要对生活的闪光点进行敏锐的捕捉，能够细致地把握住生活中的点滴事件，从容而又传神地表现那些温馨的细节。魔鬼就在细节之中，天使也在细节之中。你的成功，你的失败，都是由一滴一滴的小水珠组成最后的汪洋大海。人生就是由每一天、每一个事件、每一个危机的处理、每一个工作的业绩组成的。如果你在小事情上苟且，那么你在大事上、你在一生中一定是一个苟且的人。

5. 有意味地言说

美好的词、美好的表达并不能消融现实的残酷，但美好的表达所包涵的信念、希望和爱心却可以使我们以从容的心态和乐观的精神直面残酷的现实。世界其实就是我们自己。人不是被决定的，态度决定一切，我们的思想就是我们的处境。

“任何一个人的精神世界总是和他的语言世界相连接、相吻合的，精神世界的开拓同时就是语言世界的延伸，语言世界的扩展也同时就是精神世界的充实。”教师教学使用什么样的语言，其实传达的是一种趣味和境界。

德国著名教育哲学家O.F.博尔诺夫（1903—1991）说过：“人不仅在其说出的话中代表自己的意见，而且也正是在其说出的话中真正形成这种意见并使之明确起来。在这个过程中，人同时获得了其内在的坚强性，从无名的集体存在中摆脱出来，变成一个名副其实的‘自我’。”（O.F.博尔诺夫：《教育人类学》，李其龙译，华东师范大学出版社，1999年第1版，第117—118页）比如，课堂教学中，精彩的导语可以把学生引入一方绮丽的天地，让他们品味到知识之花的芬芳，采撷到智慧之果的魔力。

与言说的草率与粗糙相反的是言说的精心打磨与精致优雅。这是教育力量赖以栖居的心灵家园。对您的言说多一点用心吧。

我们可以做得更好

我刚开始走上讲台时，看到学生听课不专注或迟到早退现象，就会很生气，有时也会恶语相讥，表现出非常情绪化的一面。因为，我上大学的时候，学习是非常认真的，觉得现在的大学生不珍惜难得的学习机会，很有些“恨铁不成钢”。后来，学校有教学评估，有一张表要让学生填，有十几项，诸如“教师的教学内容的系统性”、“课堂气氛的和谐融洽”等等，从低到高分为5级，5分为满分。

我的一些同事，给学生上课时，基本的态度就是：我尽心地讲，至于你学不学，听不听，一概不管。大学生是成年人，自我负责好了。这样的老师一般教学评估的成绩都在80分以上。可是我非常在意学生的出勤，这背后可能有自我中心的倾向。上课时，有同学请假，我说：“任何理由都是借口，如果一件事情你认为很重要，你就找不出理由不去做。”这在绝大多数情况下，当然是对的，但也的确可能有例外的时候。所以，有的学生就不服，不服就产生情感的隔膜。由于地位、资历、人生态度、眼界等等方面的不同，师生之间会有冲突的一面。

我自信我的教学是有明确的教育追求的，是体现了大学教学应该具有的探索性与开放性的，我也自信讲课的内容非常丰富而深刻，语言精致且十分敬业和投入。可有两次，学生对我的评分居然没有及格(70分为及格)。后来我看学生填写的评价表，发现有几位学生在所有的项目都画为最差，而且从笔迹不难看出“恶狠狠的”,我想一定是那些被我严厉“批评”过的学生的情绪的发泄。后来,我汲取了教训,尽量营造宽松融洽的课堂氛围,尽量的不用尖刻的言词批评学生,我的教学评估的成绩也就有明显的改观。

既严格要求学生而又不伤害学生的自尊与自信,这的确不容易做到。这需要教师有很高的修养。我的孩子现在上小学二年级,他几乎每天回来都会讲在学校中发生的事。我发现在学校中羞辱孩子的事简直是家常便饭。比如,一年级的孩子考试交头接耳,监考老师居然会把他们的试卷撕得粉碎。至于呵斥、讥讽、嘲弄那就更多。孩子在学校中受了委屈,我们总是开导他,告诉他老师不容易,我们每一个人都会有情绪失控和言辞过激的时候,让他能够更多地体谅老师,帮助他化解消极的情绪和对于老师的敌意。

对于好教师的特征,已有大量研究。热情,宽容,幽默,善于管理自己的情绪,能缓和学生的焦虑感,呵护学生的自尊与自信等等,都是一些重要的品质。其实,我们可以有意识地培养这些品质。

教师是一种职业。中小学教师这个职业在今天,特别在经济发达的大都市,并不是一个非常有吸引力的职业。教师的工作碎屑而艰辛,对教师过高的要求是不现实的。目前,教师的素质不高,但这不单单是教师本身的问题,在我们的社会中,各级各类人群的素质也都不高。而优质教育需要教师有高素质。面对这个矛盾,一方面我们需要等待,等待整个社会文明程度的提高,而不宜操之过急,不宜对广大中小学教师有过多的压力和过高的要求;另一方面,我们每一个教师,都完全可以给自己更多的更积极的暗示和提醒,我们完全可以学会情绪的自我管理,学会对学生的宽容,对待学生的态度和言辞都不宜过于肆意和随便,我们完全可以做得更好。讲台,是我们在人生舞台上的一部分,凡事也都只能“不能尽如人意,但求无愧吾心”。

中国古代的教育智慧

尽管我认为我们这个民族缺乏良好的理论修养，但我也认为中国历史上还是有许多心灵丰富和细腻的智者。在中国古代那个宁静、舒缓的社会，一些眷注心灵的精神贵族，在一些重大的思想领域细心揣摩，千锤百炼，打磨出不少微言大义的隽言秀语，虽有局限，但确也有不少智慧的光芒。

无论是在永恒经典的“四书”之中，还是在荀子的《劝学》，老子的《道德经》中，更不用说我国最早的教育专著《学记》和唐时韩愈的《师说》之中，都有我们今天在教育领域中进行理论创造的源头活水。中国古代的教育智慧集中体现在对于教育及其学习的意义的阐发上，也体现在对高品质的教育过程所应该具有的特质的把握上。

中国古代思想家都重视教育的作用。孔子认为：“少成若天性，习惯成自然。”（《孔子家语》）这实质上强调了早期教育的重要性。宋代理学家张载别开生面地提出了“天地之性”和“气质之性”两层人性论。“天地之性”是本然之善性，“气质之性”则是后天形成的有美恶智愚之别的性。他又认为：“为学大益，在自能变化气质。”（《理窟·义理》）“有气质恶者，学即能移。”（《理窟·气质》）明代学者王廷相又重申“习与性成”的命题，强调“习”在人的个性发展中的重要作用。

孔子说：“学则不固。”（《论语·阳货》）学习是使人去固解蔽的重要手段，它可使人消除偏见，可使人变得开明、开放而不固执。

王充说:“如无闻见,则无所状。”又说:“实者圣贤不能性(生)知,须任耳目以定情实。”(《实知》)荀子说:“多闻曰博(广博),少闻曰浅(浅陋);多见曰闲(渊深),少见曰陋(浅薄)。”(《修身》)“不记,则思不起。”“能记得便说得,说得便行得,故始学亦不可无诵记。”(张载:《理窟·义理》)“记诵者,学问之舟车也。人有所适也,必资乎舟车。”(章学诚:《文史通义·内篇三》)如《学记》所说:“记问之学,不足以为师。”“书多阅而好忘者,只是理未精耳,理精则须记了无去处也。”(张载:《理窟·学大原上》)这就是说,记忆牢固,必须建立在切实地理解的基础之上。

泛道德主义是中国传统思想的重要特征。所谓“泛道德主义”,是指一切以成就个人道德为依归,一切以服务于道德为目的,一切以道德评判为最高和最终的评判。因此,在中国古代,学习的主要目的在于德性的养成,孔子强调:“君子欲讷于言而敏于行。”(《论语·里仁》)这固然有其合理的成分,但中国古代教育思想对于人的理智好奇心的满足,理性精神的涵养,缺乏应有的重视,是其严重的局限和不足。

在对教育过程的揭示上,《中庸》认为“为学之序”是“博学之,审问之,慎思之,明辨之,笃行之”。“温故而知新,可以为师矣。”(《论语·为政》)温故何以能知新?缘由就在于学习者能够超越所给定的信息而生发出新的信息。

荀子把外界和与教育对人发生的客观影响作用称之为“渐”。他以为,“君子之所渐”,“犹玉之于琢磨也”(《大略》),必须慎加重视。他举例说:“蓬生麻中,不扶自直;白沙在涅,与之俱黑。”并且,人在社会环境中生活,应该“居必择乡,游必就士,所以防邪僻而近中正也。”(《劝学》)“积土而为山,积水而为海,旦暮积谓之岁……涂之人百姓,积善而全尽谓之圣人。……故圣人也者,人之所积也。”(《儒效》)荀子强调积累的价值,这也是对于孔子的温故知新思想的继承和发扬。

《礼记·杂记下》说:“张而不弛,文武弗能也,弛而不张,文武弗为也,一张一弛,文武之道也。”用它来比喻学习只有张有弛,劳逸结合,有节律地进行,才能保证精力旺盛,身体健康,学有成效。

庄子说:“且夫水之积也不厚,则其负大舟也无力。……风之积也不厚,则其负大翼也无力。”(《逍遥游》)“海不辞水,故能成其大;山不辞土,故能成其高……士不厌学,故能成其圣。”(《管子·形势解》)可见,重视积累,是古代思想家们共同的主张。

朱熹是儒家思想的集大成者,他强调:“时时温习,觉滋味深长,自有新得。”又说:“须是温故方能知新,若不温故便要求知新,则新不可得而知,亦不可得而求矣。”(《朱子语类》卷二十四)诵读是我国传统的学习方法。它一般分为朗诵法和默诵法两种。“诵”就是背诵、念。如“熟读成诵”。朱熹就曾说:“诵得熟,方能通晓;若诵不熟,亦无可得思索。”(《朱子语类》卷六)凡读书,“须要读得字字响亮,不可误一字,不可少一字,不可多一字,不可倒一字,不可牵强暗记。只是多诵遍数,自然上口,永远不忘”(《朱子读书法》卷一)。

王夫之在论述学习过程时也认为:“实则学之弗能,则急须辨;问之弗知,则急须思;思之弗得,则又须学;辨之弗明,仍须问;行之弗笃,则当更以学问思辨养其力;而方学问思辨之时,遇着当行,便一力急于行去,不可曰吾学问思辨之不至,而俟之异日。若论五者第一不容缓,则莫如行。”(《读四书大全说·卷三》)“未得乎前,则不敢求乎后;未通乎此,不敢志乎彼;如是则志定理明,而无疏易陵躐之患矣。”(《朱子读书法》)王廷相提出了“学博而后可约”(《雅述上》)的见解,并指出“君子之学,博于外而尤贵精于内”(《慎言·潜水》)。要真正做到通过读书而明理,就必须对问题理解得非常通透,而不是一知半解,似懂非懂。

为了使学习的内容巩固,并实现由“知”到“信”的转化和提升,许多中国古代的思想家都极其重视“疑”的价值,强调“学贵有疑”。朱熹就曾说:“读书无疑须有疑,有疑定要求无疑。无疑本自有疑始,有疑方能达无疑。”著名学者陆九渊的观点更是精辟:“为学患无疑,疑则有进,小疑则小进,大疑则大进。”另一学者张载也讲过:“于无疑处有疑,方是进矣!”“疑而后问,问而后知,知之则信矣。”(陈献章:《明儒学案·白沙学案》)没有经过“疑而后问”所获得的“知识”并非真知,是不深刻和难以转化为个人的精神财富的。这些宝贵的思想遗产值得我们很好地继承和光大。

中国古代的教育思想,存在的局限也是非常明显的:缺乏严密的逻辑体系和理论论证,往往是只言片语,更不用说缺乏基于实证研究的有关各种变数之间关系的揭示和解析。另外,从先秦到晚清,两千多年在思想的广度和深度上都没有多大程度的拓展,因袭前人、“代圣人立言”的弊端也十分突出。当然,我们不能苛求古人,这也与农耕文明时代的中国两千多年“年复一年,丝毫没有长进”不无关系。社会生活的停滞必然带来思想的因袭,因为死寂的社会生活不能为思想者提供丰富的、具有挑战性的思想资源。更不用说,“文字狱”的盛行,思想自由、言论自由的缺乏所必然导致的思想的贫困了。

校本教研与教师成长

教学是教师职业生涯中最为重要的日常生活方式，也是每一位教师将其全部青春和心血用于浇铸的职业生命的存在形态。对教师来说，教学是如此的重要，以至关注教学、研究教学成为教师永保教学热情并能够享受教学的一种必要。

自从英国课程专家斯腾豪斯（L.Stenhouse）于20世纪60年代末提出“教师成为研究者”（Teachers as Researchers）和“研究作为教学的基础”（Research as a Basis for Teaching）这两个异常响亮的口号之后，行动研究（Action Research）就逐渐成为影响后世教育研究理论与实践的一个重要力量。在今天“教师成为研究者”和“研究作为教学的基础”一再成为鼓舞教育工作者热情参与和积极投身于教育改革的宣传标语而倍加受人瞩目。

教师成为研究者，最为经济和可能的途径就是校本教研。校本教研的真正目的是将先进的教育理念通过教师的教育探索过程变为教师的教育素养。如何理解新课程背景下的校本教研？为什么要进行校本教研？校本教研与校本培训是何种关系？怎样理解教师是校本教研的主体？其他国家和地区开展校本教研的案例有哪些？如何建立有效的校本教研制度？怎样创建校本教研与学习型学校？怎样看待校本教研与学校发展规划？如何制定校本教研方案？如何通过校本教研促进教师专业发展等等都既是理论问题又是非常具体的实践问题。

教师职业的特殊性，特别是教师所肩负的责任，对教师群体

校为本”的教师培训所特别强调的。我们可以把教师的条件性知识具体化为三个方面,即学生身心发展的知识、教育学的知识和学生成绩评价的知识。

另外,“以校为本”的教师培训特别强调教师教育能力的提高。教育能力所包括的范围非常广泛,韩进之教授将其归纳为七种能力:教学能力,言语表达能力,教育观察能力,注意分配的能力,思维的系统性、逻辑性和创造力,教育想象力和教育机智。

“以校为本”的教师培训工作力图达到以下目标:

1. 以先进的教育教学理论为指导,协助学校领导和全体教师将学校办成一个具有自己特色的现代化学校。

2. 以课堂教学的诊断与评价为切入点,协助教师制定通过努力可以达到的工作目标,增加教师的个人成就感;依靠全体教师全面推进学校的教育教学工作,发展学生的主体意识和提高学生获取知识、解决问题的能力和创新能力。

3. 帮助教师全面关注学校的各种形式的教育活动,包括通过提供学习策略的咨询和辅导,使学生更多地理解自我成长中的价值,唤醒学生内在的学习需要,促进学生学会学习和全面成长。

4. 帮助学校营造浓厚的教学研究氛围,增加教师与学生之间、教师与教师之间、教师与学校领导之间的信息反馈和沟通,从而增强学校的凝聚力和教师的归属感。

“以校为本”的教师培训工作通过以下步骤来推行:

1. 通过听课和会谈来深入细致地了解教师,融洽感情,建立友谊,取得教师的理解与信任;向校长和学校有关领导反馈教师的教学状况和教学需要。

2. 结合对教师教学情况的了解,集中对教师进行培训。教师培训的具体内容包括:①培训最新的学习和教学理论;②帮助教师备课:个别辅导和集体备课;③帮助教师进行教学科研,提高实际教学水平。

3. 和学校领导共同制定一套教学过程和质量的诊断评价量表，并结合具体教学内容，进行形式多样的教学培训，包括培训教师计算机辅助教学方法和技能，指导教师设计和使用教学软件。

4. 帮助教师备课，评点课堂教学，促进教师反思，并帮助教师进行教学科研，在适当的时期进行一轮更高起点的教学培训。

“以校为本”的教师培训工作的具体程序：

1.研究教材、了解教师；2.听课、课堂记录；3.与教师会谈，评价会谈程序：A.阐明会谈目的，以调动教师的参与的积极性；B.讨论教学中存在的优点和创新之处；C.讨论教学中存在的问题与不足之处；D.讨论教师所需要的帮助；E.商讨进一步提高和改进的方法；F.制定可行的新方案。4.参与主题班会的设计和具体活动；5.参与备课和教研活动。

“以校为本”的教师培训工作在我国有着十分重要的价值和推广前景。各级教育学院、教研室、教师进修学校都可以，而且应该参与到中小学的校本培训中去。

文明是一种眼光

快乐是一种美德

快乐是一种美德。言外之意，不快乐就是一种缺德。何以能这么说呢？因为每一个人都生活在一定的社会之中，我们都是构成他人生活环境的一部分。人的情绪，不论是积极的情绪，还是消极的情绪，都会相互感染。我相信没有人会喜欢一个整天愁眉苦脸、唉声叹气、充满抱怨的人，我们都会喜欢那些非常阳光，能够带给我们欢乐，能够唤起我们对于生活的热爱与柔情的人。

正如斯滨诺莎所言，"快乐不是对美德的赞赏，而是美德本身"。快乐是一种人生态度，一种个性品质。快乐是心灵的清新剂，它能够使我们的内心变得明朗、亮丽、旷达和温暖。只有在感受到快乐的生活境遇中，才能发展出健康的人格。我们不难发现，绝大多数刑事犯罪分子，特别是那些穷凶极恶的罪犯，往往是那些心智闭锁、内心阴暗的人。如果追溯他们的成长经历，我们也不难发现，他们基本上是在缺乏温暖、缺乏真诚的关爱、缺少快乐，在被人歧视、被人欺凌的境遇中长大的。从某种意义上说，他们也是不幸的人。我们要惩罚罪恶，但也需要同情罪人。

俄国伟大的生理学家巴甫洛夫指出："愉快可以使你对生命的每一跳动，对于生活的每一印象易于感受。不管躯体和精神上的愉快都是如此，可以使身体发展，身体强健。"快乐就是健康，一种愉快的心情，比十服良药更能解除生理上的疲惫和痛楚。

优秀的人不一定是那些高智商的人，而是那些与人友好相处、能获得别人爱戴和信任的人。科学家对人的大脑进行研究的最新结果表明：富有激情的人远比老气横秋的天才更富有创意。更重要的是，烦恼、不快或痛苦是你自己的，别人没有义务为你分担。和别人分享你的快乐，把自己心灵的阳光撒播到别人的心中却是人性的高贵。

“这个世界就是我们现在生活的地方，是永恒的世界之一，它美好、快乐，我们不仅能够、而且应该尽最大努力，为了与我们同在的和在我们之后仍将生活于其中的人，把它改造得更加美好，更加快乐。”这就是托尔斯泰的人生目标，同样也应该是我们努力追求的目标。任何现实的、短暂的、外在的目标，都不应该压倒超越这个目标。活着不是为了痛苦。生活给了你100个哭的理由，也一定要找出101个理由让自己笑出声来。“不要总感到自己缺什么，只要快乐，你就什么都不缺。”

让成长中的孩子感受到童年生活的快乐，这是学校教育的职责。今天我们强调教学的三维目标，其中之一便是“过程与方法”。所谓过程，就是说教学过程同时是学生的生活过程，在这一过程中，应该让学生感受到智力劳动的快乐，感受到精神的充实，感受到当下生活的美好。看一堂课好还是不好，有一个非常直观的标准，那就是看学生快乐还是不快乐。一个充满快乐的课堂不见得是一个优质的课堂，但令人疲惫、令人压抑、令人枯燥乏味、缺乏快乐的课堂一定不是好的课堂，也就是说，快乐是良好教学的必要质素。

怎样为孩子们创造一个充满快乐的学校生活呢？首先，学校应该非常宽松、宽厚、宽容、温情、温暖、温馨，没有恐吓，没有威胁，没有强制，没有讥讽与嘲弄，有的只是欣赏、认同、建议、惋惜和同情，只是乐观的期待和真诚的信任。让学生的心灵可以自由地舒展，让学生的个性可以充分地张扬。

这就需要我们教育者自觉地防范我们的“权威人格”，少一点道貌岸然和煞有介事，多一点宽和与宽厚，要相信宽容比惩罚更有力量，只有在充满宽容和信任的氛围中，才能发展出自尊与自律的人格品质。犯错误是儿童的权利，正因为他们不谙世事，才需要学校和老师。

其次，创造富有魅力、充满欢乐的课堂。为了使课堂充满欢乐，一是要使教学内容与学生的生活有紧密的联系，让学生能够发现所学知识的个人意义。另外，应该努力使课堂变得丰富和具有智慧的挑战性，让我们的学生在每一节课上都能享受到热烈的沸腾的多彩多姿的精神生活。

第三，让学生学会正面地看待问题，拥有积极乐观的生活态度。心态决定着世界在我们眼中的样貌。有一个故事很能够说明这点。一个老妇人有两个女儿，大女儿是卖阳伞的，小女儿是卖雨鞋的，她总是雨天发愁大女儿的阳伞卖不出去，晴天发愁小女儿的雨鞋卖不出去。一个聪明人就劝她，为什么不这样想呢：如果天在下雨，小女儿的雨鞋就会被买走，如果天晴了，大女儿的阳伞就有人买了。从此老妇人天天都感到开心了。其实生活还是老样子，只是换了一种思考问题的角度。台湾作家刘墉说得不错，快乐心灵之旅，不需签证。

伍 先 生

伍铁平先生是国内学术界鼎鼎有名的语言学家，他通晓五门外语，到过十多个国家。对伍先生我早有耳闻，可真正与伍先生相识，并成为忘年交，却是因为2005年3月在《北京师范大学校报》的《肖川快语》专栏上发表的《遏制"能者多捞"》一文。伍先生看后十分欣赏，他老人家与校报编辑部联系，要了我家的电话，亲自打电话约我到他家叙谈。这时的伍先生已是年近八十的老人了。

伍先生的家陈设十分朴陋，几乎没有什么像样的家具。但和伍先生聊天，对我来说，是一种难得的学习与享受。我们聊中国的过去、现在和未来，聊我们共同熟悉的故去或还健在的人，聊国际国内的新闻，聊语言文字的改革……

与伍先生相识后，他写的文章都给我看，我写的文章也会请他老人家指正，真正的以文会友。伍先生多次对我说："你的文章是要传世的，所以引文要有出处，要精益求精。"我的作品能不能传世需要时间的检验，伍先生这么说无疑是对我极大的激励与鞭策。学术论文不用说，即使只是随笔，我也力图注明引文的出处。这得益于伍先生的教诲。

在伍先生身上湖南人那种疾恶如仇、不畏权贵、刚直不阿、倔强执拗的性格有充分的体现。十多年来，他为维护学术尊严，坚持不懈地反对学术腐败，高举打假大旗，义无反顾地捍卫学风的纯洁。伍先生学术打假的最可贵之处，就是实事求是，让事实说话，以理服人。

学术打假是需要有高度的自我牺牲的精神的。首先,你自己要在学术研究上走得正,过得硬,否则不仅可能树敌,遭致引火烧身,还可能有贼喊捉贼的嫌疑。在今天,对社会中的阴暗与丑恶,还可以拍案而起的人,已是不多见了。更多的人是只要不直接伤害到自己的利益,就会熟视无睹,就会明哲保身。在这样的背景下,伍先生身上表现出的正气,就更显得宝贵。

伍先生已近耄耋之年,且百病缠身,却仍笔耕不辍。他在健康每况愈下的十多年中, 写作了几十篇有理有据的学术打假的论文。顾炎武诗曰:“苍龙日暮还行雨,老树春深更著花。”伍先生对我说:“我剩下的时间不多了,还有许多工作要做。”听先生这么一说,不禁有烈士暮年的感伤,在心中默默地为他老人家的健康和长寿祈祷。

伍先生真诚的治学品格,严谨的治学精神以及长者的若谷襟怀,大家风范,尤其令人钦佩。他对我的习作一个细微的地方都十分认真,这对一个老人是多么的不容易,而对伍先生来说仿佛是一种责任。路德维希·维特根斯坦 (Ludwig Wittgenstein,1889—1951)在他的《战时笔记》中写到:“只有生活在自己的‘趣味’中,才会有身心的安妥和应对环境的从容。”这在伍先生身上得到进一步的验证。

伍先生让我懂得:心有定力的人,肯定不会在红尘中飘摇,他懂得绚烂背后的真相,从一开始就过一种属于本性的、朴素的生活。虽然我们不必对“语言无味,面目可憎”的人报以轻蔑与不屑,但对于腹有诗书、品性高洁的人却需要投以无比崇敬和艳羡的目光。一个书香满怀的人更可能有着美好的情怀和美好的品性,如伍先生。

同学肖非

肖非是我大学时的同学，也是同乡。1980年我们一同从湖南考入北京师范大学教育系。

肖非的老家在湖南宁乡，我的老家在望城，相邻的两个县，现在已同属于长沙市。我的家乡正好与宁乡接壤，我的许多亲戚也在宁乡，所以宁乡就是我童年最熟悉的一个外县。我们两家的距离大约就百十来里路，可在连自行车都很稀有的年代，这个距离就很遥远了。

1980年到北师大教育系，因为是同乡，我和肖非很快熟络起来。他只大我两岁，和他相处却能够从他那里感受到兄长般的温暖。我在一班，他在二班，同一年级两个班总共八十多人，大课都在一起上，但班级活动就很少在一起。

那时上大学虽不要学费，还有二十几元的生活费，但日常消费还是要家里负担的。他的家境比我的要好一些。在我缺钱又需要花钱的时候，就需要借。这时我都会想到肖非。今天我手头上比较宽裕了，学生时代的窘迫仍记忆犹新。因为我有一个深切的体会，向人借钱是一件很难为情的事，我的感觉是小心翼翼加诚惶诚恐，所以现在我经常主动地借钱给我的学生。

1984年本科毕业后，我们都上了研究生，仍旧同学。那时研究生招生规模还很小。宿舍分配是按报到先后，所以，一个宿舍五个人可能来自五个系所。研究生二年级时，一个同学将肖非女友写给他的情书私自拆开并给其他同学传阅。肖非没有声张，更没有对那个同学大加讨伐，而只是默默地将信收回，给相关同学以极大的教育。

研究生毕业后，我们一同留校任教，我们又成了同事。由于他学术研究上的杰出成就，特别是他在系里主要领导的岗位上表现出的勤奋、踏实、廉洁、公正，他赢得了大家的一致好评，早早地破格晋升为教授。

作为生活中的人，他也曾遭受误解和委屈。每当这种时候，他都只是羞涩地一笑，无奈地摇摇头。由于他所在的专业没有博士学位授予权，所以他一直没有读博士学位。也仅仅是由于这个原因，他申请博士生导师的资格多年来一直未获通过，他却没有因此在工作上有丝毫的懈怠。

肖非矮胖矮胖，就这点而言，我俩算得上难兄难弟。咧嘴嘿嘿一笑，摇摇头，一脸的无奈和无辜，是他经典的表情。他性情温和，宽厚冲淡。我常常将我处理问题的方式和肖非相比，这往往会令我汗颜。我性子直且急，每每不平则鸣，也时常口不择言，偏激中透着尖刻。尖刻，就是略带深刻的尖酸和刻薄。言辞尖刻的人，人缘往往不好，在一个缺乏理性修养和宽容精神的国度，尖刻的人的日子就更加不好过。

智慧圆融的人是不会尖刻的，也能宽容尖刻之人。具有这等人生境界的人，他总能设身处地地理解他人并能从别人尖刻的言辞中发现闪光的思想。这标志着一种生命状态，未完成的和敞开的生命状态。同学肖非就是这样的一个人。大学教师私下交谈的时候也难免会说别人的一点闲话，正所谓“谁人背后无人说，哪个人前不说人”。可这么多年，我却没听到谁对肖非有负面的评价，这是多么的不易。古人说：“以人为鉴，可知得失。”从同学肖非身上，我感受到的是宽厚，是善良，感受到的是天道酬善，是德福统一。

2006年4月底，在从北京飞往深圳的航班上，我含泪看完著名歌手、爱心大使丛飞因病英年早逝的消息以及社会各界追悼丛飞的报道。丛飞带给我们的不仅有感动，还有无尽的哀伤。我不希望再有另一个丛飞，我希望所有的人都幸福、快乐。我倒希望有更多的像同学肖非这样平凡、朴实、善良、乐观和开朗的人。

文明是一种眼光

《三湘都市报》和《潇湘晨报》上常有好文章，现全文摘录发表在《三湘都市报》2004年2月18日署名黄一龙的《太监眼光和心态》。

北京密云县灯会踩死37名游人，灯会主办单位密云县委书记夏强对记者"沉痛地表示"："痛定思痛，这起事件给我们的教训十分沉痛，十分深刻。"夏书记十分沉痛，十分深刻的教训是什么呢？他说是"我们深感责任重于泰山，我们深感首都无小事"。《南方周末》如此报道说。

县里举办活动，办出了这么大的人命事件，一县之首的县委书记吸取的教训沉痛也好，深刻也好，都属应该。出人意料的是他"们"（应即密云县委、县政府吧？）的沉痛教训深刻教训竟是"首都无小事"！这是什么意思呢？这就是说，这事不是小事了，闹大了。但是它之所以不是小事，并非因为死了人，而是因为它发生在首都！那么假使密云县不属首都管辖，它就只是小事一桩了？

37条活鲜鲜的人命，在夏书记们的"教训"里，居然只因为它"幸而"发生在首都才不算小事，才使得夏某一批官员沉痛了深刻了。这是说的什么屁话！而且在谁的眼睛里，小事一到首都就变大了呢？我看具有这样慧眼的人，只可能是太监。在太监的眼里，天下不会有比皇帝和皇宫里更大的事了，皇帝打喷嚏挖鼻孔吃饭拉屎"幸"女人以及进行以上活动的环境都是头等要事，他们对此都“责任重于泰山”。虽然皇帝太监俱往矣，可是太监的眼光依然余韵犹存，植入了不少官员的神经。

记得许多年前全民大饥馑，全国紧急调粮进京，理由是“饿死人也不能死在北京”，那视角就与太监无异：人只要死在京畿以外，就“两害相权取其轻”了。不想现在这位夏书记总结教训的时候，那眼神依然毫无进步。有朋友认为，“中华文明”早就被“文革”消灭殆尽了。他太悲观了。请看附丽于其上的太监眼光和心态不是完好无损地被继承着么？

读罢此文，不禁拍案叫绝。对于同一件事情我们怎么看待，很多时候不是一个简单的对错问题，但一定有眼光的高下，有一个立场的问题。我们社会中，总有一些人，自然多是些觉得自己是重要人物的人，特别是在公共场合，在媒体面前，说起话来，一副义正词严的样子，煞有介事、振振有词、道貌岸然，骨子里却是充满了虚假与伪善，是言不由衷，是混淆视听，没有真情，没有良知，甚至没有人性，可耻可恶。这就是人们常说的“打官腔”。

要彻底杜绝这种“官腔”，就需要改变过去那种干部任命的体制。这种体制实质上是“人治”传统的制度保证，这种体制的弊端就是对上负责而不对下负责。让我们大大小小的政府官员始终牢记普通公民的利益，牢记他们的苦乐安危，不是一个简单的思想教育问题，首先是一个政治文明的建设问题。

诗与诗人

诗歌是文学作品的最高形式。诗歌之所以当之无愧地荣膺这种褒奖，是由于其历史渊源、文体的讲究和强烈的抒情性等多种因素。所谓"疾苦之间易为，欢娱之辞难工"，诗歌既要讲求表达的方式，又要讲求真实而强烈的感情，的确是其他文学形式不可比拟的。

"诗歌是想象的精灵"，它和现实也许会有一定的距离，甚至是大相径庭。诚如英国散文家和文学评论家威廉·赫兹里特（William Hazlitt，1778—1830）在《时代精神》一书中所说的："诗是我们生活中的精细部分，它扩展、净化、提炼我们的心灵，它提高整个人生。"读到古诗中"一笑百虑忘，松风奏笙竽""不愁屋漏床床湿，且喜溪流岸岸深"等句子时，常对古人的宽阔胸襟和豁达心境向往之至。

严羽（1192—1245）在《沧浪诗话》中说："诗者，吟咏情性也。盛唐诸人，惟在兴趣，羚羊挂角，无迹可求。故其妙处透彻玲珑，不可凑泊，如空中之音，相中之色，水中之月，镜中之象，言有尽而意无穷。"（转引自郭绍虞：《中国历代文选》，上海古籍出版社，1986年版，第424页）叶燮（1627—1703）在《原诗》进一步指出："诗之至处，妙在含蓄无垠，思致微妙，其寄托在可言不可言之间，其指归在可解不可解之会，言在此而意在彼，泯端倪而离形象，绝议论而穷思维，引人入冥漠恍惚之际，所以为至也。"（同上）

《文心雕龙》的作者刘勰（约465—约532），在《明诗》篇中明确指出诗歌的本质是人的感情之表现，感情的激荡是外感于物的结果。“诗者，持也，持人情性。”“人秉七情，应物斯感，感物吟志，莫非自然。”他在《诠赋》篇中说：“赋者，辅也，辅采摛文，体物写志也。”“原夫登高之旨，盖睹物兴情。情以物兴，故义必明雅；物以情观，故辞必巧丽。”诗，是一种性灵的抒发，是情和物交互感应的产物，是活跃的情愫，是通向心灵的最后一把钥匙，是隐藏于每个人心灵深处的最后一块绿地。诗之所以为诗，就在于它保留了想象的空间，保留了童贞的心灵，保留了童话般的意境，保留了温热的乃至震撼心灵的回声。

所谓“诗”，非仅韵文之谓，乃文学的“想象之方法”之谓也。“想象之方法”，其依据在于人同此心，心同此理。它是合乎逻辑的假想，不问其曾否发生，只就逻辑而言某一事件可以发生、应该发生甚至必须发生，此亦陈寅恪先生所谓“通性之真实”。历史作为人类生活过程的“集体记忆”，逻辑作为历史经验浓缩的思维法则，在前提普泛一致的条件下，是可以相通而互证的。

英国湖畔派诗人之一威廉·华兹华斯（William Wordsworth，1770—1850）言之凿凿地提出：“诗是强烈情感的自然流露。”他要求诗人：“比一般人具有更敏锐的感受性，具有更多的热忱和温情，他更了解人的本性，而且有着更开阔的灵魂；他喜欢自己的热情和意志，内在的活力使他比别人快乐得多……他还有一种气质，比别人更容易被不在眼前的事物所感动，仿佛它们都在他面前似的；他有一种能力，能从自己心中唤起热情……”（威廉·华兹华斯：《抒情歌谣集·序言》）他的朋友、另一位湖畔派诗人柯勒律治也提出：“诗就是人的全部思想、热情、情绪、语言的花朵和芬芳。”

“诗人必须从内心外表两个方面去认识人类生活，把广阔的世界及其纷纭万象吸收到他的自我里去，对他们起同情共鸣，深入体验，使他们深刻化和明朗化，为着从他这个主体个性出发（尽管这要受到一种狭窄的特殊范围的局限)，去创造出一种不像由外因决定的自由整体，诗人就必须摆脱这种题材的实践方面，或其他方面的约束，对这种题材以巡视内心世界和外在世界的自由眼光去临高俯视。”(黑格尔:《美学》第三卷)朱光潜说华兹华斯一句话就说完了尼采用一部书要说的道理——“诗起于经过在沉静中回味来的情绪”(朱光潜:《诗的境界——情趣与意向》，《朱光潜美学论文选集》，湖南人民出版社，1980年第1版，第193页)。大凡真正的好诗，都不是硬作出来的，是灵光的倏忽一闪，是积淀的突然爆发；所谓写，只不过是早就成竹在胸，巧遇触发点之后，水到渠成地自然表达。

中华民族有悠久的诗歌传统，诗是产生最早、发展最充分、成就也最为辉煌的一种艺术形式。中国有“诗歌大国”之称，古代诗歌以《诗经》和《楚辞》为源头。前者是我国第一部诗歌总集；后者以我国文学史上第一位伟大诗人屈原的《离骚》为代表，气势磅礴，想象奇特。古代诗歌发展到唐宋时期，进入黄金时代，诗人辈出，诗篇累累，形成了以律诗为标志的近体诗。仅唐一代，见于《全唐诗》的诗人就有2 300多人，诗作近5万首。唐诗从内容上包括征戍、谪迁、恨别、思乡、伤时、怀恋之作，唐诗成为诗歌的海洋并为一代又一代的读者百读不厌。

有论者对唐诗作了诗意的解读:“一处山水，一段明月，就那么静静地凝固于唐诗之中，一千年过去了，又三百年过去了，它默默地等待你的到来，等待你的感知。如果你的微笑里有大漠的孤烟，有杨柳岸晓风残月，有羞涩牵马的少年，有寂寞地开且落的芙蓉花，有敦煌悲苦的面容，有咸阳游侠九死一生的豪情……那么，对枯燥的变幻的人生，对起落的无序的命运，你会有很多很多更好更深的理解，懂得从容，懂得感激。”

特别值得推崇的是经久不衰的杜甫的诗。不仅因为其“语不惊人死不休”，还在于如梁任公所解乃为“用极少的字表极复杂极深刻的情绪”；同时杜诗又可称得上是最平淡朴素的，描绘人间疾苦，且在这艰难中焕发力量和光芒，“活生生的画面，随时能够撑开疲惫的眼”。因而，“如果说诗是中国知识分子的灵魂，那么，杜甫的诗就是灵魂深处最明亮的灯”。

宋元之间，同诗有着密切联系的两种文体“词”和“散曲”，得到长足的发展，甚至分别成为宋、元时代的文学重要标志，故有“宋词”“元曲”之说。词与曲是诗与音乐的产物。它们比律诗更自由、活泼，更利于传情达意。启功先生说：“唐以前的诗是长出来的，唐人诗是嚷出来的，宋人诗是想出来的，宋以后的诗是仿出来的。”

古代的中国人，“父母在，不远游”。没有万不得已的原因决不会离开家乡，一旦离开便是数不尽的离愁，溢满了诗词文章。中国古人也很早就意识到个体生命的短暂和有限，幻想着在有限的生命里追求无限的价值，在相对的存在中追求绝对的意义。这在山水诗中表现得最为突出，古人在面对自己在量与力上都无可比拟的大自然，同时又感到自己就是其中的一部分时，他们就把生生不息的自然山水看做寄托个体生命的载体。于是，悼往感来，怀古伤今，就成为历代诗人共有的心态，也成为山水诗文反复咏叹的主题。

梁任公说：“新事物固然可爱，老古董也不可轻轻抹煞。内中艺术的古董，尤为有特殊价值。因为艺术是情感的表现，情感是不受进化法则支配的；不能说现代人的情感一定比古人优美，所以不能说现代人的艺术一定比古人进步。”启功先生认为，诗是非逻辑的，因此“妙义难从句下求”，更不能作实地去解释句中的字义。

好诗是诗人对生命真诚的揭示，“诗歌不能凭仗了哲学和智力来认识，所以感情已经冰结的思想家，即对于诗人往往有谬误的判断和隔膜的揶揄”（鲁迅）。诗艺之学，复杂微妙，解读诗歌，难有“标准答案”。昔时有“诗无达诂”之说，今人有“接受美学”之论，都是强调诗歌解读，往往是见仁见智。深厚的诗词修养可以陶冶你的情操，修炼你的品位，敏感你的嗅觉，使你不至于成为面对美丽的大海而自惭形秽的渔夫，使你面对夕阳晨雾、春华秋叶、细雨如丝、迷蒙霰雪，面对每天都见到的日月星辰不至于熟视无睹，你就能成为一个异于常人、超于常人的人，成为对社会、自然、人生有着特殊感受力的人。所谓"夕阳芳草寻常物，解颐都作绝妙词"（袁枚：《潜兴》）是也。

可正如方印中先生敏锐地指出的那样，在中学生的感情需要宣泄、理智需要抚慰、情操需要陶冶的时候，考试却反复告诫他们"不要写成诗歌"，教学时把诗歌写作看做禁区，这合理吗？诗歌中的种种风格，豪壮雄伟，凝重深沉，含蓄蕴藉，华丽典雅，豪迈奔放，明朗开阔，生动活泼，爽朗高亢，旷远雄浑，自然流畅，清新俊逸，刚健质朴，明净轻灵，响亮和谐，委婉缠绵，工巧细密，潇洒隽永，警策严谨，风趣真挚，瑰奇优美，对青少年身心健康成长，是乳汁，是维生素。有什么能取代诗歌吗？

"一切纯文学都要有诗的特质。……诗较别类文学谨严、纯粹、精微。""要养成纯正的文学趣味，我们最好从读诗入手。"（朱光潜）诗能有效地抗拒心灵的衰老和生命激情的消退。在阳光灿烂的午后，或是在晚霞满天的黄昏，远逝了喧嚣劳累，淡去了功名浮华，静静地品一首小诗，自有一番滋味。有诗的日子，生活便慢慢丰润起来，充盈起来。

我的 2005 年

在晨钟暮鼓的又一次循环中，时光终究要把一些带走，把另外一些留下。带走的是历史，留下的是记忆，而写下的将永远是灵魂。当日历翻开到12月31日这一天时，2005年就即将成为历史了。回顾一年所走过的路，盘点一下一年的收成，对于未来的日子当会不无意义。

2005年是我出版上的丰收年。首先是我的《教育随笔四部曲》之二《教育的智慧与真情》在3月初由岳麓书社出版，《中国教育报》两次对本书发表长篇评论，在9个月内本书3次荣登《中国教育报》的《教师用书排行榜》，《今日教育》（重庆）杂志还专门介绍了本书。接着，4月，我和张文质君合著的《基础教育课程改革的关键词》一书由福建教育出版社出版，该书也受到了业界的高度好评。5月南京师范大学出版社出版了我和我领导的学术团队共同探索的成果——《办好学校的策略》，全书40多万字，深受广大中小学校长们的青睐，出版不到两个月即加印1万。这3本书其实是多年来的探索的成果，不过凑巧在同一年出版罢了。我是主张"大胆作文，谨慎出书"的，书出得太滥，就会失去人心，就会败坏读者的胃。

"在浩如烟海的当代中国教育出版物中，肖川的随笔，正不停地制造着神话。短短两年间，其《教育的理想与信念》一书印数已逾10万。行者肖川，吐纳不断。今年新出版的《教育的智慧与真情》，更加纯净、坦荡、蕴藉、动人。近年来，肖川且行且吟，毫无倦意，他的名字和形象，已组合成为中国教育界一个迷人的符号。"

这是在《中国教育报》的《读书周刊》上“2005年图书盘点”里的一段话。也许不无过誉之嫌，但对我无疑是莫大的鼓舞。

在2005年，多家报刊为我开辟了专栏：《基础教育参考》继2004年后继续开辟《肖川文人随笔》专栏，《教师博览》开辟了《肖川走笔》，《中国教师报》开辟了《名家说书》，《现代教育报》开辟了《名家随笔》，《福建评论》（教育版）开辟了由我和刘铁芳、刘良华、张文质三位先生共同撰文的《四方桌》，吉林市的《青年教师》也继上一年开辟的《肖川随笔》，一期一篇，从未间断。特别值得一提的是，我校的《北京师范大学校报》也是一份公开发行的报纸，从4月起开设了《肖川快语》专栏，这在我校的历史上也是第一次。

我一年内发表了3篇学术论文，学校在科研上的考核我就可以过关了。我更在意的是在《中国教育报》发表了16篇文章，在《人民教育》《教育参考》（上海），在《小学青年教师》《明日教育论坛》《中国教师》《福建教育》《河北教育》《师道》《教育文汇》《河南教育》《教育时报》等几十种报刊也多有文章发表。所以，我在一些场合说：“没有读过肖川文章的人，不太可能是一位好教师。”我的推论是，肖川有这么多文章，你都没读过，说明你是一个闭目塞听的人。一个闭目塞听的人怎么可能成为一个好教师呢？有人就曲解了我的意思，说我狂妄。狂妄就狂妄吧，其实，在我内心深处倒真的是很想狂妄的，遗憾的是我现在还没有狂妄的资本。我一直认为狂妄的人有救，卑琐怯弱的人没有救。

2005年我最大的成就恐怕要算和张文质君一道主编《生命教育》的地方教材了。历时半年多，可谓日夜兼程。本套教材从小学三年级到高中二年级，9个年级共18册，编写人员多为湖北、武汉、咸宁、潜江和钟祥的中小学教师，我和文质负责设计整体框架、编辑思路和最后把关。我再一次真切地感到湖北中小学教师的素质是普遍比较好的。

网上有“南朱北肖”之说，真是抬举我了。除了有点惭愧，在我内心深处我并不认同这种说法。朱永新先生是官员,我是自由知识分子,我们不是一类人。朱永新先生很有亲和力,精力充沛,这些我都自愧不如。相同的是,我们都强调教育的理想,都为民进会员。“中国民主促进会”,我理解应该是为了促进民主而设的政党,我是冲着字面意思加入这一组织的。其实,自由主义知识分子是我最好的身份标识,也是我的自觉追求,我应该属于无党无派的那一类人。

我做任何事情的动机无非有二:一是看我从做这件事中是否可以获得成长。譬如对于没有去过的地方,我就比较有兴趣,我可以熟悉那里的风土人情,因为亲自去过一个地方,那个地方就会在我心灵的版图上鲜活与生动起来。譬如,焦作在郑州的西北方向,大约两小时车程,焦作产煤,离山西晋中很近,约一小时车程,焦作附近有一个风景旅游点,青云山,可以和武夷山媲美。去了之后,焦作就不仅是一个地名了。每当我新去一个地方,我都会有一种成就感。我喜欢新奇,也喜欢挑战,我始终认为成长是每一个人生命中永恒的主题。

二是看我的所作所为能否给予更多的人以积极的影响。我做讲座,总希望听众多一点,因为,人多人少,花费的时间和精力是差不多的。听众多一点,也就是受众多一点,受到我的影响的人自然就会多一点。

北京二中是北京市非常有名的学校,有着悠久的历史,也有着许多的辉煌。从9月开始,我作为名誉副校长到这所学校听课,参加他们的教研活动。我的目的是希望了解教师的生存状态,了解学校中的人际关系,向校长学习,向老师们学习。非常值得一提的是钮小桦校长是一位很有教育追求的校长,该校正在开展生命教育的研究。

2005年我首先到的城市是甘肃的天水,这也是我有生以来第一次去的城市。天水,古称秦州、成纪,秦统一后在此设陇西郡。这里是华夏文明的发祥地之一，这里是河西走廊的水草丰美之地，这里是黄河、长江两条母亲河的分水岭，渭水在这里穿流而过……天水的名片恐怕要算麦积山。第二座我有生以来第一次去的城市是广东的韶关，这里有丹霞山。第三座我有生以来第一次去的城市是江苏的连云港，是和文质君一道去的，这里有花果山。接着是湖南的湘潭。湘潭以前我曾路过，这次去雨湖区参加他们的活动，闻着初夏的青草的味道，唤起我许多童年的记忆。而后是四川的乐山，江苏的无锡，河南的焦作，河北的沧州，湖北的宜昌、咸宁和潜江（县级市），山东的菏泽，辽宁的锦州。每当我新去一个城市都有一点成就感。我真正地走遍了中国，这令我非常得意和自豪。

我最主要的社会角色当然是大学教师。教学与指导研究生是我最主要的工作。2005年，我上了两门课：《教育文化学》的函授教学与05级高校中职硕士班的《教育原理》。对于我的教学，向来就存在两种极端的评价：认为好的，简直就佩服得五体投地；认为不好的，就会觉得一无是处。我与我校教务处王一川教授谈及此事，他就很能理解。他是少有的明白人。他说富有个性的教学就会出现这种情况。怎样提供给学生选择，让每一个学生都能得到他希望的教学，而又不磨灭教师的教学个性，这是值得研究的问题。喜欢我的课的学生，往往是比较聪明、内心敏感、阅读面比较广、善于建构知识（特别是有一定哲学修养）的学生，像蒋凯、杨旭东、顾梅、余小茅、田盛梅等同学，都是我记忆中的优秀学子。

我现在有12位研究生。他们都很不错。王琪、魏远远、白雅娟很有才华，胡乐乐很勤奋，文献收集与整理的能力很强，梁向斌阅读面很广，毛卫群踏实、认真、善良、正直，李姝待人真诚、善于沟通、乐于助人，刘发虎宽厚、质朴。他们令我感到自豪和骄傲。在我们的国度不是缺乏有潜质的人，而是缺乏一种机制使有才华和智慧的人在合适的岗位上发挥作用。

细数阳光：我的2006

在12月26日从长沙返京的航班上，我想2006年一年的奔波就此结束了。回顾一年所走过的路程，体会到的是幸运、喜悦和感恩。

2006年是我的出版年。先是人民出版社出版我和文质共同主编的《生命教育》教材，教育科学出版社出版我主编的《名师备课丛书》。随后是福建教育出版社出版我和文质、黄旭共同主编的《生命化探索丛书》，由我审校的《名著精品》在岳麓书社出版，我主编的《当代教育思想精要》在开明出版社出版。最后是四川教育出版社出版我和李晓东教授等著的《造就自主发展的人》。

2006年也是我的旅游年。3月底和全国十多位校长赴新加坡教育考察，深切地感受到花园国度的美丽和魅力。4月去河南济源王屋山游玩，5月去神农架，7月去丽江，8月在呼伦贝尔大草原，10月到九寨沟和黄龙。都是风景如画的地方。12月去湖南怀化，怀化号称是“大西南的桥头堡，古建筑的博物馆，原生态的植物园，多民族的文化村，杂交稻的发源地，抗战受降纪念地”。怀化的洪江古城其实比丽江更有文化底蕴，烟馆、青楼、盐局、衙门、钱庄、药铺、客栈等等一应俱全。丽江和洪江，都是保存完好的古城，前者游人如织，后者却门可罗雀，二者境况判若云泥，足见事在人为。

这一年，我在大学的教学任务都在假期中完成，这使得我有许多的时间在全国各地传播我的教育主张。2006年，深圳、长沙和成都，这三个城市分别去过七次。在这一年有生以来第一次到过的城市有:广东的惠州,湖南的岳阳和怀化,湖北的十堰和神农架,云南的丽江,四川的绵阳,山东的烟台,河南的三门峡和济源,广西的玉林,内蒙古的包头,吉林的辽源和松原,还有延安和大庆。留下我足迹的地方,也在我心中留下温暖的记忆。

在这一年中,最令我难以忘怀的是河南商丘第一实验小学高阿莉校长亲自策划的"肖川作品倾情吟诵"。16位教师先后登台朗诵了选自《教育的理想与信念》《教育的智慧和真情》两本书中的十多篇作品,并配有音乐和精致的画面。那份精心,那份情谊,带给我许多的感动,好几次我都感动得泪眼朦胧。

著名教育专家、翔宇教育集团总校长卢志文先生曾问我:"你为什么能写那么多文章?"我回答:"我全部的时间都用在读书、思考和写作上了,我不用为生计而奔波,也几乎没有什么应酬,更不用做家务,生活纯粹而闲适。我做任何事情的最主要动机是为了获得体验和思想资源。"

我不会单纯的为了金钱而劳作。譬如,我经常乘飞机。几乎所有航空公司都有自己的会员卡,如果积分达到一定的量,就能获得免费机票等好处。但我一张会员卡也没有要过,因为我不愿在这些事情上耗费心思。我觉得在像这样的事情上,我付出的时间和精力,没有导致社会财富的增加,虽然我能得到一些好处,但也纯粹只是一种经济上的好处。很多人都觉得我"怪",我想是由于我的推理与大多数人不一样。"推理"的不同不是由于"推理"的逻辑法则的不同,而是由于"价值原点"的不同,即"前提"的差别。人们行为自然都是趋利避害的,但何为利,何为害,各人的认知是不同的。况且,同样为"害",其程度如何,人们的认识也是各不相同的。所以,每个人心中都有一个"利害"的谱系,而这个谱系也就是各不相同的。

在我的著述和言说中,高高地举着两面旗帜:一个是生命教育,一个是公民教育。我很高兴地看到许多老师已经渐渐地注意

茶是最好的饮料

对我来说，最大的享受是在家中用心爱的茶具沏一壶茶，确切地讲，是上好的铁观音，坐在阳台上看书。

据专家考证：中国是茶的故乡。中国是最早采制和饮用茶的国家。《神农本草经》中记述了牛首人身的炎帝“神农氏尝百草，日遇七十二毒，得茶而解之”的传说。

自古以来，人们喜欢饮茶，这与茶的“芳香冠六清，溢味播九区”“鲜明香色凝云液，清澈神情敌病魔”的防病治病作用密切相关。关于茶的药用功效，历代有关医药的文献中多有述及。

今天业内人士将茶的医疗效用总结为：生津、止渴、解热、消暑，除口臭、助消化、增进食欲，兴奋神经中枢、消除疲劳、少睡、益思，利尿、增强肾脏的排泄功能，防治坏血病，固齿强骨，去脂、减肥、防治动脉硬化，清肝、明目、保护视力，解毒、防癌、抗衰老、延年益寿等20多个功效。饮茶不仅能防止人体动脉硬化的产生，而且还能去脂减肥，使人不易发胖。

饮茶满足着人们的物质与精神的双重需求。人们以茶为对象，书画记事，诗赋唱和；人们以茶明志，以茶会友，以茶待客，以茶礼佛，以茶敬祖。千百年来，茶悄悄融入我们生活中的各个领域，形成独特的茶文化。随着岁月流逝和世事变迁，茶渐渐成了中华民族的举国之饮，默默地滋润着一代又一代的炎黄子孙，而中国茶文化也形成更为深厚的内涵。

文人雅士多喜喝茶，并有诗文反映茶事。“茗外风清移月影，壶边夜静听松涛”“为爱清香频入座，欣同知己细谈心”“戏作小诗君勿笑，从来佳茗似佳人”，都是意味隽永的佳句。茶之称为茗，乃是其来自草木吸取了万物精华，所以茶是有灵气的。文人富有才情也许和喜欢喝茶有关。

唐代是中国茶文化的成熟时期，是茶文化史上的一座里程碑。唐人将饮茶视为美的享受，以茶会友，以茶入诗，蔚然成风。茶作为普通饮品已经和酒具有同样重要的作用，唐诗中“驱愁知酒力，破睡见茶功”将二者相提并论。这有赖于禅宗的提倡。佛家有“过午不食”之说，禅宗注重禅定，这都需要通过饮茶来振作精神。茶也是中原地区与少数民族贸易的主要物品。茶税收入也因此成为国家财政的重要组成部分。

唐人视品茶为风雅之事，咏茶之作举不胜举。唐代元稹《赋茶词》云：“茶，香叶，嫩芽。慕诗客，爱僧家。”唐代僧人皎然的《饮茶歌》云：“一饮涤昏寐，情思爽朗满天地，再饮清我神，忽如飞雨洒轻尘。”中唐陆羽所著的《茶经》的出现标志着饮茶已经不是单纯的起补充体液的作用了，它上升为生活的艺术。

茶之味清淡，平和，甘冽，相伴国人数千年。饮茶不仅是为了解渴，饮茶也是一种心境和趣味。茶之意趣在于品，品茶是件快慰的事，人们从品茶当中还会发现很多人生哲理，寻找出为人处世之道。真正的品茶是需要有富裕的心态、空闲的时间，以及“和、静、清、寂”的氛围，才能达到神清气爽、心气平静，“其旨归于色香味，其道归于精燥洁”。古人说“莫道醉人惟美酒，茶香入心亦醉人”。饮茶的妙处不只在品其香，还在于清香袅袅中一壶在手，清心怡神，万古长空，一朝风月。

茶是清静的、内敛的，清茶素淡却隽永绵长。品茶的闲情逸致，在乎山水之间，在乎风月之间，在乎诗文之间，让人有所忘怀，有所领悟。细细地品味，慢慢地琢磨，一丝一毫也不漏掉。只有这样，才能品味出茶的意境，茶的真味。“一碗清茶谢知音，半生知己有几人?”与友烹茶长叙,如入世外桃源,喧嚣纷扰烟消云散,于茶间安享人生况味。

乌龙茶是所有茶类中最耐人寻味的茶叶,属半发酵茶,由于色泽呈青褐色也称青茶。乌龙茶的发酵程度介于绿茶和红茶之间,所以乌龙茶既有绿茶鲜浓之味,又有红茶甜醇之美。典型的乌龙茶,叶缘呈红色,叶片中间呈绿色,故有“绿茶红镶边”的美名。汤色黄红,滋味浓醇,具有独特的花香和果香,回味无穷。铁观音便是乌龙茶的一种。

乌龙茶于19世纪中期由闽南首创,后传播到闽北、广东和台湾等地。乌龙有八仙,仙山隔云海,海海漫漫一盅盅淘尽,待饮到酣时,便觉两肋清风,心境高远。茶是经了洗礼与严寒,经了白日与黑夜,将土地的真气、日月精华尽敛一胸。

茶是文明健康的天然饮品,是中华民族对世界文化的重大贡献。茶叶在欧洲的风行,最终导致了欧洲人特别是英国人生活习惯的改变。比如,在下午5点钟喝下午茶成为许多英国家庭的习惯,这一刻也成为家庭中最温馨的时刻。

在北京,下午茶的功能大概有两个:一是休闲,二是交际。一个人、两个人躲在靠窗的一角,享受下午缓慢而又甜蜜的时光。在一个快节奏的今天,我们已经很难享有悠闲自在的时光。下午茶就是仅存的为数不多的休憩与喘息,偶然的驻足与停留。

在世人对健康和回归自然日益关注的趋势下,茶饮必将更为深入人心,大行于天下,茶文化也将发展出更多崭新的内容和形式,焕发更夺目的姿彩。而于我,自从体检查出血糖偏高,所有的饮料都不再喝,就更觉得茶是最好的饮料。

微笑是一种力量

在我们的身边有一个精灵，它产生于刹那之间，却可以定格成为永恒。它不会因为你富甲一方而不需要它，也不会因为你的一贫如洗而不能拥有它。它如夏花灿烂，它如春风温暖，它如清泉甘洌，它，就是微笑。微笑是心灵的阳光，微笑是扑面的春风。

可以肯定，当我们看到真诚和善意的微笑时，我们的心灵会绽开一朵玫瑰。它可以化干戈为玉帛，化乖戾为祥和。它也可以使人和人之间变得更友善，使世界变得更温馨。正所谓“我见青山多妩媚，料青山见我应如是”。那时，春花秋月、冬凌夏露都是那样美好，你会明白，世界充满了爱。

微笑富有魅力，微笑招人喜爱。英国诗人雪莱(Percy Bysshe Shelley，1792—1822)说：“微笑，实在是仁爱的象征，快乐的源泉，亲近别人的媒介。有了笑，人类的感情就沟通了。”确实，微笑可以缩短人与人之间的距离，化解令人尴尬的僵局，沟通彼此的心灵，使人产生一种安全感、亲切感、愉快感。当你向别人微笑时，实际上就是以巧妙、含蓄的方式告诉他，你喜欢他，你尊重他，他是一个受人欢迎的人。这样，你在给予别人温暖与鼓励的同时，你也就赢得了别人的信任，也更容易博得别人的尊重和喜爱。

人的面部表情与人的内心体验是一致的。笑是快乐的表现。笑能使人产生信心和力量；笑能使人心情舒畅，振奋精神；笑能使人忘记忧愁，摆脱烦恼。没有人会喜欢一个忧郁的、灰暗的、令人压抑的环境。没有信心的人，经常是愁眉苦脸，无精打采，眼神呆板。这样的人不会很有亲和力,因为每一个人都是构成他人环境的一部分。而一个亲切、友善、雄心勃勃的人,眼睛闪闪发亮,满面春风,更容易赢得人们的欣赏和喜爱。

到过西方发达国家的人都会有一个深切的感受:西方人的微笑比我们要多得多。这背后的原因很值得玩味。在建设和谐社会的今天,提醒人们更多地微笑,是非常有意义的。生活中多一些微笑,也就多了一些安详、融洽、和谐和快乐。美国最著名的人际关系学家与成人教育学家戴尔·卡耐基说:“微笑,它不花费什么,但却创造了许多成果。它丰富了那些接受的人,而又不使给予的人变得贫瘠。它产生在一刹那间,却给人留下永久的记忆。”

学会笑,学会微笑,学会在受挫折时还能够笑得出来,就会增强信心。你不妨仔细地体验一下微笑的心理感受:请你对着镜子自然地微笑,体验一下此刻你内心的感受。看起来这个方法很简单,但是做起来确实有效果。当你逐渐养成了经常微笑的习惯,你就会觉得内心充满了力量,充满了阳光,充满了信心。

在校本培训中,“微笑训练”就是一个很好的培训项目。你看空姐的微笑多么灿烂,多么温馨,尽管那微笑一开始也许是职业性的,习惯了,天长地久就变成了自然。希望老师们有更多灿烂的微笑,要知道,您脸上的微笑有多少,学生心中的阳光就有多少。当您离开教室时,请把你的微笑留下。

微笑是一种力量,让我们用微笑面对一切吧!不管世事如何变迁,祈愿总有微笑莲花般绽放在泥泞的现世!

给老年肖川的提醒

中国传统文化是“长者本位”的。这是因为直到几十年前，中国一直是一个农业社会。在农耕文明中，春耕夏耘，秋收冬藏都是（且只能是）根据经验行事。由于科学技术的不发达，自给自足的自然经济缺乏生发新的生产力要素的土壤，社会变化极其缓慢，因而使得过去有效的经验，今天仍然有效，明天也还用得着。在一个发展十分缓慢且科学技术非常落后的社会中，经验自然受到特别的膜拜。而一个人的经验总是与年龄成正比的，所以，在这样的社会中，年长就是资本，老年人是智慧、德行和权威的象征。这个传统在我们今天的社会生活中仍旧极有市场。

生老病死是谁也逃脱不掉的宿命。随着各种器官生理机能的退化和老化，心理上也往往会变得保守、固执、封闭和狭隘。趁我现在才刚刚步入中年，神智暂且还算清明，给老年的自己一些提醒，免得老糊涂了，晚节不保，不仅毁了一生的努力，还可能留下千古骂名。

如果不出什么大的意外，到我古稀之年，混个“知名学者”的名头，应该是问题不大。“名人”说出来的话，未必是名言，也甚至未必是“明言”（明智之言）。对此鲁迅先生早有觉察：“名人的话并不都是名言。”名言也不一定非要是名人说的话不可。平头百姓所言，经过实践检验，百试不爽，照样可以成为名言，只是言有名而人无名罢了。而名人说的话，若是眼光偏狭，信口雌黄，可能真的会臭不如屁，一试即爽。但因为他是名人，他放的屁也可能会被某些人当作金科玉律，那些迷信的人总以为龙身上的虱子也会有龙气的，其实不知道它跟普通虱子没有两样。”年轻时是时代的弄潮儿，到了晚年，尽说昏话、胡话，而成为阻碍社会进步的顽固势力，这样的例子在历史上并不鲜见，“其实先驱者本是容易变成绊脚石的”（鲁迅），这就需要我们格外地警觉。

人老了，最好不要去写那些又长又臭的所谓“学术论文”了。没有什么新的东西，不过是些陈年旧账和说过无数遍的套话，这样的东西不写也罢。要知道，那些刊物的编辑们，可能是我们自己的学生，自己学生的学生，或者是学界至交好友的门徒。那些又长又臭的文章会使他们很为难：发吧，实在是浪费资源，且徒然耗费读者的时光；不发吧，感情上又过不去，面子上也过不去。中国有尊老敬老的传统，正因为这样，老年人就更需要自尊自重自爱，对年轻人更多地体谅、体恤和扶持。老年人如果有更多的“落红不是无情物，化作春泥更护花”（龚自珍：《己亥杂诗》）的美好情怀和作为，像鲁迅先生说的那样，“只要能培一朵花，就不妨做做会朽的腐草”，当会赢得人们更多的发自内心的尊重。

中国民间有“七十不留宿，八十不留饭”之说。大意是说，人过了七十，就不要轻易在外面过夜了，过了八十，就不要随便在别人家吃饭了。想必是人老了，随时有可能发生意外，为了少给别人添麻烦，所以要特别慎重地对待自己的社会交往。至于作报告，那就更要慎之又慎，万一讲到激愤之处，闹个脑血栓、心肌梗塞之类的，将给别人带来多大的麻烦呀。天有不测风云，老年是人生的多事之秋，不可不慎，这是为了别人也是为了自己。

当人老了，可千万不要倚老卖老。要知道，长江后浪推前浪，这是历史的铁律。倚老卖老，与贩卖青春一样，是一种十足的浅薄。所以，在任何时候都不要对年轻人说“我吃过的盐比你吃过的饭还多”之类的话，为老不尊可是人生的大忌。

一个人年过花甲，基本上就可以与世无争了。这积极的方面是可以有一种超然物外的心态，活得潇洒和旷达，活出真我的风采，表现出无畏和执著；消极的方面是什么都无所谓，什么都不放在眼里，更有甚者以势压人，在对待年轻人的一些事情上表现出肆意妄为，因为老年人容易觉得谁对于他们也都是无可奈何了。

本来虚名浮誉这些东西于人生就无多大意义。人老了，荣誉、地位这些身外之物就变得更加无足轻重。所以，挂名的事还是少一点好，否则就会有掠人之美的嫌疑，从而有累清德。君子成人之美，但绝对不会掠人之美。

在我所认识的老一辈学者中，有许多老先生令我由衷地景仰。见到他们，我总会想到“睿慧”这个词：深刻、丰富、睿智，而又善良、慈爱、高贵，一派大家风范。他们有一颗朴素和仁慈的心，他们淡泊名利，奖掖后学，令人高山仰止。他们是我一生的榜样。

中国在日益走向老龄社会，怎样做一个受人尊敬的老人，特别是作为智识分子的我们，怎样对待自己所做的一点工作，所取得的一点成绩，怎样对待年轻学者，认真地思考一下是不无裨益的。像启功先生（1912—2005）那样，做一个知恩图报的人，做一个提携后学的长者，这应该是一个学界老人立身行事的两个基本点。

我向往暮年超然物外的心境。以上是“给老年肖川的提醒”，立此存照，愿接受诸位同仁的监察。

乡村的惆怅

直到1980年我到京城上大学，我在长沙西郊的湘江之滨生活了整整17年。我喜欢乡村的宁静，乡村的宁静在天籁之音中变得恬淡而又祥和。乡村的散淡与悠闲，成了深入我骨髓的东西，成为了我的性格。我放任着这种散淡的性格。这尽管常常会使我失去一些机会，可我仍然放任着。我总觉得，人生在世短短数十载，不要因为追求世俗的名利，而迷失了天然的本性。

"五一"长假，携妻儿到湖南老家小住，希望重温儿时的乡村生活的感受，并以今天的眼光审视乡村的世态人情。我失落于今天的乡村那些古老的、诗意荡漾的景象已难以寻觅：十里荷花，三秋桂子，炊烟袅袅，牧笛悠扬，蛙声一片，清泉汩汩……站在家乡高高的河岸，仿佛看到乡村渐行渐远的背影。我常想：现在是否还存在真正意义上的乡村？乡村不过是一个进化中的城市而已，这也许就是历史的必然吧。记得法国思想家、情境主义代表人物居伊·德波（Guy Debord）在《景观社会》里写道："世界历史诞生于城市，并在城市战胜乡村的决定性胜利时刻达到成熟。"

城市由于人们的聚居促使着商业的繁荣和公共生活领域的扩张。在城市中，人们聚居，却又相互隔离；空间紧凑，交往却并不自由。这种隔离和不自由其实是违背人们聚居的初衷的。生活在现代化的城市中，人们感受到的是"喧嚣的孤独"。个人与个人之间，群体与群体之间，交往行为在主观上、客观上都存在很多障碍。

如果说，城市是文明的推进器，那么乡村才是灵感的源泉。以色列第一任总统钱姆·韦茨曼（Chaim Weizmann,1894—1952)在其著作《考验与谬误》一书中就写道:“城市生活的某些特征无论怎么吸引人,但产生文明的基础主要是农村、上帝的土地,而不是城市。正是在农村的各个谧静角落中,一个国家的语言、诗歌和文学才得以丰富。”一个人如果在青少年时代未曾采摘过植物和捕捉过昆虫,他对于乡间小道、田园山水、树丛池塘的兴趣就会大打折扣。远离自然,会使儿童缺乏感受力、灵性、诗意和想象力。难怪18世纪英国诗人柯柏(William Cowper)有“上帝创造了乡村,人类创造了城市”的诗句。

对乡村生活的憧憬,对田园风光的眷念,一直是中国文化血脉里一个浪漫而又执著的“母题”。明清时期的文人山水画,表达的就是曾经生活在乡村的士大夫对于代表自然的乡村的怀念。他们之所以寄情山水,部分原因是童年生活的记忆,召唤着他们回归自然,部分的原因是庙堂之上的尔虞我诈使他们焦渴疲惫的心灵需要寻求一个休憩之地。人们需要心灵的安顿,也许只有在迥然相异的乡村,才不会产生此处究竟是他乡还是故乡的疑问。

岁月的流逝,也改变着城市的颜容和风情。尽管我们仍能从作为文物保存下来的砖瓦、木质结构的亭台楼榭触摸到自然的灵性，但都市的许多方面与过去相比已经有了天壤之别。在中国，150多年前的都市,除了小商小贩的吆喝声,恐怕没有其他更多的噪音和喧嚣。而现代都市给人的印象就是高楼林立、车水马龙。隔绝着的是泥土和青草的芬芳。过去是城池和城墙在城市与自然之间掘开一道鸿沟,今天城市疯狂的扩张使得乡村向后卑怯地退缩着,退缩着。

在熙来攘往的都市里,历史是由多数人创造的,也是由少数人改写的,正如财富是多数人的追求,但从来只有少数人能拥有巨额财富。而能够改写历史的人大多是从乡村走出来的人,因为他们的心灵深处有自然的灵性做基石。

用心培育一个读书的民族

我对国人的不读书，有着切肤之感：我们很多人对书籍没有兴趣，对精神生活没有兴趣，我发现很多人离开学校以后就几乎与书籍绝缘了。当我们走进许多家庭，就不难发现，什么高档电器都有，唯独没有几本书。我们这么大的国家，图书销量却很小，而且主要是教辅读物。以色列每年人均读书是55本，俄罗斯是50本，美国是44本，我们只有4本，而且90%是教参和教科书。大家不妨想一想，你一年读了几本书？

中国人中有阅读的需要和兴趣的人在总人口中的比例无疑是很低的。很多非常好的书发行量也只有一两千册，这固然与中国经济不发达、70%多的人尚在为生计而奔忙有关，但那20%多的人呢？尽管他们摆脱了生存危机，他们中的大多数仍旧不爱看书，这就很值得深思了。

政府官员大多不读书，他们忙着应酬，忙着出国考察和谈项目，他们热衷于去大学或研究机关兼职，热衷于捞学位，热衷于拿项目、搞课题，可就是不读书——他们没有时间也没有必要读书。商人大多不读书，他们忙着公关，忙着猜拳、喝酒、洗桑拿。今天的中国是“仕场经济”，而不是知识经济，读书值几个钱？他们没有心情读书。工人农民大多受教育程度偏低，收入也低，既没有钱买书，又读不进去，读书对于他们是一件奢侈的事情。教师读书的也不多——中小学教师工作太劳累，没有精力读书。大学教师在为课题交差而读书，确切地说，是翻书，是查书。真正的阅读，超越功利的心灵阅读,恐怕是很少很少的。

一个民族不读书,这个民族的文化就丧失了创造性、批判性,个人就会被群体所淹没。国人为什么不读书?我仔细揣摩,大致有以下几个方面的原因:

一是国人经历了漫长的、刻骨铭心的物质贫困,今天挣钱的机会突然多了起来,于是出现一个物质的时代,一个物欲横流的时代,人们普遍地浮躁,自然难以静下心来读书。

二是长期的思想专制使得人们头脑禁锢,才情枯竭。人们既不易创作出思想深刻、文质兼美的作品,即使有很好的作品,阅读时也难以产生豁然开朗、悠然心会的美妙感觉,人们难以从阅读中感受到快乐。

三是学校教育和家庭教育中没有成功地从小培养起人们的良好的阅读习惯和理智的好奇心。应试教育的泛滥使学生自由阅读的空间变得十分狭小,并使学生从小养成阅读的功利取向。

四是中国文化是一个"皇权至上"的官本位的文化,是一个讲究伦常日用的文化,而对纯粹理性和精神超越缺乏强烈而深刻的追求。历史上频繁的改朝换代,使得中国缺乏贵族传统,从而也就缺乏一种崇高而强大的精神传统。中国传统中其实非常缺乏对于纯粹精神的崇尚。"万般皆下品,唯有读书高",只因为读书可以做官,可以成为"劳心者治人"的"人上人",功利的取向是赤裸裸的。

没有出版自由与言论自由,阅读就难以成为大众深刻的精神需要。一个读书的民族一定是一个智慧的民族,一个充满生机与活力的民族,一个必定有着光明前途的民族。过去我们讲:一个人的心灵,高尚的东西不去占领,低下的东西就会趁虚而入。一个不读书的民族,是不会具有智慧和力量的,也不会具有崇高。以色列是全世界人均读书量最大的国家。直到今天,以色列人口也不过600多万,而它在全世界是一个很有影响力的国家。读书对于一个民族的重要性可见一斑。

看过一幅对联:“为善最乐,读书更佳。”为善之乐在于“予”,读书之佳在于“取”。读书应该是我们的精神体操,来锻炼我们的思维,来丰富我们的认知,来保持我们内心的和谐。锦州铁路中学的苏凌老师说:“读书是一种可以忘乎所以悠然的自足,只要一卷在手,便可以拥有许多许多,我喜欢读书的感觉。”是的,有两种东西能让人的心灵永葆青春:真爱与好书。为了让我们的内心不再脆弱,让我们的心灵拥有力量,越来越多的人认识到了阅读的重要性,“多看点书,少看点电视”成为幸福人生的秘诀。更为可喜的是越来越多的学校把教师的系统阅读作为学校工作的重要议程,作为校本培训的重要举措。

如何培养一个读书的民族呢?

首先,作为家长要培养孩子的阅读习惯,让阅读成为孩子生活的一部分。据研究发现,爱书的孩子其人格特征是温柔、善良、开朗、快乐、幽默、自信、有气质、有同情心,语汇丰富,人际关系良好,在学业上的表现也比较好。所以父母要循循善诱,引导孩子从小亲近书籍,崇尚学问,尽早养成阅读习惯。

其次,学校教育中要着力培养学生阅读的内在需要。学校要努力营造书香校园,让学生切实体会到明代于谦所说的:“书卷多情似故人,晨昏忧乐每相亲。眼前直下三千字,胸中全无一点尘。”(《观书》)当学生能够认识到,读书可以使精神充实,可以使人远离蒙昧和低俗,可以提升生命的质量,使人觉悟到人之为人的根本,那么他们就会终身与书籍为伴。

在学校图书馆不一定要建在固定的地方,而可以建在楼层的各个角落,学生读书不一定要到图书馆去,图书对学生来说越近,阅读便越有可能随时发生。为了方便学生读书,利用一切可能的时间和地点建起流动图书馆,以期让学生在不经意间接触到更多的书。学校固定图书馆和流动图书馆可以交替开放,而且实行超市式全天候开放,使借书看书特别方便。

再次，要打造具有时代精神的高品质的大众读物。让读书成为每一个人日常生活不可缺少的一部分，成为一个民族一个国家的社会风尚，学者具有不可推卸的责任。哲学界的周国平，文学界的余秋雨，史学界的易中天，经济学界的梁小民，伦理学界的何怀宏，他们的学术随笔都写得很好，对于唤起人们阅读的冲动和提升民众的阅读品位，功不可没。

“以人为本”的“人”是谁

“以人为本”今天成为一个时髦的口号(这多少也反映了我们社会的进步),人们耳熟能详。可若问“以人为本”的“人”是谁,恐怕很多人会一时语塞。这反映出我们许多的人对一些口号的理解是空洞的,漫不经心的。

2400多年前的古希腊哲人普罗塔哥拉（约前481—前411)就指出:“人是万物的尺度,是存在者如何存在的尺度,也是非存在者如何不存在的尺度。”尽管他主要是从认识论的角度,而不是从价值论和伦理学的意义上作出这一命题的,但他指的“人”是作为“个体的人”。人是人世间一切事物存在的根据和理由,这是不言而喻的真理。可这个朴素的真理在我们的社会中一直被扭曲的意识形态扭曲着。所有的人仿佛只有为“真理”而“献身”,只有为高远的目标而“奋斗”,只有为宏伟的事业而“牺牲”,生命才有意义。作为劳苦大众的个体,他们的需要与期盼,他们的痛苦与酸楚一直被有意无意地忽略着。

作为一种价值的引导,“以人为本”的人,只有是现实的、具体的个人,特别是每一个现实的、具体的普普通通的劳苦大众,它才真正具有价值。高官们,以及其他社会精英们固然也会有自己的烦恼,也还会有感到生活不便的时候,但他们生活的舒适,特别是他们享有的社会资源的丰富和优质,是广大劳苦大众所无法比拟的。

“以人为本”不仅要落实在政策的制定上,而且要落实在我们每个人的日常行为之中。在任何时候都要做到“心中有他人”，做任何事情的时候都要考虑一下可能带给别人的影响。2006年11月中旬，我在广州作讲座，住在越秀区白云路的如家快捷酒店。中午吃完饭回到房间休息，保洁员在楼道用吸尘器清理地毯，噪音极大。我提醒她在中午12点半到2点之间是顾客的午休时间，这个时间不要使用吸尘器工作。可过了一会，她在另一个楼层仍在制造噪音。这个保洁员在履行她的职责的时候，她大概没有想到过会给别人带来消极影响。使用吸尘器工作完全可以在上午8点半至中午12点半和下午2点半到晚上8点半之间，为什么非要在客人午休的时间呢？类似这样的事每天都大量地发生在我们身边。

还比如，据我有限的个人经验，至少有80%多的酒店的窗帘都关不严。要让窗帘关严，技术难度并不高，需要的只是一颗为客人着想的心。

“以人为本”应该体现在我们生活的每一个细节中，而正是这样一些细节体现着一个社会的文明程度。我们为权势者们的方方面面考虑得非常周到细致，以致他们都无法体验到普通民众生活的艰辛，可我们为普通民众却考虑得太少太少。将我们对于社会和人生的关注点拉回到普通人平凡的需要中，拉回到对平凡的劳动者所付出的劳动的体恤中，对于警惕“以人为本”成为一个空洞的高调，无疑是值得反复强调的。

读《肖川这个人》

看了刘良华兄写的《肖川这个人》，特别是看到教育界那么多朋友的评论，首先是感动，再就是惭愧。感谢朋友们对我的厚爱。我觉得自己太平凡了，从来都没觉得自己有什么了不起。我说大学里百分之七八十的教授，都是草包，这其中也包括我。我这么说是想提醒人们注意：为什么我们如此平庸？我们整体上学术创新能力不强，对此，我们个人自己要负责，毕竟同样的社会里还有百分之一二十的人不是草包，更需要负责的是我们的社会和文化。

良华兄作此文，纯粹是一片良苦用心，就是告诉某些人：你不喜欢肖川，是你的权利，你离他远点就是了，不必恶语中伤、刁难打击，虽然肖川的确说过一些过头的话，容易引起人们的反感。对于良华兄的善意和盛情，我是感恩戴德的。

我认为，"骂"这个词传达的信息是不准确的，它容易模糊"恶意攻击"与"健康批评"之间的界限。一个好社会是应该有许多健康批评的社会——可以批评任何人，任何政党，任何机构和任何利益集团。批评自然是有立场的，有时也可能带点情绪，但不应是意气用事的、不负责任的"骂"，更不是恶意的人身攻击。

我清醒地认识到我们社会中存在的问题，我急切地希望社会变得更加美好，所以常有一些激愤之词。另外，也有传播学上的考量，一句不痛不痒、公允中和的话，经常说了等于没说。所以，有时激愤一点，尖锐一点，偏激一点，往往能收到让人警醒的效果。当然，面对那些内心狭小的人，偏激的话容易引起他们的反感，甚至敌意。所以,我每一次在公众面前做讲座,都觉得是一种生命的历险,因为我不知道坐在下面的人是怎样的人。

我倡导健康心态的批判性。嬉笑怒骂、放浪形骸、不拘礼数、愤世嫉俗是传统文人的形象。而作为现代自由主义知识分子应该是以平和的心态,以科学的精神,运用自己的专业知识和思想成果,对社会生活发表评论,这其中当然包括基于现代社会的伦理精神对社会中一些不良现象的批评。

良华兄在文中说我写的文章花里胡哨,我认为是有些失真的。我追求的是朴实的文风,非常平实与舒展的文风。我不喜欢故作高深的东西,不喜欢过于雕琢。至于学术论文也还是写的,毕竟大学里还有考核的关:每年至少要在核心期刊上发表两篇学术论文。2006年我就在核心期刊上发表了3篇学术论文,学校的考核过关应该是没有问题了。

良华兄有很好的文体意识,善于在写作中运用一些写作的技巧,这是我自愧不如的。我的写作往往是兴之所致、信马由缰的。我只是尽量把我想和读者分享的内心想法娓娓道来,写作技法上的诸如铺垫、渲染、横云断岭、曲笔、夸张、反讽、蓄势等等,极少使用。文章的布局谋篇其实是一个表达的合理化程序。一个合理的思考程序用文字表达出来,自然也是一个合理的表达程序。

所谓自由主义知识分子,是指这样一类人,他除了服从自由内心的法度,他不服从任何外在的目标。他自觉坚守和维护社会的核心价值,他自觉地摒弃来自于任何个人、任何利益集团和任何政党对他的意识与行为的支配与控制。

中国传统中有“无才不怪”的说法。“无才不怪”,这只是一个在专制社会中普遍存在的现象描述。何以会如此呢?原因就在于富有才情的人,内在冲动会比较丰富而强烈,而专制社会的种种制度以及礼俗大多是禁锢人性的,才子们丰富而强烈的生命冲动——这其中就蕴涵着文化创造的冲动,难以找到“合法”的表达路径，总有一种被压抑的愤懑与不快。久而久之，就会表现出愤世嫉俗、放浪不羁，甚至偶或有一些惊世骇俗之举。

不过，许多人说“肖川这个人真怪”，我都一笑了之。毕竟庸常大众有庸常大众的生活逻辑。比如说，有人请我作讲座，什么也不说清楚，包括他要达到的目标、对我报告的要求、听众的基本情况、我所能享受的待遇（当然包括报酬），就径直问可不可以去。如果你问他报酬是多少的话，他还觉得你张口就是钱，浑身铜臭气。你看，本来是他没提供充分的信息，妨碍你作出适当的选择，是他的不是，可他却说你的不是。他也许觉得知识分子就不应该谈钱，否则就俗不可耐。而在我看来，合作的双方，应该恪守“商谈伦理”，这首要的条件就是态度的真诚和充分的沟通。可良华兄也这么说，我有点感到意外，也有些许的遗憾，尽管我知道这么说是出于为文的需要。

许多和我私下里接触的人，都会说“肖川其实挺随和的”，我想他们一定是受了“肖川很狂妄”的误导。我本来就是一个极普通的人，我不想也不能装出卓尔不群的样子来。我只想做一个本本分分、中中正正、地地道道、实实在在、清清白白、干干净净、普普通通、平平凡凡、快快乐乐、健健康康的人。

尽管我也渴望伟大，我也向往永恒，但我正如《我是一只小小鸟》那首歌中唱到的：“我想飞，却怎么也飞不高。”我生活在思想贫瘠的背景中，这是我的先天不足，注定成不了我所景仰的大家。能有许多机会和教育界的同仁分享一些我对社会和教育的理解与感怀，并能获得许多的共鸣，我已经非常地心满意足了。我也是这个社会幸运的一类人，我一直觉得我获得的比付出的多，我对社会是充满感恩的，我对一些社会现象的针砭和批评，几乎都不是基于个人恩怨与私利。

我真诚地希望我们的社会变得更加美好，作为一个多少拥有一点话语权的人，我所能做的就是呐喊、呼吁，给人们一点建议和提醒。过去和现在我做得不够好，这是基于个人的局限，还是修炼不够，对此我也是自知的。

我高兴地看到，我们教师队伍中有许多心地和头脑都很清明与正直的人。有人喜欢我，我心存感激；有人不喜欢我，也觉得十分正常。多元社会才可能是和谐社会。我感谢朋友，也感谢“对手”，有对我批评的声音，能使我变得清醒和理性。在专制病毒流播的社会，成功的人往往容易自我膨胀。许多曾经非常成功的人，后来失败了，甚至毁灭了，就因为对于他们缺乏有效的批评，他们听到的都是赞美和恭维。所以，对成功的人基于健康心态的批评其实是对于他们的爱护。我在这里再一次感谢朋友们对我的鼓励和爱护。

我大学一年级就开始在校报上发表小文章，20多年来，总共发表过60多篇文章。校报曾经的主编，如常汝吉先生、江勇先生、肖文江先生以及现在的主编郑伟先生都成了我的良师益友。校报在培养我良好的写作习惯和兴趣上起了很大的作用，我由衷地感谢校报。

去年校报开设了《肖川快语》专栏，这是我在北师大26年来最令我自豪的事情。尽管其他报刊也开设了诸如《肖川教育随笔》《肖川人文随笔》《肖川读书》《肖川走笔》《肖川视点》等专栏，但校报上的《肖川快语》是我最为看重的。原因就在于，北师大不仅是人才济济、高手如云的地方，而且影响一个人对生活的感受，最重要的影响都来自于他身边的人。每当我听到校内同事因读了校报上的《肖川快语》而给予我温暖的鼓励的时候，就会有一种自豪与幸福充溢胸间。

一所大学的文化精神决定着她的品质。文化精神在哪里呢？就在大学中人的言行中。校报记录着我们的言行，也催生着我们的思想与情怀，也正因为如此，校报在大学文化精神的蕴蓄、传播和承续上有着不可替代的作用。

大学中要是没有自由知识分子的存在，那是不配称为大学的，充其量不过是“职业养成所”。我的智慧还不够圆融，一些文章言辞往往过于尖刻。在别的地方难以发表的文章在校报上却能够发表，我更没有因为尖刻的言论而受到过校方的批评。作为中国百年名校的北京师范大学今天也还面临着许多的挑战，也仍然存在着一些不足，但她对于自由思想的包容，却是值得称道的。仅此一点也足以令我自豪并生发出对她深深的爱。

校报创刊1 000期了，我估算至少有七八千人在校报上发表过文章，这本身就是一个了不起的成就。因为这七八千人会因为校报而对养育了我们的北京师大多一份亲切和感恩。

祝福你，北师大校报；谢谢你，为北师大校报付出努力的人；谢谢你们，一切关爱校报的人们。

在路上

捍卫言论自由

在缺乏充分的民主自由思想启蒙的群体中,“自由”是一个最容易遭到误读的词:在统治者(权势者、既得利益者)那里,自由是洪水猛兽,国民的自由意识有可能构成对他们享有的特权的冒犯和威胁;在被统治者那里,“自由”是为所欲为,是他们被长久压抑的本能的尽情的非理性的宣泄。

只有言论自由才能确保思想自由。不能自由言论的思想对于社会是没有多少意义的;况且,只有言论自由,我们的思想才拥有必要的资源和动力。在缺乏言论自由的社会中,也必然会有低水平重复、剽窃、抄袭等现象的蔓延。因为重复别人说过的话,说大家都说的话,是最为安全的。所以,限制言论自由必然限制思想的自由。无论是个人,还是一个国家,没有思想自由,创造力必然枯竭。在知识经济时代,一个国家创造力的枯竭,意味着对国外专制技术的依赖,意味着一个国家在世界上的失声。

捍卫言论自由,就是捍卫基本人权,就是捍卫宪法的尊严。我非常认同这样一种说法:“拥有言论自由不见得拥有一切,而没有言论自由却没有一切。”而这一观点是依存于这样一种生活信念:如果你失去了钱财,其实你并没有失去什么;如果你失去了健康,你就失去了部分;如果你失去了独立人格,那么你就失去了所有。无疑,享有充分的言论自由,是保有独立人格的必要条件。对于学者而言,享有言论自由更有着特别的意义。他们更需要有自由言说的平台和空间,因为这是他们存在的意义赖以确证的条件。自由言论丝毫不意味着可以不负责任地信口雌黄。况且,一个思维混乱、信口雌黄的人根本就不能称之为学者。

只有允许人们讲错话,我们才有理由要求人们在道德的意义上讲真话。人们讲假话,是在思想专制的文化生态中趋利避害的本能反应,讲假话是为了逃避惩罚和获取奖赏,是不宽容的专制作风逼良为娼的必然后果。泰戈尔(Rabindranath Tagore,1861—1941)哲理诗中有句名言:“当你把所有的错误都关在门外,真理也就被拒绝了。”这话意味深长且发人深省,向世人揭示出讨厌的错误也有不菲的价值。

在任何一个国家,“因言获罪”(自然是不包括违法言论)的存在都只能表明政治的不义,是当今世界中最严重的“恶”。因为这比恐怖主义更能在人们心中造成恐慌,造成更大的社会危害。这也是极权主义的重要特征,那就是用无形的恐怖在人们心中制造恐惧,从而消蚀异己的力量。

“极权主义属于一种恰恰与我们文明同样古老或同样年轻的传统。”极权主义所构建的“封闭社会”乃是“开放社会”的死敌,是人道和理性、平等和自由的覆灭力量。在文化多元的社会,试图以一元挟持并控制多元是不现实的,尤其是在以市场经济为先导的社会转型期,社会利益和价值观念多元化的趋势不可逆转。可见,捍卫言论自由是我们时代的要求。

捍卫言论自由需要从两个方面来努力:一是给合法言论以自由充分表达的空间,与此相关的是出版自由和新闻自由;二是严格追究非法言论,净化自由言论的空间。对煽动危害公共安全的言论,对侵害公民人格尊严的言论,对泄露国家机密的言论,都应该严格追究。在网络日益成为我们表达言论的重要平台和空间的今天,对侵害公民人格尊严的言论的严格追究尤其显得必要。假如一个社会,可以肆意侮辱、诬陷、诽谤、恶语中伤他人,那同样会人人自危,令人窒息。

“反动言论”是一个人治传统下的意识形态化的说法，在法治社会中只有违法言论和自由言论之分，而无“反动言论”一说。自由言论就包括正确的言论和错误的言论。什么是违法言论，什么是合法言论，有明确的界线；而什么是正确的言论，什么是错误的言论却有着很大的相对性。因为不同的人分属于不同的利益群体，在我看来是正确的言论，可能在你看来是错误的言论，而我们各自的看法都有其合理性，因为利益决定立场，立场决定观点。在观点不一致的时候，如果必要的话，我们之间只能通过平等充分的沟通和协商来达到某种程度的共识。和谐社会只能是“一个世界，多种声音”的社会。

在对待西方资本主义国家的政治制度合理性上，在对待中国历史上农民起义的负面作用上，在对待国民党领导的军队抗战中所作出的努力和贡献上，在对待“文革”的成因和灾难性的后果上，等等，等等，我们都可以而且应该自由言说，当然最好是持之有故，言之成理。如果证据不是那么充分，推理不是那么严谨，那也但说无妨。我们有充分的理由相信：公道自在人心，清者自清，浊者自浊。即使是被社会历史实践证明错误的言论也没有我们想象的那么可怕。而且，一个国家的国民的理智判断力的发达也需要有充分的言论自由作为前提和条件。

一些人在言论自由、出版自由上的自我设界、作茧自缚、画地为牢，实际上是权利的自我放逐，是客观上的助纣为虐。在建设一个民主与法治社会的今天，我们需要警惕杯弓蛇影的自我恐吓，尽管形成这种心理是有历史原因的。我们需要自觉地从梦魇中走出来，首先不要用我们自己制造的烟幕去暗淡光明。

我们社会中个别手中掌握了权力的人，对于不同意见，特别是尖锐的批评意见，还是习惯于压制、打击、封杀的办法，这于一时也许有效，但从长远来讲，是无效甚至负效的。社会的长治久安要建立在人们理性的发展和内心的平和上，而这一点又只能建立在社会的公正与公平上。打压和禁堵，只能在人们的内心郁积起更多的愤懑和敌意。那些用简单粗暴打压、钳制不同声音，不仅是心胸狭窄、弱智和低能的表现，也是对我们的民族和国家极不负责任的。

历史和现实一再向我们昭示：对信息的垄断和封锁，自由交流的人为阻隔，公民知情权的被剥夺，都是一个国家落后和不发达的重要原因。在推行思想专制和愚民政策的地方，要么停滞不前，要么畸形发展；而在可以自由思想、自由言论的国度，社会充满了生机和活力，幸福像花儿开放。言论自由是宪法赋予我们的神圣权利。请问：我们有什么理由不用心来捍卫自由？！

我期待有更多的人能够做到如范仲淹（989—1052）所说的"宁鸣而死，不默而生"（《灵鸟赋》），让我们共同热烈地期待：在我们的国度里所有的人都能够酣畅淋漓地言说，自由而舒展地为文。

"小农意识"与"小民意识"

所谓"小农意识"就是目光短浅,过分在意蝇头小利,缺乏全局意识和公共意识。小农意识与平均主义、皇权至上、无政府主义、掠夺式占有欲之间有着千丝万缕的联系。曾几何时,与令人不齿的"小农意识"相对的是"无产阶级意识"。"无产阶级意识"曾经是一个"红极一时"的词,神圣而美好,"无产阶级"代表着"先进"、"集体主义"和"大公无私",显然这是一个被意识形态涂抹的词汇。"无产阶级意识"里很少张扬个人的权利意识和民主参与意识。

站在"无产阶级"的立场上对"小农意识"的批判,曾经是那样的理直气壮。的确,小农意识是一种落后意识。这种意识产生的根源在于落后的生产方式和落后的文化与教育。

这种落后的生产方式就是被马克思所称之为的"亚细亚生产方式",即"依靠小农业与家庭工业相结合而存在的中国社会经济结构"。德裔美籍学者魏特夫(K.A.Wittfogel,1896—1988)是中国古代社会研究专家。在所有20世纪对中国问题的研究中,魏特夫的影响最为深远,没有其他任何人可以与之媲美。魏特夫研究的出发点是,中国由于自然原因,大部分地区在农业需要水时缺水,跟地球的其他地区相比,建立大面积控制水利网络对中国来讲异常重要。鉴于中国地域广阔,这种对水的大规模需求只有依靠中央集权制的组织,才能得以实现。由此形成了一种监管供水网络的庞大的农业官僚,并造成政治权力的集中和专制。魏特夫称中国的这种特殊形态为"水利社会"。魏特夫进一步认为,在"水利社会”中只存在两种工作的组织形式，亦即：由农业官僚组织的集体工作以及自给自足的小农经济。这个自给自足的工作方式，也就是亚洲式的工作方式，是以一种特殊的统治形式——“东方专制主义”来进行的。君主专制政府对国家在经济上实行垄断，正是由于这种垄断使得东方社会只有君主意志而没有法律。

由于君主专制对于人们自由权利的漠视和践踏，也由于在漫长的年月里农业生产的技术含量极低，劳动收益也极低，“农民”作为一个卑贱的职业和低贱的身份，总是与“贫穷”“愚昧”相联系的（这一点在第二产业和第三产业兴起以后，变得尤为明显）。自给自足的小农经济使得各家各户之间缺乏利益上的关联，因而无法形成统一的意志和共识，专制统治者对于农民的盘剥和压榨也正是建立在“农民”这个群体的“一盘散沙”之上的。

“小农意识”与“小民意识”有共同之处，也有差别。“小民意识”与“贱民意识”“草民意识”“蚁民意识”是同义词，相对的是“公民意识”。“小民意识”中缺乏权利意识，缺乏社会主人翁的意识，缺乏民主参与意识，往往是抱残守缺，自轻自贱，逆来顺受，忍气吞声。当“小民”承受来自强权的欺压达到极限时，就很容易转化为“暴民”和“刁民”。历史上的“农民起义”几乎都是“苛政猛于虎”的官逼民反。

今天我们的国家正处在城市化的进程中，每年都有大量的农民工拥入城市。随着城市的扩张，城市周边的地区农民也在逐渐成为市民，然而这并不意味着他们自然而然地会摈弃掉“小农意识”和“小民意识”。公民教育不仅应该渗透在大中小学的教育内容和学校文化建设之中，整个社会也需要成为公民教育的大课堂。在营造公民教育的社会氛围这一点上，政府责无旁贷。

1. 每一个中国人都是一个潜在的专制者，只是有没有机会的问题。一是因为每一个人都有自我中心的倾向，都希望自己一言九鼎，希望自己位高权重，而不希望被质疑、被抨击、被批判、被否定，这大概是共同的人性，自然，每一个中国人都不例外。二是我们中国有漫长的专制主义的传统，我们既没有受过深刻的民主思想的洗礼，更没有真正亲历过民主的生活方式，所以我们的性格基本上是专制性格：独断、专横、听不得反对意见、缺乏包容、唯我独尊，有时还会盛气凌人。如果我有机会在重要的岗位上，大概也不会比现在多数领导人更民主，更有胸怀，这是我们的性格悲剧。

2. 我们在公开场合所说的话，基本上是些可说可不说的话，真正深刻的、能触到实质与灵魂的话我们是说不得的，这是我们的一种文化处境。这一处境一是使得我们缺乏丰富、充分的思想资源，使我们在浅层次上重复思虑，久而久之，甚至是自我禁锢、作茧自缚，最终导致我们内心的平庸和贫乏；这一处境也使得我们的内心备感压抑，积聚着一种强烈的、消极的、绝望的情绪。有时我真的很艳羡那些革命先烈，他们为了追求自由与光明，可以抛头颅、洒热血，可以酣畅淋漓地生与死，可我们没有这种机会，真感到有点生不逢时。当然，“革命的情结”是需要消解的，民主的进程要靠制度的建设来推进。

3. 我最瞧不起的人是贪官，更确切地说是赃官。那些偷盗、抢劫的人固然可恨，也必须依法惩处，但和赃官相比，他们还罪可饶恕。因为他们之所以铤而走险，相当一部分人是生计所迫。我相信没有一个人生来就是一个罪犯，当一个人生活在被人欺凌、被人践踏、被人盘剥、被人歧视而又没有足够的谋生能力，生存面临危机时，是容易产生反社会的情绪和行为的。如果我们不努力去消除刑事犯罪的社会根源，单纯地打击和惩处，只是治标之策。

但是赃官们都是生活极其优裕的人，民谣说他们是："工资基本不动，烟酒基本靠送，老婆基本不用。"我说他们是："自家的钱基本不花，自家的烟基本不抽，自家的酒基本不喝，自家的床基本不睡。"金钱对他们来说其实没有太多的用处：他们的子女比起普通民众的子女来，生活的起点不知要高出多少倍，可他们还是那么地贪，动辄几十万、上百万、上千万地贪，除了用"下贱"两个字来解释，我想不出更好的解释。他们没有信仰，所以内心中就有一个无底的空洞，要靠物质去填补，以求得暂时的麻木。其实，他们也是上帝的弃儿，他们是不健全制度的牺牲品。作为掌握公共资源的人，是需要一点贵族精神的，不见得一定要视金钱如粪土，但至少要有一点精神追求，少一点物欲，少一点贪婪。

4. 我们的干部基本上是选拔和任命的，而选拔和任命的标准是"靠得住、信得过"。在我看来，这是典型的人治传统的表现，是非常短视的。且不说你对他的"靠得住、信得过"的判断是否准确，是否为假象所迷惑，就单说"人是会变的"这一点，"靠得住、信得过"很可能是既不可靠，也不可信。我见到了太多的为官者：上任伊始，谦卑勤政，慢慢坐大了，脾气就渐长了，专制性格就逐渐显露出来。人是环境的产物，环境变了，人自然会变。现在他手中有权了，有权钱交易、权权交易、权色交易的筹码了，在无尽的诱惑中，他会变，他会不知不觉地变，以致变成他以前十分憎恶的人，甚至从人变成鬼。

历史的经验一再证明，人治传统是一个很坏的传统，是导致中国贫穷与落后的重要原因。人是会变的，“清官”也是靠不住的，唯有制度，唯有法治，唯有民主，唯有消除权力垄断，唯有彻底的新闻自由，才有可能使公共权力不至于退化为个人谋利的工具。而且，选拔和任命本身也是有问题的，它容易造成“对上负责而不对下负责”，也会导致人身依附，强化奴性人格，容易任人唯亲、形成小宗派，甚至买官卖官，毒化社会风气，泯灭正义和良知，这也是为历史和现实一再证明的。

5. 据可靠消息，中国社会科学院要评选“学部委员”了，我看这基本上是一场闹剧。我们的“社会科学”研究连起码的学术规范都没有建立起来，设立比研究员、教授更高的头衔，只能是使一些人又多了一个钻营并捞取资本的平台。之所以要这么做，据有关人士的解释是为了“内部激励”，我认为，这个理由是缺乏说服力的。假如一个学者要靠虚名浮誉的引诱才有研究的动力，那研究成果恐怕也难以摆脱急功近利的文字垃圾的命运。试问，评上了“学部委员”的人又靠什么去激励他们呢？中国是一个以权力和关系为中心的社会，在一个群体中，多一层头衔，多一层光环，就多一层腐败与阴暗的温床。我非常担心其他机构会竞相效仿，那不啻是一场灾难。为了社会的清明，为了人们拥有内心的宁静与平安，为了使那些混入学术队伍中的败类少一点打压正直学者的依靠和机会，为了学者们能够沉淀出更内在的研究动力，还是少一些评比、少一些功利的诱迫更好。对于我们今天的社会，我推崇“黄老之术”：无为而治。我们可以成百上千地评选出院士或者什么“学部委员”，可如果没有真正的学术自由、思想自由和言论自由，我们就很难造就哪怕是一两个世界一流的头脑。

6. 曾获美国科学界最高荣誉“美国国家科学奖”和中国政府授予的“国际科技合作奖”的著名数学家丘成桐，在2006年7月下旬接受《南方人物周刊》采访时表示：“《纽约时报》说北京大学40%引进的人才都是海外的，你去美国调查一下，我担保大部分都是假的。”他称北大这样做是因为可以拿到好处。“引进一个人，可以拿几千万的资金到学校来，学校拿了几千万，给你（指引进的教授）一两百万有什么关系？反正不是他的钱，是国家的钱。”（《北京新闻·时政》，《新京报》2006年8月1日）我不知道丘成桐先生讲的是否属实，更不知道谁可以给予我们令人信服的结论。如果丘成桐先生所言属实，说北京大学这样的行为是卖国行为恐怕是不过分的，与其有关的人则应该受到法律的追究，而北京大学应该被查封。不如此，不足以平民愤。我衷心希望更多有良知和爱国情怀的人用行动来关注这件事情。

7. 据《中国青年报》2006年10月16日报道，厦门大学校长朱崇实称："两个月后，目前国内最漂亮的高尔夫练习场将在厦门大学建成投入使用。今年06级厦大学生都要上高尔夫球课，其中对管理、法学、经济、软件学院的学生还是必修课，每个学生都要学会打高尔夫球。”校方的解释是，高尔夫球是时下商界领袖们喜爱的一项社交活动，学校要培养精英人才，打高尔夫球算是“精英教育”的必需了。我们不禁要问：大学究竟要培养什么样的精英？

现在有些人只要能吸引别人的眼球，只要能引起轰动效应，什么歪招都敢出，什么厥词都敢放！某些个别大学校长江郎才尽到这般地步，实在是该下课了，国家大笔的资金投放在大学，却用来修豪华气派的校门，用来建什么高尔夫球场。我们真的很不放心，那是纳税人的血汗钱。我真诚地希望那些掌握权力的人在涉及资金投入的问题上能够更加审慎一点。令人感到庆幸的是，消息传出后，招来几乎一致的批评之声，可见有正常思维的人还是占了大多数。可我还要问的是，个别人是怎样占有那些重要位置的？

解读"口号"

我们随处都可以见到各种各样的口号:从雄伟的天安门城楼(这是最具象征意义的一座建筑物)到穷乡僻壤摇摇欲坠的民房,从高速公路的道路两旁到电视屏幕。说中国社会是一个充斥着口号的社会恐怕并不过分。

文明社会并不是完全不要口号,有些口号是必要的。它可以是高扬的旗帜,如"加强民主与法治建设",这对于使民主与法治的观念深入人心就很有意义。有的口号通俗易懂,容易做到妇孺皆知,如"山区人民要致富,少生孩子多种树",这就巧妙地把"计划生育"与"保护环境"的基本国策都包括在内。

但口号的充斥泛滥,很可能是思想的懒惰和形式主义盛行、习惯于做表面文章而抗拒艰苦细致的劳动的表现。口号简单明了,易于流传,可"轻易得来的东西就将轻易失去",这是一条铁律。正由于其简单,因而难以打动人心,难以具有鼓舞人、推动人行动的力量,即使口号的发布者用意很好,可"口号"仅仅是"口号",由于缺乏实际、详尽的操作规程,实际效果恐怕非常有限。更何况口号泛滥,再好的口号,也难以引起人们的重视。什么东西一多以至于泛滥,就会贬值,这也是一条铁律。

一个社会总是要有所倡导。政府对于民众也应该有所引导。口号固然是必要的,但制度的建设更为要紧。而制度的建设就艰苦得多。它需要照顾到各方面的利益。它可能耗费一些立法资源,但是它的效益也是巨大而长远的。譬如,我们建立怎样的一种机制使每一个人都爱岗敬业,这比我们经常号召人们“学习谁谁谁”更有效。为了学习某位英雄,某位先进人物,我们就要大力宣传他(她)的优秀事迹,以至于我们经常有各种“英模事迹报告团”,在全国各地巡回演讲。效果如何呢? 我们不能排除“听了激动,回想起来感动,行动上一动不动”的可能。

口号中的话语霸权也是需要我们予以警惕的,记得小时候一句喊得震天价响的口号:“文化大革命就是好,就是好,就是好!”不由分说,霸气十足。可历史证明“文化大革命”怎么样呢?究竟谁可以成为口号的发布者,恐怕也是一个需要研究的问题。

忽然想到

1. 一个人的一生中也许会遭遇到别人对他的不公正对待，但上苍会公正地对待所有的人。一个人在某些方面遭受的损失，上苍会让他在其他方面得到补偿。重要的是心中充满善念，在行动中体现爱心。

所以，我想告诫那些手中掌握权力的人，不要以为你可以决定别人的命运，你只能主宰你自己的命运。人力达不到的地方很多，那是神秘力量的主宰。中国古训中有“人恶人怕天不怕，人善人欺天不欺”“一时强弱在于力，千古强弱在于理”之说，可谓金玉良言，值得那些“小人得势”之人警醒。

有人一旦掌握一点权利，就表现出不可一世。他们大概是不懂得历史的。当年和绅很受乾隆的宠信，可谓权倾一世，后来结果怎么样呢？他不仅死得很惨，而且留下千古骂名。

2. “起义”一词，本身是含有褒义的，即为了反抗不义的统治，为了反抗暴政，而发起的武装革命。在传统中国，对农民起义蔑称为“刁民暴动”“匪患”“匪祸”。世界许多国家的历史上都有过农民起义，原因就在于“哪里有压迫，哪里就有反抗”，许多的农民起义实属官逼民反，是起义者绝处求生的无奈选择。但像中国历史上这么频繁的农民起义，在世界历史上是不多见的。这并不是因为中国人更具有反抗精神，而是由于“苛政猛于虎”。中国儒家所鼓吹的“仁政”的确在一些明君手中推行过，不过由于专制统治的本性决定了“国”是当权者的“国”，遇上暴君或昏君往往就是民生凋敝、民不聊生。所以，我很讨厌“太平盛世”这样的说法，因为中国从来就没有过什么“盛世”。所谓“盛世”充其量是广大民众“做稳了奴隶”，没逼到揭竿而起的地步罢了。号称“太平盛世”不过是无耻的统治者往自己脸上贴金的小把戏。

3. 自近代以来，中国人除了避免挨打、挨饿，还要避免挨欺——欺骗、愚弄、禁锢和钳制。让我们的子孙后代铭记近代那段悲惨的、屈辱的历史，是我们教育者的责任。外国侵略者固然可恨，但同样可恨甚至更为可恨的是引狼入室的专制统治者。专制统治者们为了一己之利，钳制思想，推行愚民政策，使得中国日益贫弱。他们愚昧昏庸，在与列强打交道时，授人以柄，引狼入室，自取其辱。

4. 有言道：苦难是人生的一笔财富。其实，并不尽然。对有的人来说是如此，他们深知人生的不易，总是能善待他人。可也有些人，苦难在他们的内心郁结出对他人与社会的仇视：“多年的媳妇熬成了婆以后”，变态成虐待狂，更加狠毒地对待“媳妇”。可见，苦难既可以成就天使，也可以制造恶魔。一切取决于个人的造化，亦或是上帝在投骰子？

5. 表面看来，中国人很在意别人怎么看自己，但这一点只局限于熟人圈子。其实，中国人社会性发展的程度普遍不高。这与公共精神的发展有限是互为因果的。比如在滚动电梯上很少有人会自觉地站在右边，以便让有特别需要的人快速通过。不爱护公共卫生和公共财物的行为就更是普遍。

6. 占人口大多数的中国农民曾经是没有贱民身份证的贱民，这是我们这个民族抹不去的伤痛和耻辱。它折射出那些强势群体无视公平与正义的丑恶内心。歧视弱者，是人性的硬伤。

零思碎想录

有媒体报道说，“有超过4 000名中国贪官逃往他国”，导致了近500亿美元资金的流失（参见《打击贪官外逃需从国内固本》，《瞭望东方周刊》2005年2月）。这么巨额的财富的流失，我没有看见谁对此承担责任。的确，防止贪官外逃不是一件简单的事情，但不是一个两个，也不是几十个几百个，而是超过4 000个，这实在令人震惊。贪官们都是神通广大、手眼通天的人，逃到国外简直是易如反掌，可见对于权力的制约是何等必要。

2005年12月22日，安徽省宿州市灵璧县公安局原局长王建华因为涉嫌犯罪被司法机关逮捕。当地老百姓放鞭炮庆祝，人们张贴标语表达心情，“感谢党感谢人民政府，为我县公安清除一害，使我县广大人民得到安宁和谐生活”“天网恢恢疏而不漏”。我在想，假如灵璧县再出了个“李建华”“张建华”，并且同样被绳之以法，灵璧县的广大人民又该感谢谁呢？

中国是一个有着深厚的人治传统的国家，这一点至今在社会生活中仍有非常广泛的表现。宪法保护不了你，制度也保护不了你，只有有权势的人才能保护得了你。所以，经常有大人物保护比他地位低一些的人的“佳话”。被保护过的人自然是要感激涕零的，人身依附以及隐晦的人身依附就构成了我们这个社会人际关系的基本特征。因而，那些讲究“自由意志”和“独立人格”的人，当然就是要被边缘化的人。

社会生活中没有明确的行为底线，这就为是非判断留下一个伸缩性很大的空间，最终必然导致“强权就是真理”；人们为了避免遭受惩罚和被孤立，就只好向强权屈服或献媚。所以，人们大多发展出伎俩和心机，而不能够发展出智慧。这就是中国为什么贫穷和落后的又一原因。

我们的社会中有歌手丛飞这样有爱心的人，但更多的是贪官、赃官。我相信，普通民众对于赃官是切齿痛恨的，他们不仅侵吞国家财富，导致国有资产的流失，更重要的是败坏社会风气，使我们的社会缺乏凝聚力，社会交易成本奇高。何以会有如此众多的赃官？一是制度建设有缺陷，二是民众的精神修养不够。因为赃官也是从国民中被任命和提拔的，而前者是根本性的。制度的缺陷一是由于我们缺乏信仰，二是由于制度建设者们的理论修养差。

2006年4月15日，我乘早班飞机从北京去运城，由于摆渡车调配问题，飞机晚点一小时。早班航班尚且晚点，其他就更不用说了。国内航班何以总是晚点？除去人力无法抗拒的原因（这一原因造成的航班延误大概不超过2%），主要原因是地勤服务和管理不善。因为航班晚点我几乎给所有航空公司的高层领导写过信，但没有谁给我回复过。我猜想，除非是级别比较高的官员，他们会回复，普通乘客是不在他们眼里的。因为，普通乘客决定不了他们的命运，更影响不了他们的利益。

那些决策的人究竟在干什么呢？我不知道，但大概可以肯定不是在认真地履行工作职责。正因为如此，才导致管理松懈，资源运作低效，导致航班几乎百分之百的延误。

泰国总理他信因涉嫌在制定的政策中为其家族企业谋取利益而被泰国民众赶下台,这就是民主的力量。可在世界其他某些专制国家,领导人大肆为其子女为其亲友捞取好处,甚至鲸吞国家财富,人们却敢怒不敢言。这样的领导人是多么的可耻与可恨,这种国度的民众又是何等的可怜与可悲。

伊拉克新政权判决萨达姆·侯赛因绞刑。萨达姆专政时的不可一世,对不同政见者的残酷镇压,或许是该他遭到报应的时候了。

不能让任何一个独裁者、专制者有好下场,这也是人类正义力量的体现。不论是乔治·布什还是小泉大泉,只要是独裁者,就谁也逃脱不了人类正义力量的审判。让专制的力量从人类生活中消失,才能真正确保人类的尊严。21世纪的人类不能容忍任何形式的暴政的存在。专制之所以是一种邪恶的力量,就在于专制是对人们理智能力的极端不信任,对人的尊严的粗暴践踏,是专制者自我中心的恶性膨胀。

普通民众爱不爱国,事小,因为阴沟里翻不了船;政府官员爱不爱国,事大,因为他们掌握着国家的资源。你看,多少官员跑遍了世界?多少官员将子女送到国外?多少贪官携巨款外逃?多少官员与外商勾结出卖国家利益只为了一点回扣或回报?多少官员将钱存入国外的银行?究竟有多少,没有人告诉你,但经验告诉我,因此而导致的国家财富的外流是巨大而惊人的。我敢断言,如果我们的官员都爱国,不用宣传,不用教育,普通民众自然会爱国。对于普通民众来说,这个国家值得去爱,比任何的说教和宣传都管用。这是一个极简单的道理,可有人就是“不懂”,不知用心何在?

2006年3月26日看报,读到法国总统希拉克在出席欧盟首脑会议第一次工作会议期间“捍卫法语”的报道,很有感触。报道说,当听到身为法国人的塞埃用英语演讲时,希拉克打断其讲话,并询问他为什么用英语发言。“我用英语发言,因为这是商务语言。”塞埃回答道。听到这句话,希拉克带领身边的法国外长菲利普·杜斯特布拉奇、财政部长蒂埃里·布雷东齐身离席,以示抗议,直到塞埃发言完毕后才重新返回会议现场。结果使得各国首脑目瞪口呆。

在法国著名作家都德的短篇小说《最后一课》中韩麦尔先生说,法语是世界上最美丽的语言,这其中盈溢着浓浓的爱国情怀。某些中国人在非常正式的外交场合颇具炫耀地说着外语,在他们的心里,汉语是世界上最美丽的语言吗?

美国四年一届的总统选举,从其客观效果来看,是十分有效的公民教育。竞选者为了能获胜,必须对所有国计民生的问题和所有的内政外交政策作出系统的、明确的回答。这就需要一个真正富于智慧的智囊团,这些人是真正有头脑、有专长的,而不是一些马屁精。

竞选者在一场又一场电视实况转播的演讲和辩论中,必须正面回答竞争对手提出的问题,这就有利于促使其治国方略的完善。为期半年多的总统选举,是一个帮助未来的当政者完善治国方略的过程,也是将治国方略昭示天下、接受民意检验的过程。

“文革”时,“红”与“专”作为对一个人评价的两个方面被强调到很高的地位。所谓“红”就是指“政治”上“正确”,而“专”指业务水平。“政治”在一些人眼中不过是他们的既得利益,他们要去愚弄和欺骗人们的烟雾,他们要全力去维护的一种秩序,一个似乎可以一剑封喉的尚方宝剑,好像一旦以“政治”的名义,就有了无可辩驳的合法性和权威性。所以可以模仿西方一位思想家的话说:政治啊政治,多少罪恶假汝而行。

许多正直的学者和科技专家就是以“只专不红”为由而遭受权利的剥夺甚至人身的迫害。假如政治好的人反而不如有私心杂念的人钻研业务时干劲足,不正说明政治的无力吗？钻研业务而取得成果不也是对社会的贡献吗？知道走错了路,而又不敢回头的人,必然用歪理来解释真理,还要振振有词、煞有介事,只为了虚张声势。

名与实

名与实，是一对古老的范畴。从一个人，到一个地方，一件物品，一个事件，都有“名”与“实”的两面。名，即名称、名声、名望、名誉、名头、名分、名义。实，则为实际、实质、实在、实有、实力。名与实，既可以是统一的，也可以是分离的。前者如名至实归，名副其实，名不虚传；后者如名不副实，徒有虚名，名过其实，名存实亡。

“名”对于人和事来说，都是重要的。我们的前人早就意识到：“名不正则言不顺。”（《论语·子路》）做任何事都必须师出有名，才能赢得人们的同情和支持，如美国出兵伊拉克，布什政府要找尽各种理由，尽管后来人们发现那些理由都不太能站得住脚。在今天这样一个高度信息化的时代，“名”变得越来越重要，所谓“名人效应”的存在，人们更信任“名牌产品”，莘莘学子都更希冀上名牌大学等就是明证。

其实，“实”才更重要。譬如，我可以给一本书取一个动听的、诗意的、新奇独特的“名”，但内容可能是粗制滥造、缺乏灵魂，甚至是不知所云。一个商家可以给其产品不惜血本大肆做广告宣传，使得该产品妇孺皆知，可能产品的质量本身并不过硬。

如果用“名”来给芸芸众生分类，大致可以分为三类：声名卓著并可以名垂千古的；默默无闻的无名小卒；声名狼藉并遗臭万年的。只是每一类中又可分出若干等级。

在当下中国，名实不符是个普遍现象。这很值得分析。这大概与我们的体制有一定的关系。对一个人而言，所谓“有名”，就是指有影响力。但影响力有两种,一种是角色的影响力,一种是思想(精神)的影响力,前者是外在的,后者是内在的,正如香港演艺界,有偶像派明星和实力派明星之分。

一个人角色的影响力是因为他在那样一个位置上,出镜的机会多,慢慢地就有了名,但他有没有自己的灵魂与思想,有没有节操和学养,那就很难说了。而思想的影响力是源于文化的底蕴,眼光的独到和头脑的睿智。

角色的影响力是暂时的,思想的影响力是永恒的。在我们的社会中,有一些人他们要什么有什么:名誉、头衔、地位、资历、金钱、处世的伎俩、如鱼得水的人际关系……他们什么都不缺,唯独缺的就是文化创造力。他们却影响甚至支配着社会的运转,这也是我们落后和不发达的重要原因。

我们的教育愈来愈失落了对自我的灵魂拷问,疏离了"反躬自省"之学。人们愈来愈依赖于外在的名分对自我的定义,而缺乏自知之明。除了一大堆的社会角色、各种头衔,人们便无法确证自我。人成为盛装各种面具、道具的容器。不是有学问就能成为"博导",也不是一定要有学问才能成为"博导",但"博导"似乎是有学问的代名词。我经常会想到这样一个问题:对于假冒伪劣产品我们都深恶痛绝,那么,对于一个徒有其表、浪得虚名的人,我们又将如何看待呢?

至少有四家报刊的编辑对我说过:某位先生的文章就像白开水一样,淡而无味,可他们却对他的文章照发不误,就因为这位先生很有名望。我们能够从中解读出的意含是很多的。其实,一些人的文章,我是不会去读的,因为我知道他们说不出什么有意思的东西。我和一些学界的朋友聊天,他们也说是这样。这正应了"人心不可欺"这句古话。如果你说的都是别人说过的,你关注的问题都是别人关注过的,你没有自己独到的思想,不能给人以启迪,不管你是谁,都不能赢得读者。所谓的"名"就如同没有生命力、没有香味的塑料花。

语　丝

·艺术是人类表达自我的一种方法，艺术也是我们对于生活的一种态度，即用审美的眼光看待万事万物的态度，一种永不停滞、永不自我封闭的态度。

·美是教育的精神元素之一。美存在于美好的思想与情怀中，存在于美好的情境与氛围中。

·一个人的艺术创造的能力在很大程度上取决于天赋，但审美鉴赏力却与文化素养成正相关。

·创造一种尊重儿童、守护童心的学校文化，这是学校教育的应有之义和儿童获得和谐发展最切实的保障。

·不论是自然美，还是社会美，也不论是科学美，还是艺术美，和谐与新奇是一切美的共同特征。

·实事求是的品格是最为重要的。中国人的谦虚，实质上只是一种自我贬抑，一种自虐，就如冬日里街头赤膊的乞丐一样，靠作贱自我来讨赏：这种“谦虚者”差不多都有一种泼皮无赖的禀性，一旦得势，长期受到压抑的情性就会变态地表现出来，从受虐狂而变为虐待狂。

·一个人往往在自鸣得意的时候，心智才会处于最积极的状态，才有可能妙语连珠，并伴之有穿透力和征服力的眼光，带给人以触及心灵的震撼。

·只有经历过失意与困顿，经历过巨大的精神痛楚，才真正能体味出“平平淡淡才是真”这句话所包含的意蕴。

·人性的高贵就表现在：对于所拥有的无比珍视，而对于不属于自己的决不贪图。

·愈是个性的就愈是人类的，因为每个人都是一个宇宙。根植于自我的创造，都是对人类无限丰富性的确证。

·对于平凡的我们，在这个世界上，把我们看得很重要的人，和对于我们很重要的人，相对来说，都是很少的。用心去善待他们，实在是我们存在的理由与价值。

·能够健康而坦然的生活已经是足够美好的了，所有的追求，已然是一种生命的辉煌。

·生命本身只是一个过程，倘若有许多激情荡漾的刹那，有许多挚爱瞬间的永恒，生命就会如同灿烂的星空，由无数的亮点在广袤的天空上镶嵌而成。

·当我们感觉着自己生活幸福时，我们就更有可能成为对社会有价值的成员。因为，一个幸福的人更有可能珍惜生活，善待自我，友爱他人，奉献社会。

·成长是生命永恒的主题。但成长往往需要契机。离群索居作些沉思，沉淀纷繁的思绪，升华驳杂的情感，静视自己的内心，然后作些调适，这就是成长。

·生命历程中有两种不幸的境遇，即生命之重与生命之轻。前者是因生存危机或承担着沉重的责任，使人疲于奔命，使人力不从心；后者则是因无所执著，无所依傍，无所牵挂，也无人将他牵挂，他的存在对任何人和这个世界都无价值。

忙碌是一种病毒

我们生活的都市有旋转的上空和汹涌的人流,生活对于我们都是飞速运转的,速度之快常让我们茫然而不知所措。我们总希望有几缕闲暇,能安然坐于湖畔山边,看夕阳落下,看朝阳升起。我们细看风起云涌,感慨昨日之时不可留。太多的事转眼成空,太多的东西需要留下却又难以留下。每日里行色匆匆地奔走于单位与家之间,无奈与疲惫常常溢满心间,总觉得这不是我们想要的生活。偶尔不经意地望向天空,看到蔚蓝色的天宇里淡淡地挂着几丝云彩,悠然而飘逸,不禁感慨:你永远不能休息。否则,你就永远休息。这是当今许多人的生活写照,也是有点近乎残酷的社会现实。

我们常常太忙, 在不停的奔波中忘记了一天天奔波的理由。现代人的生活好像你开车一路狂奔到商店, 匆匆忙忙地下车,却竟然无法想起要买什么。在这个连梦想都那么实在的时代,城市的上空淹没在喧哗的灯光里,谁还会在寂静的夜晚抬头望一望天空?那些智慧的火花逐渐被湮灭,我们的感觉也变得越来越迟钝。原因恐怕就在于:无论怎样努力,都赶不上不断增长的欲望。人们忙碌着,奋斗着,博得财富与功名累身,但仍觉得缺一佳境,那就是托着腮帮子偷闲,或幻想,或虚构,或涂鸦,忙得忘记为我们身上的从容、优雅、淡定的品质保鲜。"一个病态的社会,其特征是极其简单的,这就是它为生物学需要提供得太多,但同时却处于精神的饥饿状态。"

思想需要经验的累积,灵感需要感受的沉淀,最细致的体验需要最宁静透彻的观照。累积、沉淀、宁静观照,哪一样可以在忙碌中产生呢?我相信,奔忙,使作家无法写作,音乐家无法谱曲,画家无法作画,学者无法著述。奔忙,使思想家变成名嘴,使名嘴变成娱乐家,使娱乐家变成聒噪小丑。闲暇、逗留,确实是催生创造力的不可或缺的有机土壤。

古人云:"人之心胸,多欲则窄,寡欲则宽。人之心境,多欲则忙,寡欲则闲。人之心术,多欲则险,寡欲则平。""人之心事,多欲则忧,寡欲则乐。人之心气,多欲则馁,寡欲则刚。"([清]金缨著、张琪译注:《格言联璧》,山西古籍出版社,1999年9月第1版,第22、23页)

生命中有些东西是值得我们为之赴汤蹈火的,那些东西中一定包括灵修和梦想。如果你愿意倾听,一个微弱的声音,姑且称之为良知或内在的自我,总会告诉你生命的真相。然后,你可能意识到你真正想要的是什么,布拉德里·格里夫(Bradley Greive)说:"把手放在胸口,感受心脏的跳动。那其实就是你的生命之钟在滴答作响,细数着余下的时刻。有一天它就会停止,这是千真万确的,而你对此绝对无能为力。所以你不能浪费任何一秒钟珍贵的时光。精力充沛、满怀激情地追求梦想吧,否则你只好止步不前,眼看着梦想付诸东流。"正如清代文学家张潮(1650—?)在《论闲与友》所言:"能闲世人之所忙者,方能忙世人之所闲。人莫乐于闲,非无所事事之谓也。闲则能读书,闲则能游名胜,闲则能交益友,闲则能饮酒,闲则能著书。天下之乐,孰大于是?"

一个只是为了物质消费而生存的人,在伟大的爱因斯坦看来,与一头被豢养的猪没有什么两样。他还指出,光有知识和技能并不能使人类过上幸福而优裕的生活,人类有充分的道德理由把对高尚的道德准则和价值观念的赞美置于客观真理的发现之上。

眷注内心,重视精神生活是有品位的人生的重要方面。这就需要经常给自己的心灵一个节日，让身心放松，静静地体会一下生命的纯净。要知道，内心的宁静才是真正的休闲。苏东坡赞美西湖诗曰："欲把西湖比西子，淡妆浓抹总相宜。"(《湖上初雨》)西湖如此，西子如此，每个人的人生也应如此，该浓则浓，该淡则淡，浓淡相宜。该浓时，就浓它个轰轰烈烈，撼人心魄，"乱石穿空，惊涛拍岸，卷起千堆雪"；该淡时，就淡它个心如止水，沉稳恬静，"采菊东篱下，悠然见南山"。得意淡然，失意泰然。沉潜下来，潜心体味，与真理为友。记住："心不欲杂，杂则神荡而不收；心不欲劳，劳则神疲而不入。"

写着这篇文章，耳边回荡着李宗盛低沉苍凉的歌声："我们来来往往，匆匆忙忙，从一个方向到另一个方向，忙，忙，忙，忙是为了自己的理想，还是为了不让人失望……"经常地扪心自问，经常地回眸走过的路，停下来想一想，下一步我究竟要走向何方？

世风评说

·每年有多少官员携款外逃?这造成的损失是多少?这难道不是公民知情权中的一项吗?作为纳税人难道无权知道他们所交纳的税款做何用途了吗?如果不从一些具体的事情上来体现对公民权利的尊重,所谓“以人为本”,所谓“责任政府”等等就都只是美妙的言辞。

有那么多的官员——我们这块土地上的“上流社会”中的人——背叛祖国,这难道不应该促使我们深刻地反省一下爱国主义教育的实际效果吗?空洞的、虚假的说教,除了令人反感和培养伪君子,就是徒然耗费人的生命。

·教育学界曾经有“南北二成(陈)”之说。南是指华东师范大学的陈桂生先生,北是指北京师范大学的成有信先生。他们俩的确是老一辈教育学者中的佼佼者。可是,从世俗的眼光看,他们都是很不得志的人。陈先生著作等身——真正的著作等身,而不像某些人靠当主编才著作等身的,可老先生连博士生导师最后也没有被评上,个中缘由我不太清楚。成有信先生是中国教育学界在《中国社会科学》杂志上唯一一位发表过三篇有分量的学术论文的教育学者,可他老人家快要退休了才评上博士生导师,仅仅招了一名博士研究生,成为中国教育学界唯一只带过一个博士生的博士生导师。成先生为人宽和、正直,从来不搞拉帮结派和依附权贵的小动作,又成就卓著,所以既招人嫉恨,又觉得他没有靠山,欺负他不会有什么不良后果，才会成为这两个“唯一”。可公道自在人心，谁英雄谁好汉，人们心中自然有数。

·大学中有些人是什么奖都能够得到，因为他们主持了许多重大的研究课题，带了许多的硕士生和博士生，出过许多次国，主编了许多的书，他们的荣誉和头衔数不胜数。要能获大奖，就必须获得过许多的奖——这就是为什么会有“马太效应”的原因。他们有着或曾经有过重要位置，在一定的位置上，就可以建立一个关系网，有了这个关系网，就可以要什么有什么，至于是不是有高尚的人格，有没有真才实学，并不重要。这恐怕是中国人文社会科学落后、在国际学术界地位十分低下的重要原因。

·在中国，给健在的国家领导人出版著作或传记之类的东西，应该是一件十分慎重的事，因为这有可能给那些攀龙附凤、巴结权贵的无耻之徒以可乘之机。他们极有可能慷公家之慨，做顺水人情以取悦于人，为自己找后台、找靠山。其实，在西方发达国家，给健在甚至在职的领导人出著作和传记并不鲜见，为什么在我们国家要慎重呢？原因是我们官员手中的权，特别是对于金钱支配的权力太大了。如此公款消费才会异常地火爆。当然，慎重出书只是治标，治本之策还在于对权力的有效制约。

·看由发生在全国各地真实的刑事案件为依凭拍摄的电视连续剧《警界雄风》，在为公安干警打黑除恶的正义之剑拍手称快的同时，我一直有一个困惑：那些黑恶势力真可谓是无恶不作、气焰嚣张，他们鱼肉百姓，称霸一方，杀人越货，心狠手辣，十足的十恶不赦；一个个血淋淋的镜头，一张张狰狞的面孔，一幅幅恐怖的画面，令人触目惊心。可这些黑恶势力肯定不是一两天就形成的，为什么非得等他们坐大了、残害了那么多无辜的民众才给予铲除呢?在他们的形成过程中,究竟哪些人在充当他们的保护伞?又有哪些权力部门缺乏必要的监管以致失职和渎职才养虎为患的?如果不彻底铲除他们滋生的社会土壤，黑恶势力就有可能死灰复燃。这种担心恐怕不是多余的。

·西方官员因丑闻而落水,中国官员因落水而被揭丑闻。中国有“为尊者讳”的传统,一个身居要职、身在高位的人,做了什么见不得人的事,总会有人去摆平、去遮掩。当“多行不义必自毙”的规律在他们身上兑现时，当他们成了一条“落水狗”“一只死老虎”时,他们报复不了别人了,人们也就不必惧怕他们了,知情者敢说真话,媒体也可以深度报道了。当那些遮羞布统统被撕去时,才发现他们是如此的肮脏和龌龊。这一方面反映出制度建设的缺陷,反映出“民主监督”的无力,也反映出国人欺软怕硬的劣根性,尽管“落水狗”被千夫所指是罪有应得。所以,民主对于我们每一个人也是一种保护。

·在可预见的未来,中国要产生世界级的大师是比较困难的,原因就在于我们各种各样的选拔机制具有“思想阉割”功能——不鼓励自由思想和独立人格。美国学者M.E.斯皮罗在《文化与人性》中所说:“社会系统和个性之间有反馈关系,因此社会系统产生那些个性需要,而个性需要反过来又在社会系统的运行中得到满足并激励社会系统的运行。”在今天的文化生态中,作为学者,思考的首要问题不是言说的真理性,而是言说本身会招致一个怎样的后果。

·左宗棠教育子女时常说的一句话是“境遇以清苦淡泊为妙”。他宁肯让自己的子孙受苦受累学做一个好人,也不愿多留一点钱财荫庇子孙,使之受钱财之累学坏。可是今天的一些贪官们为了自己子女的“幸福”而不惜以身试法，这反映了他们的自私和狭隘，他们的愚昧和缺乏智慧。这些可耻的贪官太下贱，不说也罢。可大学中一些有点权势的导师，为了自己学生的利益而置公正于不顾，却需要提醒：这不仅不能赢得同行的尊重，恐怕也难以赢得那些被“特殊照顾”的学生发自内心的尊重。

是什么妨碍了我们说真话

所谓“说真话”，就是表达内心真实的想法，而不是说一些空话、套话、言不由衷的话，不是看别人的脸色说话，不是说迎合别人的趣味的话，就是敢于针砭时弊，敢于揭露一些社会的阴暗面，敢于触及到一些敏感的问题。“真话”并不见得都是正确的话，因为所谓“真实”都只是每个人眼中的真实。

之所以要强调“说真话”，就在于只有表达你的真实想法，人们之间的“视界融合”才有可能，充分交流也才有实质性的意义。否则，所谓的“交流”“分享”都只是自欺欺人的相互敷衍——既不能富有深度，推动认识的前进，也不会达成共识，凝聚成一种力量。一个民族总要有人不断说出真话，才会有希望。而且，如果一个社会不能让人畅所欲言，人们就会表现得十分做作，人与人之间就会缺少真诚。

究竟是什么妨碍了我们“说真话”呢？首先是几千年的思想专制在人们心中投下的浓重的阴影。在过往的中国社会中，因言废人的事时有发生。“真话”有可能让一些权势者不高兴，甚至恼羞成怒，暴跳如雷，而对说真话者大加讨伐，并有可能置于死地。因言获罪，从古以来，就举不胜举。由于公开谤毁朝政或是直接犯了皇帝的大忌而被杀头的，也不乏其人。“历史的经验值得注意”，人们为了避免惹火烧身，只好说一些违心的话。

其次，说真话会得罪一些人，会妨碍一些人去获取某种利益从而使自己的利益受损。比如说，我呼吁遏制“能者多捞”，那些身兼数职的能者们就会不高兴;我呼吁“期待官员从学界退场”,那些在学界呼风唤雨的官员们就会很敏感并进而很反感。你妨碍别人获得某种利益,别人不说伺机报复,至少在一些时候也不会帮你说话,不会把你当成自己人,有好的机会的时候不会想到你。你会处于一种比较孤立的境地,一些好的机会你就难以得到。中国是一个人情社会和关系社会,每一个人都有一些利益相关者,每一个人都是复杂的社会关系中的一个纽结。你说真话损害了一个人的利益,他的利益相关者即使不打击报复你,也会与你“划清界限”。

第三,说真话也容易给人一种幼稚、不成熟的感觉。比如说,美国毋庸置疑的是世界上最发达的国家。它为什么会成为一个最发达的国家呢?原因多多,其中非常主要的是它的机制比较好。好在哪里?在每一个公民身上,在每一个机构与利益集团身上,责、权、利三者统一得比较好。这是一句真话,可大家都不说。你说美国的制度好,岂不是赞美资本主义?岂不是说别的发展中国家制度不好?典型的政治上不成熟。一个政治上不成熟的人是不能委以重任的,是只能处于边缘的。可谁都不愿被边缘化。

当然,敢于说真话,也需要独立思考的习惯和能力。没有了独立思考,就只有人云亦云;没有了书生意气,就只有奴颜媚骨;不敢讲真话,又不得不说时,就只好说假话。

说来说去,是什么妨碍了我们说真话?一言以蔽之,利益。无私才能无畏,可每一个人都是有自己的利益的,谁都不希望自己的利益——合法的以及不合法的利益受损。所以明智的选择就是不说真话,尽量少说真话。迫不得已时,说些套话。其实,套话也是假话,因为它言不由衷。

可为什么总还是有一些敢于仗义执言的人呢?这是源于他们的人生信念和生命境界。在他们看来,因为说真话而遭受的那些损失是不重要的,至少不那么重要。他们有更高远的人生追求,在他们的心中有更大的利益。鲁迅先生是这样说的,“大胆地说话,勇敢地进行,忘掉了一切利害,推开古人,将自己的真心的话发表出来”。鲁迅先生也是这样做的,“苟利国家生死以,岂因祸福避趋之”(林则徐:《赴戍登程口占示家人》)。

当然,并不是什么时候都应该说真话,并不是什么时候说真话都好,也并不是什么时候说假话都不好。正如鲁迅先生所描述过的,当人家刚生了一个儿子,大家都去道喜的时候,如果有人说“这个孩子会死的”,那么他肯定会遭到众人唾骂。可是这确实是一句大实话!可见,说假话,有时是虚伪,有时却是智慧。

如果社会的大多数成员都不愿、不敢公开亮明自己的观点,那么,“隐瞒自己的观点”,说一些言不由衷的空话、套话,就主要不是个人的道德品质问题,而是社会本身存在某种问题。如果有制度的保障,人们说真话不会招致利益的受损,人们说真话的空间相对要大许多。可见,真正妨碍我们说真话的仍然是制度。我们要建立起一种人们“说真话”不会招致其利益受损的制度。

路,还很长。

我们必须面对

我们已足够强大，我们有能力、有自信面对我们的历史与现实。正如阿德诺(J.W.Adorno)所言："让苦难有出声的机会是一切真理的条件。"正视真实的现实和历史是为了使我们对于我们的民族和国家有更加真切和强烈的责任感，并更加清晰我们前行的路。

我们必须面对在抗日战争中的民族英雄所作出的牺牲，必须面对张自忠等两百多位为国捐躯的国民党高级将领，必须面对数以百万计的英勇牺牲的士兵，他们同共产党领导的抗日将士同样都是中华民族的光荣与骄傲。

我们必须面对在大跃进的灾难性后果中因饥饿而死的数以千万计的国民，那是我们民族永远的伤痛，我们必须面对在十年浩劫中数以十万计的屈死的冤魂。

我们必须面对张志新、遇罗克等烈士直面真理的灵魂，烈士殷红的鲜血应该成为我们永远警觉的清醒剂——在不允许自由思想的环境中，人们就容易变得醉生梦死，得过且过，并不把人的存在的真实、价值和意义放在心上。

我们必须面对我们缺乏足够的定力去抵制灯红酒绿、声色犬马的诱惑：我们既没有内在的信仰去抗拒纸醉金迷的诱惑，也没有制度的栅栏使我们与堕落的泥潭隔离开来。有那么多人因为物欲的膨胀而失去了自由甚至生命，也有人因为携款外逃而成为惶惶不可终日的丧家犬。

我们必须面对那些早期“羊吃人”的西方资本主义世界正在变得文明、人道、公正、富有、和谐，他们的社会福利保障，他们社会中的人际关系融洽与友善，是我们望尘莫及的。可我们没有从西方社会的变革中吸取足够的启示，值得庆幸的是，今天我们正走在通往和谐社会的路途之中。

大都市的灯红酒绿、车水马龙掩盖不了广大中西部地区的贫穷与落后。如果重新擦亮久被城市的繁华尘封的眼睛，我们会发现，他们与我们相隔千山万水，却又与我们休戚相关。我们必须面对我国约有75%的人没有任何形式的保险，来保障他们的基本健康，全国有近三成的家庭因病致贫。农村绝对贫困人口约2 610多万人。农村低收入人口约4 977万人。城市低保市民约2 200多万人。我们必须面对数以千万计的贫困人群，那些布满愁容、充满无助眼神的农民和城市贫困人群，是我们的骨肉同胞，他们的不幸同样是我们每一个人的不幸。

一张张失去儿子、丈夫、爸爸的悲痛欲绝的面孔，连接起了2005年的日子——这一年，可称作“矿难记忆年”。我们必须面对这样一个事实：太多、太深重、太长久的苦难会使人异化，会使人变得麻木不仁，情感冷漠，狡黠油滑，逢场作戏，犬儒虚无。我们必须正视我们民族经历过的苦难记忆以及造成这些苦难的缘由。

我们必须面对我们日益膨胀的城市有许多的零就业户。零就业户，就意味着这个家庭没有任何经济来源，意味着贫穷与苦难，意味着需要抛弃尊严等待救济。没有机会靠双手劳动是痛苦的，没有收入的生活是困窘的，这样的生活境遇不难想见：他们的心情不会是阳光灿烂的。如果他们长时间地处于有能力没机会的状态，处于主流社会边缘，难免胡思乱想，有的可能会自暴自弃，甚至铤而走险。

我们有9亿多人生活在乡村。乡村的教育质量决定着我们民族的未来。我们必须面对农村教育的凋敝。乡村的教育经费投入的严重不足，使得师资薄弱、课程资源匮乏。我们必须面对那些流浪的少年儿童，我们有责任使他们有一个幸福温暖的童年。我们甚至不得不面对在我们的国土上还存在着最原始的罪恶，如贩卖人口。

我们必须面对城市对于外来务工者实在太多的亏欠。无数外来工为城市挥洒汗水和青春，把梦想和希望都托付给这片土地，然而，他们收获的有时却是一颗苦涩的果实：他们干着那些最脏最累、城里人不愿干的活，却拿着微薄的薪水，甚至为讨要这点薪水而付出令人心酸的代价——我们必须面对农民工兄弟但求讨回血汗钱，一次次爬上高高的塔吊以死相逼的情景；他们建造了高楼和小区，装修了无数温馨的居室，自己却住在阴暗、潮湿、简陋的工棚，把对家的渴望深深埋在心底；他们吃着劣质的食品，过着贫乏的文化生活，忍受着孤独和寂寞，甚至还要遭受某些"高贵"的城里人的歧视和白眼。我常常想，如果我是他们，我会怎样来回应这一切。唉！又能怎样呢，穷苦人除了有一条命还能有什么？

我们必须面对假冒伪劣产品的泛滥和猖獗。在日常生活中，劣质奶粉、黑心棉、注水肉、陈化粮、农药菜损害了消费者的健康。据中国经济体制改革研究会副会长杨启先估算，包括三角债、假冒伪劣产品等在内，中国每年由于信用问题造成的经济损失达6 000亿元。其实，我们凭日常生活的经验就能感觉到：当前社会诚信缺失现象非常普遍，后果也十分严重。

中国的确有任长霞这样的好"官"，可他们的伟大是以一些贪官、玩忽职守的人为背景的。任长霞们是灰色天幕上的星，如果阳光灿烂，星光是无法凸现的。任长霞澄清了一个又一个冤案，解决了一个又一个悬案，她付出了爱心与心血，可她以前的那些在任者在干什么呢？我们必须面对我们体制上的缺陷，切实推进民主政治建设的进程。

我们无论在物质上还是精神上都已足够强大,我们完全有能力、有自信面对我们的历史与现实。任何掩饰和逃避都将无济于事。勇敢地面对现实,并朝着崇高的目标不断地努力,这是我们的责任。

心会看见

为生命化教育的探索者喝彩

生命教育是教育的一面旗帜，要让生命教育落实在学校生活之中，落实在课堂之中，就需要创造生命化的课堂、生命化的校园。

生命化教育的探索在八闽大地上悄悄地展开着，并逐渐影响到全国许多地方。张文质先生作为生命化教育的倡导者，他主编的《明日教育论坛》和《福建论坛》(教育版)成为生命化教育思想与情怀的传播媒介，培育和扶持一大批生命化教育的探索者。这套《生命化教育探索》丛书便是在这块充满灵性和希望的土地上结出的芳香的果实。

人类世界是由一个个生命组成的，因此，一个健康的社会，必然要将生命看得高过一切。有鉴于此，在我们的教育中，着力培植生命意识，高扬生命情怀，对于我们文化和国民性的改造，无疑是十分必要的。

让课堂充满关注生命的气息，让生命的活力充分地涌流，让智慧之花尽情绽放，让师生之间和同学之间充满真诚的关怀，是生命化教育的自觉追求。特别在学校中，禁绝一切对学生的羞辱、嘲弄、讥讽、刁难，有着极其重要的意义。因为，在一个人的人格形成期(一般为0～20岁)，如果有过严重的被人欺侮或欺侮别人的经历，或者经常遭受羞辱、嘲弄、讥讽、刁难，那么就不太容易形成正直、光明和健康的人格。只有在充满温情与仁爱的氛围中，才能生长出和煦、细腻、体贴的心灵。如何既严格要求学生而又不伤害学生的自尊与自信,这的确不容易做到。这需要教师有很高的修养。

我的孩子现在上小学二年级,他几乎每天回来都会讲在学校中发生的事。我发现羞辱孩子的事简直是家常便饭。比如,一年级的孩子考试交头接耳,监考老师居然会把他们的试卷撕得粉碎。至于呵斥、讥讽、嘲弄那就更多。孩子在学校中受了委屈,我们总是开导他,告诉他老师也不容易,我们每一个人都会有情绪失控和言辞过激的时候,让他能够更多地体谅老师,帮助他化解消极的情绪和对于老师的敌意。

对于好教师的特征,已有大量研究。热情,宽容,幽默,善于对自己的情绪进行管理,能缓和学生的焦虑感,呵护学生的自尊与自信等等,都是一些重要的品质。其实,我们可以有意识地培养这些品质。

教师是一种职业。中小学教师这个职业在今天,特别在经济发达的大都市,并不是一个非常有吸引力的职业,教师的工作碎屑而艰辛,对教师过高的要求是不现实的。目前,教师的素质不高,但这不单单是教师本身的问题,在我们的社会中,各级各类人群的素质也都不高。而优质教育需要教师有高素质,面对这个矛盾,一方面我们需要等待,等待整个社会文明程度的提高,而不宜操之过急,不宜对广大中小学教师有过多的压力和过高的要求;另一方面,我们每一个教师,都完全可以给自己更多的更积极的暗示和提醒,我们完全可以学会情绪的自我管理,学会对学生的宽容,对待学生的态度和言辞都不宜过于肆意和随便,我们完全可以做得更好。在讲台上,是我们在人生舞台上的一部分,凡事也都只能"不能尽如人意,但求无愧吾心"。

本套丛书的作者都是富有爱心和教育追求的优秀教师,他们的美好心灵和教育智慧在他们的作品的字里行间有充分的体现,相信读者会从他们生动、具体的教育案例和亲身体验中深切地感受到。

衷心祝愿老师们幸福、快乐，也衷心期待有更多的老师加入到生命化教育的探索之中。

本文是为福建教育出版社出版的《生命化教育探索丛书》（张文质、肖川、黄旭主编）所写的序言。

历史的细节

我对历史情有独钟，因而对于那些"通古今之变"的学人有一种特别的景仰。我感兴趣的不是那些宏大的叙事，而是历史的细节——那些能让我们终身难忘、潸然泪下的历史细节。

通过历史细节的发掘，才有可能看到被掩埋的历史，才能还原被意识形态所剪裁的历史。在现代西方文化浸淫一个多世纪以后，20世纪中国文化精神的根本变化之一，是进步历史观的确立。进步历史观的现代性在于两点：第一，它认为历史是一个从落后向前不断进步的过程；第二，"进步"是以科学—技术的合理性为内容的，它为历史研究提供了普遍、客观的原则。通过进步历史观，中国历史向我们展现为一个可以清晰、确切把握的线性发展过程。但是，这种清晰和明确是以落后与先进二元对立的单向运动为基础的，它无疑压抑或忽视了这个线性运动之外的历史活动的丰富性。在20世纪即将结束之际，瞻前顾后，我们特别深刻地感受到历史丰富性的丧失，和因为这个丧失而处于一种无历史的困境。

无疑，我们面临着重新发现历史丰富性的使命。这个使命的必要性，既在于我们作为后来者对于过去所承担的责任，又在于我们现在的存在需要历史性的支持。德国文学家和哲学家瓦尔特·本雅明(Walter Benjamin，1892—1940)指出，进步历史观压抑历史丰富性的根源在于，它以同质而空洞的时间观念为基础，在这个基础上，过去被抽象为无时间的永恒形象，而我们被排除在历史之外，生活在单纯的现在之中。

以下是中学《历史》教科书上的几个历史细节，通过这些细节我们当对中国近代史有更为深切的认识：

1．八国联军冲入北京后，纵火放炮，大肆抢劫。北京城内炮声隆隆，火光冲天，成了一个“强盗世界”。侵略者争相抢掠清政府的官衙库款。日军从户部抢得白银300万两，并烧毁户部以毁灭罪证。法军抢劫礼王府现银200多万两和无数金银财宝，用大车拉了7天。侵略者还以搜捕义和团为名，在大街小巷挨户破门而入，将粮食、家具和银钱钟表等全部抢走。他们还把抢来的东西拍卖，按官阶高低瓜分赃款。侵略者甚至还以杀人为乐事。一群逃难的老百姓，被法军逼进一条死胡同里，全部被机枪射杀。庄王府被焚时，1 700多人被侵略者活活烧死。大街上尸骸枕藉，满目断壁残垣。

2．《临时大总统关于革除前清官司厅称呼致内务部令》：“官厅为治事之机关，职员乃人民之公仆，本非特殊之阶级，何取非分之名称。查前清官厅视官等之高下，有大人、老爷等名称，受之者增惭，施之者失体，义无取焉。光复以后，闻中央地方官厅，漫不加察，仍沿旧称，殊为共和政体之玷。嗣后各官厅人员相称，咸以官职；民间普通称呼，则曰先生，曰君，不得再沿前清官厅恶称。”

3．1937年12月，日军攻陷南京。接着，日军以集体枪杀、焚烧、活埋、砍头、军犬撕咬等极其残忍的手段，对南京平民和被俘士兵进行血腥屠杀，制造了惨绝人寰的南京大惨案。

12月16日，日军将集中关押在华侨招待所的中国平民和被俘士兵5 000多人，押往中山码头，用机枪扫射后，弃尸江中，毁尸灭迹。

18日，日军将囚禁在南京幕府山的男女老幼5.7万多人，全部用铅丝捆绑，驱赶到下关草鞋峡，用机枪密集扫射，对倒在血泊中呻吟的群众，用刺刀戳死。随后，日军浇上煤油，纵火焚烧，残余骸骨被抛入长江。

日军还丧心病狂地进行“杀人竞赛”。日军少尉向井敏明和野田毅约定，谁先在占领南京时杀满100名中国人，谁就是胜者。当这两个杀人恶魔手拿砍缺了口的军刀相遇在紫金山下时，野田杀了105人，向井杀了106人。由于不知道谁先杀到100人，胜负难分，他们决定重新再赌谁先杀满150人。1937年12月，日本《东京日日新闻》以“胜利者”的口气对日军的“杀人比赛”进行了报道。日本军方认为这是“耀扬国威”的“光荣举动”。

《历史》教科书能够呈现这样一些细节，是值得肯定的。离开了细节历史就缺乏了感人的力量。我也希望我们的教师在教学中能够更多地关注这些细节。这并不是要学生去机械地记住这些细节，而是要培养学生善于从这些细节中有所发现、有所感悟，并善于用具体的事例说明思想。

有人说，历史永远是人类的导师，不管它是辉煌还是阴暗，是崇高还是卑劣，是悲壮还是滑稽，给后人留下的是愉快的记忆还是苦涩的回味，都可以启人心智，教人明理，使之更好地把握现在，选择未来。历史，无论是光荣还是耻辱，我们都必须面对，在面对中学习，尤其是从历史的教训中学习。

感受数学课堂的魅力

课堂是实施新课程的主战场,是全面推进素质教育的前沿阵地。课堂,是一个平常、普通而又神秘的地方,是一个赋予没有生命的知识以生命活力、给予不太成熟的孩子以成熟魅力、让孩子动起来、让知识活起来、让生命放光彩的场所。随着课程改革的不断深入,新课程理念与课堂教学实践正在逐步融合,新一轮基础教育课程改革给当今的小学数学教学带来了生机与活力。无论课程改革如何进行，构建有效的课堂应该成为教师永恒的工作追求。什么样的课堂才是理想的课堂？如果用一句话来概括,那就是:焕发出生命活力的课堂才是理想的课堂。

我们所生活的世界,包括我们人类自身,无非是质与量两个方面。数学就是从量的角度把握和解释世界的一种努力,所以数学是一种思想,一种解释世界的方式,一种精密的语言系统。数学是对现实世界的数量关系和空间形式的概括和反映。数学知识源于生活,但并不等于生活本身的摹本,它是对生活中的数量关系与空间形式的提炼,因此,它高于生活,概括生活,有高度的抽象性。“数学,作为人类思维的表达形式,反映了人们积极进取的意志、缜密周详的推理,以及对完美境界的追求。”(R.柯朗:《数学是什么》,湖南教育出版社,1985年版,第5页)

教学艺术是教师教学主体性和创造性的最好确证,没有对教学模式的创造性运用，教师的上课就容易成为“教教案”“教教材”,而不是“教学生”,教学就难以避免封闭性、机械性、刻板与程名师不可仿,但可学。很多的时候,我们看到的,也许只是那罩在他们头上的成功的光环,也许只是他们出神入化的教学技艺,也许只是他们收获的累累硕果……但千万不要忽视了,那成功背后的点滴艰辛,那技艺中蕴涵着的深厚的文化底蕴、良好的教育素养、饱满的个性、高尚的品位,那硕果里面裹藏着的一颗颗对教育的赤子之心。而这些,才是我们广大一线教师真正需要学习的。简单的模仿,很可能是东施效颦、邯郸学步。而善于借鉴别人成功的经验,不断完善品质,砥砺情操,才是成为一名好教师不可或缺的重要品质。这也正是"通讯篇"的阅读意义所在。

作为一名在教育改革浪潮中成长、成熟起来的教育宣传工作者,张国祥先生无数次亲临辽宁省基础教育改革第一线,耳闻目睹了改革的壮丽与豪迈,切身体会到改革的坎坷与艰辛。在其中,多少人抛洒热泪,多少人昂首企盼,多少人解囊献策,多少人身体力行……张先生用自己的笔记下了这一切,记下了那一行行歪歪斜斜虽略显稚嫩却始终向前的改革者的足迹。于是今天,我们能在"经验篇"中了解到大连市中山区实施小学生发展性综合评价的整个历程,沈铁五小减轻学生课业负担提高教育质量的种种改革举措,波澜壮阔的辽宁省十年"普九"工作始末……回顾走过的路,是为了更好地继续向前走。张先生的这些文字给了我们教育研究者一个相当丰富的研究素材库,一个绝妙的透视教育问题的平台;也为所有关心教育、热爱教育的人们打开了一扇门,在门外面,我们能看到教育的万千世界。我想,编辑记者工作很重要的价值就在于此吧。

我很欣赏张国祥先生一直保留着思考和探究的习惯。"论文篇"中字字句句都是他平日思考的结晶。一个爱思考的人,一定是一个经常擦拭心灵的人,也一定是一个能始终保持明敏心智的人。教育经验若不经过理智的加工,容易沦为狭隘而空洞的事实罗列。思考方是保存经验永恒价值的关键。虽然我们不能保证自中，同学们要仔细琢磨，再三玩味，读出字里行间的意味来。在《思考与讨论》这一环节，我们试图让同学们带着问题去学习，用问题来引导教学的进程。接下来的内容，是对本课学习主题在逻辑上的展开，也就是对于上面提到的问题回答的可能的角度。在这些内容中，穿插着一些《小资料》，作为我们思想的资源。我们鼓励并欣赏你对于问题独到的理解，和对于教科书上的内容的质疑、修正、丰富和深化。《活动设计》是为了使同学们获得生命体验，从而自然地、自主地生成生命感悟。《名言锦句》意在帮助同学们深化和进一步丰富对于本课学习主题的认识。课文最后的《相关链接》为进一步拓展学习内容的索引，以便同学们的学习在日常生活中的延续。我们希望同学们能积极参与教学过程，成为对课堂有贡献的人。

我们期待着通过生命教育这门课程的学习，使课堂焕发出生命的活力，提升师生校园生活的质量，并进而树立起生命神圣的观念，在生命的根基上确立起人的内在的不可让渡的尊严。

没有人能阻止你更多地爱自己，爱自己最好的方法就是使自己变得更加完美。相信同学们会喜欢这门课程，因为，它就是为了你能幸福和健康成长，并进而热爱生活、热爱学习、热爱我们社会这个大家庭而精心创制的。

我们更坚信通过《生命教育》这门课程的学习，每一个同学都有一个无比灿烂、无比辉煌的美丽人生。最后，祝同学们学习愉快，生活充满芬芳，笑容生动而灿烂。

本文是为地方教材和校本教材《生命教育》中学版写的前言，该套教材已经由人民出版社出版。

用整个生命去备课

苏霍姆林斯基在《给教师的一百条建议》中讲述了这样一个故事。一个在学校工作了33年的历史教师，上了一堂非常出色的观摩课，邻校的一位教师问他："你的每一句话都具有巨大的思想威力。请问，你花了多少时间来准备这堂课？"那位教师回答说："这节课我准备了一辈子，而且，一般地说，每堂课我都准备了一辈子。但是，直接针对这个课题的准备，则花了约15分钟……"

一辈子与15分钟，一语道出教师用整个生命去备课之真谛。

众所周知，备课是教学的重要行为之一，是教师上好课的关键，如果备课无效，教学就必然无效。然而，目前我国中小学教学中仍然存在着一个非常突出的问题，那就是：教师很辛苦，学生很痛苦。"教师很辛苦"最直接的原因之一就是大量繁杂而无效的备课占用了教师的时间和精力；"学生很痛苦"就是因为课堂教学效率的低下，使得学生对于学习内容不能很好地理解和消化吸收。

按照新课改的要求，教师的备课评价应该体现学科特点、教师个性，要有利于教师的提高，有利于学生的发展。无论是哪一门课，无论是老教师，还是年轻教师，只要能按这个总要求去备课，就都是好的备课。这就要求教师备课的有效目标必须既注重学生能力的培养，又强调师生双边、多边活动的过程。事实证明，教师理论水平的差异，教学修养的高低，是否下功夫备课，备课的深入程度如何，教后的反思是否及时、认真、深刻，往往在教育教学效果、教师自身业务素质的提高上产生很大的不同。

有效的教学(Effective Instruction),要求教师备课时能够做到“备学生、备教材、备学法、备教法”。有人形象地称教案为“课前的计划书,课上的备忘录,课后的反省簿”。备课固然不能等同于写教案,但写教案却是重要的一个环节;讲课固然不能“照本宣科”,却也不能天马行空、任凭自己即兴发挥。一个教师,即使学识渊博、经验丰富,也要尽可能研究学生的年龄特征、学习偏好和已有知识基础,也要尽可能全面、深刻地熟悉教材,并且注意课的前后联系,而不是仅仅孤立地备本节课,并且要灵活而富有创造性地运用教法,这样才不会指木为林或见林失木。教师要想成为积极主动的决策者,并形成自己独特的教学风格,也有必要理解对其教学有帮助的知识基础,其中包括教学策略、学生的成长、学习动机等方面的知识。

之所以强调教师用整个生命去备课,还在于“教师的人格是进行教育的基石”(苏霍姆林斯基:《和青年校长的谈话》,上海教育出版社,1983年版,第170页)。课堂教学不只是学习学科知识,课堂经验也涉及到学生自我评价、自我超越以及怎样与他人的合作、分享和沟通。有效的教学应该有助于学生对自我进行深刻认识,对民族文化和异质文化进行更好的理解,对公平与正义,对民主与自由进行认真探索和自觉体认。

如此,花气力研究备课,实际上是“磨刀不误砍柴工”。“15分钟”的有效备课,正是名师们教学智慧的彰显,也是名师们用整个生命去备课的夫子自道。《名师备课经验》一书正是从多角度展示了名师们多年教学实践中总结出来的备课智慧:

无论是语文卷中强调“隐性备课”、注重“备学生”、“备学法”的于永正,主张“系统备课、换位备课、多次备课、板块备课”的张化万,通过点线面等多角度去钻研教材、用足教材的赵景瑞,关注预设和抓“题眼”的窦桂梅,提倡对文本进行“立体式的解读、深式的解读、有宽度的解读、有创见的解读”进行备课的闫学,以“系统

对话

过程的设计、对不同

之间的交流与质疑和创造性地使用教

，关注“为何而学、学习什么、怎么学、学得怎样”作为备课支点的夏青峰……每个名师的备课智慧，都体现了教者超乎寻常的功力，让人忍不住拍案叫绝。我想，这是名师们反复思考、敢于实践、追求完美的结果，也正是名师们值得我们学习的地方。

品读众多名师的备课经验，我们不难明白，在日常的教育教学实践中，教师只有自觉地、全身心地投入到钻研教材、教法，深入细致地了解学生，认真地、创造性地备课中去，不断地学习，不断地实践，不断地反思，不断地总结，不断地创造和运用创新学习的教学方法，像“准备了一辈子”的那位教师那样，下真功夫、备好每一节课，下大功夫，深刻反思教学行为和过程。这样，必然能够探索出一条符合新课改要求的“有效备课”新路。

古人云：“尽小者大，积微者著。”“敬业者，专心致志以事其业也。”（朱熹）作为教师，要敬重自己从事的事业，热爱自己的工作，以恭敬之心履行自己的职责。作为教师，一个重要的职业品质是热情与温暖。热情的原意是“神在其中”。有没有热情，使得你可以让每一天都光辉灿烂，也可以让每一天都忧郁阴暗。

“操千曲而后晓声，观千剑而后识器”，简单是由复杂来支撑的。就让我们从品读名师们的备课智慧开始，寻觅“有效备课”的路径，创造真诚、深刻和丰富的课堂，实现有效教学。

本文是作者为其主编的《名师备课经验》丛书写的序言，该丛书已经由教育科学出版社出版。

不管是[illegible]这件事的细细揣摩[illegible]之灵,都有探索的需要。因[illegible]情节,能够满足人们强烈的好奇心[illegible],而形象相对于抽象,形象总是更能够唤[illegible]悦。所有的艺术都是刻画形象的。任何故事都有六大[illegible]间、地点、人物、故事的起因、故事的展开和故事的结局等等。[illegible]三个原因是故事能够给我们一个自由的、移情性的理解空间,我们能够在自由的解释中放飞我们的心灵,从而获得一种内心的闲适和安宁。我想我们老师特别是语文老师要善于运用讲故事这个技巧。即使有些课里面没有,我们也要善于编故事、改写故事等等。

《左传》中说:“太上有立德,其次有立功,其次有立言,虽久不废,此谓之不朽。”人是有追求永恒的内在冲动的。立德,即成为新的美好的道德典范。这就需要身体力行,率先垂范,成为能创造美好故事的人。许多伟大人物都有很多美好的故事流传于世,也有许多大家熟悉的教育故事蕴涵着教育的境界与精神。

前几日,偶然听到一同学宣读在线教师们的“牢骚”:“现在的孩子们太难伺候了,打不得,骂不得,还动不动就要起诉”;“千万别当中小学老师,尤其是班主任”;“教师,就一字儿形容,‘悲’”;“一不小心还会被学生们痛打一顿,或者家长痛骂一顿后扬长而去,校长还得责怪我们不会搞好和家长的关系”……听罢,不禁一丝苦笑，一丝无奈。不禁感慨，难道这就是教师自己眼中的“教师”？难道这就是学生眼中的“教师”？难道这就是我们“教师”的真实境遇？

教育，沉重而充满希望，盖因其对生命个体当下的生存状态与未来发展走向在应然层面上的润泽、点化之使命的承当。对人的整体发展的成全，对生命个体独特性完满的成全，乃教育的终极使命，亦是其不可推诿的职志。

教育的世界或灵动、多彩、流溢感动，或琐屑、繁杂、贫乏、喧嚣……教育的韵味也唯有身在教育世界中的人品咂最切。正如“一千个人就有一千个哈姆雷特”一样，一千个人就有一千种教育的情怀。《做一粒健康的种子》一书是来自教育一线的教师王桂芝女士的教育悟语，或者说生命悟语。它记录了作者与孩子们一起成长的历程，凝结了作者对回归生命本体之教育的自觉反思与真情言说，凝聚了作者对致力于个体生命成全之教育使命的执著坚守与践履。

生命，一粒种子的将来进行时，一个有待开发、滋养、点化的灵魂，一种让人敬畏、令人感动的神圣。每个人的生命都是独特、丰盈、灵动的，如何让这真实的生命存在依循其本然的轨迹自然、完满的成长，是以成全生命为其元始命意的教育必须时刻思考的问题。尤其是在当下，面对人们对生命本体的漠视与蹂躏，面对生命的负重与异化，面对生命意义的缺失与人生价值的迷惘，教育回归生命本体成为建基于生命原点之教育的必然趋向。

当前，致力于“关注生命，尊重生命，珍爱生命，欣赏生命，敬畏生命、点化生命、润泽生命”的生命化教育表达了教育界仁人志士对成全生命的承诺与努力。只是，当我们还执著于生命化教育的理论探讨，诸如概念界定、体系建构……之时，蓦然回首，惊讶地发现王桂芝女士已然走在了生命化教育实践求索的前列。《滋润》《每一朵花都有盛开的理由》《每一片叶都有向阳的需要》《面对新课程的扣问》……无一不浸入了作者深沉的生命之思;《渴望绿手指》《今夜，我们不想睡觉》《教室里多了一个蛋糕》《高原期，我们怎样走过》……无一不渗透了作者“生命与生命相互滋润”“生命与生命交流”的实践与努力。

不由得想起黄克剑先生的一句话:“教育在探索中走向明日，可寄望的明日又正赖于与之相称的别一种风致的教育。既然明日教育可堪称之为生命化的教育,这教育的新机的赢得便须有缘于此的一代人以全副生命相许。”

“以全副生命相许”总是赋予这种探索以沉重、悲怆、悲壮之感。不能不说,王桂芝女士是在以全副生命相许、以全副生命践履守望生命的诺言。然而这种“以全副生命相许”却全然没有我们想象中的沉重与悲壮。有的只是感动、温馨、诗意,是个性的张扬与生命之光的流溢，是与孩子们一起成长的收获与思考……我想，这也正是王桂芝女士的教育境界所在,即诗意的栖居。

王国维先生有言:古今之成大事业、大学问者,必经过三种之境界。“昨夜西风凋敝树木,独上高楼,望尽天涯路”,此第一境界也;“衣带渐宽终不悔,为伊消得人憔悴”,此第二境界也;“众里寻他千百度,回头蓦见,那人正在灯火阑珊处”,此第三境界也。教育又何尝不是如此呢?

对于“什么是好的教育”“怎样践行教育的理想”“教师职业的价值何在”“如何实现教师的人生价值与意义”等等诸问题,也许,我们都有过“昨夜西风凋敝树木,独上高楼,望尽天涯路”的迷惘与无助;也许,我们也有着“衣带渐宽终不悔,为伊消得人憔悴”的坚定与执著。渐渐地,我们对教育所怀抱的理想、信念与激情,在教师职业的“平淡”“琐屑”“单调”“辛劳”中被一点点消磨、吞噬。于是,少有人能臻至“众里寻他千百度,回头蓦见,那人却在灯火阑珊处”的豁然之境。

《做一粒健康的种子》一书,以教育叙事的手法,带领我们走入一个个真实的教育情境。作者在对日常教育教学点点滴滴地娓娓道来与认真反思中，不仅带我们领略了人生的、教育的三种境界，更是对教育极致境界的超越。或者说，是对教育极致之境的另一种解读，即“点点滴滴都是诗”。在作者的眼中，生活着是美丽的，与孩子们一起成长着是温馨、感动、诗意的。教育因而成为诗意的“栖居”，教师因而成为诗意的存在。一如诗人艾青所说：“为什么我的眼里常含泪水？因为我对这土地爱得深沉……”

作者之所以能臻至教育的极致之境，之所以能如此惬意地和孩子们一起“枕着诗意栖居”，正在于作者“对这片土地爱得深沉”！

夏丏尊先生说“教育如果没有爱，就如同池塘没有水”，冰心先生则说“有了爱就有了一切”。二人异曲同工地道出了教育的真谛，王桂芝女士则以实际行动诠释着、践履着教育的真谛。

在爱的名义下，全书还有三种精神一以贯之，即：坚持，反思，以学生为本位，以孩子们的生命需要为本位。

众所周知，做教师忙，做班主任更忙，做毕业班的班主任尤其忙。而作者正是在如此的忙碌与疲惫中，依然遵守着“坚持”的承诺。坚持写作，坚持对教育行为的反思，坚持与孩子们一起成长的激情，坚持“细数阳光”……“贵在坚持”是一种执著之美，更是一种信念与意志之美，而这正是人的真正力量所在，也是对自我的超越。因为坚持，所以超越。

苏格拉底曾经说过“未经审察的人生是没有价值的”，柏拉图则更进一步指出“思本身即是最高之生命”。作为肩负“传道、授业、解惑”的教师，学会并善于“思”是成长为“反思型教师”并进而提高教育教学质量的有效路径；作为每一个生命个体，我们亦应当审慎地检视生活，在“思”中追求生活的完美，在“思”中追求生命的完满。

不能不说，作者是一个有着细腻的心灵、明敏的心境和丰富的情感世界的人。其对教育点滴的每一次捡拾无一不浸透着作者自觉、真切、深刻的反躬自问与重新检视。尤其是《病中杂感》一文,作者“病里偷闲”依然带病坚持对自己的审视与对教育的反思,不能不让我们为之折服、为之感动。

常常感动于作者与学生之间的和谐、亲密、惬意、真诚、感动、诗意……这一切皆因“理解万岁”。而“理解万岁”的背后则是作者对“以人为本、以学生为本、以孩子们的生命需要为本”之教育信条的敬畏与践行。浓重的生命情结、强烈的生命意识、真切的生命守望,我想,这应是作者之所以能“与孩子们一起诗意栖居”的根本缘由。

“孩子们”,一个多么温馨亲切的称谓。作者的眼中没有“学生”,作者的心中只有“孩子”。每每,作者不是以教师、班主任的身份来管理学生,而是以为人父母的心态来倾听孩子们的心声、滋润孩子们的心田、点化孩子们成长的方向。《孩子,我不知能为你做些什么》《悲哀,还是幸福?》《考场前的叮嘱》……让我们一次次沐浴“春晖”之无私无尽,一次次感受慈母对孩子的那份牵肠挂肚。这不仅使我想起马克思·范梅兰的那个经典描述:教师最好的角色就是对父母的替代。王桂芝女士的实践是其最好的诠释。

教师的工作是琐碎而又艰辛的。然而怎样将平凡而十分重要的工作生发出美丽,相信教师朋友们会从这本书中获得启示。我的学生胡乐乐、魏远远、王琪、毛卫群参与了本书的点评,他们是那样的优秀,令我感到自豪和骄傲。在这里,我向我的教师同事们致以最良好的祝福,并将台湾诗人蒋勋先生这首《祝福》送给你们:

祝　福

（台湾）蒋勋

感受着生命的悲哀,

还可以欢笑的，
请受我深深的祝福。

感受着生命的空虚，
还愿意奋进的，
请受我深深的祝福。

感受着生命的卑微，
还予人以尊严的，
请受我深深的祝福。

感受着生命的欺罔，
还待人以真诚的，
请受我深深的祝福。

感受着生命的寂寞，
还可以温暖他人的，
请受我深深的祝福。

感受着生命的残酷，
还愿意相信善良的，
请受我深深的祝福。

本文是为王桂芝《班主任日记》一书而写的序言，该书已经由开明出版社出版。

每一个人都可以成功

我们每一个父母都希望孩子能够成人的同时，也能够成才。这一愿望是美好的。父母重视孩子的成长，是一个优秀的传统，也是我们的学校教育取得成功的重要资源。没有任何一个孩子是他自己主动要求出生的。既然我们将一个生命带到了这个世界上，我们就欠了这个孩子一些东西。这其中最主要的就是良好的教育。

孩子的成功是我们人生成功的重要方面。所谓“成功”，就是充分发挥个人潜力。我们作为父母，我们有培养好孩子的潜力，孩子有发展得十分优秀的潜力。《神奇的学习》一书向我们充分展示的正是这种潜力。

如何使有潜力的孩子脱颖而出，这在班级教学，特别是班级规模普遍偏大的今天，一直是一个难以解决的问题。在这种情况下，家庭教育作为学校教育的补充，作为因材施教的最可能和最现实的途径，就有着十分重要的价值。

中外教育学者大量的研究一再证明：影响学生学业成绩的第一位因素是家庭文化背景，简单地说，就是家长的文化修养和教育孩子的态度与方式，其次才是教师素质，第三才是学校的课程资源和硬件设施。

张忻炀在学业成绩上超常规成长很显然得益于他的父亲坚持不懈、持之以恒的教育。而且，张会祥先生的教育方式是非常符合学习规律的。用他概括出的顺口溜来说，即是“学习如盖楼，封顶后装修”，让孩子先纲要性地、结构化地掌握事物的内在逻辑联系，抓大放小。这正如人们筛沙子，先用眼孔较粗的筛子，然后再用眼孔细密的筛子，才能事半功倍。相反，则无疑会事倍功半。

对于一个字，能够再认是一个水平和要求，能够默写又是一个水平和要求。很显然，后者比前者要求更高，如果一开始要求太高，就会使孩子遭遇过重的学习压力，也不利于孩子学习的轻装前进。而当孩子识字量比较大，能够广泛阅读了，经常地接触那些字词，默写的问题也自然而然地解决了。中文学习是这样，外语的学习其实也是这样。

任何一个人的成功，总会有一些过人之处。张忻炀的成功，是张氏父子的成功。十岁的张忻炀能够考上大学，无疑是一种成功，是张会祥先生家庭教育方式的成功。我不主张拔苗助长，但如何提高学习效率，如何减少学习的浪费，却是值得认真研究的。张忻炀的成长为我们提供了一个难得的个案，这也为我们反思我们中小学教育——从学制到课程，从教法到学法——提供了一个很好的参照。

学习的浪费是生命的最重要、最可惜的浪费之一。我们教育中的确存在“少慢差费”的问题。譬如，初中语文中苏轼的《记承天寺夜游》，全文才84个字，可老师们大多是用两节课来教。“小步子教学”对于学习困难的学生而言，也许是一个有效的教学策略，但对于学习能力较强的学生来说，就不见得合适。更主要的是，不利于培养学生开放的思维和纵横捭阖的能力。

张忻炀的成长得益于良好的学习习惯与学习策略的培养，这也是《神奇的学习》一书带给我们的最宝贵的启示和最值得借鉴的地方。相信广大教师和家长能够从中获益，从而使我们的孩子成长得更快更好。

本文是为张会祥所著的《神奇的学习》一书所写的序言，该书已经由光明日报出版社出版。

中来又超越生活的情境,它是生活情境的提炼,是对生活情境的美化或者批判,因为教育是使个体经验提升的过程。

一句话,它为你打开的是国外具体的教育图景,这些图景,将或多或少地改变你对英美课堂的印象和认识,修正你对英美教育的想象和偏见。

打开它,你就打开了通向另一种教育真实的窗户。

我相信这本书会触发广大教师对于良好教育的思考,对于有效教学的思考。

是为序。

本文是为杨桂青主编的《英美精彩课堂》一书所写的序言,本书已经由教育科学出版社出版。

在平和中找寻做教师的幸福

初读刘可钦，没有华丽的词藻，没有亮丽的语言，没有惊天动地的故事……但我们却无法拒绝一种感动，为那平实中的温暖，为那平淡中的坚守，为那平和中的智慧，亦为那点点滴滴润物细无声的爱……

也许有人会说，刘可钦是幸运的，阳光照耀着她，雨露润泽着她，鲜花环绕着她，掌声激励着她……但我要说，刘可钦的可贵，正在于当一切的幸运来临之时，她依然微笑着默默地行走着，平和而从容地自我超越，真诚而宽厚地爱着每一个孩子，矢志不移地追寻着做教师的幸福。

和很多教师一样，年轻的刘可钦也曾在传统的教学中日益成熟，也曾以自己教出成百上千听话的“高分”学生而骄傲，但面对着那所谓的“成熟”与“成功”，刘可钦的心却渐渐地失落了，困惑了，迷惘了，倦怠了。她在“初为人师”一节中曾这样反问自己：“难道当老师就是上上课、钻研钻研解题技巧、给差生补补课以便在考试中取得好成绩吗？自己的情绪为什么越来越低落呢？这样年复一年地干下去，究竟有什么意义呢？”可以说，这样的反思才是刘可钦叩问教育真谛的开始。随后的北师大进修唤回了她久违的走上讲台的冲动，而主体性发展教育实验则给了她一个得以重新审视自我、审视教育的舞台。在那个舞台上，刘可钦用自己全部的激情、全部的灵感、全部的智慧、全部的心血跳出了全新的舞步，并以其鲜活的教学体验勇敢地向过去一切陈旧的不合理的“经

课堂教学的反思与升华

什么样的课才算一堂好课?我认为有三个一级指标:真诚、深刻和丰富。所谓“真诚”,意味着师生之间坦诚率直,彼此都尽情地表露瞬间的感情和态度,意味着教师的一言一行都是出自内心真实的感受, 所表达的一切都是从心灵深处流溢出来的切肤之感,没有矫揉造作、故作姿态,没有“为赋新词强说愁”的无奈与空洞,有着自然、真切与和谐之美。实践证明,一个教师若能以真诚的自我对待学生,坦率地表达自己的真实思想、情感,真诚地承认自己的缺点和不足,做到言行一致,表里如一,学生就会向教师敞开心扉,向教师说出自己真实的思想和感受,真正做到心心相印。师生之间这种以诚相待、彼此不断地进行的多方面、深层次的沟通和交流,是建立良好师生关系的基础,从而也是使教学生机勃勃地开展的前提。只有充满真诚的教学,才能给人以温暖的感觉,才能有感染力与亲和力。

所谓“深刻”意味着能够给予学生匠心独运、别一洞天之感,能够唤起学生的惊异感和想象力,能够使学生茅塞顿开、豁然开朗。当然,所谓“深刻”,总是相对的。这首先需要教师对教学对象有充分的了解,使教学的目标是学生通过努力可以达到的,引领学生探索和思考的问题是处于学生的“最近发展区”的。而所谓“丰富”,就是能够让学生的心灵荡漾在博大、温暖、充实的精神氛围之中,就是对于问题理解的多元与彻底,就是言说的厚重和表达的多样。

雷玲女士主编《好课是这样炼成的——品读名师经典课堂丛书》(包括《语文卷》和《数学卷》),为什么样的课才算一堂好课做了最好的注释。更为有价值的是该丛书正是要通过众多一线教师对名师经典课例的听课、思考、品悟,以及名师自身对课例的教学反思,启发老师们真正领悟什么是通过千锤百炼磨出来的好课。同时,在这个过程中,聚众人之精华,不断提升每一个参与者的自身素质,启迪着我们怎样去上好一堂课。

首先,教学是需要精心准备的,包括对提哪些问题、在何时提问、提问哪些学生、期望得到怎样的答案、学生可能回答的情况及处理办法等都要有明确的通盘设计。实际上,名师经典课堂都是精心打磨出来的。只有教师做到成竹在胸、"胸中有沟壑",教学才能有主攻目标,有针对性,所谓"生成",也才有可能是富有意义的,课堂也才真正会有实效,学生才会真正学有所获。

其次,正如编者指出的,"点滴的细微决定着教学的成败,丝毫的细节决定着课堂效率与质量。关注细节,其实就是关注新课程的理念是否落实到位,就是关注教学行为能否根据新课程的要求重新塑造;关注细节,就是追求教学的高品位,就是追求教学的智慧;把握细节,更是提升教师教学智慧的必经之路"。加拿大著名课程专家大卫·杰弗里·史密斯(David G.Smith)教授说:"教师所关注的并不是教——即通常所谓的灌输条理分明的知识,而是保护使每个学生找到适合自己的道路的环境条件。"([加]大卫·杰弗里·史密斯:《全球化与后现代教育学》,教育科学出版社,2000年,第273页)因此,课堂教学中微不足道的细末之处,往往反映着教师的教学水平,折射着教师的教学思想,表达着教师的教学风格,体现出一位教师的实力和功力。注重细节其实反映出教师的敬业精神和专业素养。

第三,教学活动虽然受许多变数的影响,但还是有一些规律性的东西可以遵循的。英国著名课程理论家劳伦斯·斯滕豪斯（L.Stenhouse）教授在论及人文学科课程实施时，认为应遵循以下五条程序原则：课堂上应提出有争议的问题，教师应秉持中立准则，教学的主要方式应是讨论而不是讲授，教师要保护不同观点，并对课堂学习的质量和标准承担责任。（施良方：《课程理论——课程的基础、原料与问题》，教育科学出版社，1996年，第186页）

正如本套丛书所告诉我们的：教学活动永无止境，怎样创造“以较小的投入获得较高的教学功效”的教学方法，是名师高人一筹之处。其实并没有捷径。“熟生巧，巧生华。”在教学过程中，或许我们会取得成功，或许我们会有失败，但只要我们认真钻研教材、挖掘教材，热爱学生，苦心寻求激发学生兴趣的手段，教学的趣味性自然会生发出来，就能达到教学的理想境界。

无论您是刚入杏坛的年轻教师，还是声名远播的优秀教师，细细品读这套丛书，相信您总会有喜出望外的收获。

漫步在教师的精神家园

阅读是教师的立身之本，是教师提高自我素质、实现全面成长和专业化发展的重要路径。苏霍姆林斯基说："读书、读书、再读书——教师的教育素养的这个方面正是取决于此。要把读书当做第一精神需要，当做饥饿者的食物。要有读书的兴趣，要喜欢博览群书，要能在书本面前坐下来，深入地思考。"作为一名教师，要喜欢阅读，主动、积极地去读，把阅读当成生命的存在状态；要善于阅读，通过阅读积淀学养，开启人性，滋养精神，丰厚底蕴。

"善读"首先必须要"善选"。目前市场上各种读本纷涌，文章铺天盖地，一则教师的业余时间有限，不可能一一读完，二则各种文章鱼龙混杂，如果读到不好的文章，不仅于己无益，反而浪费了时间和精力。因此，教师阅读应该建立在选择的基础上。

那么，教师究竟应该读什么？怎么读？如何引导教师形成良好的阅读习惯，并让这些习惯潜移默化地影响到学生？怎样为教师创造一个开阔、自由的精神空间，使他们在繁忙的工作之余能感受到教育生活的诗意与温馨？

由顾明远、吴国平等先生主编的《现代教师读本》正是基于对这些问题的探索与努力的丰硕成果。

《现代教师读本》分为《教育卷》《人文卷》《科学卷》《艺术卷》和《生活情趣卷》，每卷一个主题，涉及教育、科学、自然、艺术、文学、政治、历史、哲学、美学等广泛领域。《教育卷》由五部分组成，即"现代教育理念""学校——精神家园""课程的今天与明天""教育的霞光”和“教师的天职”。该卷作为教师的专业读本，精选了大量有助于教师理性思考并蕴涵或阐发现代教师专业精神与教育理念的文章，其中既有中外教育著作中的名家名篇，又有来自普通中小学教师的教育随笔。这些选文用平实的语言，将教育的道理娓娓道来，似与读者抵掌而谈，令人不知不觉渐入佳境，悠然自得地徜徉其中，进入与作者对话的语境。通过与选文作者真诚的交流、碰撞，不仅能拓宽我们的视野，而且也为我们开启了思考问题的多个维度，并引领我们在不同的声音里找寻教育的真理之光。

如果说《教育卷》重在培养教师的专业素养的话，那么《人文卷》则另辟蹊径，意在提高教师的人文素养，让教师成为有人格尊严和独立思考意识的人。教师的教育对象是人，只有教师具备了一定的人文素养，才能从真正意义上理解人，在挖掘学生潜能的同时尊重学生的自由和价值，才能树立较好的教育理念，对社会上流行的种种现象和思潮进行相对正确的评判，并将其纯化。

该卷所选文章或雄浑深沉，或简约淡雅，或激情洋溢，但毋庸置疑，每一篇都蕴涵着浓烈的人文情怀，充溢着思想之美、语言之美，散发出人性的光芒。阅读该卷就好像在人类思想的海洋里遨游，我们的心被灵秀的诗意所浸透，被富有哲理的文字所折服……

《科学卷》引领教师走进美丽的理性花园。《真理面前半步也不退缩》一编让我们领略到科学家在探索真理的道路上自强不息、勇往直前的胆量与勇气。《科学实验只能从现象出发》一编为我们展示了科学研究方法论的风采和魅力。在《负担过重必然导致肤浅》一编中，达尔文、诺贝尔、爱迪生、居里夫人、爱因斯坦等大师们的不朽之作闪烁着智慧之光，阅读它们使我们的心智变得更加敞亮。《民主制度与科学革命的关联》一编带我们走近了20世纪诞生的6位外国科学家，他们的思想是人类宝贵的精神财富。《把中国建成科学强国》一编汇集了8位华人、华裔科学家的文录。对于中国人而言，他们的经验、教训、方法论具有极强的现实针对性。

探寻科学家们心灵成长的轨迹，了解他们的治学与为人处世之道，我想，他们对真理的苦苦追求，对科学事件的独特感悟以及开拓创新的科学精神和实践意识，定会对我们有所启示。

打开教师的艺术心灵之窗，使教师具有丰富的艺术修养是《艺术卷》的目的之所在。艺术与人生相伴相随，它是人生哲理的形象表达，是生活的审美表现，蕴涵着人对真善美的诚挚追求。美和艺术能使人的心灵得到净化，使人的境界得到升华，这对于我们每一个人尤其是教师来说太重要了。《艺术卷》从艺术的几个门类如绘画、书法、音乐、戏剧、电影、舞蹈、雕塑、建筑等入手，所选的文章大多是大家的名著，但又都具有深入浅出、面目亲切的特点。它们如雨露，如甘霖，滋润着干涸的心落，给我们以悦心明智的启迪，牵引着我们去追寻真实的生命状态，感受艺术的魅力，令人回味无穷。

《生活情趣卷》别有一番风味。用心品读该卷是一种美妙的享受。该卷选编了古今中外大量富有生活情趣的文章，这些文章有的通过故事引领读者领略多彩的人生风景，有的通过理性的概括传达人生经验，有的通过心灵体验表达对生活的感悟……它们诠释着同一个主题，那就是：人应该怎样生活。它们在使我们感觉耳目一新的同时，也激活着我们的思维，我们在阅读后定会有所收获。

德国诗人荷尔德林说："人，诗意地栖居在大地上。"有生活情趣的人，才能过有诗意的生活，才能情感充沛，精神饱满，潜心投入，信心十足，不断追求卓越。由衷地希望我们能拥有诗意的生活！

"一沙一世界，一花一天堂。"（威廉·布莱克）该套丛书中的每一卷在内容和风格上都各有千秋，并相互烛照，共同构成了教师素养的丰富内涵。阅读该套丛书，就如同置身于我们的精神家园，这里处处充盈着浓浓的人文气息，散发出理性与智慧的光芒。

这是一套献给教师的书。古人说“数简隐书忘世味，开卷有益为人师”。在繁忙的工作之余，轻轻地开启它们，伴着迷人的书香，让我们漫步在自由的精神家园，用思想来提升教育的品质，用智慧来书写教师人生。

生命与教化之间的哲学叩问

——读刘铁芳的《生命与教化——现代性道德教化问题审理》

我们已然身处现代性道德教化的境遇之中。我们的现代性道德教化究竟是一条怎样的“路”？我们是否有了一条清晰的“路”，还是始终摇摆不定，甚至迂回曲折？哪些因素在遮蔽着我们的路？在一个商业浪潮滚滚而来、谈论道德常被视为迂腐、利益关怀远大于道德关怀的时代里，在一个随着伦理价值的相对主义的走向带来的道德虚无主义并不稀见的社会里，我们深深地关切道德之真，关切社会的伦理秩序。关切道德之真，而首先遭遇的问题就是：我们究竟该以何种方式来关切道德之真？怎样把握“现代性”？在多元化、开放性的现代社会如何确立道德教化的实践理路？

捧起刘铁芳博士的新著《生命与教化——现代性道德教化问题审理》（湖南大学出版社，2004年4月），首先映入眼帘的，就是扉页上这些充满现实忧虑和人文情怀的哲学叩问。当代中国社会在现代性道德教化历程之中究竟发生了什么？是否带给了国人生存品格的转变，带给了国人何种程度的变化？所有这些问题都是全新的而且重要的课题。该著以《生命与教化》为题，围绕个体生命与道德教化的内在关涉，意在探讨当下中国社会现代性道德教化的处境以及面临的基本问题，这在改革开放背景下的中国无疑是一个颇具挑战性的敏感话题。

本书从文化—心理层面，以“个体生命的价值与尊严”为核心，以每个人的自由而全面发展为最高理念，用中西比较的方法，深入总结、反思中国传统道德教化的理路和特征，总结、反思自近代

以来中国现代性道德教化的两种不同的形式及其与传统的

本书指出，遮蔽"个人生命"是传统的威权性教化的要害，人被淹没在"民"之中。"五四"新文化运动以启蒙为中心的教化形式是对威权性教化的否定。但随着救亡运动的兴起，又确立了以革命为中心的教化形式，并且在很长一段时间里都延续着这种教化形式，这是一种基于规训的教化形式。认真反思这一教化形式，确立以个体的道德理性自觉为基础、以培养个体"自尊自重之精神、担当责任之观念、独立自营之能力、判断是非之智识"四种基本品质为目标的新的教化理路和形式，从而超越传统，是回应现代性道德教化问题的根本方向。

作者进而提出并剖析了"对话与独白两种基本的话语策略"，认为以凸显人的尊严为基本旨趣的现代性道德教化，应遵循"对话性"的教化策略，改变传统"独白性"的教化品质，从文化—心理层面开辟道德教化的新思路和新形式。作者一再强调：对正义的关注比对美德的关注更为基本和迫切，个体道德必须建立在个体智识之上，个体德性的生成生长必须是基于个体心智视野的敞开与个体智识的提升，反对奴性道德和道德蒙昧主义。

本书面向历史与传统，不回避问题，也不简单否定，努力持守一种审慎辩证的思想姿态，在对现代性道德教化的本真梳理中透视当下现实，在有理有据的细密论证之中，对于那些敏感话题作出坚实而有力的探讨。作者作为诗化教育学的倡导者和实践者，在本书的写作中坚持了他个人一贯的语言优美之风格。清晰流畅的文字里，激荡着思想的汇响，闪烁着智慧的光芒，使读者在充满理智挑战之中，洋溢着捧卷玩味的乐趣。

本书资料丰富，思路清晰，立论有据，论述深入，观点明确，总结各家观点，重新审视文献史料，创造性地提出了自己的独到见解，许多论述发人深省，很有学术冲击力，是一本难得的教育学术佳作。

伴着冬日温暖和煦的阳光，在一股股暖流中读完了这本由一个个珍珠般晶莹剔透的反思小段所串成的珍珠项链《一路有阳光——刁荣普阳光教育手记》。

文字读完了，而书还在继续；书读完了，而书中的故事还在继续；故事读完了，而故事所展现的世界还在继续，世界中所蕴涵的精神还在继续。

在这个阳光的世界里拾捡珍珠的时候，常常感慨：这是一本怎样温暖的书啊！这本书为我们带来了一个怎样美好的世界呀！这个世界为我们展现了一幅怎样美好的生命状态和生活样式啊！这种美好而高品质的生活状态背后又是一种怎样高贵、光辉的人性和怎样高尚博大的胸怀啊！

是的，这是一个阳光流溢的教育世界，这是一种有着丰富意蕴的阳光精神，这是一种积极向上、充满希望和力量的阳光文化。在这里，一切都那样的纯真、纯净、美好；在这里，一切都那样的温情、温暖、温馨；在这里，一切都那样的神奇，那样得令人愉悦、令人心旷神怡……于是不由得陶醉其中。于是，就这样放任身心久久地沉浸在这个由四川省首届“十佳女校长”刁荣普老师为我们营造的阳光流溢的教育世界。

沉浸在这个阳光的教育世界里，是一种身心的净化；沉浸在这个阳光的教育世界里，是一种精神的洗礼；沉浸在这个阳光的

在阳光中成长

——读《一路有阳光——刁荣普阳光教育手记》有感

这里没有办公室，"没有公事公办的态度，没有冷漠的面孔，没有拒人以千里的感觉"。这里，有的是可以自由出入的"阳光书屋"，有的是可以倾诉心事的"育心堂"和"谈心角"，有的是热爱生命、感悟生命的"生命墙"。

这里没有规规矩矩高悬在门楣上的班牌儿，有的是标识班牌的卡通形状的阳光娃娃的笑脸，在孩子们最容易看到的位置相迎每一个娃娃。

这里没有道德的说教或形式化的条文，有的是孩子们乐在其中的"道德银行"中的"道德储蓄"，有的是将"捡垃圾"看做"捡快乐"的阳光德育理念，看着孩子们乐此不疲地争相拾捡"快乐"，不由得泪光盈盈……

这里到处都是"笑娃娃"，他们把微笑传播给每一个人；这里到处都是"阳光使者"，到处都是"阳光天使"，他们把"阳光"播撒并传递给每一个人。

一个多么美好的童话般的世界啊，那样的纯、那样的真、那样的净、那样的美……宛如人间仙境，宛如教育的桃花源。

这就是童心的力量，这更是阳光的力量，更是爱的力量！

是的，这还是一个温馨祥和的家园。在这里，“校长阿姨”每天早晨都会在学校门口将微笑和阳光送给每一个孩子；在这里，无论是遇到困难还是收获成功，“校长阿姨”都会像对待自己的孩子一样蹲下身来倾听孩子们的心声，都会紧紧地握住孩子们的手或拥抱他们，给她心爱的好“儿子”或好“女儿”以慰藉、以希望、以力量、以家的温暖和温情。

是的，这就是阳光的力量，这就是爱的力量！

“阳光与生命同在，阳光无处不在。”沉浸在这个世界，常常在想，刁荣普老师真的是一轮太阳。阳光所及之处，处处鸟语花香、明媚舒畅，一派欣欣向荣、和乐温暖的景象；沉浸在这个世界，竟觉得自己心中也悄然升起了一轮太阳。目光变得那样柔和，心态变得那样平和，想要发光，想要微笑，想要将爱播撒……

是的，这就是阳光的力量，这就是爱的力量！

“有了爱就有了一切。”冰心老人的声音再次在耳边响起。

于是，我理解了刁荣普校长所践行的阳光教育。正是她对孩子们母亲的情怀般入骨的爱，正是她对教育事业宗教般虔诚的情怀，正是她对人性的力量的信任与张扬，她的教育世界里才一派阳光明媚——“这才是培养心灵纯粹而高尚的人的地方。”是的，不仅如此，在这个阳光的教育世界里，孩子们定能心怀阳光，在阳光沐浴中健康幸福地成长；在这个阳光的教育世界里，教师们定能心怀阳光，在阳光的心境中分享与孩子们共同成长的快乐。

基础教育不仅要对学生的升学考试负责，更要对学生一生的幸福人生负责。基础教育要带给学生希望、力量，带给学生内心的光明、人格的挺拔与伟岸，带给学生对于自我、对于生活、对于未来和对于整个人类的自信,以便使每一个学生都能够成为自由社会的建设者和幸福人生的创造者。我想,以刁荣普校长为核心的阳光团队所虔诚追求的阳光教育,不正是“为学生的幸福人生奠基”的教育吗!

跋：路漫漫

这里收集的文字大都发表过。由于众所周知的原因，大家在报刊上看到的我的文字都是经过加工的，删掉了一些文字，没有了锋芒，没有了棱角，每每令我遗憾。我非常能够理解报刊编辑同仁的苦衷，报刊要生存，要发展，他们不能不小心加谨慎。书中的文字才是比较原汁原味的。套用一句时尚的表达：我的思想我做主，我的文字我负责。无论是思想，还是表达，都与编辑无涉。

我在创作教育随笔系列时，原本打算出三本，所以在2005年初出版《教育的智慧与真情》时，该书自序即为《用一生写三本书》。两年过去了，写了近百篇随笔，又可以结集出版了。一看用《教育的使命与责任》这个书名更恰切，这样，《教育的情趣与艺术》这个书名就只能留待下卷了。我的教育随笔也就由三卷本变成了四卷本。

没有使命感的教育是盲目的，没有责任担当的教育是轻薄的。“我们不停地跑，争取领先，但是总有一刻需要停下来想一想：这条路是通向梦想还是通向深渊？”真正的教育不仅应该具有效率和效益，更重要的是要具有灵魂，具有坚定而明确的价值追求。使命与责任赋予教育以高度和灵魂。我认为教育的使命和责任就应该是“为学生的幸福人生奠基，为自由社会培养人”。

“人是悬在由他自己所编织的意义之网中的动物。”只有能过精神生活的人，才更有可能发现生命的意义。我和忙碌奔波的庸常大众一样地吃喝玩乐，一样地过着日常生活。但我经常有一种精神的优越感,那就是我会经常思考“生命的意义”的这个问题。这种思考本身的价值就在于使自己的每一次选择, 每一次筹划,都在朝向自己追求的那个永恒目标的逼近之中,而尽可能少地游离于朝向目标的努力之外,因为人生毕竟是十分有限的。过了不惑之年的人大概都会感叹“日月逝矣,岁不我与”(《论语·阳货》)。如何在喧嚣中保持自己人格的独立,保持自己心灵中的那一份珍贵的、谁也无法将之驱逐的宁静,如何在“乱花渐欲迷人眼”的纷繁世界中,找到自己的位置,这成为我生活中不能回避的问题。

我所倾力追求、不懈努力的其实就是融入了世界其他民族先进文化的教育学的中国风格、中国气派与中国情怀。在全球化的今天,这并不是画地为牢的偏狭,我所做的努力的意义,相信我们的后人是会感受得到的。评价一个人,不是看他没有能贡献什么,而是看他贡献了什么,这是列宁的思想,我很认同这个观点。

在我们短暂的一生中, 如果能留下一点具有永恒意义的文字,那就很值得自豪了。而只有那些饱含着学、识、才、情的文字,才有可能在历史的长河中熠熠生辉。每一个人的智慧都是很有限的。每个人大概都只能在外在与内在的种种局限中做一点“有缺憾的工作”。

这本集子中的很多文章,都请伍铁平先生指正过。伍先生从文章的立意到措辞,乃至标点符号都提出了宝贵的意见。我庆幸人生中有这样的良师。常言道:“滴水之恩,当以涌泉相报。”对于年近八旬无欲无求的伍先生,我真的难以为报,唯有为他老人家的健康和长寿祈祷。

许锡良教授是才华横溢的新锐学者,去年在他的博客上发表了他褒奖和鼓励我的三篇文章。他的博客旗帜鲜明地宣称:“以生命在场的心态,以公民的身份,以求真的精神,发出大众的声音!”为了表达我对他由衷的敬意和谢忱,征得他的同意,我将他洋溢着真情的《肖川先生来看我》一文作为本书的序,以此见证同道之间纯洁的友谊，相信有心的读者不难理解我们之间的惺惺相惜。学问之乐,亦在于斯。

肖川

2007年1月16日,北京师大

附录

肖川作品索引:

1.《教育与文化》,肖川著,湖南教育出版社,1990年。

2.《中国秦汉教育史》,肖川、何雪艳著,人民出版社,1994年。

3.《世界近代中期文化教育史》,肖川、何雪艳著,中国国际广播电视出版社,1996年。

4.《小学生文库》,肖川主编,北京师范大学出版社,1999年。

5.《打破神话——解读〈学习的革命〉》,肖川、王文宝主编,中国青年出版社,1999年。

6.《教育的理想与信念》,肖川著,岳麓书社,2002年。

7.《主体性道德人格教育》,肖川著,北京师范大学出版社,2002年。

8.《教育的视界》,肖川著,岳麓书社,2003年。

9.《教师:与新课程共成长》,肖川主编,上海教育出版社,2004年。

10.《教育的智慧与真情》,肖川著,岳麓书社,2005年。

11.《办好学校的策略》,肖川等著,南京师范大学出版社,2005年。

12.《基础教育课程改革关键词》,肖川、张文质著,福建教育出版社,2005年。

13.《名师备课丛书》,肖川主编,教育科学出版社,2006年。

14.《生命化教育丛书》,与张文质、黄旭共同主编,福建教育出版社,2006年。

15.《现代教育思想精要》,肖川主编,开明出版社,2006年。

16.《造就自主发展的人》,肖川等著,四川教育出版社,2006年。
17.《名著精品》,肖川审校,岳麓书社,2006年。
18.《生命教育》(地方课程和校本课程教材),肖川、张文质共同主编,人民出版社,2006年。
19.《教育的使命与责任》,肖川著,岳麓书社,2007年。
20.《打造有魅力的学校》,肖川等著,湖南教育出版社,2007年。

肖川学术演讲主题:

1. 教育的方向和方法
2. 理解"教育"的关键词和核心命题
3. 生命教育的价值、目标与实践策略
4. 教师的幸福人生与专业成长
5. 教学与写作
6. 有效教学的策略
7. 新课程背景下学生学习方式的转变
8. 办好学校的策略
9. 以务实的精神对待学校德育
10. 为了孩子幸福的人生——今天我们怎样做父母

图书在版编目(CIP)数据

教育的使命与责任/肖川著．—长沙:岳麓书社,2007.4(2021.7 重印)
ISBN 978-7-80665-880-2

Ⅰ．教…　Ⅱ．肖…　Ⅲ．教育学—研究　Ⅳ．G40

中国版本图书馆 CIP 数据核字(2007)第 042382 号

JIAOYU DE SHIMING YU ZEREN

教育的使命与责任

作　　者:肖　川
责任编辑:戴　茵
书装设计:刘　峰

岳麓书社出版发行
地址:湖南省长沙市爱民路 47 号
直销电话:0731-88804152　0731-88885616
邮编:410006

版次:2007 年 4 月第 1 版
印次:2021 年 7 月第 8 次印刷
开本:890×1240　1/32
印张:11.75
字数:283 千字
印数:56 001—60 000
书号:ISBN 978-7-80665-880-2
定价:37.00 元

承印:长沙鸿和印务有限公司

如有印装质量问题,请与本社印务部联系
电话:0731-88884129